GREVISSE
du collège

Bénédicte Gaillard
Grammairienne et lexicographe

Laurence Mokrani
Professeur de Lettres modernes au collège
Partie littérature et relecture pédagogique

Jean-Christophe Pellat
Professeur émérite de linguistique française
Préface et relecture scientifique

Claire Delvaux
Illustrations

MAGNARD

Remerciements

Tout au long de son élaboration, le *Grevisse du collège* a bénéficié de nombreux conseils de la part d'enseignantes et d'enseignants de français au collège. Les Éditions Magnard les remercient vivement pour ce travail collaboratif fructueux.

Valérie ABEL, La Tour-d'Aigues (84) • Stéphanie ANGEBAULT, Bressuire (79) • Marine BARLET, La Farlède (83) • Paloma BELIN, Salon-de-Provence (13) • Frédérique BESNARD, Saint-Georges-de-Reintembault (35) • Gabrielle BOILLY, Beuvry (62) • Élisa BOITEUX, Pont-de-Roide (25) • Vincenzo BORLIZZI, Dammary-les-Lys (77) • Virginie BOUTEC, Bouguenais (44) • Martine BOYER-DALAT, Chaville (92) • Florence BRANGER, Bourges (18) • Karine BRENUCHON, Saint-Herblain (44) • Sandrine BRESSON, Besançon (25) • Véronique BREUIL, Forbach (57) • Cédric CAON, Varennes-Vauzelles (58) • Awa CAPELLE, Saint-Étienne (42) • Jeannie CARON, Rouen (76) • Élodie CASTAINGTS, Reims (51) • Florentin CHAILLAUD, Gargenville (78) • Pascale CHAINE, Saint-Amand-les-Eaux (59) • Isabelle CIPAN, Le Petit-Quevilly (76) • Joëlle COHEN, Saint-Maur-des-Fossés (94) • Samuel COTTET, Ambérieu-en-Bugey (01) • Estelle DEBELFORT, Sens (89) • Christophe DEFOSSE, Megève (74) • Véronique DENIS, Cinqueux (60) • Angélique DOLMEN, Rezé (44) • Marine DUVERGER, Paris (75) • Cécile ESPARCEL, Nîmes (30) • Karine FAVROT, Brest (29) • Camille FERRY, Moussey (57) • Céline FOLIOT, Hyères (83) • Annelise FRINGANS, Saint-Cyr-sur-Mer (83) • Ann-Ellen GALLET, Bailleul (59) • Caroline GARNIER, Troyes (10) • Monique GEARA, Asnières-sur-Seine (92) • Céline GILET, Audincourt (25) • Patrick GIMENO, Istres (13) • Céline GOUDET, Fresnay-sur-Sarthe (72) • Laurence GOURDE, Meaux (77) • Valérie GUISTO-CLAVEL, Nice (06) • Régine HILBRUNNER, Mulhouse (68) • Edwige HONNET, Charmes (88) • Christophe JAMAULT, Neuilly-sur-Seine (92) • Sophie-Anne JOLIVET, Saint-Médard-en-Jalles (33) • Laurence KAUFFMANN, Vineuil (41) • Véronique KLEIN, Lunel (34) • Mathilde LAMBOURG, Nort-sur-Erdre (44) • Valérie LATSCHA, Mulhouse (68) • Laurine LECAUDE, Montendre (17) • Élodie LEFEVRE, Craponne-sur-Arzon (43) • Claire LEMPEREUR, Breteuil (60) • Pauline LEVAIN, Herblay (95) • Nathalie MAGLIANO, Pont-du-Château (63) • Marion MAHE, Antony (92) • Stéphane MALTERE, Chamalières (63)• Carole MARIE-ROSE, Mantes-la-Jolie (78) • Sandra MARTIN, Caudry (59) • Fabienne MATHIEU, Fleury-sur-Andelle (27) • Colette DE MESSIERES DE LEPERVANCHE, Concarneau (29) • Louise-Marie MIELOCH, Beaucamps-Ligny (59) • Anne-Laure MILCENT, Paris (75) • Damien MOLLARD, Saint-Pierre-en-Faucigny (74) • Annick MONET, Sainghin-en-Mélantois (59) • Emmanuelle MONJARET, Chantonnay (85) • Cécile MONTJOTIN, Brive (19) • Alexandra NEAGU, Villejuif (94) • Éliane ŒHLHAFFEN, Pontarlier (25) • Jennifer OÏFFER-BOMSEL, Paris (75) • Cécile PELLISSIER, Béziers (34) • Rébecca PERCHE, Davayé (71) • Nadia PERRET SALAMEH, Questembert (56) • Delphine PEZON, Chef-Boutonne (79) • Émilie PHARISIER, Saint-Étienne (42) • Catherine PIETRI, Bonifacio (2A) • Marie PINSON, Saint-Pierre-en-Auge (14) • Stéphanie PLOQUIN, Olivet (45) • Laure POLIZZI, Marseille (13) • Sylvie POLOME, Bonifacio (2A) • Fabienne REGUILHEM, Lesparre (33) • Mélanie RENAUDIN, Vérac (33) • Delphine RICARD, Rougemont-le-Château (90) • Joëlle RICHARD, Paris (75) • Magali RIOU, Martigues (13) • Virginie RODRIGUEZ, Excideuil (24) • Catherine ROUFFANCHE, Compiègne (60) • Isabelle ROUVIERE, Bordeaux (33) • Anne RUBLON, Le Mans (72) • Audrey SCHABAD, Saint-Étienne-du-Rouvray (76) • Ludovique SEVERIN-VION, Pouilley-les-Vignes (25) • Laurence SUDRET, Montbron (16) • Élodie SURMULET, Rugles (27) • Françoise THEVENON-DELCLUZE, Villers-lès-Nancy (54) • Amélie THIEBAUX, Loisey (55) • Christine THOMAS, Chemillé-en-Anjou (49) • Virginie TROUBAT D'AUBIGNY, Vendres (34) • Janique VEREECQUE, Vailly-sur-Aisne (02)

Les auteurs remercient également Jean-Paul Meyer, enseignant-chercheur spécialisé dans l'image, pour ses précieux conseils sur l'image.

Préface

Une référence complète, accessible à tous

Le *Grevisse du collège* est destiné aux élèves pour accompagner leur étude de la langue française de la 6e à la 3e. Il propose un condensé de la grammaire scolaire d'aujourd'hui, en accord avec l'enseignement du français au collège, conformément aux derniers programmes.

Le *Grevisse du collège* suit une progression logique en 6 parties : il part **des sons et des signes**, continue avec **les mots**, puis il parcourt le cœur de la grammaire, **les classes de mots** et **les phrases**. Une partie complète est dédiée à **la conjugaison** : 50 modèles sont présentés dans des tableaux permettant de conjuguer tous les verbes. La dernière partie propose un élargissement vers **l'expression et la littérature**.

Répondre aux besoins de chaque élève

Cet ouvrage comprend 213 fiches, qui occupent chacune une double page. Chaque fiche présente l'essentiel de la notion concernée, complété d'une astuce pratique. Plusieurs exercices sont ensuite proposés et la fiche se termine par un mémo visuel.

La langue française peut aussi être étudiée avec plaisir. Chacun peut l'aborder à sa manière : les illustrations sont une autre façon de comprendre et les « bulles littéraires » révèlent le lien vivant entre grammaire et littérature.

Un souci constant de clarté et d'efficacité

Rédigé par Bénédicte Gaillard, aidée de Laurence Mokrani (Littérature) et des conseils de nombreux professeurs, révisé et complété par mes soins, le *Grevisse du collège* veut être un ouvrage pratique et accessible. Il a pour ambition de proposer aux élèves et à leurs parents un apprentissage agréable de la grammaire, outil nécessaire à la compréhension et à la production des textes et des discours.

Jean-Christophe Pellat

Sommaire

1 LES SONS ET LES SIGNES ÉCRITS

Les autres signes

La ponctuation

2 LES MOTS

L'origine des mots

Les relations entre les mots

Sommaire

Sommaire

Sommaire

4 LES PHRASES

5 CONJUGAISON

Comment conjuguer ?

Sommaire

Tableaux de conjugaison

6 EXPRESSION ET LITTÉRATURE

Comment bien utiliser les mots ?

Comment rendre un texte cohérent ?

Comment exprimer...

Comment transformer...

Littérature

1 LES SONS ET

Quelques lettres et sons particuliers

LES SIGNES ÉCRITS

Les accents

Les autres signes

La ponctuation

1 Quels signes utilise-t-on pour écrire ?

LA BULLE LITTÉRAIRE

« A noir, E blanc, I rouge, U vert, O bleu : voyelles »
Arthur RIMBAUD, « Voyelles »

Les lettres et les signes

L'alphabet latin, qui sert à écrire les mots du français, comporte vingt-six **lettres** : six **voyelles** et vingt **consonnes**.

voyelles : a, e, i, o, u, y
consonnes : b, c, d, f, g, h, j, k, l, m, n, p, q, r, s, t, v, w, x, z

Remarque : **œ**, que l'on appelle *e* dans l'*o*, lie les lettres *o* et *e*.

œuf, manœuvre, œil

Ces lettres **marquent les sons**, mais il n'y a pas d'équivalence stricte (→ **2**) :

- un son peut s'écrire avec plusieurs lettres ;

  le son [u] s'écrit toujours avec ou ; le son [ʃ] s'écrit avec ch
  le son [f] peut s'écrire avec f, ff ou ph

- une lettre peut correspondre à plusieurs sons ;

  le c se prononce [k] dans café ; il se prononce [s] dans cygne

- dans certains mots, certaines lettres ne se prononcent pas. Pour plus de détails, → **5, 7, 8.**

  dans bout, le t final ne se prononce pas
  dans théâtre, le h ne se prononce pas

Les **accents** (→ **17**) et le **tréma** (→ **20**) se placent sur certaines voyelles ; la **cédille** (→ **3**) se place sous le *c*. Ces signes permettent le plus souvent d'indiquer un son particulier de la lettre.

levé – lève ; mais – maïs ; percuter – perçu

Les autres signes

Les **symboles** remplacent des mots écrits avec des lettres. À ce titre, les chiffres sont des symboles.

+ équivaut à plus ; € équivaut à euro ; 2 équivaut à deux

L'**apostrophe** (') s'utilise pour remplacer une voyelle (→ **21**), et le **trait d'union** (-) pour relier des mots entre eux (→ **22**).

l'apostrophe ; **s'en aller** ; **grand-mère** ; **crois-moi**

La **ponctuation** comprend des signes qui ne se prononcent pas, mais qui peuvent marquer certaines particularités de l'oral : pauses, intonation… (→ **23**).

Il est enfin arrivé. Il est, enfin, arrivé !

Enfin, le **blanc** (ou l'**espace**) permet de séparer les mots.

Il viendra plutôt demain. → quatre mots
Il viendra plus tôt demain. → cinq mots

ASTUCE Comment chercher dans un dictionnaire ?

Quand je cherche un mot dans un dictionnaire, je me rappelle qu'un même son peut s'écrire différemment.

si je ne trouve pas un mot commençant par le son [f] à la lettre *f*, je pense à le chercher à la lettre *p (ph)*

EXERCICES

CORRIGÉS P. 404

1 **Vrai ou faux ?**

a. Les accents se placent sur les voyelles. – **b.** À chaque lettre correspond un seul son. – **c.** Dans l'alphabet, il y a plus de consonnes que de voyelles.

2 **Séparez les mots par des blancs.** a-V B-F C-V

Sil'onécritcesmotssanslesséparerpardesblancs,cettephrasesera-t-ellecompréhensible?

3 **Donnez pour chaque mot le numéro de la définition qui lui correspond.**

a. apostrophe – **b.** blanc – **c.** trait d'union – **d.** alphabet

1. signe servant à relier deux mots – **2.** ensemble des lettres – **3.** signe remplaçant une voyelle – **4.** espace laissé entre deux mots

A=3 B=4 c=1 d=2

TOUT RETENIR EN UN CLIN D'ŒIL

pour écrire les mots	entre les mots	à la place des mots
lettres + signes (accents, tréma, cédille)	blanc, ponctuation, apostrophe, trait d'union	symboles

2 Quels rapports existe-t-il entre la prononciation et l'orthographe ?

Ce qui correspond

Le français, comme de nombreuses langues, a une écriture alphabétique, dans laquelle chaque **son** est, en principe, représenté par une **lettre**.

pour écrire le son [b], on utilise la lettre **b** : **bonbon**

Mais il n'y a pas de correspondance systématique entre la prononciation et l'écriture, en particulier parce que l'**orthographe** d'un mot dépend aussi de son **histoire** et du **sens**.

on écrit **long** avec un **g** qui ne se prononce pas parce qu'il est relié par le sens à **longueur**, **allonger**…

Ce qui est différent

Une **même lettre** ou un **même groupe de lettres** peut se prononcer de façon différente, en particulier selon sa place dans un mot ou selon les autres lettres qui l'entourent.

la lettre **g** peut se prononcer [g] comme dans **longue**, [ʒ] comme dans **longe** ou ne pas se prononcer comme dans **long**

Un même son peut s'écrire de façon différente, soit au moyen d'une lettre, soit en associant deux ou même trois lettres.

le son [o] peut s'écrire **o**, **ô**, **au** ou **eau**

Ce qui ne s'entend pas ou ne se lit pas

Certaines différences que l'on entend à l'oral ne sont **pas toujours visibles à l'écrit**.

le nom **os** se prononce [ɔs], comme dans **bosse**, s'il est au singulier, il se prononce [o], comme dans **eau**, s'il est au pluriel, mais il s'écrit de la même façon dans les deux cas

Ainsi, les liaisons que l'on entend à l'oral ne se voient pas à l'écrit (→ 16).

> on écrit les habits comme les haches, mais dans le premier cas, on entend le [z] de la liaison, pas dans le second cas

LA BULLE LITTÉRAIRE

« Fi des idiots qui balbutient !
Gloire au savant
qui m'entretient ! »

Alphonse ALLAIS, dans *Le Sourire*

Inversement, de nombreuses **terminaisons grammaticales** de féminin, de pluriel, de conjugaison sont présentes à l'écrit, mais pas à l'oral.

> au présent, on prononce de la même façon les terminaisons -e, -es et -ent : je chante, tu chantes, il chante, elles chantent

ASTUCE Comment ne pas confondre les terminaisons d'un verbe ?

Lorsque j'écris un verbe conjugué, je fais attention à son sujet*, pour écrire la bonne terminaison, même si je ne l'entends pas !

Charlotte mange un bonbon, ses amies mangent des gâteaux.

EXERCICES

CORRIGÉS P. 404

1 Recopiez les mots qui comportent un son marqué par plusieurs lettres.
a. solidité – **b.** participant – **c.** caporal – **d.** genou – **e.** certain – **f.** finir

2 Entourez les lettres muettes, puis soulignez les terminaisons grammaticales.
a. amies – **b.** thé – **c.** jouent – **d.** dont – **e.** Allemands – **f.** remerciement

3 Que peut-on dire des groupes de lettres soulignées dans la bulle littéraire ?

TOUT RETENIR EN UN CLIN D'ŒIL

Quels rapports y a-t-il entre l'oral et l'écrit ?

correspondance

un son : [b]
↓ ↑
une lettre : b

différence

un son → différentes lettres : [o] → o, ô, au, eau
une lettre → différents sons : g → [g], [ʒ]
ce qui s'entend mais ne s'écrit pas : les liaisons
ce qui s'écrit mais ne s'entend pas : le pluriel…

3 Doit-on écrire c ou ç ?

Quel rôle a la cédille ?

On écrit le *c* avec une **cédille** pour indiquer qu'il se prononce [s] comme dans *sous* et non [k] comme dans *cou*.

la façade ; **suçoter** ; **déçu**

Devant quelles voyelles ?

Le **c** se prononce **[s]** seulement s'il est placé devant les **voyelles *e, i*** ou ***y***.

cela ; **ici** ; **cygne**

Mais s'il est placé **devant les voyelles *a, o*** et ***u***, le ***c*** se prononce toujours **[k]**. Il faut donc mettre une **cédille** s'il doit se prononcer **[s]**.

[k]	tracas	flacon	percuter
[s]	traçage	glaçon	perçu

La plupart des mots qui s'écrivent avec *ç* sont des **dérivés*** de mots dont le radical* se termine par un *c* et sont formés avec un suffixe* qui commence par *a, o* ou *u* (*-able, -ant, -oire, -on, -ure*…).

la France → français
balancer → la balançoire
gercer → une gerçure

On met toujours une **cédille** au *c* des verbes qui ont une terminaison* qui commence par ***a, o*** ou ***u*** (*-ais, -ait, -ons, -us*…). C'est le cas :

- des verbes dont l'infinitif se termine par ***-cer*** (→ **170**) ;

nous avançons ; **ils plaçaient** ; **elle traça** ; **en se balançant**

- des verbes qui se terminent à l'infinitif par *-cevoir* (→ 175).

  je reçois
  ils aperçoivent
  elles reçurent
  perçu

LA BULLE LITTÉRAIRE

« C'est peut-être ça qu'on cherche à travers la vie, rien que cela ? »
Louis-Ferdinand Céline, *Voyage au bout de la nuit*

ASTUCE J'écris *c* ou *ç* devant *e*, *i* ou *y* ?

Je sais que devant *e*, *i* et *y*, la lettre *c* se prononce toujours [s]. Je n'ai donc jamais besoin de mettre une cédille au *c* devant ces trois voyelles.

j'écris ainsi : merci, ici, c'est...

EXERCICES

CORRIGÉS P. 404

1 Entourez les mots dans lesquels *c* se prononce [k] et soulignez ceux dans lesquels il se prononce [s]. Expliquez la présence du *c* ou du *ç* pour le son [s].

a. un garçon – **b.** un reçu – **c.** une puce – **d.** la fabrication – **e.** une ficelle – **f.** agaçant – **g.** un cube – **h.** facile – **i.** un colis – **j.** niçois – **k.** nous grimaçons

2 Complétez avec *c* ou *ç*.

a. mer. . i – **b.** la balan. . oire – **c.** le la. . et – **d.** la s. . ie – **e.** la le. . on – **f.** une ger. . ure – **g.** la pronon. . iation – **h.** un ma. . on – **i.** un aper. . u

3 Complétez le tableau en suivant l'exemple.

	présent	imparfait	passé simple	participe passé
placer	*nous plaçons*	*je plaçais*	*il plaça*	*placé*
bercer	elle	nous	ils	. . . . .
percer	vous	tu	elles	. . . . .
recevoir	je	vous	elle	. . . . .

4 Pour chacun de ces mots, trouvez un dérivé avec *ç*.

a. limace – **b.** glace – **c.** commerce – **d.** fiancer – **e.** Provence

TOUT RETENIR EN UN CLIN D'ŒIL

c ou ç ?

[s] → c + e, i, y : cela, ici, cygne

[s] → ç + a, o, u : ça, glaçon, reçu

4 Doit-on écrire *g*, *ge* ou *gu* ?

Le son [g] comme dans *gare*

La lettre *g* se prononce **[g]** (comme dans *gare*) **devant *a, o, u*** ou **une consonne**, et parfois en fin de mot.

| **garçon** ; **gourmand** ; **aigu** ; **glace** ; **maigre** ; **blog**

Pour obtenir le son [g] **devant *e, i* et *y***, on écrit ***gu***.

| **naviguer** ; **guitare** ; **Guy**

Cependant, on maintient ***gu*** dans **toute la conjugaison** des verbes dont l'infinitif se termine par ***-guer***, même lorsque le *g* se trouve devant *a* ou *o*.

| **nous naviguons** ; **en naviguant**

Le son [ʒ] comme dans *gelée*

La lettre *g* se prononce [ʒ] comme dans *gelée* **devant *e, i* et *y***.

| **beige** ; **régime** ; **gyrophare**

Pour obtenir le son [ʒ] **devant *a, o* et *u***, on écrit ***ge***.

| **geai** ; **bourgeon**

LA BULLE LITTÉRAIRE

« un poisson gambadeur
agite la rivière
le reflet de la fleur
étrangement s'altère »

Raymond QUENEAU, « La baignade Corydon »

De ce fait, dans la **conjugaison des verbes** dont l'infinitif se termine par ***-ger*** (→ **163**), on ajoute un *e* lorsque la terminaison* commence par *a* ou *o* : *-a, -ais, -ait, -aient, -ant, -ons…*

| **il nagea** ; **je nageais** ; **vous nageâtes** ; **en nageant** ; **nous nageons**

ASTUCE J'écris *g* ou *gu* ?

« *G* s'entend bien avec Raoul ! » En apprenant cette phrase, je retiens les lettres devant lesquelles le son [g] s'écrit *g* : *r, a, o, u* et *l* et pour lesquelles il est donc inutile d'ajouter un *u*.

j'écris donc langage sans mettre de u après le premier g

EXERCICES

CORRIGÉS P. 404

1 Entourez les mots dans lesquels *g* se prononce [g] et soulignez ceux dans lesquels il se prononce [ʒ].

a. regarder – **b.** une nageoire – **c.** manger – **d.** gauche – **e.** une mangue – **f.** un collégien – **g.** Égypte – **h.** agile – **i.** une guêpe – **j.** la langue – **k.** juger

2 Expliquez la présence de *g*, *ge* ou *gu* dans ces mots.

a. une bougie – **b.** grotesque – **c.** un gage – **d.** un figuier – **e.** gauche – **f.** nous jugeons – **g.** vous jugez

3 Complétez avec *g*, *ge* ou *gu*.

Ce ...éant ...ourmand est une sin...ulière personne. Il n'est pas très .....ai et bou...onne souvent. Aussi les villa...ois ne lui servent-ils jamais de ...aufres ni d'oran...ade. Pour ...arder son éner...ie, il fait beaucoup de ...ymnastique, et, quand il est fati...é, il joue de la ...itare.

4 Complétez le tableau en suivant l'exemple.

	présent	imparfait	passé simple	participe passé
manger	*nous mangeons*	*je mangeais*	*il mangea*	*mangé*
rédiger	elle	tu	ils	.....
voguer	nous	elles	il	.....
bouger	nous	je	tu	.....
distinguer	je	ils	nous	.....

TOUT RETENIR EN UN CLIN D'ŒIL

Comment écrire les sons [g] et [ʒ] ?

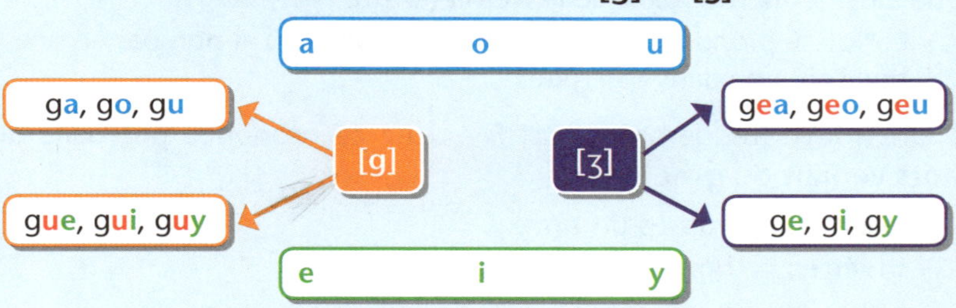

5 La lettre *h*

Le *h* en début de mot

Le *h* en début de mot **ne se prononce jamais**, mais il peut jouer un rôle dans la prononciation du mot. En effet, le *h* peut être :

- un ***h* aspiré** ; dans ce cas, **il ne peut y avoir ni liaison** (→ 16), **ni élision** (→ 21) ;

  on prononce très haut sans faire entendre le [z] de la liaison, alors qu'on le prononce dans très autoritaire
  on écrit la hauteur sans faire l'élision du a de la, alors qu'on écrit l'autruche en élidant l'article

- un ***h* muet** ; dans ce cas, **la liaison et l'élision sont possibles.**

  on entend la liaison en [z] dans les hameçons comme dans les âmes
  on élide le e du pronom je dans j'habite comme on le fait dans j'abime

Le *h* muet est la **première lettre de plusieurs racines d'origine grecque ou latine.** Retenir l'orthographe de ces racines permet d'écrire de nombreux mots sans erreur (→ p. 424).

hect(o) qui signifie « cent » se retrouve dans hectolitre, hectare…

Le *h* à l'intérieur d'un mot

On trouve un *h* à l'intérieur d'un mot après un **c pour marquer le son [ʃ]** (comme dans *chat*) ou après un ***p* pour marquer le son [f].**

[ʃ] : chaud ; déchirer ; moustache
[f] : phénomène ; éléphant ; paragraphe

Le ***h* placé entre deux voyelles** indique que ces deux voyelles sont prononcées séparément et qu'elles ne forment **pas un seul son.** Le *h* joue alors le même rôle que le tréma (→ 20).

cohue se prononce en deux syllabes ([ko] + [y]) et non pas en une seule comme dans cou ([ku])

On trouve fréquemment un ***h*** qui ne se prononce pas dans des **mots venant du grec** :

- le plus souvent après un ***t*** *(th)* ;

  théâtre ; rythme ; sympathie

- parfois après un **c** (*ch* prononcé [k]) ou après un ***r*** *(rh)*.

  chorale ; archaïque
  rhume ; diarrhée

ASTUCE **Je dis *des (z)haricots* ou *des haricots* ?**

Pour savoir si un *h* en début de mot est aspiré ou muet, je peux vérifier dans un dictionnaire : le plus souvent, les mots commençant par un *h* aspiré sont précédés d'un astérisque (*). Si la prononciation est donnée en alphabet phonétique, le *h* aspiré se marque par l'apostrophe (').

*HARICOT ['aʀiko] → le haricot : je dois donc dire des haricots sans liaison
HARMONIE [aʀmɔni] → l'harmonie

EXERCICES

CORRIGÉS P. 404

1 Classez dans un tableau à deux colonnes (*h* muet / *h* aspiré) les noms suivants en les faisant précéder de l'article *le*, *la* ou *l'*.
a. hibou – **b.** hippopotame – **c.** hirondelle – **d.** hérisson – **e.** hanneton – **f.** hamster – **g.** homard – **h.** hareng – **i.** huitre – **j.** héron – **k.** hermine

2 Donnez deux mots contenant ces racines. Observez l'exemple.
graph *: « ce qui est écrit » →* ***graph****ique, géo****graph****ie*
a. phon : « son, voix » – **b.** hydr : « eau » – **c.** therm : « chaleur, température » – **d.** phil : « aimer »

3 Dans quel ouvrage le personnage de la pièce *On purge bébé !* n'a-t-il pas trouvé les Hébrides ?
a. ❑ un atlas – **b.** ❑ un dictionnaire – **c.** ❑ un annuaire

LA BULLE LITTÉRAIRE

« Dans les Z, les Hébrides ? Ah ! bien, je te crois que tu n'as pas pu trouver ! »
Georges Feydeau, *On purge bébé !*

L'ESSENTIEL EN UN CLIN D'ŒIL

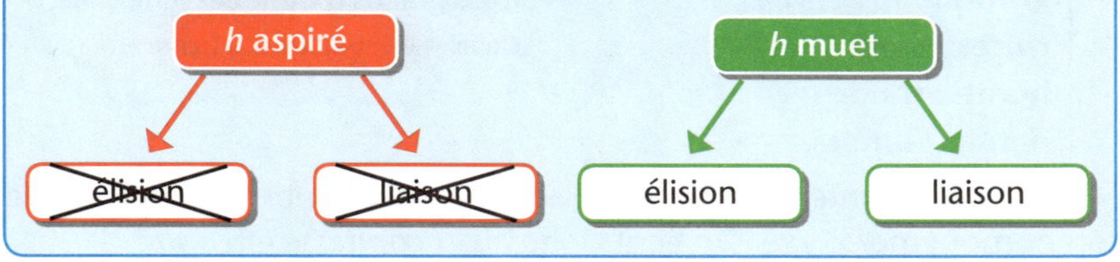

6 Doit-on écrire *an* ou *am*, *en* ou *em*, *in* ou *im*, *on* ou *om*, *un* ou *um* ?

Devant les consonnes *m*, *b* et *p*

On met **un *m* et non un *n* devant les lettres *m*, *b* et *p*.** Ainsi :

- le son [ɑ̃] (qui se prononce comme dans *clan*) s'écrit *am* ou *em* ;
  - **jambe** ; **vampire** ; **champ**
  - **emmener** ; **décembre** ; **remplir** ; **temps**
- le son [ɛ̃] (qui se prononce comme dans *brin*) s'écrit *im* (parfois *ym*) ;
  - **immangeable** ; **timbre** ; **pimpant**
  - **symbole** ; **olympique**
- le son [ɔ̃] (qui se prononce comme dans *ton*) s'écrit *om* ;
  - **ombre** ; **accompli** ; **plomb**
- le son [œ̃] (qui se prononce comme *un*) s'écrit *um*, mais le cas est rare.
  - **humble**

Il y a **quelques exceptions**. Les plus courantes sont *bonbon* (et son dérivé *bonbonnière*), *bonbonne*, *embonpoint* et *néanmoins*.

Dans les autres cas

Devant les **autres consonnes**, les sons [ɑ̃], [ɛ̃], [ɔ̃] et [œ̃] s'écrivent avec un ***n***.

- **ancre** ; **chanter**
- **entonnoir** ; **rendre**
- **rincer** ; **vingt**
- **honte** ; **ronde**
- **défunt** ; **lundi**

LA BULLE LITTÉRAIRE

« Et qu'il faut employer la pelle et les râteaux / Pour rassembler à neuf les terres inondées, / Où l'eau creuse des trous grands comme des tombeaux. »

Charles BAUDELAIRE, « L'ennemi »

Mais on écrit ***comte*** (titre de noblesse) avec un ***m*** pour le distinguer de son homonyme* *conte*. On écrit donc aussi ***comtesse*** et ***comté***.

En **fin de mot**, s'il n'y a pas de consonne muette, les sons [ɑ̃], [ɛ̃], [ɔ̃] et [œ̃] s'écrivent le plus souvent avec un ***n***.

élan ; **en** ; **enfin** ; **nation** ; **brun**

Mais on trouve ***m* dans quelques mots**. Les plus courants sont *daim, essaim, faim, thym, nom* et *parfum*. On peut s'aider des mots de la même famille pour le savoir : *essaimer, famine, parfumer.*

ASTUCE J'écris *n* ou *m* ?

Pour me rappeler la règle, je retiens la phrase :
« Le *N* a la haine devant *M, B, P*. Le *M*, lui, les aime. »

EXERCICES

CORRIGÉS P. 404

1 Expliquez la présence du *m* ou du *n* souligné.

Je ne sais pas depuis combien de temps je suis assis sur ce banc
Je regarde les gens pressés et puis ceux qui font semblant
Face à cette scène de théâtre je ne peux plus m'arrêter
Je savoure l'espèce humaine dans son immense variété
(Grand Corps malade, « Le banc »)

2 Retrouvez l'intrus de chaque liste et expliquez pourquoi il s'agit d'un intrus.

a. montrer, compter, ronger, fondre – **b.** tambour, ampoule, tante, lampadaire – **c.** prince, timbre, infinitif, scintiller – **d.** emprunt, humble, lundi

3 Complétez avec *n* ou *m*.

a. co. . .firmer – **b.** a. . .bula. . .ce – **c.** po. . .pier – **d.** po. . .po. . . – **e.** e. . .ménager – **f.** se. . .tir – **g.** e. . .se. . .ble – **h.** ty. . .pa. . . – **i.** ly. . .x – **j.** ja. . .bo. . . – **k.** cepe. . .da. . .t

4 Pour chaque mot, formez un dérivé* avec les préfixes *in-/im-* ou *en-/em-*. Entourez les *m*, *b* et *p* qui suivent.

a. perméable – **b.** vol – **c.** mener – **d.** buvable – **e.** mangeable – **f.** porter – **g.** crédule – **h.** brouiller – **i.** soumis – **j.** brique – **k.** patient

TOUT RETENIR EN UN CLIN D'ŒIL

[ɑ̃], [ɛ̃], [ɔ̃], [œ̃]

→ + m, b, p = am, em, im, om, um, ym — pompe

→ + autres consonnes = an, en, in, on, un, yn — ponte

7 Comment ne pas oublier d'écrire un *e* muet ?

Le *e* muet à l'intérieur d'un mot

Pour former un nom à partir d'un verbe, on peut employer les suffixes* ***-ement*** ou ***-erie***.

verbe	plac/er	chauff/er
nom	placement	chaufferie

LA BULLE LITTÉRAIRE

« Capus va se liquéfier en tutoiements et en poignées de main »

Jules RENARD, *Journal*

Or, lorsque le radical* du verbe se termine par une voyelle, le premier *e* de ces suffixes ne s'entend pas. Mais il ne faut pas l'oublier. C'est le cas des verbes dont l'infinitif se termine par ***-éer, -ier, -ouer, -uer*** et ***-yer***.

verbe	remerci/er	tu/er
nom	remerciement	tuerie

Au **futur** et au **conditionnel**, le *e* ne s'entend pas non plus pour ces verbes. Il ne faut pas l'oublier.

	infinitif	futur	conditionnel
on entend le *e*	boucler	je bouclerai	je bouclerais
on n'entend pas le *e*	nouer	je nouerai	je nouerais

Le *e* muet en finale de nom

La plupart des **noms féminins** qui se terminent par un **son voyelle** tel que [a], [ɛ], [e], [i], [u] et [y] se terminent à l'écrit par un ***e* muet**.

la soie ; la baie ; la fée ; la mie ; la boue ; la rue

Seuls une quinzaine de noms féminins ne suivent pas cette règle. Les plus courants sont : *une brebis, une clé, une foi, une fourmi, une loi, une nuit, une paix, une paroi, une perdrix, une souris, une toux, une tribu, une vertu*. Il faut les connaitre.

▶ Reconnaitre les **suffixes** ***-ée*** et ***-ie*** (ou ***-erie***) qui forment des **noms féminins** permet de ne pas oublier les *e* en fin de mot.

> -ée : all/er → une allée ; bouch/e → une bouchée ;
> dict/er → une dictée
> -ie, -erie : malad/e → maladie ; ân/e → ânerie ;
> démocrat/e → démocratie

▶ Quelques **noms masculins** s'écrivent avec un *e* muet final après *é* ou *i*, jamais après une autre voyelle. Les plus courants sont : *un lycée, un mausolée, un musée, un pygmée, un scarabée, un trophée, un foie, un génie, un incendie, un sosie*. Il faut les connaitre.

ASTUCE J'écris un *e* muet ou non entre deux consonnes ?

Quand je peux prononcer un *e*, qui souvent ne s'entend pas entre deux consonnes, je n'oublie pas d'écrire ce *e*.

j'écris donc boulevard, je guetterai avec un *e* car je peux le prononcer

EXERCICES

CORRIGÉS P. 404

1 **Donnez des dérivés* de ces mots en utilisant *-ement, -(er)ie, -ée*.**

a. éternuer – **b.** scier – **c.** payer – **d.** maire – **e.** soir – **f.** biscuit – **g.** pousser

2 **Complétez avec *e* s'il le faut.**

a. le musé... – **b.** la fourmi... – **c.** la foi... – **d.** le foi... – **e.** la chimi... – **f.** le lycé... – **g.** le géni... – **h.** le parti... – **i.** la parti... – **j.** la tribu...

3 **Mettez ces verbes à la 3e personne du singulier au futur.**

a. attribuer – **b.** conclure – **c.** plier – **d.** jouer – **e.** clouer

4 **Mettez ces verbes à la 1re personne du singulier au conditionnel présent.**

a. dénouer – **b.** éternuer – **c.** créer – **d.** défier – **e.** exclure

L'ESSENTIEL EN UN CLIN D'ŒIL

***e* muet à l'intérieur**

↓

pour les verbes en : voyelle + *er*
– leurs dérivés en *-ement, -erie*
– au futur et au conditionnel

***e* muet en finale**

↓

pour les noms féminins
– terminés par un son voyelle
– dérivés avec *-ée, -(er)ie*

8 Comment savoir s'il y a des consonnes muettes à la fin d'un mot ?

Pour écrire la dernière lettre d'un mot (en dehors des terminaisons verbales ou de celles du pluriel), on se pose deux questions : y a-t-il une ou deux consonnes muettes ? Laquelle ou lesquelles ?

S'aider du féminin

Pour les noms de personnes ou d'animaux, les adjectifs et les participes passés, **mettre au féminin** la forme du masculin permet de **faire entendre la consonne** muette finale.

on écrit le nom marchand avec un d, car on dit : une marchande
on écrit le participe passé pris avec un s, car on dit : une place prise

S'aider d'un mot de la même famille

Pour les noms sans féminin, on peut s'aider d'un autre **mot de la même famille** qui fait entendre la consonne muette finale.

respect avec ct, car respecter, respectueux, respectable
poing avec un g, car poignée

Parfois, la consonne muette est différente de celle qui est entendue dans les mots de la même famille, mais il y a un **lien entre les consonnes**.

f muet = v entendu (nerf / énervé)
x muet = s entendu (croix / croiser)
c muet = qu ou ch entendu (flanc / flanquer ; blanc / blanche)

LA BULLE LITTÉRAIRE

« Le silence était encore plus profond et nous entendions le bruit de nos pas. »
Patrick Modiano, *L'Herbe des nuits*

Attention : il arrive parfois que certains dérivés* fassent entendre une consonne que l'on ne retrouve pas dans le mot dont ils dérivent.

abri malgré abriter ; cauchemar malgré cauchemarder

Connaitre les suffixes

Si l'on sait écrire correctement les **suffixes**, on saura écrire correctement la finale de tous les mots qu'ils servent à former.

- **principaux suffixes avec consonne muette finale**

  - -ant : le carburant
  - -ard : le têtard
  - -at : l'anonymat
  - -ent : l'affluent
  - -is : le gribouillis
  - -ement (nom) : le rangement
  - -ement (adverbe) : grandement
  - -ot : l'ilot

- **principaux suffixes sans consonne muette finale**

  - -ain : le terrain
  - -eau : le berceau
  - -eur : la maigreur
  - -ion : la réunion
  - -on : le ballon
  - -oir, -oire : le rasoir, la baignoire

ASTUCE *n* suivi d'une consonne muette ou non ?

Si j'entends [n] au féminin, j'écris le masculin avec *n* sans consonne muette.

une paysanne : j'entends [n] → j'écris un paysan

EXERCICES

CORRIGÉS P. 404

1 Trouvez les noms avec consonne muette finale correspondant à ces mots.

a. bordure – **b.** confortable – **c.** porcherie – **d.** sportif – **e.** morsure

2 Complétez ces groupes nominaux au féminin, puis mettez-les au masculin.

a. une marié..... genti..... – **b.** une montagnar..... pruden..... – **c.** une cha..... gri..... – **d.** une voisi..... curieu.....

3 Comment expliquer la dernière lettre de ces mots ?

a. écri_t_ – **b.** un motar_d_ – **c.** un partisa_n_ – **d.** jalou_x_ – **e.** un bon_d_

TOUT RETENIR EN UN CLIN D'ŒIL

Pour ne pas oublier d'écrire une consonne muette à la fin d'un mot

- adjectifs et participes passés → mettre au **féminin**
- noms → mettre au **féminin** s'il existe
- noms → trouver un **mot de la même famille**
- dérivés avec suffixe → connaitre l'**orthographe des suffixes**

9 Comment savoir s'il faut écrire une consonne simple ou double ?

Il n'y a **pas de règles permettant de savoir s'il faut doubler ou non une consonne**, mais, dans certains cas, on peut s'aider des quelques principes suivants ou de la prononciation (→ **10**).

S'aider de la formation des mots

- Lorsqu'un **mot contient une consonne double**, son radical* garde cette consonne double dans ses dérivés* et composés*.

  terre → **terrain**, **souterrain**, **terrier**, **déterrer**, **enterrer**, **terrasse**, **terreux**, **territoire**, **terreplein**, **parterre**

C'est aussi le cas des racines d'origine grecque ou latine (→ **29**).

  hipp(o), « cheval » → **hippique**, **hippodrome**, **hippopotame**

- Lorsqu'un **mot est construit avec un préfixe***, on peut savoir s'il commence ou non par une consonne double en le décomposant.

  surélever : un seul **r**, car **sur** + **élever**
  surréaliste : deux **r**, car **sur** + **réaliste**

Le préfixe *in-* s'écrit ***il-*** devant ***l***, ***ir-*** devant ***r*** et ***im-*** devant ***m*** (***b*** ou ***p***), ce qui explique la consonne double.

  in- + **lisible** → **illisible** ; **in-** + **responsable** → **irresponsable**
  in- + **mature** → **immature**

- Les finales *-el, -eil, -en, -et, -ien* et *-on* **doublent leur consonne** finale lorsqu'elles forment des noms ou des adjectifs féminins.

  annuel → **annuelle** ;
  pareil → **pareille** ;
  lycéen → **lycéenne** ;
  muet → **muette** ; **patron** → **patronne**

Exceptions : on écrit au féminin *complète, concrète, discrète, secrète.*

LA BULLE LITTÉRAIRE

« La trompette sonne et resonne,
Sonne l'extinction des feux.
Mon pauvre cœur, je te le donne
Pour un regard de tes beaux yeux. »

Guillaume APOLLINAIRE, « Nos étoiles »

Connaitre les cas de consonnes simples

- Les consonnes *h, j, q, v, w* et *x* sont toujours simples.
  cohue ; bijou ; piqure ; avouer ; kiwi ; fixer

On ne double *k* et *z* que dans des mots empruntés à d'autres langues.
  drakkar ; trekking ; pizza ; puzzle

- On met une **consonne simple** après une **autre consonne** ou après une **voyelle accentuée**.
  absent ; goinfre ; cercle
  intérêt ; parallèle ; château ; drôle

ASTUCE Comment écrire les verbes dérivés des noms en *-on* ?

J'écris toujours avec une consonne double (*-onner*) un verbe formé sur un nom qui se termine par *-on*, sauf *s'époumoner*.

son → sonner ; raison → raisonner ; passion → passionner

EXERCICES

CORRIGÉS P. 404

1 Complétez avec une consonne simple ou double. Expliquez votre choix.
a. i. . . . . égal – **b.** hi. . . . . opotame – **c.** évè. . . . . ement – **d.** i. . . . . éel – **e.** baro. . . . . e

2 Formez un dérivé de ces mots avec le préfixe *in-* (*il-*, *ir-*).
a. audible – **b.** logique – **c.** nommable – **d.** apte – **e.** radier – **f.** nombre

L'ESSENTIEL EN UN CLIN D'ŒIL

Retenir l'orthographe de racines d'origine grecque ou latine pour savoir écrire plusieurs mots

racines avec consonne simple :
- chron, temps – chronologique
- phil, aimer – philosophe
- latér, côté – quadrilatère

racines avec consonne double :
- milli, millième – millimètre
- hipp, cheval – hippodrome
- gramm, lettre – grammaire

10 Comment s'aider de la prononciation pour écrire une consonne simple ou double ?

S'aider de la prononciation de la consonne

Pour qu'un *s* **placé entre deux voyelles** soit prononcé **[s]** et non [z], il faut qu'il soit doublé (*ss*).

| coussin [s] / cousin [z]
| poisson [s] / poison [z]

Pour qu'un **c placé devant *e* ou *i*** soit prononcé **[ks]** et non [s], il faut qu'il soit doublé (*cc*).

| succès [ks] / sucette [s] ; accident [ks] / incident [s]

Pour qu'un ***l* placé entre un *i* et une voyelle soit prononcé [j]** (comme dans *yeux*) et non [l], il faut qu'il soit doublé (*ll*).

| fille [j] / file [l]
| brillant [j] / fébrile [l]

Attention, on trouve aussi des *l* doublés qui, bien que placés après un *i*, se prononcent [l].

| ville ; tranquille ; illusion ; mille

LA BULLE LITTÉRAIRE

« Marie regarde les flammes : les brindilles pétillent, les branches de sapin sifflent. »

Claude SEIGNOLLE, *L'Homme aux sept loups*

S'aider de la prononciation de la voyelle qui précède

Pour qu'un ***e* sans accent devant une consonne** soit prononcé [ɛ] (comme dans *jet*) et non [ə] (comme dans *je*), il faut que cette consonne soit doublée.

| ils viennent [ɛ] / nous venons [ə] ; pelle [ɛ] / pelote [ə]

Pour qu'un ***e* devant la lettre *m*** soit prononcé [a] et non [ə] (comme dans *de*), il faut que *m* soit doublé (*mm*).

| femme [a] / femelle [ə] ; évidemment [a] / froidement [ə]

ASTUCE Un ou deux *m* pour les adverbes en *-ment* ?

J'écris toujours *mm* si l'adverbe se termine par le son [amɑ̃] (il rime avec *maman*) et j'écris toujours un seul *m* dans les autres cas : il n'y a aucune exception.

j'entends [amɑ̃] : **savamment**, **prudemment**

je n'entends pas [amɑ̃] : **rapidement**, **vraiment**

EXERCICES

CORRIGÉS P. 405

1 Vrai ou faux ?

a. On écrit *cc* devant *e* ou *i* si on entend [ks]. – **b.** On écrit toujours une consonne double après un *e* sans accent prononcé [ə] comme dans *de*. – **c.** On double toujours le *m* dans les adverbes qui se terminent par [amɑ̃].

2 Donnez les adverbes correspondant à ces adjectifs.

a. élégant – **b.** évident – **c.** instantané – **d.** brillant – **e.** intelligent – **f.** poli

3 Prononcez les verbes à voix haute et complétez le tableau.

	présent		imparfait
prendre	elles	nous	je .....
tenir	vous	ils	tu .....
appeler	nous appelons	j'	elles .....
jeter	tu	nous	vous .....
surprendre	nous	ils	tu .....

4 Expliquez les consonnes simples ou doubles soulignées.

a. accent – **b.** vanille – **c.** terre – **d.** grelot – **e.** avenant – **f.** vaccin – **g.** professeur – **h.** gravement – **i.** effort

L'ESSENTIEL EN UN CLIN D'ŒIL

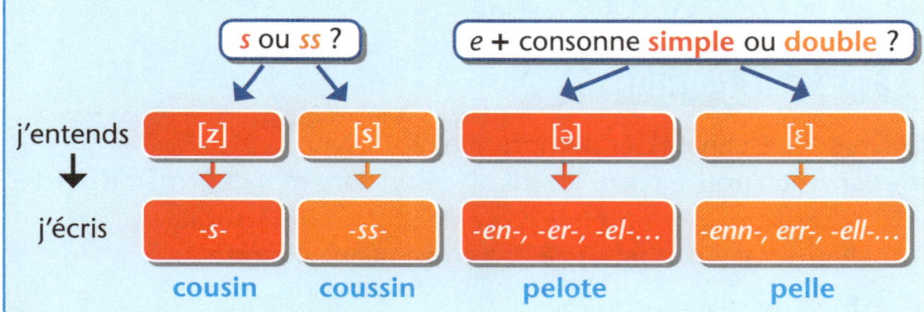

11 Comment écrire le son [s] : *s, ss, sc, c, ç* ou *t* ?

Devant *a, o, u*

S'il est placé devant *a, o* ou *u*, le son [s] s'écrit :

- **toujours** avec un ***s* en début de mot** (sauf *ça*) ;
  salir ; sans ; sortir ; sous ; sucre
- le plus souvent avec un seul ***s* après une consonne** ;
  versant ; chanson ; capsule
- en général avec deux ***s* entre deux voyelles.**
  massage ; caisson ; blessure

Dans un mot, on peut trouver aussi **ç devant *a, o, u*** : il s'agit le plus souvent de dérivés* de mots s'écrivant avec un *c* (→ **3**).

agaçant (de agacer) ; glaçon (de glace) ; reçu (de recevoir)

Devant *e, i* et *y*

S'il est placé devant *e, i* ou *y*, le son [s] s'écrit également le plus souvent ***s* en début de mot** ou **après une consonne**, ***ss* après une voyelle.**

semaine ; observer ; assez

LA BULLE LITTÉRAIRE

« Messieurs les jurés, il me semble entrevoir à travers les siècles quelques traces de la justice inconsciente des choses. »

Eugène Le Roy, *Jacquou le Croquant*

Mais on peut trouver également **c** et, plus rarement, ***sc***.

cerner ; cycle ; pièce
scène ; scie ; abscisse ; fasciner

Finale en *-tion* ou *-(s)sion*

On écrit en finale des noms féminins :

- ***-tion*** si l'on trouve ***t*** dans le radical* ou un dans mot de la même famille ;
  désertion : avec un t que l'on entend dans désertique
  discrétion : avec un t que l'on entend dans discrète
- ***-(s)sion*** dans les autres cas.
  immersion ; accession

Mais on écrit *discussion*, *percussion* (malgré *discuter* et *percuter*), *diversion*, *conversion* et *interversion* (malgré *divertir*, *convertir*, *intervertir*).

Finale en *-tie*

Le son [s] s'écrit *t* dans les noms féminins en *-ie* formés sur **un radical qui se termine par un *t*.** La finale se prononce [si].

acrobate → acrobatie ; inerte → inertie

ASTUCE J'écris *-ciel* ou *-tiel* dans les adjectifs ?

Je me rappelle que tous les adjectifs formés sur un nom féminin en *-ence* s'écrivent *-entiel*.

confidence → confidentiel ; présidence → présidentiel

EXERCICES

CORRIGÉS P. 405

1 Expliquez pourquoi le son [s] est écrit ainsi dans ces mots.

a. diplomatie – **b.** perçu – **c.** diction – **d.** professeur – **e.** providentiel – **f.** savon – **g.** accusation – **h.** français – **i.** idiotie

2 Trouvez un dérivé de chaque mot avec un suffixe* contenant le son [s]. Aidez-vous du clin d'œil.

a. délicat – **b.** correspondre – **c.** avare – **d.** adorer – **e.** exposer

3 Complétez les noms avec *-tion*, *-sion* ou *-ssion*. Aidez-vous du mot donné entre parenthèses.

a. une locu..... *(un locuteur)* – **b.** l'impul..... *(impulsif)* – **c.** l'affec..... *(affectueux)* – **d.** l'impre..... *(imprimer)* – **e.** l'atten..... *(attentif)* – **f.** l'inven..... *(inventer)*

L'ESSENTIEL EN UN CLIN D'ŒIL

Retenir l'orthographe de suffixes pour savoir écrire plusieurs mots

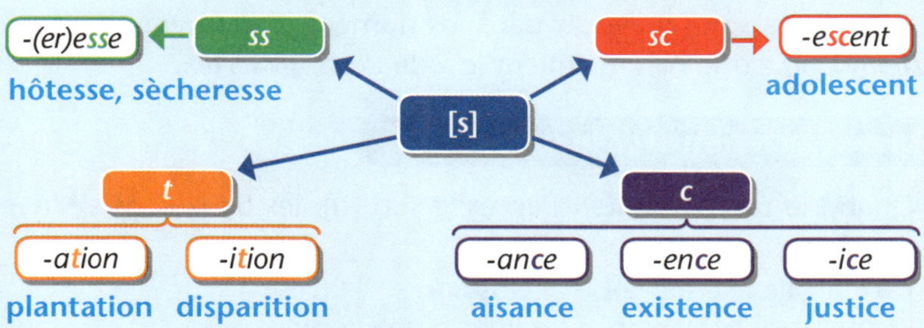

12 Comment écrire le son [z] : s, z ou x ?

Au début d'un mot

Au **début** d'un mot, le son **[z] s'écrit toujours avec la lettre *z*** : il n'y a aucune exception.

| **zapper** ; **zèle** ; **zibeline** ; **zoo**

Le *s* se prononce toujours [s] en début de mot (→ **11**) : il ne peut donc pas servir à transcrire le son [z].

À l'intérieur d'un mot

Le plus souvent, le son **[z] s'écrit avec un seul *s* entre deux voyelles.**

| **hasard** ; **oser** ; **hésiter** ; **maison**

Le son [z] s'écrit avec un ***z*** à l'intérieur d'un mot :

- **après une consonne** (si on l'écrivait avec *s*, il se prononcerait [s]) ;

  | **chimpanzé** ; **bronze** ; **quatorze**

- lorsqu'il s'agit d'un **mot emprunté à une langue étrangère.**

  | **azur, gazelle** viennent de l'arabe ; **mazout** vient du russe

On écrit le son [z] avec ***zz*** dans très peu de mots, qui sont tous des mots empruntés à des langues étrangères.

| **jazz** ; **grizzli** ; **puzzle** ; **buzz**

On écrit le son [z] avec ***x*** dans les numéraux ***deuxième, sixième*** et ***dixième*** parce que l'on maintient le *x* de *deux, six* et *dix.*

En association avec le son [g] : [gz]

Quand le son [z] s'entend après le son [g], les deux sons s'écrivent avec la lettre *x*.

| à l'initiale : **xénophobe** ; **xylophone**
| après *e* ou *he* : **exercice** ; **exiger** ; **hexagone**

Le son [z] qui ne s'écrit pas

Les mots qui se terminent par *s*, *x* et *z* se prononcent avec un [z] final en liaison (→ **16**). Mais ce son [z] n'apparait jamais à l'écrit.

les avions ; dix ans
chez un ami

LA BULLE LITTÉRAIRE

« À sa visite au zoo
Zazie suçant son zan
S'amusait d'un vers luisant »

Serge GAINSBOURG, « Exercice en forme de Z »

ASTUCE **Comment écrire le féminin de *joyeux* ?**

Je me rappelle que, pour les noms et adjectifs qui se terminent par *-eux* au masculin, le féminin se fait en *-euse* qui s'écrit avec un *s*, jamais un *z*.

j'écris donc : Joyeuses fêtes !

EXERCICES

CORRIGÉS P. 405

1 Relevez les mots qui contiennent le son [z] et classez-les dans le tableau.
En moins d'une heure, Rouletabosse avait déposé les douze demandes, obtenu et rempli les quatre formulaires en trente exemplaires au total, retiré le certificat avec ses trois visas. (R. Escarpit, *Les Reportages de Rouletabosse*)

s	z	x

2 Expliquez pourquoi le son [z] est ainsi écrit dans ces mots.
a. zone – **b.** xylographie – **c.** dixième – **d.** quiz – **e.** exact – **f.** muse – **g.** onze

3 Complétez avec *z*, *zz*, *s* ou *x*.
a. vi. . . . .ir – **b.** pu. . . . .le – **c.** quin. . . . .e – **d.** si. . . . .ième – **e.** . . . . .inc – **f.** ha. . . . .ard – **g.** . . . . .èle – **h.** e. . . . .amen – **i.** bron. . . . .age – **j.** glai. . . . .e – **k.** he. . . . .amètre

TOUT RETENIR EN UN CLIN D'ŒIL

[z]	initiale	entre 2 voyelles	après consonne	avec [g]
= *z*	toujours	dans des emprunts	toujours	jamais
= *s*	jamais	le plus souvent	jamais	jamais
= *x*	jamais	*deuxième, dixième*	jamais	toujours

13 Comment écrire le son [k] : *c* ou *qu* ?

Le son [k] s'écrit le plus souvent *c* ou *qu*. Il s'écrit aussi de façon plus rare *ch* dans des mots issus du grec (**chorale**), *k* ou *ck* dans des mots empruntés à des langues étrangères (**képi**, **stock**).

Devant une voyelle

Devant *a*, *o* ou *u*, le son [k] s'écrit le plus souvent avec la lettre **c**.

cabine ; **bocal** ; **comète** ; **écouter** ; **cube** ; **chacun**

Il y a des exceptions, en particulier :

- certains dérivés* en *-able*, *-age* ou *-ant* de verbes en *-quer* (**attaquable**, **marquage**) ;
- *quand*, *quoi*, parce que les mots grammaticaux s'écrivent avec *qu-* (**qui**, **que**, **quel**).

Devant *e* et *i*, le son [k] s'écrit le plus souvent ***qu***.

question ; **fréquent** ; **chaque** ; **équipe** ; **mannequin**

Quand on entend **[ks]**, on écrit ***cc*** (→ **10**).

vaccin ; **succéder**

Devant une consonne

Devant une consonne, le son [k] s'écrit avec la lettre **c**.

acné ; **pacte** ; **éclore** ; **sucre**

LA BULLE LITTÉRAIRE

« Le Maki Mococo
Fait goûter ses amis
Pas de macaronis
Mais d'un cake au kiwi »

Jacques Roubaud,
Les Animaux de personne

En fin de mot

Tous les **noms féminins** et la plupart des **adjectifs** qui se terminent par le son [k] s'écrivent ***que* en finale**.

noms : **une banque** ; **une époque** ; **une perruque** ; **une brique**
adjectifs : **opaque** ; **brusque** ; **grotesque** ; **cubique**

Exceptions : on écrit au masculin avec un **c** les adjectifs *caduc*, *grec*, *public*, *turc* et *sec*.

Les **noms masculins** terminés par le son [k] s'écrivent avec un **c final** (sauf *cinq* et *coq*).

| un arc ; un bloc ; le zinc

Les noms masculins issus d'un adjectif gardent le ***que*** de l'adjectif.

| un élastique ; le physique

ASTUCE Quand doubler le *c* en début de mot ?

Je me rappelle qu'on double le *c* (*cc*) dans la plupart des mots commençant par [ak], [ok] ou [syk].

accabler ; accord ; occasion ; occuper ; succomber ; succulent

EXERCICES

CORRIGÉS P. 405

1 Relevez les mots qui contiennent le son [k] et classez-les dans le tableau.

Les grands cafés, pleins de monde, débordaient sur le trottoir, étalant leur public de buveurs sous la lumière éclatante et crue de leur devanture illuminée. Devant eux, sur de petites tables carrées ou rondes, les verres contenaient des liquides rouges, jaunes, verts, bruns, de toutes les nuances. (G. de Maupassant, *Bel-Ami*)

c	qu

2 Pourquoi le son [k] s'écrit-il ainsi dans ces mots ?

a. chimique – **b.** socle – **c.** musique – **d.** choc – **e.** inquiet – **f.** occulte – **g.** accident

3 Complétez avec *c*, *cc* ou *qu*.

a. le ..... offre – **b.** le su..... ès – **c.** une personne stoï..... e – **d.** pi..... er – **e.** une ..... ille – **f.** a..... ueillir

4 Pourquoi les adjectifs *grec* et *turc* s'écrivent-ils avec *qu* au féminin ? À votre avis, pourquoi maintient-on le *c* dans *grecque* (→ 10) ?

TOUT RETENIR EN UN CLIN D'ŒIL

[k] = c
- devant *a, o, u*
- devant consonne
- finale des noms masculins

[k] = *qu*
- devant *e, i*
- finale des noms féminins
- finale des adjectifs

14 Comment écrire le son [j] à la fin d'un mot : *-il* ou *-ille* ?

Dans les noms

Les **noms féminins** qui se terminent par le son [j] s'écrivent toujours avec *-ille* en finale.

[aj]	la faille, l'écaille
[ɛj]	la corbeille, l'oreille
[ij]	la quille, l'espadrille
[uj]	la citrouille, l'andouille
[œj]	la feuille

Les **noms masculins** qui se terminent par les sons [aj], [ɛj], [uj] ou [œj] s'écrivent toujours avec *-il* en finale.

[aj]	le travail, l'émail
[ɛj]	le soleil, l'éveil
[uj]	le fenouil
[œj]	l'écureuil, le cerfeuil

Remarques :

- les rares **noms masculins** qui se terminent par le **son [ij]** s'écrivent *-ille* en finale ;

  un gorille, un joyeux drille

- les **noms composés* masculins** dont le dernier composant* est un **nom féminin** gardent la finale en *-ille*.

  un portefeuille (avec -ille en finale parce que le dernier composant est feuille, nom féminin)

Dans les verbes

Les **formes verbales** qui se terminent par le son [j] s'écrivent toujours *-ille*, avec éventuellement *s* ou *nt* selon le sujet*.

verbes en *-iller*	je travaille, tu brilles, ils fouillent, que tu réveilles
verbes en *-illir*	je tressaille, qu'ils bouillent, tu cueilles
autres verbes	que j'aille, que tu veuilles, qu'il vaille

Attention : les verbes en *-ayer* peuvent également se terminer par le son [j] (ils riment avec *veille*), mais ils s'écrivent dans ce cas *-ye, -yes* ou *-yent.*

je paye ; tu balayes ; elle essaye ; raye ; qu'ils déblayent

Dans les adjectifs

Il n'y a que quatre adjectifs qui se terminent par le son [j] : *pareil, vermeil, vieil* et *bredouille*. Au féminin, ils s'écrivent avec *-ille*.

un vieil ami, une vieille amie

LA BULLE LITTÉRAIRE

« On plie une jeune branche, mais pas un vieil arbre. »
Proverbe

ASTUCE J'écris *-euil, -euille* ou *-ueil, -ueille* ?

Le son [œj] s'écrit normalement *-euil* ou *-euille*. Mais lorsqu'il suit un *c* ou un *g*, il faut écrire *-ueil* ou *-ueille* pour que *c* et *g* gardent leur prononciation [k] et [g] (→ 3 et 4).

j'écris donc : **le treuil**, **j'effeuille** mais **l'écueil**, **je cueille**, **l'orgueil**

EXERCICES

CORRIGÉS P. 405

1 Pourquoi la terminaison soulignée s'écrit-elle ainsi ?

a. l'abeille – **b.** il rempaille – **c.** l'émail – **d.** l'accueil – **e.** elle éveille – **f.** une pareille situation – **g.** une nouille

2 Pour chacun de ces mots, dites s'il s'agit d'un nom ou d'un verbe.

a. sommeille – **b.** travail – **c.** éparpille – **d.** endeuille – **e.** écueil – **f.** orteil

3 Complétez ces mots qui se terminent par [j].

a. le faut..... – **b.** le vitr..... – **c.** la corb..... – **d.** le somm..... – **e.** il ass..... – **f.** le rec..... – **g.** elle gaz..... – **h.** une ma..... – **i.** un gouvern..... – **j.** l'appar..... – **k.** l'org.....

4 Complétez les mots de ce texte avec *-il* ou *ille*.

Avez-vous déjà entendu une grenou..... qui bredou....., un vie..... écureu..... qui effeu..... une marguerite sur le seu..... d'une maison, une jonqu..... qui frét..... au sole..... ?

TOUT RETENIR EN UN CLIN D'ŒIL

j'écris *-il* → noms masculins ; adjectifs masculins

j'écris *-ille* → noms féminins ; adjectifs féminins ; verbes

15 Comment écrire un nom féminin qui se termine par [e] : *-ée* ou *-é* ?

Les suffixes *-ée*

Le suffixe* ***-ée*** le plus courant sert à former des noms féminins dérivés* qui désignent :

- une **action** (à partir de verbes) ;

  entrer → une entrée ; chevaucher → une chevauchée

- une **quantité**, un ensemble (à partir de verbes ou de noms).

  couver → une couvée ; pincer → une pincée
  une bouche → une bouchée ; un matin → une matinée

Il existe deux autres suffixes ***-ée***, plus rares, qui servent à former des noms de **maladies**, de **troubles** ou de **plantes**.

maladies : **la diarrhée ; l'onglée**
plantes : **une graminée ; une giroflée**

Ces suffixes **s'écrivent toujours** ***-ée***. Les noms féminins qu'ils forment s'écrivent donc toujours avec un *e* muet* final.

LA BULLE LITTÉRAIRE

« Alors, du coup, elle pouvait soutenir que la guerre, on n'en ferait qu'une bouchée. »
Pierre Lemaître, *Au revoir là-haut*

Le suffixe *-té*

Le **suffixe** ***-té*** (qui peut s'écrire aussi *-ité*) sert à former des **noms féminins** qui désignent **une qualité**, un état, à partir :

- d'adjectifs ;

adjectif	bon	fier	pauvre	stupide
nom féminin	bonté	fierté	pauvreté	stupidité

- de racines d'origine grecque ou latine (→ **29**).

racine	liber	majes	clar	surd
sens	« libre »	« grand »	« clair »	« sourd »
nom féminin	liberté	majesté	clarté	surdité

▶ Ce suffixe **s'écrit toujours** *-té*. Les noms féminins qu'il forme ne s'écrivent donc jamais avec un *e* muet final.

ASTUCE J'écris *-té* ou *-tée* ?

Pour savoir si j'écris un nom féminin qui se termine par le son [te] avec *e* muet ou non, je regarde comment est formé ce nom.

dict/er → dict + ée → dictée

beau → beau + té → beauté

EXERCICES

CORRIGÉS P. 405

1 Séparez le radical* du suffixe par une barre. *Exemple : santé → san/té*

a. égalité – **b.** charretée – **c.** paternité – **d.** pauvreté – **e.** potée – **f.** beauté

2 Donnez un nom féminin dérivé* en [te] des mots suivants.

a. monter – **b.** assiette – **c.** porter – **d.** dense – **e.** grave – **f.** plat – **g.** fécond – **h.** jeter – **i.** mature – **j.** responsable – **k.** brouette – **l.** téter – **m.** rival

3 Complétez avec *-é* ou *-ée*. Expliquez votre choix.

a. la rapidit..... – **b.** une cact..... – **c.** l'éternit..... – **d.** une remont.....

4 Trouvez les noms féminins qui correspondent aux mots soulignés.

a. Un texte que l'on dicte est une ...... – **b.** Une personne généreuse fait preuve de ...... – **c.** Dire une chose absurde est une ...... – **d.** Une nuit passée dans un hôtel est une ...... – **e.** Celui qui n'est pas digne manque de ......

TOUT RETENIR EN UN CLIN D'ŒIL

[e]

= *é* → nom formé sur un adjectif ou une racine savante avec le suffixe *-té*

= *ée* → nom formé avec le suffixe *-ée*

16 Quelles erreurs éviter lorsqu'il y a une liaison ?

Qu'est-ce qu'une liaison ?

La **liaison** fait entendre la **dernière consonne** d'un mot placé devant **un mot commençant par une voyelle ou un *h* muet***. En dehors de la liaison, la consonne ne s'entend pas (→ 8).

avec liaison : **c'est ainsi**
(on entend le **t**)

sans liaison : **c'est bon**
(on n'entend pas le **t**)

Attention, il ne faut pas oublier le *ne* de la négation à l'écrit, même lorsqu'à l'oral le *n'* se confond avec la liaison.

On entend tout. On n'entend pas.
On n'entend rien.

LA BULLE LITTÉRAIRE

« Le petit Chose était si fier d'avoir sauvé la vie à son bon ami le maître d'armes. »
Alphonse DAUDET, *Le Petit Chose*

Quand le masculin ressemble au féminin

Certains **adjectifs masculins** se prononcent en liaison **comme s'ils étaient au féminin**. C'est le cas des adjectifs masculins qui se terminent par ***-eux, -er, -on, -ain*** ou ***-ein***.

	adjectif masculin	adjectif féminin	en liaison
on entend	[pitø]	[pitøz]	[pitøz]
on écrit	**piteux**	**piteuse**	**un piteux état**
on entend	[dɛʀnje]	[dɛʀnjɛʀ]	[dɛʀnjɛʀ]
on écrit	**dernier**	**dernière**	**un dernier avis**
on entend	[bɔ̃]	[bɔn]	[bɔn]
on écrit	**bon**	**bonne**	**un bon ami**
on entend	[plɛ̃]	[plɛn]	[plɛn]
on écrit	**plein**	**pleine**	**le plein air**

Malgré cette prononciation, il faut toujours bien veiller à accorder l'**adjectif au masculin s'il se rapporte à un nom masculin**.

Quand on écrit une consonne différente de celle qu'on entend

Certaines consonnes se prononcent différemment quand elles sont en liaison : *s* et *x* se prononcent [z] et *d* se prononce [t].

> plusieurs amis ; dix amis
> quand elle est là

ASTUCE J'écris *quand* ou *quant* ?

Avec *quand* ou *quant*, je fais toujours la liaison en [t] : *quand* et *quant* se prononcent donc toujours de la même façon. Pour ne pas les confondre, je me rappelle que :

- **j'écris toujours *quand* avec un *d* s'il exprime une idée de temps (je peux le remplacer par *lorsque* ou *à quel moment*) ;**

  Je ne sais pas quand il partira. Quand on veut, on peut.

- **j'écris toujours *quant* avec un *t* dans l'expression *quant à* (au, aux) que je peux remplacer par *en ce qui concerne*.**

  Quant à moi, je préfère la mer.

EXERCICES

CORRIGÉS P. 405

1 Transformez les groupes nominaux en utilisant le nom entre parenthèses.
a. une joyeuse fête *(anniversaire)* – **b.** une première fois *(emploi)* – **c.** une bonne place *(endroit)* – **d.** une vaine recherche *(espoir)*

2 Complétez si nécessaire avec une consonne finale ou avec *n'*.
a. un gran... homme – **b.** Va... -y. – **c.** On ... attend. – **d.** On ... attend pas.

3 Mettez à la forme négative.
a. On écoute. – **b.** On y arrive. – **c.** On en a encore. – **d.** Chacun a réussi.

4 Complétez avec *quand* ou *quant*.
a. ... j'étais petit, je passais mes vacances à la mer ; ... à lui, il allait à la montagne. – **b.** Il est très discret ... à cette affaire : il reste évasif ... on lui en parle.

TOUT RETENIR EN UN CLIN D'ŒIL

liaison
→ écrire la bonne consonne
→ ne pas oublier la négation
→ bien écrire les adjectifs masculins

17 Les accents : introduction

Quels sont les accents ?

Le français compte trois accents :

- l'**accent aigu** (´) qui ne porte que sur le *e* (*é*) ;
  - le bébé ; agréable ; malgré
- l'**accent grave** (`) qui porte sur le *a*, le *e* et le *u* (*à, è, ù*) ;
  - là ; l'accès ; où
- l'**accent circonflexe** (^) qui porte sur toutes les voyelles, sauf le *y* (*â, ê, î, ô, û*) (→ **19**).
  - le château ; la forêt ; nous prîmes ; le dôme ; sûr

Les accents et la prononciation

Lorsqu'ils portent **sur un *e*, les trois accents** indiquent que ce *e* se **prononce [e]** (comme dans *dé*) **ou [ɛ]** (comme dans *dès*). Ainsi, un *e* accentué n'est jamais muet (→ **18**).

élève ne se prononce pas comme élevé

La présence ou l'absence de l'**accent circonflexe** peut marquer une différence **de prononciation** lorsqu'il porte sur un *a* ou un *o*, mais pas toujours.

le o de notre ne se prononce pas comme celui de le nôtre
le o de atome se prononce comme celui de le nôtre, mais il ne porte pas d'accent

S'il est sur *i* ou *u*, il ne change pas la prononciation de ces voyelles.

Les autres valeurs des accents

Les **accents grave et circonflexe** peuvent distinguer des **homonymes** (→ **40**).

a (verbe avoir) ≠ à (préposition)
la tache (salissure) ≠ la tâche (travail)

Il faut **connaitre ces mots**, car il n'y a aucune règle qui dise s'il faut ou non un accent pour distinguer deux homonymes.

> on met un accent circonflexe pour distinguer l'adjectif sûr (« certain ») de la préposition sur, mais on n'en met pas pour distinguer l'adverbe de négation pas du nom masculin pas

LA BULLE LITTÉRAIRE

> « Aigu
> Grave
> Ou circonflexe
> Je le répète sans complexe :
> C'est l'Accent
> Qui fait le Texte ! »
>
> **Andrée Chedid, « Éloge de l'accent »**

▶ L'**accent circonflexe** peut être la trace d'une lettre disparue, en particulier un *s* (→ **19**).

> forêt s'écrivait autrefois forest (comme dans forestier)

ASTUCE Comment tracer l'accent aigu et l'accent grave ?

Pour me rappeler dans quel sens il faut tracer les accents, je m'aide de leur nom et je pense à la musique : l'accent aigu « monte » ↗ ; l'accent grave « descend » ↘.

EXERCICES

CORRIGÉS P. 406

1 **Classez ces mots dans un tableau à trois colonnes (aigu / grave / circonflexe).**
a. éléphant – **b.** fantôme – **c.** voilà – **d.** gelée – **e.** âne – **f.** où – **g.** espiègle

2 **Vrai ou faux ?**
a. L'accent aigu se place sur *a*, *e* et *u*. – **b.** L'accent circonflexe sert parfois à distinguer des homonymes. – **c.** L'accent grave change la prononciation du *e*.

3 **Recopiez le texte en complétant avec *à, a, là, la, où, ou*.**
Dites ..... Stromae ..... est son papa. Il ..... posé ..... question trois ..... quatre fois, mais il n'..... pas ..... réponse. C'est bien ..... le problème !

L'ESSENTIEL EN UN CLIN D'ŒIL

les accents donnent des indications sur
- ← la prononciation du *e*
- → l'histoire des mots (*s* disparu)
- ↓ le sens des mots (distinguer des homonymes)

18 Comment faut-il accentuer un *e* ?

Le *e* muet : *e*

Un *e* qui ne se prononce pas ou qui se prononce [ə] comme dans *de* s'appelle un ***e* muet**. Il ne porte **jamais d'accent**.

- dans partie le e ne se prononce pas ; dans tenir le e se prononce [ə]

Le *e* accentué : *é, è, ê*

On met un accent sur un *e* non muet s'il **termine la syllabe* graphique** dans laquelle il se trouve.

- rivière (car ri-viè-re)
- théâtre (car thé-â-tre)

Remarque : un *e* qui suit deux consonnes formant un seul son (*ch, gn*…) ou deux consonnes dont la deuxième est *l* ou *r* (*pl, br*…) termine la syllabe graphique.

- pêche (pê-che) ; zébrure (zé-bru-re)

LA BULLE LITTÉRAIRE

> « L'autre, femme ou homme, de la même espèce que moi, et pourtant différent, comment le regarder ? »
> **Albert Jacquard**, *La Cour couleurs*

On met l'**accent aigu** (et non l'accent grave) sur un *e* :

- si la syllabe suivante ne contient pas de *e* muet ;
  - un collégien (mais collège) ; l'espérance (mais j'espère)
- si ce *e* est la **dernière lettre** du mot (sans tenir compte des *e* muets ni du *s* du pluriel) ;
  - malgré ; la poupée ; des accents oubliés ; des fautes oubliées
- si ce *e* est la **première lettre** du mot et dans les **préfixes*** ***dé-, pré-*** et ***mé-***.
  - élire ; élever ; un échelon ; un méfait ; la démesure ; prévenir

On met l'**accent grave** (et non l'accent aigu) sur *e* :

- si la syllabe suivante contient un *e* muet ;
  - un collège (mais collégien) ; j'espère (mais espérer) ;
  - un règlement (mais régler)
- si ce *e* est en fin de mot et qu'il est suivi d'un *s* (autre que le *s* du pluriel), que ce *s* soit prononcé ou non.
  - un congrès ; un abcès ; très ; un palmarès ; un cacatoès

Le *e* sans accent prononcé [e] ou [ɛ]

On ne met pas d'accent sur ***e*** prononcé [e] ou [ɛ] s'il **ne termine pas la syllabe graphique**. Ainsi, *e* ne porte pas d'accent :

- s'il est suivi d'une **consonne double** ;
  - effort (car ef-fort) ; intéressant (car in-té-res-sant)
- s'il est suivi de **deux ou plusieurs consonnes** (sauf cas évoqués ci-dessus : *ch, gn, pl, br*...) ;
  - hiberner (car hi-ber-ner) ; trimestre (car tri-mes-tre)
- s'il est **dans la dernière syllabe** et suivi **d'une consonne** (sauf *s*), que cette consonne soit prononcée ou non.
  - bec ; pied ; partiel ; amer ; aimer ; assez ; mais accès ; cacatoès

Exceptions : *arrêt, benêt, forêt, genêt, intérêt, prêt* et leurs dérivés*.

ASTUCE Faut-il accentuer *e* devant *x* ?

Je me rappelle que *x* équivaut à deux consonnes : [g] + [z] (xylophone) ou [k] + [s] (boxe). Je ne mets jamais d'accent sur *e* suivi de deux consonnes, donc je ne mets jamais d'accent sur *e* suivi de *x*.

exercice ; examen ; lexique ; annexe

EXERCICES

CORRIGÉS P. 406

1 Expliquez la présence ou l'absence d'accent sur le ou les *e* de ces mots.

a. opéra – **b.** trompette – **c.** festival – **d.** solfège – **e.** ténor – **f.** interprétation

2 Placez les accents (grave ou aigu) sur les *e* qui doivent être accentués.

a. VELOUTE D'ASPERGES – **b.** POULET À LA CREME – **c.** MACEDOINE DE LEGUMES – **d.** ECLAIR AU CHOCOLAT – **e.** CAFE OU THE

L'ESSENTIEL EN UN CLIN D'ŒIL

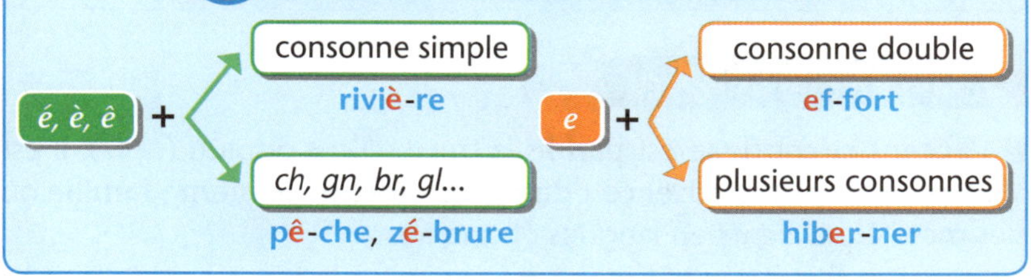

19 À quoi sert l'accent circonflexe ?

Contrairement à ce qui se passe pour l'accent aigu et l'accent grave, il n'y a pas de règles fixes pour savoir quand mettre ou non un accent circonflexe, sauf dans la conjugaison.

Distinguer des homonymes

L'accent circonflexe sur certains mots permet de les distinguer de leurs homonymes (→ **40**). C'est, par exemple, le cas de ***dû*** (participe passé de *devoir*) et ***du*** (article) ; ***sûr*** (synonyme de *certain*) et ***sur*** (préposition) ; ***tâche*** (travail) et ***tache*** (salissure)…

J'ai dû acheter du pain.
Je suis sûr d'avoir laissé mes clés sur la table.
J'ai pour tâche de nettoyer cette tache.

Lorsqu'ils sont au féminin ou au pluriel, *dû* et *sûr* perdent leur accent : *des sommes dues, une réponse sure, des moyens surs* (→ Les rectifications de l'orthographe, p. **422**).

C'est aussi le cas des formes du verbe *croitre* (synonyme de *pousser, augmenter*) qui pourraient se confondre avec celles du verbe *croire*.

croitre	je / tu croîs ; il croît ; ils crûrent ; elle a crû
croire	je / tu crois ; il croit ; ils crurent ; elle a cru

Rappeler un s disparu

L'**accent circonflexe** est parfois la trace d'un *s* disparu (→ **17**). Il est alors possible de retrouver ce ***s* dans des mots de la même famille** ou des mots équivalents en langues étrangères.

forêt → forestier ; bâton → bastonnade ; hôpital → hospitalier
pâte → pasta, en italien ; **château → castillo**, en espagnol

Dans la conjugaison

On met toujours un accent circonflexe à **tous les verbes** :

- aux **1re et 2e personnes du pluriel du passé simple** ;
  nous passâmes ; vous fîtes ; nous lûmes ; vous vîntes
- à la **3e personne du singulier de l'imparfait du subjonctif**.
  qu'il passât ; qu'elle fît ; qu'il lût ; qu'elle vînt

En dehors de ces cas, les terminaisons des verbes ne portent jamais d'accent circonflexe.

Il fut étonné. 3e personne du singulier du passé simple → pas d'accent

LA BULLE LITTÉRAIRE

« Oui, dès l'instant que je vous vis,
Beauté féroce, vous me plûtes »

Alphonse ALLAIS, *Complainte amoureuse*

ASTUCE Quand faut-il écrire *î* ou *i*, *û* ou *u* ?

En dehors des cas cités dans la conjugaison et des homonymes vus plus haut, le *i* et le *u* ne portent pas d'accent circonflexe.

j'écris donc : vous faites, vous dites (au présent), une chute, le jus…

EXERCICES

CORRIGÉS P. 406

1 Écrivez ces verbes au passé simple avec *nous* et *vous*.

a. il alla – **b.** elle finit – **c.** il voulut – **d.** elle revint – **e.** il parut – **f.** elle fut

2 Cherchez un mot de la même famille qui fasse apparaitre le *s* disparu.

a. la fête – **b.** la bête – **c.** mâcher – **d.** la pâture – **e.** la fenêtre

TOUT RETENIR EN UN CLIN D'ŒIL

accent circonflexe
- pour distinguer des homonymes
- pour rappeler un *s* disparu
- au passé simple (avec *nous* et *vous*)
  à l'imparfait du subjonctif (avec *il* ou *elle*)

20 À quoi sert le tréma ?

Donner une indication sur la prononciation

Le **tréma placé sur *i* ou *u*** indique que ces voyelles ne se lisent pas avec le *a* ou le *o* qui précède, mais **se lisent indépendamment** de *a* ou *o*.

mais :	ai se lit [ɛ]	trois :	oi se lit [wa]
≠ maïs :	aï se lit [ai]	≠ troïka :	oï se lit [ɔi]

C'est le cas pour les noms et adjectifs formés avec les suffixes* *-isme, -iste* ou *-ique* placés après *a* ou *o*.

archaïsme ; égoïste ; héroïque

Remarques :

- dans ce cas, le tréma joue le même rôle que le *h* entre deux voyelles (→ 5) ;
- *é* suivi d'un *i* (*éi*) se lit toujours en deux sons séparés [e] + [i]. Il n'y a donc **jamais de *ï* après *é***.

la caféine ; le séisme

Le **tréma placé sur *u* entre *g* et *e* ou *i*** indique que *gu* ne forme pas un seul son [g], mais doit être lu [g] + [y] comme dans *figure*.

bague :	gue se lit [g]	déguisé :	gui se lit [gi]
cigüe :	güe se lit [gy]	exigüité :	güi se lit [gyi]

C'est le cas pour :

- le féminin des adjectifs *aigu, contigu* et *exigu* ;

une voix aigüe ; des pièces contigües

- les noms féminins en *-ité* dérivés* de *contigu* et *exigu*.

la contigüité ; l'exigüité

Le **tréma placé sur *i* entre deux voyelles** peut marquer le son [j].

aïe ! se prononce comme ail : [aj]

Écrire des noms propres

On met généralement un tréma sur le *e* **qui précède *l*** dans les **noms propres** qui se terminent par [aɛl] et [oɛl].

Israël ; Raphaël ; Noël ; Joël

> **LA BULLE LITTÉRAIRE**
>
> « Ah oui ? Et qu'a ouï l'ouïe de l'oie de Louis ? »
>
> **Raymond Devos, « Ouï-dire »**

Les dérivés ne conservent pas le tréma et s'écrivent avec *é*.

israélien

ASTUCE J'écris les formes de *haïr* avec tréma ou non ?

Pour savoir quand mettre le tréma, je me fie à la prononciation :
- **si j'entends les deux voyelles [a] + [i], je mets un tréma (ils haïssent) ;**
- **si j'entends une seule voyelle [ɛ] (comme dans *lait*), je n'en mets pas (il hait).**

EXERCICES

CORRIGÉS P. 406

1 Vrai ou faux ?

a. Le tréma se place sur une voyelle ou sur une consonne. – **b.** Le tréma peut jouer le même rôle qu'un *h*. – **c.** Tous les mots dérivés d'un mot avec un tréma gardent le tréma.

2 Complétez avec la voyelle qui convient.

a. humano... de – **b.** le juda... sme – **c.** un kalé... doscope – **d.** l'exig... ité – **e.** le capharna... m – **f.** Ne ha... s point ceux qui te ha... ssent.

3 Donnez un dérivé en *-isme*, *-iste* ou *-ique* pour chaque mot.

a. athée – **b.** delta – **c.** héros – **d.** Mao – **e.** hébreu

4 Relevez les mots dans lesquels le tréma marque le son [j].

a. coïncidence – **b.** faïence – **c.** stoïque – **d.** païen – **e.** aïeul

TOUT RETENIR EN UN CLIN D'ŒIL

tréma
- voyelle prononcée séparément : maïs
- le son [j] : aïe
- noms propres terminés par *aël*, *oël* : Noël

21 Quand utiliser l'apostrophe ?

À quoi sert l'apostrophe ?

L'**apostrophe** (') remplace une voyelle qui disparait lorsqu'elle est suivie d'une autre voyelle ou d'un *h* muet*. C'est ce qu'on appelle l'**élision**.

> **l'adolescent** ; **l'élève** ; **l'indulgence** ; **l'originalité** ; **l'union**
> **l'habit** ; **l'hésitation** ; **l'histoire** ; **l'honneur** ; **l'hurluberlu** ;
> **l'hypocrisie**

Attention, il n'y a pas d'élision devant un *h* aspiré (→ **5**).

> **la hantise** ; **la honte**

Pour quelles voyelles et quels mots ?

L'élision se fait pour les mots grammaticaux d'une seule syllabe qui se terminent par *e* : ***ce*** (pronom), ***de***, ***je***, ***le*** (article et pronom), ***me***, ***te***, ***se***, ***ne***, ***que*** et pour ***la*** (article et pronom).

> **L'amoureuse de Titeuf s'appelle Nadia. C'est parce qu'il l'aime qu'il n'arrive à penser à rien d'autre.**

Les quatre **composés** de *que* (***jusque***, ***lorsque***, ***puisque*** et ***quoique***) marquent également l'élision avec l'apostrophe.

> **Lorsqu'il voit Nadia, Titeuf sent son cœur battre plus fort.**

Presque et *quelque* ne s'élident que dans *presqu'île* et *quelqu'un(e).*

> **Titeuf est presque adolescent.**

À l'oral, les niveaux familiers et courants élident également le *u* de *tu*. Cette élision ne doit pas se faire à l'écrit si le niveau de langue ne s'y prête pas.

> **Tu as vu comme il la regarde !** (et non ~~T'as vu...~~)

Cas particuliers

Le *i* ne s'élide que dans la **conjonction *si***. L'élision se fait **toujours devant *il*, *ils*** et jamais devant d'autres mots : il n'y a aucune exception !

> **S'il ne voit plus Nadia ou si elle ne le regarde pas, Titeuf est tout triste.**

▶ Bien qu'ils commencent par une voyelle, il n'y a pas d'élision devant :

- *onze, oui* et *ouate* ;

  Je pense **que** oui, Titeuf est amoureux : il me l'a dit plus **de** onze fois.

- un mot qui commence par *y* marquant le son [j], sauf devant *yeux*.

  Il n'a **d'**yeux que pour elle en mangeant son pot **de** yaourt.

LA BULLE LITTÉRAIRE

« J'osai enfin m'enquérir si elle avait prévenu Mme Grangier de sa grossesse. Elle me dit que oui, et qu'elle avait prévenu Jacques. »

Raymond Radiguet, *Le Diable au corps*

ASTUCE J'écris *la* ou *l'a* devant un verbe ?

Je me rappelle que l'apostrophe remplace toujours la dernière lettre d'un mot qu'on ne prononce pas : *l'a* correspond donc à deux mots (le pronom *le* ou *la* suivi du verbe *avoir*). Ainsi, si je peux remplacer le *l* par un autre pronom, c'est qu'il y a bien une apostrophe.

j'écris donc : Dès qu'il **l'a** vue, il a su qu'il ne **la** quitterait pas.

(= dès qu'il a vu elle : 2 mots) (= il ne quitterait pas elle : 1 mot)

EXERCICES

CORRIGÉS P. 406

1 Vrai ou faux ?

a. On peut élider le *a* de *ma* et *ta*. – **b.** Dans le niveau de langue soutenu, on n'élide jamais le *u* de *tu*. – **c.** On élide toujours la conjonction *si* devant *il* ou *ils*.

2 Cochez la phrase correctement écrite.

a. ❑ Si ils viennent, je te préviendrai. - **b.** ❑ S'ils viennent, je te préviendrai.

3 Choisissez la bonne forme.

(Si / S') il est vrai *(qu'elle / quel)* lui plait, Titeuf sait *(que / qu')* il doit *(se / s')* attendre à des refus de *(la / l'a)* part de Nadia. Pourtant, il *(la / l'a)* serrée dans ses bras : elle a compris... Ou alors, il *(ni / n'y)* connait rien !

TOUT RETENIR EN UN CLIN D'ŒIL

mot grammatical en *e* / *la* + voyelle (sauf *y*) ou *h* muet → ' (c', n', l'...)

si + *il, ils* → s'il, s'ils

22 Quand utiliser le trait d'union ?

Le trait d'union lexical : dans les mots composés

L'emploi du trait d'union dans les mots composés* ne répond pas toujours à des règles fixes.

on écrit **un coffre-fort** avec trait d'union et **un château fort** sans

On met **toujours** un trait d'union lorsque le mot composé est d'**une classe* grammaticale différente** de celle de l'ensemble des composants*.

Le nombre 13 porte bonheur.
(**porte bonheur** est un groupe verbal)
Le nombre 13 est un porte-bonheur. (**porte-bonheur** est un nom)

On met le plus souvent un trait d'union lorsque le mot composé a **un sens différent** de celui de l'ensemble des composants.

un petit fils ≠ un petit-fils
(un petit-fils, ce n'est pas un fils qui est petit)

On met toujours un trait d'union dans les **nombres** (→ Les rectifications de l'orthographe, p. **422**).

Qui vole à la vitesse de neuf-mille-sept-cent-quatre-vingt-douze kilomètres à l'heure ?

Le trait d'union grammatical

Contrairement à ce qui se passe pour le trait d'union lexical, l'emploi du trait d'union grammatical répond à des **règles précises**.

On met un trait d'union entre le **verbe** et **son pronom sujet** ou **complément** qui le suit. C'est le cas :

- des **pronoms personnels** ainsi que de ***ce*** et ***on*** lorsqu'ils sont sujets inversés ;

Sais-tu qui se cache derrière Iron Man ?
Ainsi croit-on que Tony Stark est un homme normal.

- des **pronoms personnels** lorsqu'ils sont **compléments d'un verbe à l'impératif** sans négation.

Il s'est donné du mal : allez-y, félicitez-le !

Si ces pronoms sont **avant le verbe**, il n'y a **jamais de trait d'union**.

S'il te plait.

On met un trait d'union avec ***même, ci*** et ***là*** quand ils renforcent le pronom qu'ils suivent.

> Hulk lui-même ne se déplace pas aussi vite. Celui-ci est moins rapide.

LA BULLE LITTÉRAIRE

« S'il vous plaît… dessine-moi un mouton ! »

Antoine de SAINT-EXUPÉRY, *Le Petit Prince*

ASTUCE Quand faut-il écrire *-t-* après un verbe ?

Pour faire entendre une liaison en [t], j'écris toujours *-t-* (sans apostrophe*) entre un verbe qui se termine par *e* ou *a* et les pronoms sujets inversés *il, elle,* ou *on*.

Comment lui annoncera-t-il la nouvelle ? (et non ~~annoncera-t'il~~)

Les consonnes *d* et *t* se prononçant toujours [t] en liaison, *-t-* est inutile si le verbe se termine par ces consonnes.

Iron Man prend-il parfois l'avion ? (et non ~~prend-t-il~~)

EXERCICES

CORRIGÉS P. 406

1 Que signifient ces suites de mots sans traits d'union ? Écrivez ensuite les mots composés correspondants et dites ce qu'ils signifient.

a. petit fils – **b.** belle famille – **c.** trois mâts – **d.** c'est à dire – **e.** peut être

2 Mettez le trait d'union si nécessaire.

a. Réponds. . . . . moi sans. . . . . gêne. – **b.** Est. . . . . ce. . . . . que c'est normal ? – **c.** Y. . . . . a. . . . . t. . . . . il quelqu'un à la maison ? – **d.** Viens cet après. . . . . midi et non avant. . . . . midi.

3 Posez les questions correspondant à ces réponses. Suivez le modèle.

Oui, il est venu. → Est-il venu ?

a. Oui, elle a un nouveau téléphone. – **b.** Oui, on comprend mieux avec un exemple. – **c.** Oui, il y a un pilote dans l'avion. – **d.** Oui, ils viennent ce soir.

L'ESSENTIEL EN UN CLIN D'ŒIL

trait d'union →
- dans les mots composés (de classes grammaticales ≠)
- dans l'écriture des nombres
- dans la suite « verbe + *ce, on* ou pronom personnel »

23 La ponctuation : introduction

Qu'est-ce que la ponctuation ?

La **ponctuation** est un **ensemble de signes propres à l'écrit** (ils ne se prononcent pas à l'oral) qui permettent de marquer certaines intonations de l'oral et de montrer l'organisation d'un texte ou d'une phrase.

> Maitre Corbeau, savez-vous chanter ?
> à l'oral, la virgule marque une courte pause après Corbeau ; le point d'interrogation marque une intonation montante en fin de phrase

On classe les signes de ponctuation en deux catégories :

- les signes qui peuvent marquer **la fin d'une phrase** : la ponctuation forte ;

point	.	Il mange un fromage.	→ 24
point d'interrogation	?	Savez-vous chanter ?	
point d'exclamation	!	Quelle jolie voix !	
points de suspension	…	Il est confus, honteux, désolé…	

- les signes que l'on utilise **à l'intérieur** d'une phrase.

virgule	,	Jamais, jura-t-il, on ne l'y reprendrait.	→ 25
point-virgule	;	Il mange un fromage ; c'est un camembert.	
deux-points	:	Voici un conseil : ne vous laissez pas flatter.	
guillemets	« »	« Oui, je sais chanter », affirma-t-il.	→ 26
tiret	–	« Vous avez une jolie voix. – C'est vrai. »	

On trouve aussi les **parenthèses ( )** et les **crochets [ ]** qui s'emploient surtout pour intercaler une indication accessoire dans un texte.

> Son fromage (sans doute un camembert) sent fort.

LA BULLE LITTÉRAIRE

« Les points d'exclamation de la pluie, la virgule des herbes, les points de suspension du brouillard, la parenthèse de midi, le point final du soir, l'alinéa de l'aube. »

Sylvain TESSON,
Aphorismes sous la lune et autres pensées sauvages

À quoi sert la ponctuation ?

- La ponctuation sert à **délimiter les phrases** ou **les groupes** dans une phrase.

> Le corbeau n'est pas malin. Le renard lui a joué un bon tour.
> deux points → deux phrases
> Maitre Corbeau, déclara le rusé animal, vous avez une jolie voix !

- La ponctuation donne **des informations sur le sens.**

> Nous allons manger, Maitre Corbeau !
> Nous allons manger Maitre Corbeau..
> } n'ont pas le même sens

- La ponctuation donne des **informations sur les types de phrase** (→ 93) et donc sur **la lecture** à voix haute.

> Vous savez chanter.
> Vous savez chanter ?
> } ne se lisent pas de la même façon à voix haute

ASTUCE Comment mettre la bonne ponctuation ?

Je relis soigneusement mon texte à voix haute et je vérifie le sens de ce que j'écris.

Vous allez voir mes amis ? ou Vous allez voir, mes amis !

EXERCICES

CORRIGÉS P. 406

1 Placez les signes de ponctuation dans les cases.

a. Au restaurant □ j'ai le menu sous les yeux □ Mais que prendre □ Tout a l'air si bon □ – **b.** Jean de La Fontaine a écrit de nombreuses fables □ Les plus célèbres sont □ *La Cigale et la Fourmi* □ *Le Corbeau et le Renard* et *Le Lièvre et la Tortue* □

2 Ponctuez ces phrases pour leur donner deux sens différents.

a. Léa écoute ce que je dis – **b.** Tu l'aimes – **c.** Je mange une glace au café

TOUT RETENIR EN UN CLIN D'ŒIL

ponctuation →
- pour structurer textes et phrases
- pour donner du sens
- pour lire à voix haute

24 Comment utiliser les points de fin de phrase ?

Quel est le rôle de ces points (. ? ! ...) ?

On appelle **ponctuation forte** les différents points qui peuvent marquer la fin d'une phrase (→ **23**).

Le **point simple** (.) se place à la fin d'une **phrase déclarative** (→ **94**) ou **injonctive** (impérative) (→ **96**).

> **Robinson a échoué sur l'île.** (phrase déclarative)
> **Vendredi, aide-moi à réparer le toit.** (phrase injonctive)

À l'oral, le point se marque par une intonation qui baisse (intonation descendante).

Le **point d'interrogation** (?) se place à la fin d'une **phrase interrogative**, d'une question (→ **95**).

> **Le naufragé retrouvera-t-il son pays natal ?**

À l'oral, le point d'interrogation se marque par une intonation qui monte (intonation montante).

LA BULLE LITTÉRAIRE

« "Foin, de tout ce qui n'est point le Point !"
Dit le Point, devant témoins.
"Sans *Moi*, tout n'est que baragouin !" »

Andrée Chedid, « Apothéose du point »

Le **point d'exclamation** (!) se place :

- à la fin d'une **phrase exclamative**, qui marque une émotion (→ **97**) ;

> **Comme il a faim et froid !**

Il peut également terminer une **phrase injonctive** ;

> **Viens vite !**

- après une interjection (→ **92**).

> **Oh ! un bateau à l'horizon !**

Les **points de suspension** (...) montrent que ce que l'on dit n'est pas terminé (énumération, interruption).

> **Pour se nourrir, Robinson cultivait navets, luzerne, avoine...**

Ils peuvent aussi se placer à l'intérieur d'une phrase.

> **Le chaud, le froid, l'amer, le rugueux..., toutes ces sensations, il les avait éprouvées.**

Comment utilise-t-on les points de fin de phrase ?

▶ Même lorsque la phrase est non verbale*, elle doit se terminer par un signe de ponctuation forte.

> Robinson et Vendredi sont-ils devenus amis ? Sans doute.

▶ À l'oral, la ponctuation de fin de phrase marque une pause plus longue.

▶ On écrit toujours avec une majuscule (→ **27**) le mot qui suit une ponctuation de fin de phrase.

> Comment va-t-il survivre ? Il n'en sait rien ! Mais il ne désespère pas.

ASTUCE — Je mets un point ou un point d'interrogation ?

Si ma phrase **appelle une réponse**, c'est une question : je dois la terminer par un **point d'interrogation**.

Robinson a-t-il revu sa famille ?
(le locuteur s'attend à ce qu'on lui réponde)

Mais si elle **n'appelle pas de réponse**, ce n'est pas une question : je dois la terminer par un **point simple**.

Je me demande s'il a revu sa famille.
(le locuteur ne s'attend pas forcément à ce qu'on lui réponde)

EXERCICES

CORRIGÉS P. 406

1 Répondez aux devinettes.

a. Je me place à la fin d'une question. Qui suis-je ? – **b.** Je peux terminer un ordre ou une exclamation. Qui suis-je ? – **c.** Nous allons toujours par trois. Qui sommes-nous ? – **d.** Je suis le plus neutre des points. Qui suis-je ?

2 Placez la ponctuation qui convient à la fin de chaque phrase.

a. Quel âge a-t-il – **b.** Quel orage – **c.** Je ne sais pas quel âge il a – **d.** Il a pris le train, l'avion, le bateau – **e.** Prenez la première rue à droite

TOUT RETENIR EN UN CLIN D'ŒIL

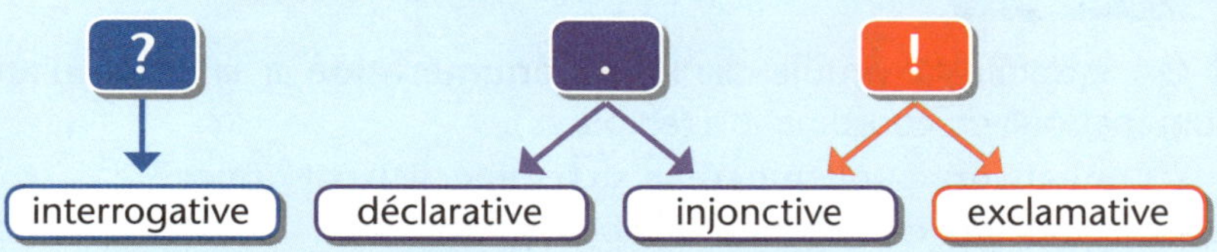

25 À quoi servent les deux-points, le point-virgule et la virgule ?

Les deux-points

Les deux-points ont pour principale fonction d'**annoncer une suite**. Il peut s'agir :

- d'une **énumération** ;

  Ils sont venus en famille : l'empereur, sa femme et le petit prince.

- de **paroles rapportées** (→ 26).

  Le petit prince a dit : « Puisque c'est ainsi, nous ne reviendrons pas. »

Les deux-points peuvent aussi marquer un **lien logique** (par exemple une explication) entre deux groupes dans la phrase.

Ils ont dû revenir plusieurs fois : je n'étais jamais chez moi.
les deux-points ont ici la même valeur que parce que

Le point-virgule

Le point-virgule se place :

- entre **deux propositions** (il marque une **pause moyenne**, c'est-à-dire moins forte que le point, mais plus forte que la virgule) ;

  Ils sont venus lundi, mardi, mercredi ; je n'étais jamais là.

- dans une énumération dont les membres contiennent des virgules.

  Ils sont venus les jours suivants : premier jour, lundi ; deuxième jour, mardi ; troisième jour, mercredi.

La virgule

On emploie la virgule dans une **énumération** à la place d'une conjonction* de coordination (*et, ou, ni*).

Connaissez-vous l'empereur, sa femme, le petit prince ?
= l'empereur et sa femme et le petit prince

Le plus souvent, on remplace la dernière virgule par la conjonction.

> l'empereur, sa femme **et** le petit prince

La virgule s'emploie aussi pour **isoler un élément** à l'intérieur de la phrase. C'est le cas :

- des **appositions** ;

> Le petit prince, fils de l'empereur, est revenu mardi.

- des **compléments* de phrase** (ou circonstanciels) que l'on veut détacher, en particulier ceux que l'on place en tête de phrase, avant le sujet*.

> Lundi matin, ils sont tous venus chez moi.

LA BULLE LITTÉRAIRE

« Mes pensées sont allées dans l'ordre : à ma chère mère, Yvonne de Culbert ; à mon tendre et digne père, Anthime de Culbert, l'un et l'autre laissés sur le quai. »

Jean-Philippe Arrou-Vignod,
Enquête au collège

ASTUCE Faut-il une virgule devant *et* dans une énumération ?

Je me rappelle que la virgule a la même valeur que *et* dans une énumération. Il est donc inutile de mettre à la fois une virgule et *et*.

> Ils sont venus lundi, mardi, mercredi, jeudi, vendredi **et** samedi.

EXERCICES

CORRIGÉS P. 406

1 On utilise la virgule :

❑ dans une énumération ❑ pour faire joli
❑ pour délimiter un élément détaché

2 Ajoutez la ponctuation qui manque dans ces phrases.

a. Ajoutez les ingrédients suivants œufs farine et sucre. – **b.** Il n'est pas là il devait pourtant venir. – **c.** Si vous avez tout compris c'est parfait.

TOUT RETENIR EN UN CLIN D'ŒIL

- **:** → annoncer
- **;** → marquer une pause moyenne
- **,** → énumérer / isoler

26 Comment présenter les dialogues dans un récit ?

Comment introduit-on les paroles rapportées ?

Dans un récit, on doit souvent rapporter les paroles prononcées par les personnages. Lorsque plusieurs personnages échangent des paroles, il s'agit d'un **dialogue**.

Lorsqu'on utilise un verbe de parole (→ **201**) pour annoncer un dialogue, on met les **deux-points** avant le début du dialogue.

> Harry demanda à Ron :
> – On fait une partie de quidditch ?
> – Avec plaisir ! répondit-il.

LA BULLE LITTÉRAIRE

> « Je demande à ma mère :
> – Pourquoi papa n'est pas bien dans sa peau ? Il se déguise ?
> – Non, répond-elle, cela veut dire qu'il n'est pas heureux. »
>
> Pierre Louki, *Un papa pas possible*

Les répliques commencent toujours par une **majuscule**.

> Harry croisa Ron et lui demanda : « On fait une partie de quidditch ? »

La disposition du dialogue

Le plus souvent, et en particulier si le dialogue comporte plus de trois ou quatre répliques, on passe à la ligne avec **un tiret** à chaque réplique. C'est la **disposition en colonne**.

> Harry demanda :
> – Qui veut jouer au quidditch ?
> – Moi !
> – Et qui d'autre ?

Lorsqu'il n'y a qu'une ou deux répliques, on peut choisir la **disposition en ligne**, sans passer à la ligne. Dans ce cas, on encadre les paroles par des **guillemets** et on met un tiret à partir de la deuxième réplique.

> **Harry demanda à Ron : « On fait une partie de quidditch ? – Avec grand plaisir ! »**

ASTUCE **Pour ne pas oublier de fermer les guillemets**

Je relis mon texte et, dès que je vois un guillemet ouvrant («), je cherche si j'ai bien mis le guillemet fermant (») avant de poursuivre la relecture.

EXERCICES

CORRIGÉS P. 406

1 Trouvez la réponse juste.

a. Les signes qui encadrent le dialogue sont :

❑ les deux-points ❑ les parenthèses ❑ les guillemets

b. On met un tiret à chaque début :

❑ de phrase ❑ de réplique ❑ de dialogue

2 Rétablissez la ponctuation du dialogue en le disposant en ligne.

Le roi s'en fut trouver son fils. Tu m'as dit que tu aimais une sirène ? Oui, père. Et tu veux l'épouser ? continua le roi. Oui, père, répondit le prince. Le roi resta pensif quelques instants, puis il reprit : Tu ne sais donc pas que les sirènes sont des démons ? Ce n'est pas vrai, répondit le prince avec indignation.
(d'après P. Gripari, *Le Gentil Petit Diable et autres contes de la rue Broca*)

3 Rétablissez la ponctuation du dialogue de l'exercice 2 en le disposant en colonne.

4 Écrivez une suite à ce dialogue en choisissant une disposition en ligne ou en colonne.

TOUT RETENIR EN UN CLIN D'ŒIL

Les différentes présentations d'un dialogue

disposition en colonne	disposition en ligne
Récit : – Réplique 1. – Réplique 2. – Réplique 3. Suite du récit	Récit : « Réplique 1. – Réplique 2. – Réplique 3. » Suite du récit

27 À quoi sert la majuscule ?

Indiquer un début de phrase

Le **premier mot** d'une phrase s'écrit toujours avec une **majuscule.**

| Le discours de la jeune fille nous a saisis.

Ainsi met-on une majuscule au **premier mot qui suit** un point, un point d'interrogation ou un point d'exclamation.

| Quel courage ! La jeune militante se bat pour le droit à l'éducation des filles. Le prix Nobel qu'elle a reçu était-il mérité ? Bien sûr !

Mais on garde généralement la minuscule au mot qui suit le point d'exclamation employé avec l'interjection (→ **92**).

| Ah ! comme je l'admire !

Indiquer un nom propre

Les **noms propres** (→ **53**) de lieux, de personnes, de fêtes, de sociétés… commencent toujours par une **majuscule**.

| Malala Yousafzai est née au Pakistan.

Les dérivés* de ces noms propres ne s'écrivent avec une **majuscule** que s'il s'agit de **noms désignant des habitants**.

| Malala est une Pakistanaise.

Les **noms de langues** et les **adjectifs** s'écrivent toujours avec une **minuscule.**

| Malala est d'origine pakistanaise. Elle parle parfaitement l'anglais.

Un nom commun peut être employé avec un **sens particulier** qui le rapproche des noms propres. Pour éviter une confusion avec d'autres sens du nom, on l'écrit avec une majuscule. C'est le cas :

- des noms ***Église*** et ***État*** quand ils désignent l'institution ;

| Toutes les Églises doivent soutenir Malala.

- de noms d'**évènements** ou d'**époques historiques**.

> Malala a autant de courage que nos héros de la Résistance.

Attention : dans les dates, les noms de mois et de jours s'écrivent avec une minuscule.

> Le vendredi 10 octobre 2014, elle a reçu le prix Nobel.

LA BULLE LITTÉRAIRE

« Tes états d'âme
sont pour moi, Éric, /
comme les États d'Amérique »

Éric Tabuchi,
« Tes états d'âme… Éric »

ASTUCE J'écris *état* ou *État* ?

Si je peux remplacer *état* par *pays* ou *nation*, je l'écris avec la majuscule (sans oublier l'accent !) : *État*. Dans les autres cas, je l'écris avec la minuscule.

Les chefs d'État devraient écouter Malala. (État = pays)

Elle fait état de ses revendications. (état ≠ pays)

EXERCICES

CORRIGÉS P. 407

1 Recopiez le texte en mettant les majuscules.

je suis bien arrivé aux états-unis. les paysages américains ne cessent de me surprendre : canyons, lacs, plaines s'étendent à perte de vue ! j'ai rejoint une réserve indienne. le sort de ces indiens est bien triste, d'autant que l'état n'est presque jamais intervenu en leur faveur.

2 Faites deux phrases : l'une contenant le mot écrit sans majuscule, l'autre contenant le mot écrit avec majuscule.

a. renaissance – **b.** état – **c.** allemand – **d.** révolution – **e.** antiquité – **f.** lillois

TOUT RETENIR EN UN CLIN D'ŒIL

- majuscule
  - pour délimiter → début de phrase
  - pour distinguer
    - → noms propres
    - → noms communs avec un sens particulier

2 LES MOTS

L'origine des mots

Les relations entre les mots

La forme des mots

28 D'où viennent les mots du français ?

Qu'est-ce que l'étymologie ?

Donner l'**étymologie** d'un mot, c'est donner son **origine** et son **évolution historique**.

- le nom **orteil** vient du latin **articulus** qui signifiait « articulation d'un os »

Des mots hérités du latin

Lorsque les Romains ont envahi la Gaule, au Ier siècle avant Jésus-Christ, la langue qu'ils parlaient, le latin, a été utilisée par tous. Elle a évolué au fil des siècles pour devenir la langue romane, devenue le français. Les mots français qui sont issus de ce latin populaire ont beaucoup évolué car ils ont été employés à l'oral pendant des siècles.

- ainsi le latin **aqua** a donné **aigue** puis **ewe** et enfin **eau**

Ces mots sont dits de **formation populaire**.

mot latin	**masticare**	**fragilis**	**ministerium**
mot de formation populaire	**mâcher**	**frêle**	**métier**

Des mots empruntés aux langues anciennes et modernes

Au Moyen Âge et à la Renaissance, des savants ont créé dans leurs ouvrages des mots en utilisant des termes du latin littéraire et du grec ancien. Ces mots fabriqués tardivement ont peu évolué, on en retrouve donc facilement ces origines latines ou grecques.

- le latin **acclamatio** a donné **acclamation**
- le grec **phainomena** a donné **phénomène**

Ces mots sont dits de **formation savante**.

mot latin	**masticare**	**fragilis**	**ministerium**
mot de formation savante	**mastiquer**	**fragile**	**ministère**

Tout au long de son histoire, le français s'est enrichi de mots **empruntés** à d'autres langues que le latin et le grec (→ **30**).

Des mots créés en français

La langue française **crée elle-même ses mots** qui ne proviennent ni de l'héritage du latin, ni d'emprunts à d'autres langues. Les principaux modes de création sont la **dérivation** (→ **31**) et la **composition** (→ **32**).

> dérivés du verbe **porter** : **portage**, **portée**, **déporter**, **reporter**
> composés du verbe **porter** : **porte-avion**, **porte-bonheur**, **portefeuille**, **portemonnaie**, **portemanteau**

ASTUCE **Grâce à l'étymologie (l'origine des mots), je sais que chœur vient du grec khoros et du latin chorus. J'écris donc chœur, comme chorale. Le mot cœur vient du latin cor, cordis, je l'écris donc avec un c.**

J'apprends par cœur ce que je chante en chœur.

LA BULLE LITTÉRAIRE

« *Accorder* évoque l'union des cœurs, car c'est le latin *cor, cordis* qui bat en lui. »

Alain Rey,
Le Réveille-Mots

EXERCICES

CORRIGÉS P. 407

1 Complétez le tableau.

latin	auscultare	navigare	potionis	delicatus
formation populaire	écouter	nager	poison	délié
formation savante	....	....	....	....

2 Ces mots sont-ils empruntés à une langue ancienne ou à une langue moderne ? Aidez-vous d'un dictionnaire.

a. pylône – **b.** acceptation – **c.** anorak – **d.** équestre – **e.** sandwich – **f.** liberté

3 Dans ces paires, quel est le mot hérité du latin et le mot emprunté au latin ? Aidez-vous d'un dictionnaire.

a. évier, aquarium – **b.** chambre, caméra – **c.** canidé, chien – **d.** digital, doigt

TOUT RETENIR EN UN CLIN D'ŒIL

mots du français = **héritage** du latin + **emprunts** aux langues anciennes et modernes + **créations** en français

29 Les racines d'origine grecque ou latine

Qu'est-ce qu'une racine d'origine grecque ou latine ?

La langue française a emprunté des mots au grec ancien ou au latin pour créer des éléments qu'on appelle **racines**.

> à partir du verbe latin vorare, qui signifie « manger », on a créé la racine vor qui signifie « se nourrir de »
>
> à partir du nom grec thêké, qui signifie « coffre, boite », on a créé la racine thèque qui signifie « collection »

Attention : ces racines ne servent pas qu'à former des noms scientifiques ou techniques.

> liber, « libre » → liberté, libérer

→ Liste des racines, p. 424.

Ces racines ne sont pas employées seules, mais elles servent à **créer des mots dérivés** (→ 31) ou des **mots composés** (→ 32).

> vor { dérivés : dévorer, vorace
> composés : carnivore, omnivore, herbivore

LA BULLE LITTÉRAIRE

« Moi, tout a commencé quand j'ai appris que Juliette allait faire du latin. Véridique. Le latin m'a paru d'un coup une langue pas si morte que ça, encore très vivante. »

Pascal RUTER, *L'Amour au subjonctif*

Pourquoi connaitre ces racines ?

Les racines gardent la **même orthographe** dans les mots qui la contiennent. Ainsi, connaitre l'orthographe d'une racine permet d'écrire plusieurs mots sans erreur.

> le début de la racine ambul, « se déplacer », s'écrit avec am- : on écrit donc ambulance, déambuler, funambule, noctambule, somnambule avec am pour marquer le son [ɑ̃]

Les racines ont le plus souvent **un seul sens, précis,** qui correspond à un nom, à un verbe ou à un adjectif.

la racine phyll signifie uniquement « feuille végétale »

Ainsi, connaitre le sens d'une racine permet de comprendre le sens des mots qui la contiennent.

omni signifie « tout », omniprésent signifie donc « présent partout », omnisports, « qui concerne tous les sports »

Enfin, les racines permettent d'utiliser **un seul mot** pour remplacer un groupe de mots.

un éleveur d'huitres → un ostréiculteur
la transformation en ville du territoire
→ l'urbanisation du territoire

ASTUCE Pour enrichir son vocabulaire

Pour comprendre le sens d'un mot inconnu qui contient une racine, je peux chercher le sens qu'a cette racine dans un mot que je connais.

cosm veut dire « univers » comme dans cosmonaute ;
microcosme veut donc dire « petit univers »

EXERCICES

CORRIGÉS P. 407

1 Retrouvez la racine de chaque série et donnez son sens.

a. aéronautique, aéronaval, aéroport – **b.** majeur, majesté, majuscule – **c.** téléphone, phonétique, aphone – **d.** hydraulique, hydrogène, hydravion

2 Trouvez des dérivés ou des composés à partir de ces racines.

a. lingu, « langue, langage » – **b.** poly, « plusieurs » – **c.** dém(o), « peuple »

L'ESSENTIEL EN UN CLIN D'ŒIL

connaitre et utiliser
les racines d'origine grecque et latine pour

→ **orthographier** les mots
→ comprendre le **sens** des mots
→ soigner son **expression**

30 Comment emprunte-t-on des mots aux autres langues ?

Quels mots emprunte-t-on ?

Les échanges culturels, scientifiques, commerciaux... entre les pays ont une influence sur les différentes langues de ces pays. La langue française s'est ainsi depuis toujours enrichie de mots issus d'autres langues vivantes : ce sont **des emprunts**.

l'influence de l'Italie au XVIe siècle s'est traduite par l'apport de mots : **banque**, **caleçon**, **carnaval**, **opéra**

les emprunts à l'anglais se sont intensifiés à partir du XIXe siècle avec la révolution industrielle : **carter**, **film**, **label**

La langue française emprunte aussi des mots aux langues anciennes que sont le latin et le grec ancien (→ **29**).

latin : **album**, **liberté** ; grec : **phénomène**, **enthousiasme**, **dynamique**

Que deviennent les mots empruntés ?

Les mots empruntés il y a plusieurs siècles se sont le plus souvent **transformés** pour **s'adapter au français** (orthographe, prononciation, pluriel).

on écrit **calèche** en français, alors que ce mot vient de l'allemand **Kalesche**

baffle n'a pas gardé sa prononciation anglaise

le pluriel de **piano** en français est **pianos**, alors que, en italien, c'est **piani**

Les transformations sont parfois si importantes que le mot n'est plus ressenti comme un emprunt.

chiffre de l'arabe **sifr** ;
chenapan de l'allemand **Schnapphahn**

LA BULLE LITTÉRAIRE

« When I have rencontred you,
You was a jeune fille au pair »

RENAUD,
« It Is Not Because You Are »

▶ Les mots empruntés plus récemment **respectent** davantage les caractéristiques de leur **langue d'origine**.

| on écrit zoom, et on prononce les deux o comme dans boum et non comme dans zoo

Cependant, il est toujours possible :

- d'**accentuer un *e*** qui doit l'être en français (→ **18**) ;

  | un révolver plutôt que un revolver

- de remplacer la finale *-er* par ***-eur*** pour que la graphie corresponde à la prononciation ;

  | un rockeur plutôt que un rocker ; un squatteur plutôt que un squatter

- d'utiliser le **pluriel français** (→ Astuce).

ASTUCE Comment écrire un emprunt au pluriel ?

Bien que le pluriel d'origine soit parfois d'usage, on peut toujours appliquer aux emprunts les règles du pluriel en français (→ 48).

j'écris donc : des box plutôt que des boxes
des sandwichs plutôt que des sandwiches
des scénarios plutôt que des scenarii

EXERCICES

CORRIGÉS P. 407

1 **Trouvez pour chaque liste de mots la langue d'origine.**
a. pizza, spaghetti, tchao, diva – **b.** short, basket, pull, jean – **c.** alcool, fakir, zéro, alambic – **d.** camarade, guitare, tango, caramel – **e.** trinquer, valse, képi

2 **Écrivez ces emprunts dans leur forme adaptée au français.**
a. une pizzeria – **b.** un desiderata – **c.** un cameraman – **d.** un jogger – **e.** un brasero – **f.** un artefact – **g.** un leader – **h.** un senior – **i.** un skipper

3 **Mettez les noms de l'exercice 2 au pluriel.**

L'ESSENTIEL EN UN CLIN D'ŒIL

écrire la finale d'un emprunt

- dans sa forme d'origine
- avec *-eur*
- avec le pluriel français

31 Comment forme-t-on des mots dérivés à partir d'un radical ?

Qu'est-ce qu'un dérivé ?

Un **dérivé** est un mot créé à partir d'un **radical** auquel on ajoute un **préfixe** (placé avant) ou un **suffixe** (placé après), parfois les deux.

> bord → rebord, bordure, débordement

L'ensemble des mots formés sur le même radical constitue une **famille de mots.**

LA BULLE LITTÉRAIRE

« Science sans conscience égale science de l'inconscience »

MC Solaar, « La concubine de l'hémoglobine »

Qu'est-ce qu'un radical ?

Le radical est la **partie** du mot que l'on **retrouve dans ses dérivés** et qui **porte le sens**. Ainsi des dérivés peuvent avoir des sens différents, mais ils se rapportent à la même notion, la même idée.

> volontaire et involontaire ont des sens contraires, mais ils contiennent tous les deux l'idée de « volonté »
>
> visuel et visible ont des sens différents, mais ils contiennent tous les deux l'idée de « voir »

Le radical correspond parfois à un **mot simple**, mais pas toujours.

> radical = mot simple : rang → rangée, rangement, arranger, déranger
>
> radical ≠ mot simple : monstre → monstrueux, monstruosité

Le radical peut également être une **racine** d'origine grecque ou latine (→ **29**).

> laborieux, élaborer, collaborer, laboratoire sont des dérivés de la racine d'origine latine labor qui signifie « travail »
>
> anachronisme, chronique, synchrone, uchronie sont des dérivés de la racine d'origine grecque chron qui signifie « temps »

Les préfixes et les suffixes

Les **préfixes** se placent **avant le radical**. Ils ne modifient généralement pas la catégorie grammaticale du mot, mais en modifient le sens.

> pourvu (adjectif) → dépourvu (adjectif)
> le préfixe dé- exprime le contraire
>
> porter (verbe) → importer, exporter (verbes)
> le préfixe in- exprime le dedans et ex- le dehors

Les **suffixes** se placent à la **fin du radical**. Ils modifient le plus souvent la catégorie grammaticale du mot.

> jeter (verbe) → jetable (adjectif)
> le suffixe -able forme des adjectifs et exprime la possibilité

ASTUCE Comment trouver le sens d'un mot inconnu ?

Je décompose le mot et je cherche le sens de chacun des éléments.

indubitable = in- (préfixe de la négation) + dubit (qui signifie « douter » comme dans dubitatif) + -able (suffixe qui marque la possibilité) → indubitable signifie « dont on ne peut pas douter »

EXERCICES

CORRIGÉS P. 407

1 Donnez trois dérivés de ces mots.
a. monter – b. bouton – c. livrer – d. terre

2 Donnez trois dérivés formés avec ces racines d'origine latine.
a. lumin – b. liber – c. frater

3 Trouvez l'intrus de chaque liste.
a. dévoiler, voilier, voilà – b. solitaire, solitude, solide – c. maudire, audience, inaudible – d. localiser, location, localité

L'ESSENTIEL EN UN CLIN D'ŒIL

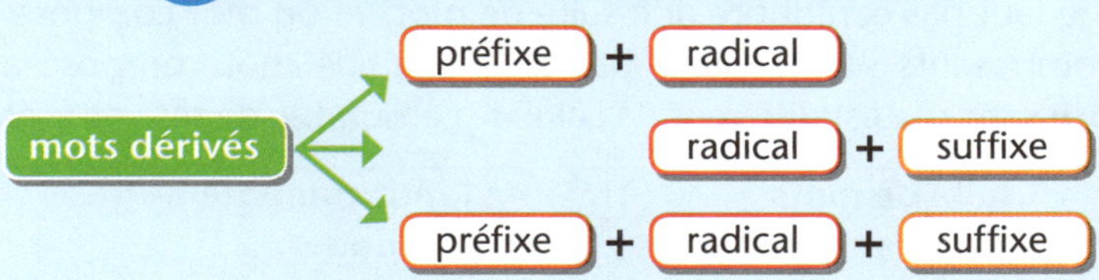

32 Comment forme-t-on les mots composés ?

Qu'est-ce qu'un mot composé ?

Un **mot composé** est un mot créé à partir d'au moins **deux mots ou racines*** qu'on appelle alors **composants**. La langue française compte ainsi de nombreux mots composés.

composant		composant		mot composé
après	+	midi	→	après-midi
biblio	+	thèque	→	bibliothèque

Les composés avec mots

Il existe trois façons d'associer des mots pour former un mot composé :

- on les relie par un **trait d'union** (→ 22) ;

  un coffre-fort ; peut-être ; tout-terrain ; copier-coller

- on les **sépare** les uns des autres par un blanc, un espace ;

  un château fort ; une pomme de terre

- on les colle les uns aux autres, sans espace ni trait d'union ; dans ce cas, on dit que les composants sont **soudés**.

  un contrefort ; quelque ; clairsemé ; entreposer

LA BULLE LITTÉRAIRE

« Un vieux sac à dos dans lequel il fourra pêle-mêle la boîte de gants de chirurgien, la petite scie égoïne, le pied-de-biche et le vilebrequin. »

Éric Boisset, *Arkandias contre-attaque*

Il ne faut pas confondre une suite de mots et un mot composé dont les composants sont séparés par un blanc : le mot composé a **son propre sens** qui est différent de celui de l'ensemble de ses composants.

suite de mots	mot composé
une table ronde = une table de forme ronde	une table ronde = un débat

Les composés avec racines d'origine grecque ou latine

De nombreuses racines d'origine grecque ou latine (→ 29) **se combinent entre elles** ou à des mots pour former des mots composés.

> somn, « sommeil » + ambul, « marcher » → somnambule, « celui qui marche pendant son sommeil »
> auto, « soi-même » + correction → autocorrection

Les mots composés formés avec des racines sont toujours **soudés**, sauf si la rencontre de deux voyelles peut entrainer une autre lecture.

> microclimat mais micro-informatique (pour éviter oin)

ASTUCE Comment reconnaitre un mot composé ?

Je me rappelle qu'un mot composé a son propre sens et qu'il forme donc une unité. Ainsi, dans un mot composé, je ne peux pas remplacer un des composants par un synonyme* ou un contraire et je ne peux pas mettre d'autres mots entre les composants.

dans château fort, je ne peux pas remplacer fort par puissant ou faible
dans pomme de terre, je ne peux pas mettre bonne devant terre

→ je sais donc que château fort et pomme de terre sont des mots composés

EXERCICES

CORRIGÉS P. 407

1 Vrai ou faux ?

a. Les mots composés ont toujours un trait d'union. – **b.** *Orthographe* est un mot composé. – **c.** On peut remplacer un composant par un synonyme.

2 Quel est le mot composé de chaque paire ? Donnez les composants.

a. homonyme, homard – **b.** dévorer, carnivore – **c.** madame, majeur

TOUT RETENIR EN UN CLIN D'ŒIL

mot composé = plusieurs mots ou racines → sens particulier
→ forme figée

33 Comment crée-t-on des mots nouveaux ?

On appelle néologisme un nouveau (*néo*) mot (*log*) qui fait son apparition dans la langue. Quand les néologismes sont bien implantés, ils font partie intégrante de la langue et prennent place dans les dictionnaires.

Des procédés classiques

- La **dérivation** (→ **31**) et la **composition** (→ **32**) sont les deux principales sources de néologismes.

  poubelle → **poubelliser**, « mettre dans le dossier corbeille d'un ordinateur »
  camion + **restaurant** → **camion-restaurant**, « véhicule aménagé pour servir des plats tout prêts à la clientèle »

- De nombreux néologismes sont des **emprunts** (→ **30**) à l'anglais.

  kitesurf, « sport de glisse sur l'eau avec une planche et une voile »

Mais on trouve aussi des emprunts à d'autres langues, en particulier pour désigner des choses qui n'existaient pas en France avant leur introduction (spécialités culinaires, sports…).

plats : **kébab** (du turc), **fusilli** (de l'italien), **bobun** (du vietnamien)
sports : **kendo** (du japonais)

Les mots empruntés peuvent avoir des **dérivés***.

blog → **blogueur**
podcast → **podcaster**

LA BULLE LITTÉRAIRE

« – Prendras-tu un apéritif ? demanda Colin. Mon pianocktail est achevé, tu pourrais l'essayer. »
Boris Vian, *L'Écume des jours*

Des procédés secondaires

- La langue familière crée des mots nouveaux **en supprimant la ou les dernières syllabes** d'un mot. C'est la **troncation**.

  une application → **une appli** ; **l'après-midi** → **l'aprèm**

Certains de ces mots sont entrés dans l'usage courant et ne sont plus considérés comme familiers.

métro (pour **métropolitain**) ; **cinéma** (pour **cinématographe**)

On peut créer un mot en fusionnant deux mots dont on ne garde qu'une partie : on parle alors de **mot-valise**.

courrier + électronique → courriel

De nombreux néologismes ont été créés sous la forme de **sigles*** ou d'**acronymes***.

sigle : un organisme génétiquement modifié → un OGM
une bande dessinée → une BD (ou bédé)
acronyme : un objet volant non identifié → un ovni

Ces sigles et acronymes peuvent avoir des **dérivés**.

une bédé → un bédéiste

ASTUCE — **Comment créer un mot nouveau ?**

Pour créer des mots nouveaux, je peux chercher des mots existants et essayer plusieurs méthodes pour choisir la meilleure. Par exemple, pour désigner un objet qui m'avertit quand je fais une erreur, je peux créer un mot-valise (l'averter), un sigle (l'AE), un emprunt (le failurwarning)…

EXERCICES

CORRIGÉS P. 407

1 Trouvez l'origine de ces mots : dérivé, composé, sigle, acronyme, emprunt ou troncation.

a. chamaillerie – **b.** VTC – **c.** prof – **d.** hashtag – **e.** cybercrime – **f.** faq

2 Associez chacun de ces emprunts à l'anglais à son équivalent en français.

a. un spam – **b.** un loser – **c.** un mail – **d.** lowcost – **e.** le skateboard – **f.** cool

1. à bas prix – **2.** un courriel – **3.** un perdant – **4.** décontracté – **5.** un pourriel – **6.** la planche à roulettes

TOUT RETENIR EN UN CLIN D'ŒIL

néologismes :
- dérivés et composés
- emprunts
- sigles et acronymes
- troncations et mots-valises

34 Le sens des mots : introduction

Le **sens** d'un mot est l'**idée**, le **concept** que ce mot représente. Le sens des mots est donné par les **définitions** des dictionnaires.

Combien de sens un mot a-t-il ?

- Les **mots grammaticaux** tels que les pronoms personnels, les articles, les prépositions *à* ou *de*, etc. ont un sens restreint : on les explique plus par le rôle qu'ils ont dans la phrase que par leur sens.

- Les mots **monosémiques** sont des mots qui n'ont qu'**un seul** (*mono*) **sens** (*sém*). Ce sont le plus souvent des mots utilisés dans un domaine particulier.

  le nom **antonyme** est un mot employé dans l'étude de la langue ; il a un seul sens : « mot de sens contraire »

LA BULLE LITTÉRAIRE

« Mon pianiste vient, il me dit :
– Voulez-vous me passer ce bout de bois, s'il vous plaît ?
– Lequel des deux bouts ? »

Raymond Devos, « Le bout du bout »

- La plupart des mots sont **polysémiques** : ils ont plusieurs (*poly*) sens (→ **36**).

  peine peut signifier « sanction » (**une peine de prison**), « souffrance morale » (**faire de la peine**), « difficulté » (**avoir de la peine à respirer**) ou « effort » (**cela vaut la peine de le faire**)

- Les mots peuvent aussi évoquer plus que leur sens, en particulier selon le contexte dans lequel ils sont employés. C'est ce qu'on appelle leur **connotation** (→ **189**).

  cambrousse, en plus de son sens « campagne », a une valeur négative

Quelles relations de sens les mots ont-ils entre eux ?

- Certains mots entretiennent entre eux des relations de sens. Ils peuvent être :
  - **synonymes** s'ils sont de sens proche (→ **37**) ;

    bonheur et **joie** ; **court** et **bref** ; **arrêter** et **cesser**

- **contraires** (ou antonymes) s'ils sont de sens opposés (→ **38**) ;
  | bonheur et malheur ; court et long ; arrêter et continuer

- **paronymes** s'ils sont proches par leurs formes, mais différents par leurs sens (→ **39**) ;
  | effraction et infraction ; dénudé et dénué ; éliminer et illuminer

- **homonymes** s'ils ont une forme orale et / ou écrite identique, mais des sens différents (→ **40**).
  | tante et tente ; sain et saint ; raisonner et résonner

▶ Le sens d'un mot peut englober celui de plusieurs autres mots. On l'appelle alors **mot générique** (→ **35**).
| saison est un mot générique pour printemps, été, automne, hiver

ASTUCE **Comment retenir *monosémique* et *polysémique* ?**

Je me rappelle que *poly* signifie « plusieurs » et que *mono* signifie « un ». La racine* *sém*, quant à elle, veut dire « sens ».

EXERCICES

CORRIGÉS P. 407

1 **Classez ces mots dans un tableau à deux colonnes (mot monosémique / mot polysémique).**
a. tréma – **b.** accorder – **c.** lettre – **d.** écrire – **e.** préposition – **f.** sujet

2 **Donnez la relation qui existe entre les deux mots de chaque paire.**
a. mère, maire – **b.** ami, ennemi – **c.** monter, gravir – **d.** meuble, table – **e.** est, et – **f.** poire, fruit – **g.** éruption, irruption – **h.** jour, nuit

3 **Expliquez le jeu de mots de la bulle littéraire.**

TOUT RETENIR EN UN CLIN D'ŒIL

Caractériser les mots d'après leurs sens

- les mots → nombre de sens → monosémiques, polysémiques
- les mots → relation de sens → synonymes, contraires, homonymes, paronymes, génériques

35 Les mots génériques et les mots spécifiques

Qu'est-ce qu'un mot générique ? un mot spécifique ?

Un **mot générique** peut servir d'« étiquette » à une catégorie de mots ayant un point commun dans leurs sens.

> football, natation, tennis étant des noms désignant des sports, on peut dire que sport est le **mot générique** de football, natation, tennis
> tailler, fendre, trancher exprimant différentes façons de couper, on peut dire que couper est le **mot générique** de tailler, fendre, trancher

Un **mot spécifique** appartient à une catégorie de mots désignée par un mot générique.

> football, natation, tennis sont des **mots spécifiques** du nom sport
> tailler, fendre, trancher sont des **mots spécifiques** du verbe couper

mot générique		sport	
mots spécifiques	football	natation	tennis

On utilise les génériques et les spécifiques pour classer les mots et définir des **champs lexicaux** (→ **188**).

Remarques

Les mots spécifiques appartiennent toujours à **la même classe* grammaticale** que leur mot générique.

> football, natation, tennis sont des noms, comme sport

LA BULLE LITTÉRAIRE

« J'avais lâché mes outils. Je me moquais bien de mon marteau, de mon boulon. »

Antoine de Saint-Exupéry, *Le Petit Prince*

Un **mot spécifique** peut être **lui-même un mot générique** d'une catégorie plus précise. Inversement, un **mot générique** peut être **le mot spécifique** d'une catégorie plus large.

> fleur est un mot spécifique de végétal ; mais fleur est aussi le mot générique de tulipe

générique	végétal		
spécifiques	arbre	fleur	générique
	rose	tulipe	spécifiques

On peut utiliser un mot générique pour **éviter une répétition** ; dans ce cas, le mot spécifique précède toujours le mot générique.

> Un chat entra. L'animal se mit à miauler.
> (on ne peut pas dire ~~Un animal entra. Le chat se mit à miauler.~~)

ASTUCE Comment trouver un mot générique ?

Je cherche dans un dictionnaire : le mot générique se trouve souvent dans la définition ; c'est parfois le premier mot de la définition.

> TAILLER v. Couper un objet avec un outil tranchant pour lui donner une certaine forme.
>
> FENDRE v. Couper dans le sens de la longueur.

EXERCICES

CORRIGÉS P. 407

1 Trouvez le mot générique présent dans chaque liste.

a. verre, assiette, vaisselle, couvert – **b.** bonté, habileté, qualité, courage – **c.** grignoter, manger, diner, dévorer – **d.** minuscule, exigu, menu, petit

2 Quel est le mot générique et le mot spécifique de chaque paire ? Donnez une définition du mot spécifique en utilisant le mot générique.

a. jalousie, défaut – **b.** note, do – **c.** épais, gros – **d.** disposer, ranger

TOUT RETENIR EN UN CLIN D'ŒIL

mot générique → sens plus général

mot spécifique 1 | mot spécifique 2 → sens plus précis

36 Les mots à plusieurs sens : les mots polysémiques

Les sens liés à l'histoire du mot

Le sens des mots évolue au cours de l'histoire. Les mots prennent ainsi de nouveaux sens qu'ils n'avaient pas à l'origine. Ces ajouts de sens se font le plus souvent par simple **comparaison**.

> au XXe siècle, le nom souris a pris un nouveau sens pour désigner le petit boitier connecté à un ordinateur parce que la forme du boitier rappelait celle d'une souris avec sa queue

Lorsque la comparaison fait image, on parle de **sens figuré**.

> dans son sens figuré, perle désigne une personne remarquable parce qu'on la compare à quelque chose qui a de la valeur, comme la perle d'un bijou

Ainsi, de nombreux mots prennent **différents sens** selon le domaine dans lequel ils sont employés.

> le nom opération n'a pas le même sens selon qu'il employé en mathématiques ou en médecine

Les sens liés à la construction grammaticale

Les mots peuvent avoir des sens différents selon leur emploi dans la phrase. C'est le cas, par exemple :

- de **certains verbes** selon qu'ils sont employés avec un complément ou non et selon le type de complément ;

> sans complément : Les enfants jouent. (= ils se divertissent)
> avec complément : Les enfants jouent une pièce de théâtre. (= ils interprètent une pièce)
> complément direct : Il tient une photo. (= il la serre avec sa main)
> complément indirect : Il tient à cette photo. (= il y est attaché)

• de **certains adjectifs** selon qu'on les place avant ou après le nom.

> un homme grand
> (= un homme de haute taille)
> un grand homme
> (= un homme qui a des mérites reconnus)

LA BULLE LITTÉRAIRE

« Les miroirs feraient bien de réfléchir un peu plus avant de renvoyer les images. »

Jean COCTEAU,
Le Sang d'un poète

ASTUCE Comment savoir dans quel sens est utilisé un mot ?

Je regarde le contexte et je m'aide des autres mots de la phrase.

Le triangle est une figure qui a trois côtés. (triangle et côtés m'indiquent que figure signifie ici « dessin géométrique »)

Tu as la bouche toute sale, va te laver la figure. (bouche et laver m'indiquent que figure signifie ici « visage »)

EXERCICES

CORRIGÉS P. 407

1 Pour chaque mot, faites deux phrases dans lesquelles il aura un sens différent.

a. puce – **b.** cœur – **c.** arrêter – **d.** décoller – **e.** grave – **f.** curieux

2 Les mots soulignés sont-ils employés au sens figuré ?

a. dévorer un livre – **b.** un esprit carré – **c.** tondre le gazon – **d.** trembler de froid

3 Quel nom répond à ces deux sens ?

a. liste des plats qui composent un repas – **b.** liste des opérations possibles proposées par un ordinateur

4 Encadrez les mots qui vous aideront à savoir dans quel sens est employé le mot souligné.

a. Le point M est le milieu du segment [AB]. – **b.** Les algues poussent dans un milieu aquatique.

TOUT RETENIR EN UN CLIN D'ŒIL

polysémique = plusieurs sens
→ en fonction de l'histoire du mot
→ en fonction de la construction grammaticale du mot

37 Les mots de même sens ou de sens proche : les synonymes

Qu'est-ce qu'un synonyme ?

Un synonyme est un mot qui a le **même sens** qu'un autre mot ou qui en a un **sens proche**.

> **frayeur** et **effroi** expriment tous les deux l'idée d'une grande peur : ils sont synonymes

Les synonymes appartiennent toujours à la **même classe* grammaticale** : le synonyme d'un verbe est un verbe, celui d'un nom est un nom, etc.

> **frayeur** et **effroi** sont tous les deux des noms

Les mots peuvent avoir **plusieurs** synonymes.

> **maladie** a plusieurs synonymes : **affection**, **pathologie**, **trouble**, **mal**…

Un mot peut avoir pour synonyme une **expression**.

> **paraitre** = **avoir l'air** ; **matérialiste** = **terre à terre**

Quelles différences y a-t-il entre des synonymes ?

Les synonymes peuvent se différencier par :

- leur **niveau de langue** ;

> **amène** est un synonyme soutenu de l'adjectif courant **aimable**
> **kiffer** est un synonyme familier du verbe courant **aimer**

- leur **connotation** (→ **189**) ;

> **réciter** et **débiter** sont synonymes, mais **débiter** a une connotation péjorative

- les **nuances** qu'ils apportent.

> **soutenir** et **affirmer** sont synonymes, mais lorsqu'on soutient quelque chose, on le dit avec plus de force que quand on l'affirme

Un mot qui a **plusieurs sens** peut avoir des **synonymes différents** pour chaque sens.

> **observer** peut avoir pour synonyme **épier** (**observer quelqu'un**) ou **respecter** (**observer la loi**), mais **épier** et **respecter** ne sont pas synonymes

Pourquoi utiliser les synonymes ?

LA BULLE LITTÉRAIRE

« Il aurait voulu mordre la terre, la mastiquer, l'avaler, l'engloutir. »

Bernard DUPUIS, *Jonathan, ou le Rêve fracassé*

- Les synonymes permettent d'éviter les **répétitions** ou d'employer trop de mots de la même famille.

  Ce produit est trop cher, il faut que j'en trouve un moins couteux. (plutôt que un moins cher)

  L'équipe gagnante fête la victoire. (plutôt que l'équipe victorieuse)

- Choisir le bon synonyme permet d'être **plus clair, plus exact**.

  Il enfile son pantalon sur son lit. (plutôt que Il met son pantalon sur son lit.)

- Repérer les synonymes dans un texte permet de compléter un **champ lexical** (→ 188).

ASTUCE Comment trouver un synonyme ?

Je consulte un dictionnaire de synonymes imprimé ou en ligne, et je m'assure que le synonyme choisi correspond bien au sens du mot que je veux remplacer (en fonction du contexte, etc.).

EXERCICES

CORRIGÉS P. 407

1 Trouvez le synonyme de *fort* qui convient pour le remplacer.

a. être fort en langues – **b.** un vent fort – **c.** une voix forte – **d.** un homme petit, mais fort

2 Barrez l'intrus qui n'est pas synonyme des deux autres.

a. répondre, dupliquer, rétorquer – **b.** indulgence, soutien, aide – **c.** commun, banal, excentrique – **d.** dérober, subtiliser, dilapider

3 À quel champ lexical appartiennent les verbes soulignés dans la bulle littéraire ?

TOUT RETENIR EN UN CLIN D'ŒIL

deux mots sont synonymes si → au moins **un sens en commun** et → **même classe grammaticale**

38 Les mots de sens contraires : les antonymes

LA BULLE LITTÉRAIRE

« J'ai vu le juste et le méchant, le puissant et le faible, le rusé et le simple. »

Mouloud Feraoun,
Le Fils du pauvre

Qu'est-ce qu'un antonyme ?

- Un antonyme (ou un contraire) est un mot qui a **un sens opposé** à celui d'un autre.

  riche = qui a beaucoup d'argent ; pauvre = qui n'a pas beaucoup d'argent → riche et pauvre sont antonymes

- Les antonymes appartiennent toujours à la **même classe* grammaticale** : l'antonyme d'un verbe est un verbe, etc.

  riche et pauvre sont tous les deux des adjectifs

- Un mot peut avoir pour antonyme une **expression**.

  cher ≠ bon marché

- Certaines racines d'origine grecque ou latine (→ **29**) et certains préfixes* ont aussi des antonymes.

  ant(é) ≠ post ; hypo ≠ hyper
  é- (préfixe qui signifie « dehors ») ≠ in- (il-, im-, ir-) (préfixe qui signifie « dedans »)

Comment former un antonyme ?

- De nombreux antonymes peuvent se construire :
  - en ajoutant un **préfixe** qui marque le contraire ;

    a- : normal ≠ anormal ;
    dé- (dés-, des-) : monter ≠ démonter ; espoir ≠ désespoir

  - en **remplaçant** une racine ou un préfixe par son contraire.

    polyculture ≠ monoculture ; émigrer ≠ immigrer

Pourquoi utiliser les antonymes ?

On peut utiliser un antonyme pour **éviter une phrase négative**. On supprime alors la négation et on remplace le mot par son antonyme.

Il n'est pas fier de son résultat. → Il est honteux de son résultat.

Inversement, pour créer une **litote** (→ **210**), on peut utiliser la forme négative et un antonyme.

Il est très intelligent. → Il n'est pas complètement stupide !

Employer deux antonymes dans une même phrase ou de façon rapprochée permet de créer une **antithèse** (→ **209**).

La nature est grande dans les petites choses.

ASTUCE Pour se souvenir de ce qu'est un antonyme

Je me rappelle qu'« Anthony n'aime pas, il va donc toujours faire le contraire ! ».

EXERCICES

CORRIGÉS P. 407

1 Pour chaque mot, trouvez deux contraires, dont l'un formé avec un préfixe.
a. occupé – **b.** certain – **c.** croitre – **d.** délicat – **e.** mangeable – **f.** nouer

2 Dans chaque liste, quel mot n'est pas le contraire du mot souligné ?
a. triste : jovial, gai, lugubre – **b.** générosité : altruisme, avarice, cupidité – **c.** encourager : freiner, soutenir, décourager

3 Transformez ces phrases en utilisant le contraire des mots soulignés.
a. Pour rester en mauvaise santé, il faut se lever tard. – **b.** Un petit homme au visage triste a fermé la porte. – **c.** Ta présence nous réjouit.

TOUT RETENIR EN UN CLIN D'ŒIL

deux mots sont antonymes si

sens opposé **et** même classe grammaticale

39 Les mots qui se ressemblent : les paronymes

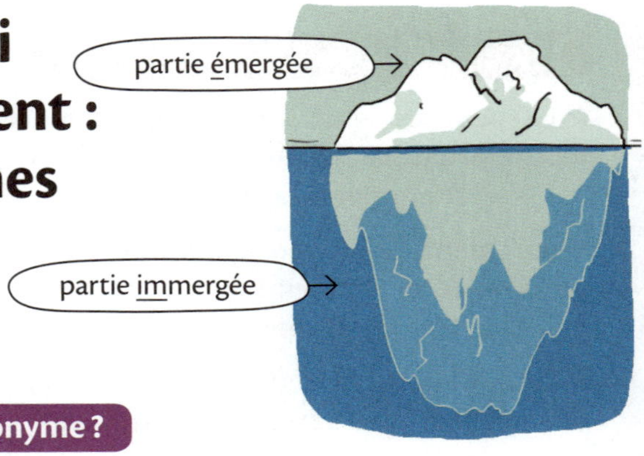

Qu'est-ce qu'un paronyme ?

Un **paronyme** est un mot qui **ressemble beaucoup** à un autre mot, mais qui a un sens différent. Deux mots paronymes **ne s'écrivent jamais de la même façon**.

> allocation et allocution se distinguent par une seule lettre (*a* / *u*), mais ils n'ont pas du tout le même sens (allocation = « aide financière », allocution = « discours »)

On risque de **confondre** deux mots qui se ressemblent. Il est donc important de vérifier que l'on n'utilise pas un paronyme au lieu du mot exact.

Comment distinguer les paronymes ?

Pour éviter les confusions, on peut :

- s'aider du sens des **préfixes*** ;

> pour ne pas confondre émerger et immerger, on regarde les préfixes : é- indique quelque chose d'extérieur et in- quelque chose d'intérieur ; ainsi émerger s'emploie à propos de quelque chose qui « sort » et immerger à propos de quelque chose qui « entre »
> La partie immergée (qui est dans l'eau) d'un iceberg est toujours plus volumineuse que la partie émergée (qui est hors de l'eau).

LA BULLE LITTÉRAIRE

« Le prince de Motordu habitait un chapeau magnifique au-dessus duquel, le dimanche, flottaient des crapauds bleu blanc rouge qu'on pouvait voir de loin. »

PEF, *La Belle Lisse Poire du prince de Motordu*

- repérer les **radicaux** ;

  pour ne pas confondre éventrer et éventer, on repère les radicaux ventre dans éventrer et vent dans éventer ; ainsi éventrer signifie «fendre comme on ouvrirait un ventre» et éventer «rafraichir en faisant du vent»

  Le maçon éventre le sac de ciment.

  Elle s'évente avec un journal.

- s'aider du sens des **racines** d'origine grecque ou latine (→ **29**).

  pour ne pas confondre altitude et attitude, on repère la racine alt («haut») dans altitude ; l'altitude, c'est donc la hauteur et l'attitude, c'est la position, la manière

  Quelle est l'altitude du mont Blanc ?

  Il a eu une attitude très généreuse envers nous.

ASTUCE **J'emploie *préposition* ou *proposition* ?**

Dans *préposition*, je me rappelle que le préfixe *pré-* veut dire «avant» → une préposition est un mot qui se place avant le complément.

Dans *proposition*, je repère le radical* *propos* → une proposition est une partie de phrase qui tient un propos (qui donne une information).

EXERCICES

CORRIGÉS P. 408

1 Quels éléments vous aideront à distinguer les deux paronymes de chaque paire ?

a. déchiffrer, défricher – **b.** émigrer, immigrer – **c.** abhorrer, arborer – **d.** cultuel, culturel – **e.** contacter, contracter – **f.** illuminer, éliminer

2 Trouvez le bon mot.

a. J'ai été *(induit / enduit)* en erreur. – **b.** L'*(éruption / irruption)* volcanique a fait peu de dégâts. – **c.** Il n'est pas *(dénudé / dénué)* de bon sens.

TOUT RETENIR EN UN CLIN D'ŒIL

paronymes

- prononciations proches mais différentes
- orthographes proches mais différentes
- sens différents

40 Les mots de même prononciation mais de sens différents : les homonymes

La canne de la cane

Qu'est-ce qu'un homonyme ?

Un **homonyme** est un mot qui a la **même prononciation** qu'un autre mot, mais qui a un **sens différent**. Le plus souvent, deux mots homonymes **ne s'écrivent pas de la même façon**.

> cane et canne se prononcent de la même façon, mais ils n'ont pas le même sens et ils s'écrivent différemment

Lorsque deux homonymes sont des mots grammaticaux (déterminants*, pronoms, auxiliaires*...), on les appelle traditionnellement **homophones grammaticaux** (→ **41, 42**).

> a et à, ou et où

Comment distinguer des homonymes ?

Pour ne pas se tromper, on peut :

- réfléchir à ce que veut dire la phrase ;

> L'histoire du comte Dracula n'est pas un conte.
> (un comte, c'est une personne ; un conte, c'est un récit)

- s'aider des mots de la même famille ;

> faim avec a comme dans famine
> et fin avec i comme dans finir

- inventer ou mémoriser des phrases qui aident à se rappeler les différences ;

> J'ai fait du camping sous la tente avec ma tante (ma tata) et mon cousin.

LA BULLE LITTÉRAIRE

« La mer était là, partout devant lui, immense, gonflée, comme la pente d'une montagne. »

J.M.G. Le Clézio,
Celui qui n'avait jamais vu la mer

• regarder la classe grammaticale du mot : est-ce un verbe, un déterminant, etc. ?

> Dracula et son frère sont des vampires.
> (son : déterminant ; sont : verbe)
>
> son = déterminant du nom frère
>
> sont = verbe être conjugué à la 3e personne du pluriel

▶ En cas d'hésitation, on peut toujours se servir d'un dictionnaire.

ASTUCE Comment savoir quel homophone écrire ?

Je peux toujours remplacer un mot par un autre mot de la même classe grammaticale ou changer le temps d'un verbe.

Dracula et son frère sont des vampires.

→ Dracula et mon frère étaient des vampires.

EXERCICES

CORRIGÉS P. 408

1 Parmi ces mots, lesquels sont homonymes ?

a. ❑ maire ❑ mer ❑ mère ❑ océan

b. ❑ différent ❑ diffèrent ❑ différend

2 Trouvez un homonyme pour chacun de ces mots et employez les deux homonymes dans deux phrases différentes.

a. père – b. censé – c. champ – d. pain – e. pause – f. raisonner – g. seau

3 Choisissez le bon mot.

a. *(davantage / d'avantage)* Il n'y a pas ..... à rencontrer Dracula. Il faut ..... se protéger contre les vampires. – b. *(tache / tâche)* J'ai pour ..... de retrouver le vampire et cette ..... de sang me donne un indice. – c. *(près / prêt)* Il était ..... à tout pour trouver de nouvelles victimes. Moi, je ne suis pas ..... de me laisser conduire chez lui.

TOUT RETENIR EN UN CLIN D'ŒIL

homonymes

- même prononciation
- sens différents
- orthographes le plus souvent différentes

41 Comment distinguer les homophones *est, es* et *et* ; *sont* et *son* ; *a, as* et *à* ; *ont* et *on* ?

est (*es*) ou *et* ?

On écrit *est* (ou *es*) quand il s'agit du **verbe *être*** à la 3e personne (*est*) ou à la 2e personne (*es*) du singulier du présent de l'indicatif. On peut toujours remplacer *est* et *es* par *était* et *étais*.

> Obélix n'**est** (était) pas autorisé à boire de la potion. « Tu **es** (étais) tombé dans la marmite », lui rappelle Assurancetourix.

On écrit *et* quand il s'agit de la **conjonction* de coordination**. On ne peut jamais remplacer *et* par *était*.

> Astérix **et** (~~était~~) Obélix sont amis.

sont ou *son* ?

On écrit *sont* quand il s'agit du **verbe *être*** à la 3e personne du pluriel du présent de l'indicatif. On peut toujours remplacer *sont* par *étaient*.

> Les Romains **sont** (étaient) venus conquérir le village gaulois, mais ses habitants **sont** (étaient) invincibles.

On écrit *son* quand il s'agit du **déterminant* possessif**. On ne peut jamais remplacer *son* par *étaient*, mais on peut le remplacer par un autre déterminant.

> Obélix est toujours suivi par **son** (~~étaient~~) (le) chien Idéfix.

LA BULLE LITTÉRAIRE

« Elle voudrait le supplier de ne pas détourner son regard d'elle […]. Elle voudrait qu'il lui dise qu'ils ne sont pas perdus. »

Joël Dicker, *Le Livre des Baltimore*

a (*as*) ou *à* ?

On écrit *a* (ou *as*) quand il s'agit du **verbe *avoir*** à la 3e personne (*a*) ou à la 2e personne (*as*) du singulier du présent de l'indicatif. On peut toujours remplacer *a* et *as* par *avait* et *avais*.

> Obélix **a** (avait) faim. « Tu **as** (avais) déjà mangé », lui dit Astérix.

On écrit *à*, avec un accent grave, quand il s'agit de la **préposition***. On ne peut jamais remplacer *à* par *avait*.

Le Gaulois se met **à** (~~avait~~) table. Il ne pense qu'**à** (~~avait~~) manger.

ont ou *on* ?

On écrit *ont* quand il s'agit du **verbe *avoir*** à la 3e personne du pluriel du présent de l'indicatif. On peut toujours remplacer *ont* par *avaient*.

Les Gaulois **ont** (avaient) des ennemis, mais ils les **ont** (avaient) vaincus.

On écrit *on* quand il s'agit du **pronom**. Il ne peut jamais être remplacé par *avait*, mais on peut le remplacer par *il* ou *elle*.

On (~~Avaient~~) (Il) ne sait pas ce qu'il y a dans la potion.

ASTUCE Quand écrire *ont* ou *sont* ?

Je me rappelle qu'un verbe à la 3e personne du pluriel se termine toujours par *-nt*. J'écris donc *ont* et *sont* quand il s'agit des verbes *avoir* et *être*.

EXERCICES

CORRIGÉS P. 408

1 **Expliquez pourquoi chacun des mots soulignés est écrit ainsi.**
Les Romains <u>ont</u> eu peur des Gaulois <u>et</u> ils <u>sont</u> repartis. Obélix <u>est</u> triste : il n'<u>a</u> plus personne avec qui jouer ! <u>On</u> cherche <u>à</u> consoler <u>son</u> chagrin.

2 **Complétez les phrases avec *a, as, à, est, et, ont, on, sont* ou *son*.**
Tu ..... vu le barde ? – Oui, il ..... allé ..... Babaorum, les Romains l'..... invité pour découvrir ..... répertoire ..... sa voix. ..... vous l'..... dit : ils ..... fous, ces Romains !

TOUT RETENIR EN UN CLIN D'ŒIL

- verbe **être**
  - **est, es** ≠ **et** conjonction
  - **sont** ≠ **son** déterminant
- verbe **avoir**
  - **a, as** ≠ **à** préposition
  - **ont** ≠ **on** pronom

42 Comment distinguer les homophones *ou* et *où* ; *mais* et *mes* ; *ce* et *se* ?

ou ou *où* ?

On écrit *ou* quand il s'agit de la **conjonction* de coordination**. Elle marque le **choix** et on peut toujours la remplacer par *ou bien.*

| **La mer ou (ou bien) la montagne : il a fallu choisir.**

On écrit *où* (avec accent) quand il s'agit de l'**adverbe interrogatif*** ou du **pronom relatif** qui contient une idée de **lieu** (parfois de temps). On ne peut jamais remplacer *où* par *ou bien*. Le plus souvent, on peut le remplacer par *là où*.

| **Nous dinons au refuge où (~~ou bien~~) (là où) nous dormirons aussi.**

mais ou *mes* ?

On écrit *mais* quand il s'agit de la **conjonction de coordination**. Elle marque l'**opposition** et on peut toujours la remplacer par *et.*

| **Nous partons demain, mais (et) je ne sais pas encore à quelle heure.**

On écrit *mes* quand il s'agit du **déterminant* possessif**. On peut toujours le remplacer par un autre déterminant : *nos, les, ces…*

| **Je ne dois pas oublier mes (nos) chaussures de marche.**

ce ou *se* ?

On écrit *ce* quand il s'agit du **démonstratif***. Il est :

- soit **pronom** ; il est alors sujet du verbe *être* (on peut le remplacer par *cela*) ou suivi d'une proposition relative* (on peut alors remplacer *ce* et la relative par *cela*) ;

LA BULLE LITTÉRAIRE

« Une jeune dame blonde que je trouvais déjà très belle, s'est penchée sur moi et m'a embrassé. Du coup, j'ai eu du mal à m'endormir. C'est bête, hein ? »

Pierre Louki, *Un papa pas possible*

| **Ce (cela) n'est pas facile de préparer sa valise quand on ne sait pas ce qu'il faut prendre (cela).**

- soit **déterminant** ; il est alors dans un groupe* nominal dont le nom noyau est au masculin singulier. On peut toujours le remplacer par un autre déterminant : *le, mon, son…*

  Je me demande si ce (le) voyage sera intéressant.

On écrit *se* quand il s'agit du **pronom personnel réfléchi**. Quand on change la personne du verbe, le pronom devient *me, te, nous* ou *vous*.

  Les randonneurs se préparent avant leur départ. (**Je me prépare…**)

ASTUCE J'écris *c'est* ou *s'est, c'était* ou *s'était* ?

Je me rappelle que *c'est* = *ce* élidé + *est* et *s'est* = *se* élidé + *est*.
Je suis alors la même démarche que pour choisir entre *ce* et *se*.

(**C'est** ou **S'est** ?) **facile de voyager quand on** (**c'est** ou **s'est** ?) **bien préparé.**

→ **Cela est facile de voyager quand je me suis bien préparé.**

→ **C'est facile de voyager quand on s'est bien préparé.**

EXERCICES

CORRIGÉS P. 408

1 Choisissez le bon mot.

Je peux randonner à pied *(ou / où)* à cheval, *(mais / mes)* je préfère finalement le vélo. La région *(c'est / s'est)* équipée de pistes cyclables et *(c'est / s'est)* facile de circuler à vélo sans risque. Il y a des endroits *(ou / où)* cette possibilité n'existe pas.

2 Complétez les phrases avec *ou, où, mais, mes, ce, se, c'est* ou *s'est*.

Comment ..... décider ? Il faut choisir entre le train ..... l'avion, ... il n'y a aucune gare ni aucun aéroport proche de chez ..... parents ..... ils pourraient venir me chercher : ..... là le problème. Et ..... cas ..... déjà produit par le passé !

TOUT RETENIR EN UN CLIN D'ŒIL

conjonction **ou**	conjonction **mais**	démonstratif **ce**
≠	≠	≠
où pronom ou adverbe	**mes** déterminant possessif	**se** pronom personnel

43 Qu'est-ce que la forme d'un mot ?

Définitions

Quand les mots d'une classe grammaticale (→ **51**) **changent de forme** selon leur emploi dans la phrase, la classe est dite **variable**.

les adjectifs sont des mots variables : bon, bonne, bons et bonnes sont les quatre formes du même adjectif

LA BULLE LITTÉRAIRE

« Le gibier peut oublier les chasseurs, mais les chasseurs n'oublient pas le gibier. »
Proverbe africain

Inversement, une classe de mots est dite **invariable** quand les mots qu'elle regroupe gardent **toujours la même forme**, quel que soit leur emploi dans la phrase.

les prépositions sont des mots invariables : dans n'a qu'une forme

Qu'est-ce qui fait varier la forme des mots ?

Selon la classe à laquelle il appartient, un mot peut varier :

- en **genre** (masculin ou féminin) : → **44** ;

  le (masculin) ; la (féminin)

- en **nombre** (singulier ou pluriel) : → **45** ;

  un corail (singulier) ; des coraux (pluriel)

- en **personne** (1re, 2e ou 3e personne) : → **46**.

  mon (1re personne) ; ton (2e personne) ; son (3e personne)

Les verbes ont la particularité de pouvoir varier en nombre et en personne, mais aussi en temps et en mode. Un même verbe offre donc un grand nombre de formes possibles : c'est ce qu'on appelle sa **conjugaison** (→ **50**).

chantaient : 3e personne (personne) du pluriel (nombre) de l'imparfait (temps) de l'indicatif (mode)

Contrairement à ce qui se passe pour d'autres langues (l'allemand, par exemple), les mots en français ne varient pas selon leur fonction, sauf **certains pronoms personnels** (→ **65**).

il (sujet : il est là) ; le (complément direct : je le vois)
lui (complément indirect : je lui parle)

Quelles sont les marques de la variation ?

La variation se voit le plus souvent dans la **finale** des mots à l'**écrit**. À l'oral, on ne l'entend pas toujours (→ **2**).

Les enfants jouent.
Mon amie est plus âgée que moi.

Les marques sont **différentes** selon le type de **variation** (nombre, genre…) et selon les **classes grammaticales**.

-s peut être une marque du **pluriel** pour les **noms** et les **adjectifs**, jamais pour les verbes conjugués

ASTUCE Comment ne pas oublier les marques ?

Je relis toujours ce que j'ai écrit et je vérifie la finale des mots.

Les enfants jouent. → je vérifie que j'ai bien mis le s du pluriel au nom enfant et le -ent du pluriel au verbe jouer

EXERCICES

CORRIGÉS P. 408

1 Vrai ou faux ?

a. *vert* et *verte* sont deux mots différents. – **b.** Les marques ne s'entendent pas toujours. – **c.** Les marques sont les mêmes pour les noms et les verbes.

2 Un mot invariable s'est glissé dans chacune de ces listes. Retrouvez-le.

a. chef, chez, cher – **b.** échec, fennec, avec – **c.** ensuite, poursuite, suite

3 Donnez les différentes formes que peuvent prendre les mots suivants.

a. lion – **b.** joyeux – **c.** maison – **d.** collégien – **e.** rapide – **f.** espoir – **g.** château

4 Classez ces mots dans le tableau selon le nombre de formes qu'ils ont.

a. jouer – **b.** drôle – **c.** jeu – **d.** amusant – **e.** avec – **f.** heureux – **g.** tapis

1 forme	2 formes	3 formes	4 formes ou plus
....	....	....	....

L'ESSENTIEL EN UN CLIN D'ŒIL

mots variables	mots invariables
↓	↓
1 mot = plusieurs formes	1 mot = une seule forme

44

Qu'est-ce que le genre d'un mot ?

À quoi correspond le genre ?

La langue française a deux genres :

- le **masculin** : récit, long, il ;
- le **féminin** : histoire, longue, elle.

Quels mots ont un genre ?

Un **nom** a un **genre** qui lui est propre : il est soit masculin, soit féminin.

> noms masculins : film, conte
> (on peut mettre un devant)
> noms féminins : histoire, série
> (on peut mettre une devant)

LA BULLE LITTÉRAIRE

« Bonne année, ma Jeanne adorée ! bonne année, ma chère petite Denise ! bonne année, mon cher petit Jacques ! »

Émile Zola, *Lettre à Jeanne Rozerot*

Les noms qui désignent des **personnes** peuvent être **masculins ou féminins** parce qu'ils peuvent désigner un homme ou une femme (→ p. 54).

> un artiste (= un homme)
> une artiste (= une femme)

L'**adjectif** et le **déterminant*** ont le même genre que le nom ou le pronom auquel ils se rapportent. C'est ce qu'on appelle l'accord (→ p. 121).

> Cette ancienne légende est intéressante. (cette, ancienne et intéressante sont au féminin, comme légende)

Selon les cas, un **pronom** (→ p. 124) a :

- un genre qui **dépend de la personne qu'il désigne ;**
  > Je suis actrice. (le pronom je est ici féminin : il désigne une femme)
- le **même genre** que le nom qu'il remplace (son antécédent*).
  > Ces légendes sont anciennes. Je les trouve intéressantes.
  > (les est ici un pronom féminin, comme son antécédent légendes)

Quelle est la marque écrite du genre ?

Les pronoms, les adjectifs et les déterminants **s'écrivent généralement de façon différente au masculin et au féminin.** Le **féminin** s'écrit souvent avec un ***e***.

masculin	un	vrai	intéressant	lequel	ce	le
féminin	une	vraie	intéressante	laquelle	cette	la

ASTUCE *J'écris bon ou bonne ?*

Je regarde toujours si je peux mettre *un* ou *une* devant un nom pour savoir s'il est masculin ou féminin et faire ainsi les bons accords.

je dis une année ; j'écris donc : Bonne année !

je dis un anniversaire ; j'écris donc : Bon anniversaire !

EXERCICES

CORRIGÉS P. 408

1 Vrai ou faux ?

a. Donner le genre d'un mot, c'est dire s'il est au singulier ou au pluriel. – **b.** Le *e* est la marque écrite la plus courante du féminin. – **c.** Le genre d'un nom dépend du mot avec lequel il s'accorde.

2 Classez ces mots dans un tableau à deux colonnes (masculin / féminin).

a. arbre – **b.** aucune – **c.** carré – **d.** cet – **e.** réelle – **f.** il – **g.** laquelle

3 Parmi ces adjectifs, quel est celui dont on ne peut pas savoir s'il est au masculin ou au féminin ?

❑ **a.** aimable ❑ **b.** enchantée ❑ **c.** joyeux ❑ **d.** souriante

TOUT RETENIR EN UN CLIN D'ŒIL

- **nom** → genre qui lui est propre
- **adjectif déterminant** → genre qui dépend du nom ou du pronom auquel il se rapporte
- **pronom** → genre qui dépend de la personne désignée
- **pronom** → genre qui dépend du nom qu'il remplace

45 Qu'est-ce que le nombre d'un mot ?

À quoi correspond le nombre ?

Donner le **nombre** d'un mot, c'est dire si ce mot est au **singulier** ou au **pluriel**.

> Nous lisons un livre. (dans cette phrase, nous et lisons sont au pluriel ; un et livre sont au singulier)

Le singulier désigne **un seul** élément (un livre) ou un seul ensemble d'éléments (une collection) ; le pluriel en désigne **plusieurs** (des livres, des collections).

Quels mots ont un nombre ?

Les noms peuvent être utilisés **au singulier ou au pluriel** : ils n'ont pas de nombre en eux. On les emploie au singulier ou au pluriel selon ce qu'ils désignent.

> je lis un livre (singulier) ou des livres (pluriel) selon que j'en lis un seul ou plusieurs

LA BULLE LITTÉRAIRE

« Je n'aime lire que les livres qui m'appartiennent : le livre de la vie, par exemple. »
Jules Renard, *Journal*

Selon les cas, le **pronom** a un nombre qui **dépend** du nombre de personnes qu'il **désigne** ou le même nombre que **le nom qu'il remplace** (→ 124).

> Nous lisons. (le pluriel nous indique qu'il y a plusieurs personnes)
> J'ai acheté des livres. Je les lis.
> (le pronom les est au pluriel, comme le nom livres qu'il remplace)

Les autres mots variables ont le même nombre que le **nom** ou le **pronom auquel ils se rapportent**. C'est ce qu'on appelle l'accord (→ 120) :

- l'**adjectif** et le **déterminant*** ont le même nombre que **le nom ou le pronom auquel ils se rapportent** ;

> Ces romans historiques sont passionnants.
> (ces, historiques et passionnants sont au pluriel, comme romans)

- le **verbe** a le même nombre que son **sujet***.

> Nous lisons. (lisons est au pluriel, comme nous)

Quelles sont les marques du pluriel ?

▶ Les mots variables **s'écrivent généralement de façon différente au singulier et au pluriel**. Les noms, les pronoms, les adjectifs et les déterminants marquent le pluriel le plus souvent avec **s**. Mais les verbes marquent le pluriel avec *-ons, -ez, -nt*.

singulier	ce	roman	passionnant	il	voit
pluriel	ces	romans	passionnants	ils	voient

ASTUCE Singulier ou pluriel après *beaucoup de* ?

Pour savoir si j'écris un nom au singulier ou au pluriel après *beaucoup de*, je regarde si je peux mettre *deux, trois...* devant.
Si c'est possible, je le mets au pluriel ; sinon, je le laisse au singulier.

je peux dire Elle a deux amis, trois amis...
→ j'écris Elle a beaucoup d'amis.
je ne peux pas dire ~~Elle a deux courages, trois courages~~...
→ j'écris Elle a beaucoup de courage.

EXERCICES

CORRIGÉS P. 408

1 **Vrai ou faux ?**
a. Le nombre d'un nom est donné dans un dictionnaire. – **b.** Le nombre de l'adjectif est le même que celui du nom auquel il se rapporte. – **c.** La marque du pluriel la plus courante d'un verbe est *s*.

2 **Classez ces mots dans un tableau à deux colonnes (singulier / pluriel).**
a. équipe – **b.** faisais – **c.** jolis – **d.** viennent – **e.** mes – **f.** il – **g.** lesquels

TOUT RETENIR EN UN CLIN D'ŒIL

- **nom** → nombre qui **dépend** de ce qu'il désigne
- **pronom** → nombre qui **dépend** du nom qu'il remplace
- **adjectif déterminant** → nombre qui **dépend** du nom ou pronom auquel il se rapporte
- **verbe** → nombre qui **dépend** de son sujet

46 Qu'est-ce que la 1re, la 2e et la 3e personne d'un mot ?

Définitions

▶ La langue française a **trois personnes** (appelées personnes grammaticales) : la 1re, la 2e et la 3e personne. Ces personnes permettent d'identifier les interlocuteurs dans une situation de communication.

> Je suis Laurel, tu es Hardy. C'est moi Laurel, c'est toi Hardy.
> les pronoms je et moi indiquent que c'est Laurel qui parle
> les pronoms tu et toi indiquent que Laurel parle à Hardy

▶ Les personnes grammaticales sont soit au **singulier**, soit au **pluriel**.

> moi est un pronom de la 1re personne du singulier
> nous est un pronom de la 1re personne du pluriel

À quoi correspond chaque personne grammaticale ?

▶ Au singulier, la **1re personne** fait référence à **la personne qui parle**. Au pluriel, elle fait référence au groupe de personnes dont fait partie celui qui parle.

> Mon nom est Laurel. (mon indique que c'est Laurel qui parle)
> Nous sommes de bons amis.

▶ Au singulier, la **2e personne** fait référence à **celui à qui on s'adresse**. Au pluriel, elle fait référence au groupe de personnes à qui on s'adresse.

> Mon nom est Laurel, le tien est Hardy.
> Vous aimez bien les films comiques !

On utilise également la 2e personne du pluriel lorsqu'on s'adresse à une seule personne que l'on vouvoie. C'est le ***vous* de politesse**.

▶ La **3e personne** fait référence à l'être ou à la chose (au singulier) ou aux êtres et aux choses (au pluriel) dont on parle. Celui ou ce dont on parle est présent ou non lors de la communication.

> Comme ils sont drôles ! Ils ont tourné des films comiques.

Pour quels mots peut-on parler de personne ?

Seuls les **pronoms personnels**, les **possessifs*** et les **verbes** varient selon la personne.

> Mon nom est Laurel, le tien est Hardy ; je suis le petit.
> si c'est Hardy qui parle, on aura :
> Ton nom est Laurel, le mien est Hardy ; tu es le petit.

LA BULLE LITTÉRAIRE

« Le temps et rien d'autre
Le tien, le mien
Celui qu'on veut nôtre »
Charles AZNAVOUR, « Le temps »

Les noms ne varient pas en personne, mais on peut toujours remplacer un groupe* nominal sujet par **un pronom personnel de la 3e personne** (*il*, *elle* ou *ils*, *elles*).

> Les deux amis inséparables nous font rire. → Ils nous font rire.

ASTUCE Comment reconnaitre la personne des pronoms personnels et des possessifs ?

À chaque personne (ou presque) sa lettre :
- **M pour la 1re personne du singulier :** me, moi, mon, le mien
- **T pour la 2e personne du singulier :** tu, te, toi, ton, le tien
- **S pour la 3e personne du singulier :** se, soi, son, le sien
- **N pour la 1re personne du pluriel :** nous, notre, le nôtre
- **V pour la 2e personne du pluriel :** vous, votre, le vôtre

EXERCICES

CORRIGÉS P. 408

1 Vrai ou faux ?
a. Seuls les verbes varient selon la personne. – **b.** Le pronom *je* représente toujours la personne qui parle.

2 Hardy doit redire en son nom ce que lui dit Laurel. Que dira-t-il ?
Laurel dit : « Quand tu fais une bêtise, je te gronde. Tu pleures, mais j'essuie tes larmes avec mon mouchoir. » → Hardy dit : « Quand je fais une bêtise... »

L'ESSENTIEL EN UN CLIN D'ŒIL

1re personne *je, nous* —s'adresse à→ **2e personne** *tu, vous* —et parle de→ **3e personne** *il / elle, ils / elles*

47 Comment former le féminin des noms et des adjectifs ?

Règles générales

Pour écrire un nom ou un adjectif au **féminin**, on ajoute en général un ***e* à la fin du masculin**.

> un petit cousin → une petite cousine

Les **participes passés** suivent cette règle.

> il est tombé → elle est tombée ; le son émis → la lumière émise

Attention : l'ajout du *e* ne se fait pas toujours entendre à l'oral.

> un ami génial → une amie géniale

Dans certains cas, on modifie la finale et on ajoute le *e* :

- lorsque le masculin se termine par *-el, -ien, -en* ou *-on*, on **double la dernière consonne** ;

> un lion exceptionnel → une lionne exceptionnelle

- *-er* devient ***-ère*** ;

> un passager particulier → une passagère particulière

- *x* devient ***se*** (sauf *faux, doux, roux* et *vieux*) ;

> un époux heureux → une épouse heureuse

- *f* devient ***ve*** ;

> un sportif → une sportive

- c devient ***que*** (sauf *blanc, franc* et *sec*).

> un lycée public → une école publique

Dans d'autres cas, on **remplace la finale** du masculin :

- on remplace *-eau* par *-elle* et *-ou* par *-olle* ;

> un chameau fou
> → une chamelle folle

- on remplace *-eur* par *-euse* et *-rice*.

> un navigateur bricoleur
> → une navigatrice bricoleuse

Les adjectifs et les noms qui se terminent par un *e* ont **la même forme** au masculin et au féminin.

> un artiste admirable → une artiste admirable

LA BULLE LITTÉRAIRE

« Quant au patron, c'était un nouveau patron, et la patronne aussi, comme de juste. »

Alphonse ALLAIS, *À se tordre*

Les exceptions

- Quelques noms masculins en *e* ont un féminin en ***-esse***.
  - **un âne → une ânesse** ; **un prince → une princesse**
- Quelques noms et adjectifs masculins en *-eur* ont un féminin en ***-eure***.
  - **meilleur → meilleure**

Des mots différents

- Parfois, il existe **deux noms différents** pour désigner l'homme (ou le mâle) et la femme (ou la femelle) d'un couple.
  - **un cheval** / **une jument** ; **le frère** / **la sœur**

ASTUCE **Ne pas oublier le *e* !**

Je me rappelle qu'un adjectif ou un participe passé au féminin se termine toujours par un *e* **(et un *s* s'il est au pluriel) : en me relisant, je vérifie que je n'ai pas oublié ce *e* s'il s'agit d'un féminin.**

EXERCICES

CORRIGÉS P. 408

1 Donnez, pour chaque pays, le nom des habitants, au féminin puis au masculin.

a. Chine – **b.** Belgique – **c.** Allemagne – **d.** Italie – **e.** Espagne – **f.** France

2 Mettez ces groupes nominaux au féminin.

a. un bon chien – **b.** un veuf joyeux – **c.** un conducteur prudent – **d.** un champion olympique – **e.** un vieux roi – **f.** un ogre gourmand

TOUT RETENIR EN UN CLIN D'ŒIL

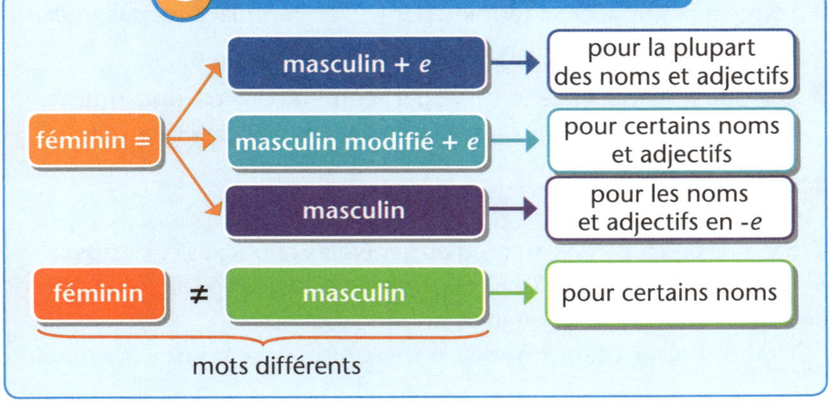

48 Comment former le pluriel des noms et des adjectifs ?

Pour bien écrire un nom ou un adjectif au pluriel, il faut regarder comment il se termine au singulier.

Règles générales

Pour écrire un nom ou un adjectif au pluriel, on ajoute le plus souvent un ***s* à la fin du singulier**.

deux renards rusés ; plusieurs fourmis géantes

Lorsque le singulier se termine par *s*, *x* ou *z*, le singulier et le pluriel ont la **même forme**.

un accès dangereux → des accès dangereux ; un nez → trois nez

Les **participes passés** suivent ces règles.

il est tombé → ils sont tombés
un engagement pris → des engagements pris

Lorsque le singulier se termine par *-al*, on remplace *-al* par ***-aux***.

ce journal spécial → ces journaux spéciaux

Lorsque le singulier se termine par ***-eau***, ***-au*** ou ***-eu***, on ajoute ***x***.

ce nouveau jeu → ces nouveaux jeux ; un noyau → quatre noyaux

Exceptions

Il y a des **exceptions** aux règles générales énoncées ci-dessus :

- les sept noms *bijou, caillou, chou, genou, hibou, joujou* et *pou* s'écrivent avec un ***x*** au pluriel et non avec un *s* ;

un bisou sur chaque genou → deux bisous sur les deux genoux

- les noms *corail, émail, soupirail, travail* et *vitrail* s'écrivent avec -***aux*** au pluriel et non avec un *s* ;
  - les détails des vitraux
- *bal, carnaval, festival, récital, bancal, fatal* et *naval* s'écrivent avec un ***s*** au pluriel, et non avec *-aux* ;
  - les festivals de l'année ; des tabourets bancals
- *pneu, landau* et *bleu* s'écrivent avec un ***s*** au pluriel et non avec un *x*.
  - des pneus neufs ; quelques crayons bleus

LA BULLE LITTÉRAIRE

« Avec ses yeux tout bleus, et ses cheveux tout blonds, ça fait très joli. »

René Goscinny,
Les Vacances du petit Nicolas

ASTUCE J'écris *-aux* ou *-eaux* au pluriel ?

Pour ne pas écrire le pluriel d'un mot en *-al* avec *-eaux*, je me rappelle qu'on remplace *-al* par *-aux*, donc sans *e*.

un	chev/al	spéci/al
des	chev/aux	spéci/aux

EXERCICES

CORRIGÉS P. 408

1 Trouvez l'intrus dans chaque liste.

a. bijou, bisou, caillou, genou – **b.** bocal, carnaval, hôpital, métal – **c.** détail, épouvantail, portail, travail – **d.** tapis, champ, puits, merguez

2 Mettez au pluriel les groupes nominaux entre parenthèses.

Dans son arche, Noé a aussi pris deux *(taureau furieux)*, deux *(hibou gris)*, deux *(oiseau bleu)*, deux *(kangourou banal)*, deux *(beau cheval)*, deux *(perdrix blanche)*, deux *(lynx roux)*, deux *(rhinocéros féroce)*.

L'ESSENTIEL EN UN CLIN D'ŒIL

pluriel = singulier + *s*	pluriel = singulier	pluriel en *-aux*	pluriel = singulier + *x*
pour **la plupart** des noms et adjectifs	pour tous les noms et adjectifs en *s, x, z*	pour les noms et adjectifs en *-al*	pour les noms et adjectifs en *-eau, -au, -eu*

49 Comment écrire le pluriel des noms composés ?

Un nom composé est formé de deux (ou plus) éléments appelés composants (→ 32). Pour l'écrire au pluriel, il faut savoir quels éléments prennent la marque du pluriel et analyser le sens du nom composé.

Analyser la classe grammaticale des composants

Dans les noms composés écrits avec un trait d'union, seuls les **noms** et les **adjectifs** peuvent se mettre au pluriel. Les autres composants (adverbes, prépositions, verbes) sont toujours **invariables**.

des rouges-gorges (adjectif, nom) ; des portes-fenêtres (nom, nom)

des arrière-pensées (adverbe) ; des avant-bras (préposition) ; des marque-pages (verbe)

Dans les noms composés de type nom + préposition + nom, seul **le premier nom** se met au pluriel.

des chefs-d'œuvre ; des arcs-en-ciel

Les éléments ***demi-***, ***mi-***, ***semi-*** sont **invariables**.

des demi-heures ; des semi-remorques

Analyser le sens du nom composé

Il faut généralement **« décomposer » le sens** du nom composé pour savoir si l'adjectif ou le nom se met au pluriel.

des choux-fleurs (= des choux qui ressemblent à des fleurs)
des timbres-poste (= des timbres pour la poste)

Mais passer par le sens n'est pas toujours possible ou peut donner différentes possibilités.

des après-rasage(s ?)
(= des produits utilisés après le rasage ou après les rasages ?)

Ainsi les rectifications de l'orthographe (→ p. **422**) donnent des règles qui permettent d'écrire certains noms composés au pluriel **sans passer par le sens** (→ Astuce).

LA BULLE LITTÉRAIRE

« Chaque civilisation n'a qu'un moment dans sa vie pour produire ses chefs-d'œuvre. »

STENDHAL, *Mémoires d'un touriste*

ASTUCE Pour les noms composés du type « préposition + nom » ou « verbe + nom »

Pour les noms composés du type « préposition + nom » ou « verbe + nom », je suis les règles suivantes :

- **je laisse toujours le nom (2e composant) au singulier lorsque le nom composé est au singulier ;**

  un essuie-main ; un sans-papier

- **je mets toujours le nom au pluriel lorsque le nom composé est au pluriel.**

  des essuie-mains ; → des sans-papiers

EXERCICES

CORRIGÉS P. 408

1 Vrai ou faux ?

a. Dans un nom composé, le verbe ne se met jamais au pluriel. – **b.** Tous les noms se mettent toujours au pluriel dans un nom composé au pluriel. – **c.** Dans un nom composé au pluriel, *demi* prend la marque du pluriel.

2 Expliquez pourquoi chacun des composants de ces pluriels s'écrit ainsi.

a. des belles-sœurs – **b.** des porte-bagages – **c.** des coffres-forts – **d.** des dessous-de-plat – **e.** des grille-pains – **f.** des après-midis

3 Mettez ces noms composés au pluriel.

a. un marteau-piqueur – **b.** une grand-mère – **c.** une avant-scène – **d.** un porte-avion – **e.** un sous-préfet – **f.** un camion-citerne

L'ESSENTIEL EN UN CLIN D'ŒIL

noms composés au pluriel
→ noms et adjectifs peuvent se mettre au pluriel
→ autres mots toujours invariables

50 Pourquoi les verbes changent-ils de forme ?

Le verbe : un mot variable

Le verbe est un **mot variable** : **il change de forme** en fonction de son emploi dans la phrase.

> chanter, chante, chanterais, chantions, a chanté sont différentes formes du même verbe chanter

Par convention, on nomme un verbe par son **infinitif** : c'est sous cette forme qu'il est enregistré dans les dictionnaires.

Ces formes varient en fonction :

- du **mode** (indicatif, subjonctif…) (→ **78**) et du **temps** auxquels est employé le verbe (→ **82**) ;
- de la **personne** et du **nombre** de son sujet (→ **122**).

> mode : je peux (indicatif) ; que je puisse (subjonctif)
> temps : je peux (présent) ; je pouvais (imparfait)
> personne : je peux (1re personne) ; il peut (3e personne)
> nombre : je peux (singulier) ; nous pouvons (pluriel)

Les **tableaux de conjugaison** rendent compte de toutes ces formes en les classant par mode, temps, personne et nombre (→ **137 à 186**).

La variation se marque dans les terminaisons et parfois dans le radical (→ **126**).

> il écri/t nous écriv/ons

LA BULLE LITTÉRAIRE

« Je t'aimais. Je t'aime. Je t'aimerai. La conjugaison du bonheur ! »

José-Louis Bocquet, *Olympe de Gouges*

Classer les verbes pour les conjuguer

Parce qu'ils ont des points communs dans leur conjugaison, on classe les verbes en **trois catégories** (ou groupes) :

- les verbes dont l'infinitif se termine par *-er* (sauf *aller*) ; on les appelle les **verbes en *-er*** ou verbes du 1er groupe : aimer, placer, envoyer… ;

- les verbes dont l'infinitif se termine par *-ir* et qui ont un participe présent en *-issant* ; on les appelle les **verbes en *-ir*/*-issant*** ou verbes du 2e groupe : finir (nous finissons, finissant)… ;
- les **autres verbes** ou verbes du 3e groupe : faire, dire, prendre…

Pour bien conjuguer un verbe à certains temps de certains modes, il est important de **connaitre son infinitif.**

> à la 3e personne du singulier du présent de l'indicatif, les verbes en -er ont pour terminaison -e (relier → il relie), les autres verbes -t (relire → il relit)

ASTUCE Comment trouver l'infinitif d'un verbe conjugué ?

Je prononce à voix haute *il faut* suivi du verbe ou *c'est l'action de* suivi du verbe : j'obtiendrai son infinitif.

je cours → il faut courir, c'est l'action de courir
→ courir est l'infinitif de la forme verbale cours

EXERCICES

CORRIGÉS P. 409

1 Cochez la bonne réponse.

a. Le verbe est un mot ❏ variable ❏ invariable. – **b.** Dans les dictionnaires, les verbes sont donnés à ❏ l'indicatif ❏ l'infinitif.

2 Donnez l'infinitif de ces verbes.

a. je cours – **b.** il bondira – **c.** elle fonçait – **d.** tu gravis – **e.** nous fuyons

3 Pour chaque paire, dites ce qui fait varier le verbe (mode, temps, personne ou nombre).

a. conduis, conduisons – **b.** conduis, conduirai – **c.** conduit, conduise – **d.** conduisais, conduisait

L'ESSENTIEL EN UN CLIN D'ŒIL

le verbe varie en

personne | nombre | mode | temps

= **conjugaison**

3 LES CLASSES

DE MOTS

51 Comment classe-t-on les mots ?

Qu'est-ce qu'une classe grammaticale ?

Les mots de la langue sont **regroupés** en différentes catégories qu'on appelle **classes de mots ou classes grammaticales**. Chaque classe contient des mots qui ont des points communs.

> voix, chien, liberté, Vercingétorix ont des points communs : ils appartiennent à la classe des noms

On distingue ainsi les **classes grammaticales** suivantes :

- les noms (chanson, public, jury) → **52** ;
- les déterminants (un, la, mon) → **55** ;
- les adjectifs (beau, content, souriant) → **62** ;
- les pronoms (elle, lui, celui, y) → **64** ;
- les verbes (chanter, applaudir, être) → **73** ;
- les adverbes (bien, plus, vivement) → **87** ;
- les prépositions (à, de, avec) → **89** ;
- les conjonctions de subordination (que, lorsque, si) et de coordination (et, mais) → **90-91** ;
- les interjections (hé !, bravo !) → **92**.

Lorsqu'on analyse une phrase, donner la **nature** des différents mots de la phrase, c'est dire à quelle classe grammaticale ils appartiennent. Attention, la nature d'un mot ne doit pas être confondue avec sa fonction (→ **109**).

LA BULLE LITTÉRAIRE

« Dans la langue française, n'est-il pas amusant de constater que *mot* est bien un mot ; que *nom* est un mot et un nom ? »

Philippe Geluck, *Le Tour du chat en 365 jours*

Quels sont les points communs d'une classe de mots ?

Les mots d'une même classe grammaticale :

- sont tous soit **variables**, soit **invariables** (→ 43) : s'ils sont variables (les noms et les adjectifs, par exemple), ils peuvent se présenter sous différentes formes ; s'ils sont invariables (les adverbes et les prépositions, par exemple), ils se présentent toujours sous la même forme ;
- occupent les **mêmes fonctions** ;
  - les adjectifs peuvent être épithètes* ou attributs*
- répondent aux **mêmes règles d'accord** (→ 120).
  - les verbes s'accordent avec leur sujet

ASTUCE Comment trouver la classe d'un mot ?

La classe grammaticale d'un mot est toujours donnée par les dictionnaires, le plus souvent sous forme d'abréviation.

VITE [vit] adv. Rapidement. (l'abréviation *adv.* signifie « adverbe »)

EXERCICES

CORRIGÉS P. 409

1 Cochez la bonne réponse.

a. La classe des verbes est une classe de mots ❑ variables ❑ invariables.

b. Dire qu'un mot est un nom, c'est donner sa ❑ fonction ❑ classe grammaticale.

2 Barrez les mots qui ne désignent pas une classe grammaticale.

a. sujet – b. préposition – c. adverbe – d. épithète – e. adjectif – f. verbe

3 Combien de classes grammaticales Charles Baudelaire utilise-t-il dans ce vers ?

Homme libre, toujours tu chériras la mer ! (« L'homme et la mer »)

4 Pour chaque classe grammaticale, donnez trois exemples de mots qui appartiennent à cette classe.

TOUT RETENIR EN UN CLIN D'ŒIL

mots d'une même classe grammaticale →
- variables ou invariables
- mêmes règles d'accord
- mêmes fonctions dans la phrase

52 Les noms : introduction

Qu'est-ce qu'un nom ?

- Un nom **désigne** un être (personne ou animal), une chose, une idée…
  - héros, cheval, épée, courage, tournoi, Arthur sont des noms

- Du point de vue de la **forme**, le nom :
- **varie en nombre** : il s'emploie au singulier ou au pluriel (→ **45**) ;
  - épée (singulier), épées (pluriel)
- le plus souvent **ne varie pas en genre** : il est soit masculin, soit féminin (→ **44**).
  - tournoi (masculin) ; joute (féminin)

- Dans la **phrase**, le nom :
- est le plus souvent employé **avec un déterminant** (→ **55**) ;
  - Le héros a triomphé de son ennemi.
  - on ne pourrait pas dire ~~Héros a triomphé de ennemi.~~
- peut s'employer avec des expansions : il est alors le **noyau d'un groupe nominal** (→ **118**) ;
  - les courageux chevaliers de la Table ronde est un groupe nominal dont le nom noyau est chevaliers ;
  - courageux et de la Table ronde complètent le nom chevaliers
- occupe principalement les **fonctions** de sujet ou de complément (→ **109**). Il peut être aussi attribut*.
  - Le chevalier est un héros : il a triomphé de son ennemi.
  - chevalier est sujet de est ; héros est attribut du sujet chevalier ;
  - ennemi est complément du verbe a triomphé

- Certains mots appartenant à d'autres classes* grammaticales peuvent se transformer en noms si on les fait précéder d'un déterminant.
  - Le mieux est l'ennemi du bien.
  - (mieux et bien, d'ordinaire adverbes, sont ici des noms)

Les différentes catégories de noms

On distingue :

- les noms communs (**roi**) et les noms propres (**Arthur**) (→ **53**) ;
- les noms qui désignent des réalités inanimées (**trône**) et ceux qui désignent des êtres animés (**roi, cheval**) (→ **54**) ;
- les noms qui désignent des réalités que l'on peut compter (**épée**) et ceux qui désignent des réalités que l'on ne peut pas compter (**courage**).

LA BULLE LITTÉRAIRE

« Le Grand Musc et ses invités se mettent à chercher un nom pour le chien. Et, pour la première fois de sa vie, Le Chien avait vu des hommes réfléchir. »

Daniel PENNAC, *Cabot-Caboche*

ASTUCE Comment reconnaitre un nom ?

Je me rappelle qu'un nom peut être employé avec un déterminant. Donc, si je peux mettre *le, la, l'* ou *les* devant un mot, il s'agit d'un nom.

paiement : je peux dire **le paiement** → **paiement** est un nom

vraiment : je ne peux pas dire ~~le vraiment~~ → **vraiment** n'est pas un nom

EXERCICES

CORRIGÉS P. 409

1 Vrai ou faux ?

a. Les noms sont des mots variables. – **b.** Les noms désignent uniquement des personnes. – **c.** Le nom peut avoir plusieurs fonctions dans la phrase.

2 Barrez les mots qui ne sont pas des noms.

a. vite – **b.** porte – **c.** diner – **d.** jardiner – **e.** demain – **f.** lendemain

TOUT RETENIR EN UN CLIN D'ŒIL

le nom

- **désigne** des êtres, des choses
- a un **genre fixe**, mais **varie en nombre**
- s'emploie le plus souvent **avec un déterminant**
- est le plus souvent **sujet** ou **complément**

53 Les noms communs et les noms propres

Qu'est-ce qu'un nom commun ? un nom propre ?

On utilise un **nom commun** pour désigner **n'importe quel élément** d'un même ensemble. Le nom commun a une définition.

> si je vois un homme chanter sur scène sans le connaitre, je pourrai dire : « C'est un chanteur » ; le nom commun chanteur désigne quelqu'un qui fait partie des chanteurs

On utilise un **nom propre** pour nommer un **élément unique** (personne, lieu…). Le nom propre n'a pas de véritable définition.

> si je vois un homme chanter sur scène, je ne pourrai dire : « C'est Slimane » que si je le connais ; le nom propre Slimane désigne une personne unique

LA BULLE LITTÉRAIRE

« Théophile laissa errer son regard sur la page et remarqua un autre mot inconnu dont la définition le plongea dans un abîme de rêverie. Il s'agissait de "couffa : bateau du Tigre" ! Ainsi donc, il existait des tigres navigateurs, et un mot spécifique pour désigner leurs embarcations ! »

Éric Boisset, *Arkandias contre-attaque*

Quelles sont les particularités des noms propres ?

Les noms propres désignent le plus souvent des **personnes** ou des **lieux** (pays, régions, villes, fleuves, planètes…). Ils s'écrivent avec une **majuscule** (→ 27).

> Napoléon, la France, la Bretagne, Bruxelles, Mars

Contrairement aux noms communs, ils s'emploient généralement dans la phrase **sans déterminant***.

> Victor Hugo est né à Besançon.

Mais, quand ces noms propres sont qualifiés, ils sont précédés d'un déterminant (*le, mon*...).

- le célèbre Victor Hugo ; le Besançon d'aujourd'hui

Les noms propres sont le plus souvent **invariables**.

- Il y a deux Victor dans la classe.

Mais certains noms propres sont toujours au pluriel.

- les Champs-Élysées, les Vosges

Les noms des **habitants** d'un pays, d'une ville, etc. sont considérés comme des noms propres, mais ils s'emploient au singulier ou au pluriel.

- un Belge, les Belges ; un Breton, les Bretons

ASTUCE Comment remplacer un nom propre ?

Pour ne pas répéter un nom propre dans un texte, je le remplace par un groupe nominal qui évoque une caractéristique de ce nom.

Victor Hugo = l'auteur des *Misérables*
= ce célèbre écrivain

EXERCICES

CORRIGÉS P. 409

1 Donnez plusieurs noms propres correspondant à chaque nom commun.
a. ville – b. acteur – c. montagne – d. héros – e. pays – f. reine

2 Donnez un groupe nominal pouvant remplacer chaque nom propre.
a. Molière – b. Paris – c. Vercingétorix – d. la Lune – e. Zeus – f. Omar Sy

3 Relisez la bulle littéraire. Quelle confusion Théophile fait-il ?

TOUT RETENIR EN UN CLIN D'ŒIL

nom commun	nom propre
• désigne **plusieurs** éléments	• désigne **un seul** élément
• a **une définition**	• n'a **pas de définition**
• s'écrit avec une **minuscule**	• s'écrit avec une **majuscule**
• **varie** en nombre	• est généralement **invariable** en nombre

54 Quelles sont les particularités des noms désignant des êtres animés ?

Qu'est-ce qu'un nom animé ?

Les **noms animés** désignent des **personnes** (humains) ou des **animaux**, réels ou imaginaires.

Jean, un fabuliste, un lion, une cigale, un dragon

On oppose aux noms animés les **noms inanimés** qui désignent des **objets**, des **idées**, etc.

Versailles, un livre, une course, une morale

LA BULLE LITTÉRAIRE

« Et la cuisinière (pas Maria ; la cuisinière de fonte émaillée), la cuisinière qu'on venait d'allumer, rugit :
– Je vais leur montrer de quel bois je me chauffe. »

Claude Roy, *La Maison qui s'envole*

Quel est le genre des noms animés ?

La plupart des noms désignant des personnes et quelques noms d'animaux ont **un genre qui dépend du sexe de l'être désigné** :

- les hommes et les mâles sont désignés par un nom masculin ;
  un roi, un père, un coq
- les femmes et les femelles sont désignées par un nom féminin.
  une reine, une mère, une poule

De nombreux **noms animés varient en genre**. Le nom féminin répond aux règles de formation du féminin (→ **47**).

	forme différente		même forme
homme / mâle	un emprunteur	un lion	un fabuliste
femme / femelle	une emprunteuse	une lionne	une fabuliste

Mais certains de ces noms ont un **genre fixe**.

mannequin, génie sont des noms masculins, mais ils désignent aussi bien des hommes que des femmes (cette femme est un vrai génie)

victime, vedette sont des noms féminins, mais ils désignent aussi bien des femmes que des hommes (il a été la vedette de la soirée)

moineau, nom masculin, désigne le mâle ou la femelle

panthère, nom féminin, désigne le mâle ou la femelle

Des constructions propres aux noms de personnes

Certains **pronoms** ne s'emploient que pour des noms désignant des humains.

humain	Qui voit-il ?	Il n'a vu personne.	Je pense à lui.
non humain	Que voit-il ?	Il n'a rien vu.	J'y pense.

ASTUCE J'emploie *chez* ou *à* (*au*) ?

La personne qui me coiffe est un humain. Je retiens qu'avec les noms de personne on emploie *chez* et non *à*.

je dis donc Je vais chez le coiffeur.

EXERCICES

CORRIGÉS P. 409

1 Cochez la case s'il s'agit d'un nom animé.

a. ❏ un agneau – b. ❏ un berger – c. ❏ une bergerie – d. ❏ une fée – e. ❏ un nuage – f. ❏ une sentinelle – g. ❏ un mousse – h. ❏ une mousse

2 Observez la variation en genre de ces noms et barrez l'intrus.

a. chien, chat, souris, renard – b. étudiant, employé, recrue, assistant

3 Complétez les phrases de ce texte avec la préposition* et le déterminant* qui conviennent.

Avant d'aller ..... marché, Perrette s'est rendue ..... boucher. Elle a aussi emmené son veau malade ..... vétérinaire qui lui a conseillé de passer ..... pharmacie.

4 Expliquez le contenu de la parenthèse de la bulle littéraire.

TOUT RETENIR EN UN CLIN D'ŒIL

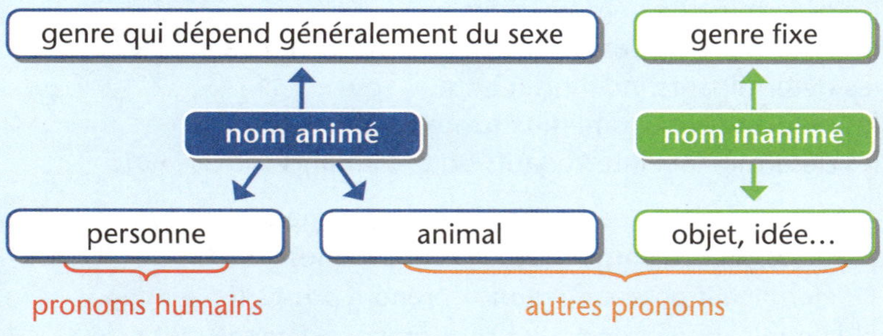

55 Les déterminants : introduction

Qu'est-ce qu'un déterminant ?

Le déterminant est un mot que l'on place devant un nom pour **permettre à ce nom d'être employé dans une phrase.**

> Les voleurs ont caché leur trésor dans cette caverne.
> les, leur et cette sont les déterminants des noms voleurs, trésor et caverne ; sans ces déterminants, la phrase ne serait pas correcte

Le déterminant est toujours **devant le nom**, mais il peut y avoir d'**autres mots entre le déterminant et le nom.**

> Les affreux voleurs ont caché leur immense trésor dans cette petite caverne.

Le déterminant est **toujours du même genre** et **du même nombre** que le nom auquel il se rapporte (→ **121**).

> cet argent : cet est au masculin singulier comme le nom argent

Les différents déterminants

En plus d'apporter des informations de genre et de nombre, le déterminant peut apporter des **informations de sens**. On distingue ainsi plusieurs catégories de déterminants :

- les articles (le, un, du) → **56** ;
- les déterminants démonstratifs (ce) → **57** ;
- les déterminants possessifs (mon, ton, son) → **58** ;
- les déterminants indéfinis (chaque, tout) → **59** ;
- les déterminants numéraux (deux, cent) → **60** ;
- les déterminants interrogatifs ou exclamatifs (quel) → **61**.

À ces différentes catégories de déterminants correspondent des **catégories de pronoms** qui leur sont proches (→ **64**).

> déterminant possessif : mon → pronom possessif : le mien
> déterminant démonstratif : ce → pronom démonstratif : celui

ASTUCE Comment reconnaitre un déterminant ?

Lorsque je veux m'assurer qu'un mot est bien un déterminant :
– j'essaie de le remplacer par l'article *le, la, l'* ou *les*. Si c'est possible, il s'agit d'un déterminant ;
– je regarde s'il est bien devant un nom ou un adjectif.

Quarante voleurs ont caché un trésor. Ali Baba le trouvera.

je peux dire Les voleurs ont caché…
→ quarante est un déterminant

le est devant un verbe, pas devant un nom ni un adjectif
→ dans ce cas, le n'est pas un déterminant

EXERCICES

CORRIGÉS P. 409

1 Cochez les mots qui peuvent être des déterminants.

a. ❑ cet – b. ❑ me – c. ❑ leurs – d. ❑ mon – e. ❑ que – f. ❑ sa – g. ❑ mais

2 Indiquez pour chaque déterminant le nom auquel il se rapporte.

Les rares habitants qui se trouvaient en ce moment à leurs fenêtres ou sur le seuil de leurs maisons regardaient ce voyageur avec une sorte d'inquiétude. Il était difficile de rencontrer un passant d'un aspect plus misérable. (V. Hugo, *Les Misérables*)

3 Indiquez pour chaque déterminant relevé dans l'exercice 2 la catégorie à laquelle il appartient.

4 Relevez tous les déterminants de la bulle littéraire et dites à quelle catégorie ils appartiennent.

LA BULLE LITTÉRAIRE

« C'était un homme de moyenne taille, trapu et robuste, dans la force de l'âge. Il pouvait avoir quarante-six ou quarante-huit ans. Une casquette à visière de cuir rabattue cachait en partie son visage. »

Victor Hugo, *Les Misérables*

TOUT RETENIR EN UN CLIN D'ŒIL

le déterminant →
- se place **devant un nom**
- porte les **marques de genre et de nombre** du nom
- donne des **informations de sens**

56 Les articles

Quels sont les articles ?

Il y a trois sortes d'articles : l'**article indéfini**, l'**article défini** et l'**article partitif**.

	masculin	féminin	pluriel
article indéfini	**un**	**une**	**des** (**de**, **d'**)
article défini	**le** (**l'**)	**la** (**l'**)	**les**
article partitif	**du** (**de l'**)	**de la** (**de l'**)	*rares* : **des** (**de**, **d'**)

On emploie ***de*** (et ***d'***) plutôt que *des, du* ou *de la* :

- dans les **phrases négatives** ;

  Gargantua fait peut-être du chant, mais il ne fait pas de sport.

- lorsqu'un **adjectif** est placé **devant le nom** pluriel.

  Au gouter, il mange des glaces bien froides et de délicieux gâteaux.

Quand *le* et *les* suivent *à* ou *de*, on emploie les formes contractées ***au, aux, du, des***.

Le dessert préféré du géant est le gâteau au chocolat et aux noix.
du = de le ; au = à le ; aux = à les

Comment emploie-t-on les articles ?

L'**article indéfini** s'emploie avec un nom qui désigne un être, une chose **dont on n'a pas encore parlé**, qui ne semble pas être connu.

Autrefois vivait un géant. (on ne sait pas de quel géant il s'agit)

L'**article défini** s'emploie avec un nom qui désigne un être, une chose **dont on a déjà parlé**, qui est connu.

Le géant se nommait Gargantua.

L'article défini s'emploie également dans les **vérités générales**.

La tarte sucrée est un dessert.
(= toutes les tartes sucrées sont des desserts)

LA BULLE LITTÉRAIRE

« La conviction d'une sécurité absolue lui donnerait du courage. »

Gustave Flaubert, *L'Éducation sentimentale*

L'**article partitif** indique que l'on considère **une certaine partie d'un tout**. Il s'emploie surtout au singulier avec des noms qui désignent une matière ou des noms abstraits.

> Gargantua mange du gigot.
> (Gargantua mange <u>un</u> / <u>le</u> gigot signifie qu'il mange le gigot en entier)

ASTUCE *du, de la* = partitif ou préposition *de* + défini ?

Le partitif (*du, de la*) a la même forme que la préposition *de* suivie l'article défini, mais il s'agit de mots différents. Si je peux remplacer *du* ou *de la* par un déterminant (*mon* ou *ma* par exemple), il s'agit du partitif. Si je suis obligé de conserver *de*, il s'agit de la préposition suivie de l'article défini.

Il mange de la purée. (il mange ma purée → de la est l'article partitif)

Quelle est la recette de la purée ? (la recette de ma purée → de la est la préposition suivie de l'article défini)

EXERCICES

CORRIGÉS P. 409

1 Relevez les articles de cette phrase et dites pour chacun s'il s'agit d'un article indéfini, défini ou partitif.

Les sculpteurs malaxent la terre avec les mains. Pour tailler du bois ou de la pierre, ils utilisent des ciseaux. Enfin, ils fabriquent des moules pour le plâtre, la résine ou le métal.

2 Pour chaque article relevé dans l'exercice 1, dites à quel nom il se rapporte et donnez son genre et son nombre.

3 Complétez avec l'article qui convient.

Gargantua aime ..... beurre et ..... confiture. Le matin, il prend ..... céréales avec ..... lait et mange ..... yaourt dans lequel il verse ..... sucre.

TOUT RETENIR EN UN CLIN D'ŒIL

article indéfini →	un, une, des →	ce qui n'est pas connu
article défini →	le, la, les →	ce qui est connu
article partitif →	du, de la, des →	une partie d'un tout

57

Les déterminants démonstratifs

Quelles sont les formes du déterminant démonstratif ?

- Le déterminant démonstratif se présente sous une **forme simple**.

	masculin	féminin
singulier	ce (cet)	cette
pluriel	ces	

- Le déterminant démonstratif est toujours du **même genre** et du **même nombre** que le **nom** auquel il se rapporte.

  ce cheval ; cette jument

- Lorsqu'il est employé au **pluriel**, le déterminant démonstratif a la **même forme au masculin et au féminin** (*ces*).

  ces filles (féminin pluriel) et ces garçons (masculin pluriel)

- On emploie ***cet*** au lieu de *ce* devant un mot commençant par une voyelle ou un *h* muet (→ **5**).

  cet élève ; cet ancien compagnon ; cet horrible monstre

- On peut renforcer *ce, cet, cette* ou *ces* en ajoutant ***-ci*** ou ***-là*** au nom.

  cette fois-ci ; ce jour-là

Quand emploie-t-on le déterminant démonstratif ?

- On emploie le déterminant démonstratif pour indiquer que l'on **montre précisément** ce dont on parle. À l'oral, on l'utilise souvent en accompagnant ses paroles d'un geste de la main.

  Prends ce chemin : c'est plus court.

- On emploie le démonstratif devant un nom qui désigne un être ou une chose **dont on a déjà parlé**. On peut répéter le même nom ou utiliser un nom différent.

  Il m'a dit un secret et, ce secret, je ne dois le répéter à personne.
  Il voulait jouer aux échecs. Mais ce jeu n'intéressait personne.

▶ On emploie les formes renforcées *-ci* et *-là* pour opposer deux éléments.

> Je ne veux pas ce livre-ci, je veux ce livre-là.

LA BULLE LITTÉRAIRE

> « Cet avion a sa place exacte dans ce hangar, comme dans cinq minutes dans ce ciel. »
>
> Antoine DE SAINT-EXUPÉRY, *Courrier sud*

ASTUCE J'écris *cet* ou *cette* ?

Je me rappelle que *cet* est la forme du masculin et que *cette* (qui se termine par un *e*) est celle du féminin. Je vérifie donc le genre du nom avant d'écrire le déterminant.

hiver est un nom masculin → j'écris cet hiver

année est un nom féminin → j'écris cette année

EXERCICES

CORRIGÉS P. 409

1 Vrai ou faux ?

a. On emploie toujours *ce* avec un nom masculin singulier. – **b.** Avec un nom féminin singulier, on emploie toujours *cette*. – **c.** Le démonstratif sert à indiquer que l'on montre dans l'espace.

2 Donnez le genre et le nombre de chaque déterminant de la bulle littéraire. Que constatez-vous ?

3 Choisissez le bon déterminant.

a. (*cet / cette*) automne – **b.** (*ce / ces*) chiens – **c.** (*ce / cet*) avion – **d.** (*ce / cet*) train – **e.** (*cet / cette*) adorable chatte – **f.** (*ce / cet*) haut immeuble

4 Complétez avec le bon déterminant démonstratif.

a. Elle se demande si ..... idée est bonne. – **b.** À qui est ..... sac ? – **c.** J'ai déjà lu tous ..... livres. – **d.** ..... audacieux projet me plait. – **e.** Heureusement, ... horrible aventure s'est bien terminée. – **f.** Je reviendrai dans ..... ville ..... été.

TOUT RETENIR EN UN CLIN D'ŒIL

le déterminant démonstratif
- **montre** dans l'espace
- **rappelle** un élément cité

58 Les déterminants possessifs

Quelles sont les formes du déterminant possessif ?

Le **déterminant possessif** marque une **relation** entre le nom qu'il détermine (« ce qui est possédé ») et le possesseur* (la personne qui « possède »).

> Voici Boule et son chien. (= le chien de Boule
> → Boule est le possesseur ; chien est « ce qui est possédé »)
> vous et votre chien (= le chien de vous → vous est le possesseur)

Ainsi, en plus de varier en **genre** et en **nombre** selon le nom qu'il détermine, le **déterminant possessif** varie en **personne** selon le possesseur (→ **46**).

	possesseur singulier			possesseur pluriel	
	singulier		pluriel	singulier	pluriel
	masc.	fém.			
1re pers.	mon	ma (mon)	mes	notre	nos
2e pers.	ton	ta (ton)	tes	votre	vos
3e pers.	son	sa (son)	ses	leur	leurs

On emploie ***mon, ton, son*** au lieu de *ma, ta, sa* devant un mot commençant par une voyelle ou un *h* muet (→ **5**).

> ton ancienne maison ; son habitude

Quand emploie-t-on le déterminant possessif ?

La relation marquée par le déterminant est le plus souvent :

- un **lien d'appartenance**, de possession ;
  > mes chaussures ; sa maison
- un **lien de parenté**, d'amitié, de hiérarchie, etc.
  > mes parents ; son ami ; ton professeur

Lorsque le nom déterminé exprime une action, le possessif indique :

- qui fait l'action (c'est-à-dire le **sujet*** du verbe correspondant) ;

  Je serai là à votre arrivée. (= quand vous arriverez)

- sur qui ou sur quoi porte l'action (c'est-à-dire le **complément* du verbe** correspondant).

  Le chien était en danger. Sabrina est venue à son secours.
  (= Sabrina est venue secourir le chien)

ASTUCE *leur* : déterminant possessif ou pronom ?

Je vérifie que *leur* est un déterminant en m'assurant que je peux le remplacer par un autre déterminant. Si ce n'est pas possible, *leur* est un pronom. Dans ce cas, je ne l'écris jamais avec *s* final.

J'écoute leurs conseils.
(je peux dire J'écoute ces conseils. → leurs est déterminant)

Je leur conseille cela.
(je ne peux pas dire ~~Je ces conseille cela.~~ → leur est pronom)

EXERCICES

CORRIGÉS P. 409

1 Pour chaque déterminant possessif, dites quel mot il détermine, puis indiquez à quel possesseur il renvoie.

Ici, le soleil était très fort, beaucoup plus fort que la terre. Petite Croix était assise, et elle sentait sa force sur son visage et sur son corps. (J.M.G. Le Clézio, *Peuple du ciel*)

2 Dans la bulle littéraire, relevez les déterminants possessifs et les noms qu'ils déterminent. Donnez le genre, le nombre et la personne de chacun de ces déterminants.

LA BULLE LITTÉRAIRE

« Le désir de voir No parmi nous, assise sur nos chaises, sur notre canapé, buvant dans nos bols et mangeant dans nos assiettes. »

Delphine de Vigan, *No et moi*

TOUT RETENIR EN UN CLIN D'ŒIL

le déterminant possessif
- varie en genre, en nombre et en personne
- marque une relation entre le nom et le possesseur

59 Les déterminants indéfinis

Quels sont les déterminants indéfinis ?

La catégorie des **déterminants indéfinis** regroupe différents déterminants qui apportent une **information de quantité** plus ou moins précise.

Il a essayé plusieurs fois, peut-être deux ou trois fois.

Les principaux déterminants indéfinis sont : *aucun, certain, chaque, différents, divers, nul, plusieurs, quelques, tout.* On peut y ajouter des **expressions** contenant un adverbe suivi de la préposition *de*.

beaucoup de, **moins de**, **plus de**, **assez de**…

Comment emploie-t-on les déterminants indéfinis ?

Selon l'**information de quantité** que l'on souhaite donner, on utilise des **déterminants différents**.

Il n'y a eu aucun problème. (quantité nulle)
Il faut distribuer les cartes à chaque joueur. (tous les éléments, ici les joueurs, pris un par un)
Je ne l'ai pas vu depuis plusieurs jours. (quantité imprécise, mais supérieure à 1)
Il roulait tous feux éteints. (totalité)

Certains indéfinis peuvent s'employer en même temps que l'**article**, le **déterminant démonstratif*** ou **possessif***.

Il a connu un certain succès.
Ces quelques remarques devraient vous aider.
Il a invité toutes ses cousines.

Parce qu'ils expriment une **quantité nulle**, ***aucun*** et ***nul*** ne s'emploient qu'au **singulier**. De plus, ils s'emploient toujours avec la négation ***ne*** (qu'il ne faut pas oublier) ou avec la préposition *sans*.

On n'a eu aucun problème.
Il y arrivera, sans nul doute.

Parce qu'il exprime une **quantité** se limitant à **1**, ***chaque*** ne s'emploie qu'au **singulier**.

Chaque jour compte.

Parce qu'ils expriment la **pluralité** (plusieurs éléments), ***plusieurs***, ***divers*** et ***différents*** s'emploient toujours au **pluriel**.

> **Plusieurs candidats participent au débat.**

LA BULLE LITTÉRAIRE

> « J'avais fait beaucoup de bruit et je n'en revenais pas qu'avec toutes ces allées et venues, personne dans aucun camp ne nous eût encore remarqués. »
>
> Blaise CENDRARS, *La Main coupée*

ASTUCE — J'écris *tout* ou *toute* ?

Je me rappelle que le déterminant s'accorde en genre et en nombre avec le nom auquel il se rapporte. Si le nom est masculin, j'écris *tout* ; s'il est féminin, j'écris *toute*, avec le *e* du féminin.

> Cela a duré **tout** un weekend.
>
> Cela a duré **toute** une journée.

EXERCICES

CORRIGÉS P. 410

1 Vrai ou faux ?

a. *Chacun* est un déterminant indéfini. – **b.** *Aucun* s'emploie avec *ne* ou *sans*. – **c.** Des adverbes peuvent former des déterminants indéfinis.

2 Relevez les déterminants indéfinis et les noms qu'ils déterminent.

Lesté, des yeux aux pieds, de tous ces ingrédients de choc, il aborda sa journée de morne travail aux assurances en enlevant avec brio quelques affaires en suspens depuis des semaines et constata que plusieurs employées se retournaient sur son passage. (J. Sternberg, *Douze Nouvelles contemporaines*)

3 Complétez avec *chaque*, *aucun*, *tous* ou *plusieurs*.

a. Il ne renoncera en ..... cas. – **b.** ..... les moyens sont bons. – **c.** À ..... jour suffit sa peine. – **d.** ..... cas ont été signalés.

4 Complétez avec *tout* correctement accordé.

a. ..... les soirs – **b.** ..... les nuits – **c.** ..... la journée – **d.** ..... le temps

TOUT RETENIR EN UN CLIN D'ŒIL

le déterminant indéfini indique

- une **quantité nulle** : **aucun**
- une **quantité imprécise** : **plusieurs**
- une **unité** : **chaque**
- une **totalité** : **tout**

60 Les déterminants numéraux

Quels sont les déterminants numéraux ?

Les **déterminants numéraux cardinaux** sont des mots comme *un, deux, quarante, cent…* qui indiquent le **nombre** des êtres ou des choses désignés par le nom auquel ils se rapportent.

douze ans ; vingt-huit élèves

Les déterminants numéraux se présentent sous la forme :

- d'un **mot simple** ;

  cinq ; dix ; quinze ; cinquante ; mille

- ou d'un **mot composé***. Dans ce cas, on met un **trait d'union** entre tous les mots qui le composent (→ Les rectifications de l'orthographe, **p. 422**).

  vingt-cinq ; trente-et-un ; mille-deux-soixante-dix

Les **déterminants numéraux** sont **toujours invariables**, sauf *un, vingt* et *cent.*

Les quatre amis ont parcouru trois-mille kilomètres.

Un **s'accorde en genre** avec le nom auquel il se rapporte, mais il ne prend jamais le *s* du pluriel.

vingt-et-un cousins ; mille-et-une aventures

Vingt prend un ***s*** dans *quatre-vingts* s'il n'est complété par aucun autre nombre (autrement dit, s'il termine le déterminant).

cent-quatre-vingts ans ; quatre-vingt-dix ans

Cent prend un ***s*** s'il est multiplié et qu'il n'est complété par aucun autre nombre (autrement dit, s'il termine le déterminant).

deux-cents euros ; deux-cent-quatre euros

Comment emploie-t-on les déterminants numéraux ?

Les numéraux s'emploient **seuls** ou avec **un autre déterminant**.

J'ai deux sœurs. Mes deux sœurs sont plus jeunes que moi.

Le plus souvent, on emploie le déterminant numéral pour donner une **information précise sur la quantité**.

Les œufs cuisent cinq minutes dans l'eau bouillante.

Mais, dans les **expressions courantes**, le déterminant numéral n'exprime pas une véritable quantité.

> Attends-moi, j'en ai pour cinq minutes.
> J'ai deux mots à te dire !

LA BULLE LITTÉRAIRE

« Cent mille gendarmes sur les routes, vingt hélicoptères, six mille trains, quatre ou cinq millions de "*vacanciers*". »

Alexandre VIALATTE,
***Chroniques de* La Montagne**

ASTUCE Déterminant ou pronom ?

Qu'ils soient déterminants ou pronoms, les numéraux ont la même forme. Si le numéral fait partie d'un groupe* nominal, c'est un déterminant. Sinon, il s'agit d'un pronom.

Ils ont trois enfants. Deux sont déjà majeurs.

trois se rapporte à enfants → trois est ici un déterminant

deux ne fait pas partie d'un groupe nominal → deux est ici pronom

EXERCICES

CORRIGÉS P. 410

1 Cochez l'intrus.

a. ☐ trois – b. ☐ vingt-cinq – c. ☐ sept – d. ☐ troisième – e. ☐ dix-sept

2 Écrivez en toutes lettres les nombres suivants.

a. 95 – b. 78 – c. 2 056 – d. 500 – e. 5 000

3 Relevez les déterminants numéraux et les noms qu'ils déterminent.

Vous êtes vingt-six personnes dans cinq ou six petites chambres. Nous sommes trois ici, et nous avons place pour soixante. (V. Hugo, *Les Misérables*)

4 Multipliez par 20 les nombres de l'exercice 3 et écrivez le résultat en toutes lettres.

TOUT RETENIR EN UN CLIN D'ŒIL

déterminant numéral
- mot simple ou mot composé
- invariable
- quantité précise
- parfois, quantité approximative

61 Les déterminants interrogatifs et exclamatifs

Quel est un déterminant qui peut s'employer dans l'interrogation (→ **95**) et dans l'exclamation (→ **97**).

Quelles sont les formes du déterminant ?

À l'écrit, *quel* prend les **marques du féminin** et **du pluriel**. Mais, à l'oral, ces formes se prononcent de la même façon.

	masculin	féminin
singulier	quel	quelle
pluriel	quels	quelles

Le déterminant **s'accorde toujours en genre et en nombre avec le nom** auquel il se rapporte.

Quel âge a-t-elle ? Quelle belle vue !
Je me demande quels films lui plaisent le plus.
Pour quelles raisons a-t-il agi ainsi ?

Comment emploie-t-on le déterminant ?

Le **déterminant interrogatif** *quel* se place devant le nom sur lequel porte la question. On l'emploie :

- dans l'**interrogation directe** (on pose une question qui attend une réponse) ;

  À quelle heure viendras-tu ?

- dans l'**interrogation indirecte** (on rapporte une question dans une proposition subordonnée, → **108**).

  Je ne sais pas à quelle heure il arrive.

Quel interrogatif peut également s'employer comme **attribut* du sujet** ; le plus souvent, il est séparé du nom auquel il se rapporte par le verbe *être*. Il faut toujours bien penser à l'accorder.

Quel est ton numéro de téléphone ? Quelles sont ses raisons ?

Le **déterminant exclamatif** *quel* se place devant le nom sur lequel porte l'exclamation. Il **marque un sentiment** tel que la surprise, l'admiration, l'horreur, la pitié, etc.

> Quelle horreur !
> Quelle bonne surprise !

LA BULLE LITTÉRAIRE

« Elle a dit qu'elle approchait de la quarantaine, et je n'ai pas pu m'empêcher de me demander dans quelle direction elle s'en approchait... »

Bob Hope, cité dans Tim Glynne-Jones, *Le Livre des nombres*

ASTUCE J'écris *quelle(s)* ou *qu'elle(s)* ?

Je me rappelle que *quel* est un déterminant qui s'accorde et que *qu'elle(s)* correspond à deux mots : *que* suivi du pronom *elle(s)*. Ainsi, si je peux remplacer par *qu'il(s)*, il s'agit du pronom *qu'elle(s)*. Sinon, il s'agit du déterminant *quelle(s)*.

Je veux (quelle ou qu'elle ?) vienne.
je peux dire Je veux qu'il vienne.
j'écris Je veux qu'elle vienne.

Je ne sais pas (quelle ou qu'elle ?) heure il est.
je ne peux pas dire ~~Je ne sais pas qu'il heure il est.~~
j'écris Je ne sais pas quelle heure il est.

EXERCICES

CORRIGÉS P. 410

1 Notez I ou E selon qu'il s'agit du déterminant interrogatif ou exclamatif.
a. ❑ Quelle bonne idée tu as eue ! – b. ❑ Il faut lui dire quelle direction prendre ! – c. ❑ Quelle journée ! – d. ❑ À quel moment seras-tu là ?

2 Soulignez les noms auxquels se rapporte chaque déterminant de l'exercice 1.

3 Complétez avec *qu'elle*, *qu'elles* ou le déterminant *quel* (pensez aux accords).
a. ..... sont les multiples de 3 ? – b. Je pense ..... reviendra demain. – c. Je ne sais pas ..... sont ses habitudes. – d. ..... drôle d'idée ! – e. J'espère ..... sera là !

4 Expliquez pourquoi *qu'elle* et *quelle* sont écrits ainsi dans la bulle littéraire.

TOUT RETENIR EN UN CLIN D'ŒIL

quel → déterminant → interrogatif / exclamatif → s'accorde toujours

62 Les adjectifs : introduction

Qu'est-ce qu'un adjectif ?

Un adjectif est un mot qui **précise** le sens du nom auquel il se rapporte.

| **petit**, **deuxième**, **municipal**, **perçant**, **connu** sont des adjectifs

On peut classer les adjectifs selon le type de précisions qu'ils apportent ou selon leur origine (→ **63**).

L'adjectif **varie en genre** et **en nombre** selon le mot auquel il se rapporte (→ **121**).

| **un petit chalet**, **une petite maison**
| **de petits chalets**, **de petites maisons**

Dans la **phrase**, l'adjectif :

- peut faire partie d'un **groupe nominal** (GN) ; il occupe alors la fonction d'**épithète** (→ **118**) ;

| **Ils habitent une grande maison.** (**grande** est épithète du nom **maison**)
groupe nominal

- peut faire partie d'un **groupe verbal** (GV) ; il est séparé du mot auquel il se rapporte par un verbe tel que *être, sembler, paraitre…* ; il occupe alors la fonction d'**attribut du sujet** (→ **117**).

| **Leur maison parait grande.** (**grande** est attribut du sujet **maison**)
groupe verbal

Le groupe adjectival

L'adjectif peut lui-même être **modifié** par :

- un **adverbe** ;

| **Nous sommes très contents.** (l'adverbe **très** modifie **contents**)

- un **complément** introduit par une préposition*.

| **Nous sommes contents de ces résultats encourageants.**
| (**de ces résultats encourageants** est complément de **contents**)

L'adjectif est alors le **noyau** d'un **groupe adjectival** (→ **119**). C'est en particulier le cas lorsqu'on exprime différents **degrés** de l'adjectif (→ **199**).

> assez vieux, très vieux
> moins vieux que lui
> plus vieux que lui

LA BULLE LITTÉRAIRE

« Mes pauvres jambes deviennent molles et sans force. »

Dominique Zay, *Magic Mic Mac*

ASTUCE **Comment distinguer un adjectif d'un adverbe ?**

Je me rappelle qu'un adjectif peut toujours être employé comme épithète d'un nom. Je vérifie donc que je peux employer le mot avec un nom.

> rapide = adjectif ?
> je peux dire une moto rapide → rapide est un adjectif
> vite = adjectif ?
> je ne peux pas dire ~~une moto vite~~ → vite n'est pas un adjectif

EXERCICES

CORRIGÉS P. 410

1 Écrivez les groupes nominaux en employant l'adjectif entre parenthèses.

a. *(charmant)* un ami ; une amie ; des amis ; des amies

b. *(sec)* un ton ; une toux ; des raisins ; des figues

2 Relevez les adjectifs et donnez le nom auquel chacun d'eux se rapporte.

Il avait des cheveux bouclés de mouton blanc, ne mangeait que du fromage de chèvre, ne buvait que du lait de brebis et parlait d'une voix chevrotante qui faisait frétiller sa longue et soyeuse barbiche de bouc. (D. Pennac, *L'Œil du loup*)

3 Dans la bulle littéraire, quel est l'adjectif épithète ? l'adjectif attribut ?

L'ESSENTIEL EN UN CLIN D'ŒIL

adjectif
- → s'accorde en **genre** et en **nombre** avec le **mot** auquel il se rapporte
- → est **épithète** (dans un GN) ou **attribut** (dans un GV)

63 Quelles sont les particularités de certaines catégories d'adjectifs ?

Les adjectifs ordinaux

L'**adjectif ordinal** (*premier, deuxième, dixième…*) indique le rang (le numéro) qu'occupe, dans un classement, une série, l'être ou la chose dont on parle.

> J'habite au troisième étage.
> (= l'étage qui porte le numéro 3 dans la « série » des étages)

Les adjectifs ordinaux ont un sens et une forme qui les rapprochent des déterminants numéraux cardinaux (→ **60**), mais il s'agit bien d'**adjectifs** et non de déterminants, car ils ne permettent pas à eux seuls de déterminer un nom pour former un groupe* nominal.

> Il chante le deuxième couplet.
> on ne peut pas dire ~~Il chante deuxième couplet.~~

Les adjectifs ordinaux peuvent être **attributs*** ou **épithètes***. Lorsqu'ils sont épithètes, ils se placent **avant le nom**.

> attribut : Ils sont arrivés troisièmes au tournoi.
> épithète : le vingtième siècle (on ne peut pas dire ~~le siècle vingtième~~)

Les adjectifs relationnels

Les **adjectifs relationnels** (ou adjectifs de relation) sont l'équivalent d'un complément du nom.

> la lumière solaire
> = la lumière du soleil

Contrairement aux autres adjectifs :

- ils sont **toujours épithètes**, jamais attributs, et se placent toujours **après le nom** ;

> on ne peut pas dire ~~la solaire lumière~~

LA BULLE LITTÉRAIRE

« Il se leva pour se rendre chez ce fameux M. de Tréville, le troisième personnage du royaume d'après l'estimation paternelle. »

Alexandre Dumas, *Les Trois Mousquetaires*

- ils ne **peuvent pas être modifiés** par un adverbe.
  - on ne peut pas dire ~~la lumière très solaire~~

Les adjectifs verbaux

Les **adjectifs verbaux** sont issus du **participe présent** d'un verbe. Ils peuvent être épithètes (placés le plus souvent après le nom) ou attributs.

- une étoile filante (filant = participe présent du verbe *filer*)

ASTUCE Adjectif verbal ou participe présent ?

Le participe présent d'un verbe est invariable. On le reconnait parce qu'on peut l'encadrer par la négation.

Cochez les cases (ne) correspondant (pas) à votre choix.

Il ne faut pas le confondre avec l'adjectif verbal, qui, lui, s'accorde, et qu'on ne peut pas encadrer par la négation.

Écrivez la réponse dans la case correspondante.

EXERCICES

CORRIGÉS P. 410

1 Relevez les adjectifs et donnez leur catégorie.

a. Je te le répète pour la dixième fois. – b. C'est un menu très alléchant. – c. Le conseil municipal a délibéré. – d. Les GPS remplaceront-ils les cartes routières ? – e. Ils se placent au premier rang. – f. L'art floral lui plait.

2 Récrivez ces groupes nominaux en remplaçant le complément du nom souligné par un adjectif relationnel.

a. l'élection du président – b. les concerts de l'été – c. l'hymne de la nation – d. un poulet de la ferme – e. une décision du ministère

TOUT RETENIR EN UN CLIN D'ŒIL

adjectif	épithète	attribut	avant le N	après le N	modifiable
ordinal	oui	oui	oui	non	non
relationnel	oui	non	non	oui	non
verbal	oui	oui	non	oui	oui

64 Les pronoms : introduction

Qu'est-ce qu'un pronom ?

Un pronom est un mot qui peut **occuper la même fonction** qu'un nom (ou un groupe* nominal).

> J'ai vu quelqu'un.
> le pronom quelqu'un occupe la fonction que pourrait occuper le nom Alice ou le groupe nominal un lapin

Certains pronoms **remplacent un mot ou un groupe de mots**. Ce mot ou groupe de mots est alors appelé **antécédent**.

> Alice voit un lapin devant elle. (elle remplace Alice ; Alice est son antécédent)
> Le lapin est en retard. C'est gênant ! (c' remplace toute la proposition ; la proposition est l'antécédent de c')

D'autres pronoms n'ont pas d'antécédent. C'est le cas, par exemple, des pronoms *je, tu, nous, vous* qui **désignent directement** les interlocuteurs dans une situation de communication (→ **46**).

> Je suis en retard ! (je n'a pas d'antécédent ; il désigne celui qui parle)

Les pronoms sont des **mots variables**. La plupart d'entre eux varient notamment en genre et en nombre (→ **124**).

> aucun (masculin), aucune (féminin) ; lequel (singulier), lesquels (pluriel)

Le pronom peut avoir **des compléments**. Il est alors le noyau* d'un **groupe pronominal**.

> Le lapin est celui qui est toujours en retard.
> la proposition relative soulignée complète le pronom celui

Les différents pronoms

On distingue **plusieurs catégories** de pronoms.

- les pronoms personnels (je) → **65** ;
- les pronoms démonstratifs (ce) → **67** ;
- les pronoms possessifs (le mien) → **68** ;
- les pronoms indéfinis (chacun) → **69** ;
- les pronoms interrogatifs (qui) → **71** ;
- les pronoms relatifs (qui) → **72** ;
- les pronoms numéraux (deux).

ASTUCE **Comment reconnaitre un pronom d'un article ?**

Pour m'assurer qu'un mot est un pronom, je vérifie que je peux le remplacer par un autre pronom : ***quelqu'un*** **ou** ***quelque chose.***

Le thé est trop chaud. Alice ne le boit pas tout de suite.

je ne peux pas dire ~~Quelque chose thé est trop chaud.~~
→ le premier **le** n'est pas un pronom

je peux dire **Alice ne boit pas quelque chose tout de suite.**
→ le deuxième **le** est un pronom

EXERCICES

CORRIGÉS P. 410

1 Vrai ou faux ?

a. Le pronom remplace toujours un nom. – **b.** Le pronom est un mot variable. – **c.** Le pronom occupe les mêmes fonctions que l'adjectif.

2 Relevez les pronoms de cette phrase et dites à quelle catégorie chacun d'eux appartient.

Quelqu'un a soufflé la bougie qui éclairait pour moi le doux visage maternel penché sur le repas du soir. (Alain-Fournier, *Le Grand Meaulnes*)

3 Dans la phrase de l'exercice 2, quels sont les pronoms sans antécédent ?

4 Relevez les antécédents de chacun des pronoms de la bulle littéraire.

LA BULLE LITTÉRAIRE

« Un bizarre dessin de ponts, ceux-ci droits, ceux-là bombés, d'autres descendant ou obliquant en angles sur les premiers, et ces figures se renouvelant dans les autres circuits éclairés du canal. »

Arthur Rimbaud, « Les ponts »

TOUT RETENIR EN UN CLIN D'ŒIL

le pronom
- peut avoir **toutes les fonctions du nom**
- **remplace** un antécédent ou **désigne** directement
- est **variable**

65 Les pronoms personnels

Quelles sont les formes des pronoms personnels ?

Le pronom personnel varie en **nombre**, en **personne**, selon sa **fonction** (sujet ou complément) et, à la 3e personne, en **genre**.

nombre	personne	sujet	autres fonctions
singulier	1re	je (j')	me (m'), moi
	2e	tu	te (t'), toi
	3e	il, elle	le (l'), la (l'), lui, elle, se (s'), soi
pluriel	1re	nous	nous
	2e	vous	vous
	3e	ils, elles	les, leur, eux, elles, se (s')

On utilise la **forme élidée** avec apostrophe (*j', m', s'*…) devant une voyelle ou un *h* muet (→ **5**).

J'irai m'habiller.

Le **pronom réfléchi** est un pronom complément qui désigne la **même personne que le sujet**. On l'emploie avec les verbes pronominaux (→ **77**).

Tom se décourage.
(se désigne Tom ; se est le pronom réfléchi)
≠ Tom le décourage. (le désigne une personne différente de Tom)

LA BULLE LITTÉRAIRE

« – Le docteur a dit toi, toi, toi, toi et toi, a dit Alceste. Il n'a pas dit moi. Alors, c'est à toi d'y aller, et à toi, et à toi, et à toi, et à toi ! Pas à moi !
– Oui ? Eh ben, si toi t'y vas pas, ni lui, ni lui, ni lui, ni lui, ni moi n'y allons ! a répondu Geoffroy. »

René Goscinny, *Le Petit Nicolas et les copains*

On classe les pronoms *en* et *y* parmi les pronoms personnels, mais ils ont des emplois spécifiques (→ **66**). Il en va de même pour *on* (→ **70**).

Quand et comment emploie-t-on les pronoms personnels ?

À la **1re et** à la **2e personne**, le pronom personnel **désigne** les interlocuteurs dans une situation de communication (→ **46**).

– Je (A) te (B) parle. M'(A)entends-tu (B) ? – Oui, je (B) t'(A)entends.

À la **3e personne**, le pronom personnel **remplace** le plus souvent un **nom** ou un **groupe nominal**. Il désigne aussi celui ou celle dont on parle.

> **Wendy attend ses deux amis. Elle les a invités.**
> **elle** remplace **Wendy** ; **les** remplace **ses deux amis**

Le peut remplacer **une proposition**.

> **Ses deux amis arriveront à l'heure : Wendy le sait.**
> **le** remplace la proposition soulignée

ASTUCE **Complément direct ou indirect du verbe ?**

Pour savoir si un pronom personnel est complément direct ou indirect du verbe, je le « déplace » après le verbe et je regarde si une préposition apparait ou non.

Il me voit. (il voit **moi** → **me** = complément direct du verbe)

Il me parle. (il parle **à moi** → **me** = complément indirect du verbe)

EXERCICES

CORRIGÉS P. 410

1 Relevez les pronoms personnels et donnez le nom ou le groupe nominal qu'ils remplacent.

[Les nuages] aiment venir voir Petite Croix, ils n'ont pas peur d'elle. Ils se gonflent maintenant autour d'elle, devant la falaise abrupte. Ils savent que Petite Croix est une personne du silence. Ils savent qu'elle ne leur fera pas de mal. (J.M.G. Le Clézio, *Peuple du ciel*)

2 Récrivez le texte de l'exercice 1 en imaginant (a.) que les nuages s'adressent à Petite Croix, puis (b.) que Petite Croix s'adresse aux nuages.

a. → Nous aimons venir… – **b.** → Vous aimez…

TOUT RETENIR EN UN CLIN D'ŒIL

le pronom personnel
- **varie** en nombre, personne, fonction, genre
- **désigne** les personnes de la communication
- **remplace** un nom ou un GN (3e personne)

66 Comment employer les pronoms *en* et *y* ?

À quoi correspondent les pronoms *en* et *y* ?

Les **pronoms *en*** et ***y*** sont des pronoms personnels, mais ils ont des emplois spécifiques. Ils sont généralement **compléments**. Ils correspondent le plus souvent à un nom ou à un groupe* nominal construit avec :

- la préposition ***de*** ou les articles ***du, de la, des*** (pour ***en***) ;

  J'ai visité Rome, j'en connais tous les détails.
  (= les détails **de Rome**)
  J'ai du pain, en veux-tu ?
  (= veux-tu **du pain** ?)

- la préposition ***à*** (pour ***y***).

  La lumière ? J'y suis habitué.
  (= je suis habitué **à la lumière**)

On peut employer *y* pour remplacer un complément de lieu introduit par une autre préposition que *à*.

Son bureau est grand : il y empile tous ses dossiers.
(= il empile tous ses dossiers **sur son bureau**)

> **LA BULLE LITTÉRAIRE**
>
> « – Et ta mère, elle te laissait souvent prendre le revolver ?
> – Non, je ne savais pas qu'elle en avait un. »
>
> **Gilles Paris**, *Autobiographie d'une courgette*

Les pronoms *en* et *y* peuvent aussi être l'équivalent d'un **adverbe de lieu**.

Je reste ici, je n'en bouge pas. (= je ne bouge pas **d'ici**)
Je suis bien là, j'y reste. (= je reste **là**)

Quels noms peut-on remplacer par *en* et *y* ?

On utilise généralement *en* et *y* pour remplacer un **nom de chose**.

Il a un beau jardin : il en prend soin.
N'oublie pas ton rendez-vous, penses-y.

On utilise *en* pour des **noms de personnes**, lorsque *en* remplace un nom employé avec un déterminant indéfini (*plusieurs, beaucoup de…*) ou un déterminant numéral (*un, deux…*).

> **– A-t-il des amis ? – Oui, il en a (il en a trois, il en a plusieurs…).**

Dans les autres cas, on utilise les **pronoms personnels** (*elle, lui…*) introduits par *de* ou *à*.

> **Son fils est malade : elle prend soin de lui.**
> **N'oublie pas ton frère, pense à lui !**

ASTUCE **Comment trouver la fonction de *en* ou *y* ?**

Pour trouver la fonction de *en* ou *y*, je reconstruis la phrase avec le nom ou le groupe nominal que le pronom remplace.

Ce vase est fragile : n'y touche pas. (= **ne touche pas à ce vase**
→ **y** est complément du verbe **touche**)

J'aime mes dessins : j'en suis fière. (= **je suis fière de mes dessins**
→ **en** est complément de l'adjectif **fier**)

EXERCICES

CORRIGÉS P. 410

1 Quel est l'antécédent* du pronom *en* dans la bulle littéraire ?

2 Complétez avec *en* ou *y*, ou un pronom personnel.

a. Ma clé était dans mon sac ; elle n'….. est plus. – **b.** Mon frère m'a écrit, je vais ….. répondre. – **c.** La question est facile, je sais ….. répondre. – **d.** Mes résultats sont bons et j'….. suis fier.

3 Remplacez les groupes soulignés par *en* ou par *y*.

a. J'aimais la chaleur : autrefois, j'avais l'habitude de la chaleur, mais, aujourd'hui, je ne suis plus habitué à la chaleur. – **b.** Je voulais me rappeler ce moment, garder la trace de ce moment. – **c.** S'il tient à son amie, pourquoi veut-il se séparer de son amie ?

L'ESSENTIEL EN UN CLIN D'ŒIL

en / *y* → complément
- = de (du, de la, des) + GN
- = à (dans, sur…) + GN

67 Les pronoms démonstratifs

LA BULLE LITTÉRAIRE

« La vérité, c'est qu'il n'y a pas de vérité. (Y compris celle-ci.) »

Jacques ROUXEL, *Les Shadoks*

Quelles sont les formes des pronoms démonstratifs ?

Les pronoms démonstratifs se présentent sous une **forme simple** et une **forme composée**.

	singulier			pluriel	
	masculin	féminin	invariable	masculin	féminin
forme simple	celui	celle	ce (c')	ceux	celles
forme composée	celui-ci celui-là	celle-ci celle-là	ceci cela (ça)	ceux-ci ceux-là	celles-ci celles-là

On **élide** *ce* devant les formes du verbe *être* commençant par *e*.

C'est bien. C'était hier.

Ça est la forme contractée de *cela* ; il a les mêmes emplois que *cela*, mais il s'emploie surtout à l'**oral**.

Comment emploie-t-on les pronoms démonstratifs ?

Les pronoms démonstratifs s'emploient pour **désigner** :

- **directement** quelqu'un ou quelque chose (on peut le montrer du doigt) ;

  Voici l'escalier qui monte. Pour descendre, il faut prendre celui-là. (= cet escalier)

- ce qui a **déjà été cité**.

  Les Shadoks voulaient partir. Ceux-ci se mirent à pomper.

Les pronoms simples ***celui, celle…*** sont toujours suivis d'un **complément** (le plus souvent introduit par *de*) ou d'une **proposition relative***.

Il y a deux escaliers : celui qui monte et celui qui descend.

Les pronoms composés ***celui-ci, celle-là…*** s'emploient le plus souvent seuls.

> **Cette passoire laisse passer l'eau, mais pas les nouilles, et celle-là laisse passer les nouilles, mais pas l'eau.**

Les pronoms ***ce, ceci*** et ***cela*** s'emploient de préférence pour **remplacer des groupes de mots qui n'ont pas de genre** : une proposition, un infinitif, etc.

> **Comprendre les Shadoks, ce n'est pas simple ! Cela demande des efforts !**

Ce s'emploie souvent suivi d'une proposition relative.

> **On ne comprend jamais ce que font les Shadoks.**

ASTUCE **Une lettre pour les démonstratifs : le *c* !**

Je me rappelle qu'un démonstratif, qu'il soit pronom ou déterminant, commence toujours par un *c*.

j'écris donc bien avec *c* (et non avec *s*) : **Ce qui est bien dans ce concours, c'est que tout le monde gagne !**

EXERCICES

CORRIGÉS P. 410

1 **Dans la bulle littéraire, quel est le pronom démonstratif simple ? le pronom démonstratif composé ?**

2 **Relevez les pronoms démonstratifs.**

a. Cela ne va pas arranger ses affaires. – **b.** Bravo à ceux qui ont réussi ce test. – **c.** Il prit une corde et fixa celle-ci au mât. – **d.** Qui est-ce ?

3 **Complétez avec le pronom démonstratif qui convient.**

a. ..... n'est pas le problème des Gibis, ... est ..... des Shadoks. – **b.** Les Shadoks pompent : ..... les fatigue. – **c.** Je prends cet escalier-là, plutôt que ....

TOUT RETENIR EN UN CLIN D'ŒIL

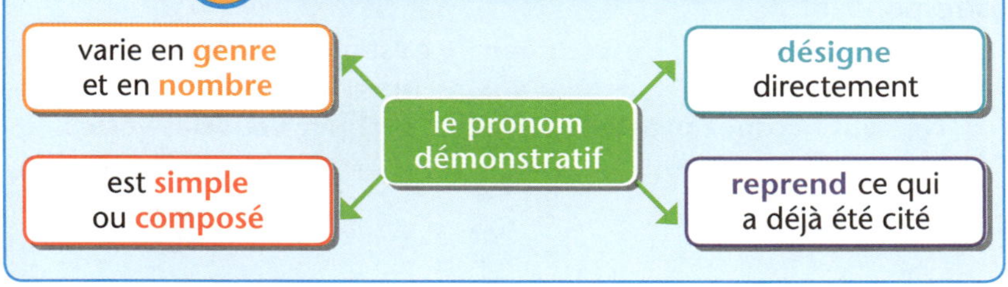

68 Les pronoms possessifs

Quelles sont les formes du pronom possessif ?

Comme le déterminant possessif (→ 58), le **pronom possessif varie** en **genre**, en **nombre** et en **personne**.

> Ce chien est à moi, c'est le mien. (un seul possesseur*)
> Ce chien est à nous, c'est le nôtre. (plusieurs possesseurs)

LA BULLE LITTÉRAIRE

« C'était une chose délicate, exquise et précieuse, faite pour d'autres mains que les siennes. »
Victor HUGO, *Notre-Dame de Paris*

Le pronom est toujours construit avec *le, la* ou *les*.

		singulier		pluriel	
		masculin	**féminin**	**masculin**	**féminin**
possesseur singulier	**1re pers.**	le mien	la mienne	les miens	les miennes
	2e pers.	le tien	la tienne	les tiens	les tiennes
	3e pers.	le sien	la sienne	les siens	les siennes
possesseur pluriel	**1re pers.**	le nôtre	la nôtre	les nôtres	
	2e pers.	le vôtre	la vôtre	les vôtres	
	3e pers.	le leur	la leur	les leurs	

Quand *le* et *les* **suivent *à*** ou ***de***, on emploie les formes contractées *au, aux, du* et *des*.

> Son chien ressemble au nôtre.
> Mon avis ne dépend pas du tien.

Comment emploie-t-on les pronoms possessifs ?

Le plus souvent, le **pronom possessif** est l'équivalent d'un groupe* nominal composé du nom qu'il remplace et du déterminant possessif correspondant.

> Ce chien est à moi, c'est le mien. (= c'est mon chien)
> déterminant : mon ; nom : chien
> Ne vous occupez pas de ses affaires, occupez-vous des vôtres. (= de vos affaires)
> déterminant : vos ; nom : affaires

Le niveau soutenu emploie parfois le **pronom possessif** masculin pluriel pour désigner directement des proches (famille, amis…).

> Loin de chez lui, il pensait aux siens. (= il pensait à sa famille)

ASTUCE J'écris *notre, votre* ou *nôtre, vôtre* ?

Je me rappelle que *notre, votre* (sans accent) est le déterminant et que *nôtre, vôtre* (avec accent) est le pronom. Le déterminant est toujours employé avec un nom ; le pronom est toujours construit avec *le, la* ou *les*.

(Notre ou Nôtre ?) chien s'appelle Tom. Comment s'appelle le (votre ou vôtre ?) ?

le premier possessif détermine chien → c'est le déterminant notre

le second possessif suit le → c'est le pronom le vôtre

j'écris donc : Notre chien s'appelle Tom. Comment s'appelle le vôtre ?

EXERCICES

CORRIGÉS P. 410

1 Relevez les pronoms possessifs et donnez leur antécédent.

a. Donne-moi ta main et prends la mienne. – **b.** J'ôte mon chapeau, alors que les autres invités gardent le leur. – **c.** Leurs voitures filaient sur la route ; la mienne avançait doucement.

2 Complétez avec *notre* ou *le nôtre* que vous accorderez si nécessaire.

a. Son village est proche de la ville. ….. est plus éloigné. – **b.** Nous devons terminer ….. exercice. – **c.** Si tu n'as plus de voiture, nous te prêterons …… .

3 Récrivez les phrases en remplaçant les groupes nominaux soulignés par un pronom possessif.

a. Laisse-moi ton numéro de téléphone et je te donnerai <u>mon numéro de téléphone</u>. – **b.** Il serrait ma main dans <u>ses mains</u>. – **c.** J'écoute tes conseils et je ne prête pas attention à <u>leurs conseils</u>.

TOUT RETENIR EN UN CLIN D'ŒIL

le pronom possessif
→ varie en genre, en nombre et en personne
→ = déterminant possessif + nom

69 Les pronoms indéfinis

Quels sont les pronoms indéfinis ?

Comme la catégorie des déterminants indéfinis (→ **59**), celle des **pronoms indéfinis** regroupe différents pronoms qui désignent des êtres ou des choses dont **on ne précise pas l'identité ou la quantité**.

> **J'ai invité mes amis. Plusieurs m'ont déjà répondu.**
> = des amis ont répondu, mais on ne sait pas lesquels, ni combien

On distingue :

- les **pronoms indéfinis simples** ; les plus courants sont : *aucun, certains, chacun, nul, on, personne, plusieurs, rien, tout* ;

> **Certains pensent que j'ai tort.**

On peut s'employer également comme pronom personnel (→ **70**).

- les **pronoms indéfinis composés** (qu'on appelle également locutions* pronominales indéfinies) : *quelque chose, quelqu'un, n'importe qui, n'importe quoi, tout le monde, pas un…*

> **C'est quelque chose d'important.**
> **Je l'ai annoncé à tout le monde.**

LA BULLE LITTÉRAIRE

« J'ai cherché partout, je n'ai rien découvert. Mais j'ai quelque chose en vue. »

Guy de Maupassant, *Bel-Ami*

Certains **adverbes de quantité** (→ **88**) peuvent être employés comme pronoms indéfinis : *assez, beaucoup, la plupart…*

> **N'achète pas de café, il y en a assez.**
> **Elle a beaucoup à faire.**

Comment emploie-t-on les pronoms indéfinis ?

Le pronom indéfini peut avoir un **antécédent*** : il remplace alors le plus souvent un nom ou un groupe* nominal cité précédemment.

> **J'ai invité mes amis, mais certains ne pouvaient pas venir.**
> = certains amis

Dans ce cas, le pronom est du **même genre** que son **antécédent**.

> Voici dix cartes. Chacune vaut cinq points.

Les pronoms indéfinis peuvent aussi s'employer **sans antécédent**. Ils **désignent** alors **directement** des êtres ou des choses.

> Il faut que chacun se sente à l'aise.
> = tout le monde, les personnes en général

C'est le cas des pronoms *personne, rien, autre chose* et *quelque chose* : ils n'ont jamais d'antécédent et sont toujours au **masculin singulier**.

> Personne n'est venu.
> Il faudra trouver autre chose de plus intéressant.

ASTUCE Ne pas oublier le *ne* !

Je me rappelle que *aucun, nul, personne* et *rien* ont un sens négatif : j'utilise donc toujours la négation *ne* quand je les emploie dans une phrase verbale.

> Je ne connais personne. Je n'ai rien entendu.

EXERCICES

CORRIGÉS P. 410

1 Vrai ou faux ?

a. Certains pronoms indéfinis s'emploient sans antécédent. – **b.** Les pronoms indéfinis ne varient pas en genre. – **c.** Un pronom indéfini s'écrit toujours en un seul mot.

2 Relevez les pronoms indéfinis et donnez leur antécédent s'ils en ont un.

a. J'ai testé plusieurs solutions, mais aucune ne convient. – **b.** Certains aiment la marche, d'autres préfèrent la course. – **c.** Nous sommes dans le noir, car quelqu'un a coupé le courant.

TOUT RETENIR EN UN CLIN D'ŒIL

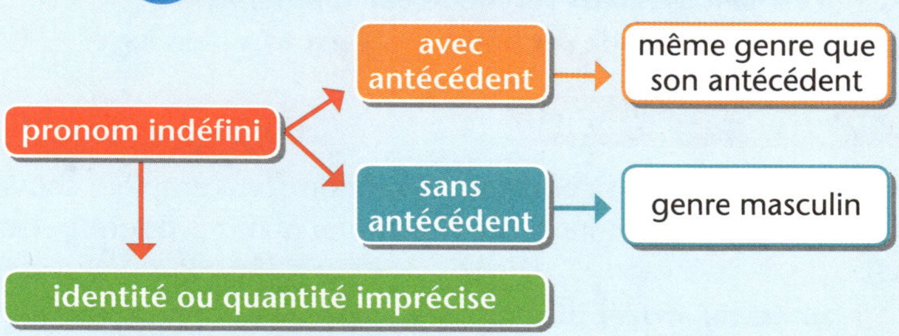

70 Quels sont les emplois du pronom *on* ?

On : pronom indéfini

On est un **pronom indéfini** qui désigne :

- l'être humain de façon générale. Cet emploi est courant dans les proverbes ;

> **On a souve nt besoin d'un plus petit que soi.**
> **C'est en forgeant qu'on devient forgeron.**

- une ou plusieurs **personnes indéterminées.**

> **On lui a dit que j'étais arrivé.**
> = quelqu'un lui a dit
>
> **Il se moque de ce qu'on pense de lui.**
> = ce que certaines personnes pensent de lui

LA BULLE LITTÉRAIRE

« On n'est pas sérieux quand on a dix-sept ans. »
Arthur RIMBAUD, « Roman »

Les **participes passés et adjectifs** qui se rapportent à *on* indéfini se mettent toujours au **masculin singulier**.

> **On n'est jamais mieux servi que par soi-même.**
> **Je vous recommande cet hôtel : on y est très bien logé.**

On : pronom personnel

Dans la conversation courante, le pronom *on* s'emploie souvent à la place de ***nous*** : il a alors le même emploi qu'un pronom personnel (→ **65**).

> **On aurait dû arriver plus tôt, mais on a eu des ennuis en route.**
> = nous aurions dû arriver = nous avons eu des ennuis

À l'écrit, il vaut mieux **utiliser *nous*** et **éviter *on***, sauf si l'on retranscrit une conversation ou s'il est nécessaire d'employer le langage familier.

> **Nous, nous avons bien ri.** (et non ~~Nous, on a bien ri.~~)

Lorsque *on* est employé à la place de *nous*, il est admis que les **participes passés** et **adjectifs** qui s'y rapportent se mettent **au pluriel** ; ils sont alors au **féminin** ou au **masculin** selon le **sexe** des personnes désignées par *on.*

> **On s'est retrouvés tout seuls, sans personne pour nous aider.**
> **« Ce n'est pas vrai, protesta Delphine. On n'est pas mal élevées. »**
> **(M. Aymé, *Les Contes du chat perché*)**

ASTUCE Quand faut-il écrire *on n'* ?

Quand j'emploie *on* dans une phrase à la forme négative, je vérifie que j'ai bien mis *n'* devant un mot commençant par une voyelle ou un *h* muet, même si je ne l'entends pas à l'oral.

On n'a pas fait d'erreur.

On n'y arrivera jamais !

EXERCICES

CORRIGÉS P. 410

1 Donnez la valeur de *on* dans chacune de ces phrases : pronom personnel ou pronom indéfini.

a. On prendra soin de se laver les mains. – **b.** On est désolés d'être arrivés en retard. – **c.** On m'a dit que tu arriverais demain. – **d.** Et si on allait au cinéma ?

2 Récrivez les phrases de l'exercice 1 en remplaçant *on* par un pronom indéfini ou par *nous*.

3 Complétez en accordant lorsque c'est possible.

a. Quand on conduit, on doit rester prudent..... . – **b.** Mon frère et moi, on est né..... à un an d'intervalle. – **c.** Avec mes amies, on est allé..... à la piscine. – **d.** Devient-on plus sage..... quand on vieillit ?

L'ESSENTIEL EN UN CLIN D'ŒIL

on = pronom indéfini →	accord au masculin singulier
on = *nous* →	accord possible au pluriel, et au féminin ou au masculin

71 Les pronoms interrogatifs

Les pronoms interrogatifs s'emploient dans l'interrogation directe (Qui vient ?) ou dans l'interrogation indirecte (Je ne sais pas qui vient) (→ 108).

Quelles sont les formes des pronoms interrogatifs ?

Les **pronoms interrogatifs simples *qui, que*** et ***quoi*** sont invariables en genre et en nombre.

Qui est-il ? Qui est-elle ? Qui sont-ils ? Je ne sais pas qui sera là.

Le pronom *que* s'élide (*qu'*) devant une voyelle ou un *h* muet (→ 5).

Qu'a-t-il fait ?

Le **pronom interrogatif composé *lequel*** varie en genre et en nombre. Il se contracte avec *à* et *de*.

	masculin	féminin
singulier	lequel (auquel, duquel)	laquelle (à laquelle, de laquelle)
pluriel	lesquels (auxquels, desquels)	lesquelles (auxquelles, desquelles)

Dans l'**interrogation directe**, ces pronoms peuvent se présenter sous leur forme renforcée avec ***est-ce qui, est-ce que*** (→ 95).

À quoi est-ce qu'il pense ? Lequel est-ce que tu préfères ?
De tous tes amis, auquel est-ce que tu penses en premier ?

Comment emploie-t-on les pronoms interrogatifs ?

Le **pronom *qui*** s'emploie dans toutes les fonctions du groupe* nominal, mais uniquement pour désigner des **personnes**, des humains.

Qui vient ? Qui vois-tu ? À qui penses-tu ? Chez qui as-tu dîné ?

Pour désigner **des animaux ou des choses** (ce qui est non humain), on emploie ***que*** (complément direct) et ***quoi*** (après une préposition*).

Que regardes-tu ? À quoi penses-tu ? De quoi as-tu parlé ?

Lequel représente :

- un mot **qui a déjà été cité** ;

– J'ai lu ces deux livres. – Lequel as-tu préféré ?
(lequel est mis pour livre qui est placé avant)

- un mot **qui peut le suivre dans un complément** introduit le plus souvent par *de*.

  Laquelle de ces solutions te convient le mieux ?

  (laquelle est mis pour solution qui est placé après)

LA BULLE LITTÉRAIRE

« Qui es-tu ?
Je suis Mamadi, fils de Dioubaté.
[...]
Que fais-tu dans la vie ?
Je suis griot, m'entends-tu ? »

Francis BEBEY, « Qui es-tu ? »

ASTUCE J'emploie *lequel* ou *quel* ?

Je me rappelle que le déterminant* correspondant à *lequel* est *quel* et je ne fais jamais suivre *lequel* directement du nom.

Quel sac préfères-tu ? ou Lequel de ces sacs préfères-tu ?

(et non ~~Lequel sac préfères-tu ?~~)

EXERCICES

CORRIGÉS P. 411

1 Vrai ou faux ?

a. On emploie *qui* quand la question porte sur une personne. – **b.** *Lequel* est toujours suivi d'un complément. – **c.** On utilise *quoi* comme complément direct. – **d.** *Lequel* est invariable.

2 Complétez avec *qui, que, quoi* ou *lequel*.

a. — Je n'ai vu aucun de ces films. — ..... veux-tu voir ? – **b.** À ..... a-t-il offert ces fleurs ? – **c.** À ..... te sert cet outil ? – **d.** Louise ou Mia ? ..... te plait le plus ?

3 Complétez avec *quel* ou *lequel* que vous accorderez si nécessaire.

a. ..... option as-tu choisie ? – **b.** ..... de ces options as-tu choisie ? – **c.** Parmi ces options, ... as-tu choisie ?

TOUT RETENIR EN UN CLIN D'ŒIL

	humains	non humains	sujet	compl. direct	autres compl.
qui	oui	non	oui	oui	oui
que	non	oui	non	oui	non
quoi	non	oui	non	non	oui
lequel	oui	oui	oui	oui	oui

72 Les pronoms relatifs

Quelles sont les formes des pronoms relatifs ?

Les **pronoms relatifs simples** ***qui, que, quoi, dont*** et ***où*** sont invariables.

J'entends le chien qui aboie.
J'entends les chiens qui aboient.

Le pronom *que* s'élide (*qu'*) devant une voyelle ou un *h* muet*.

Le livre qu'elle lit lui plait.

LA BULLE LITTÉRAIRE

« Quelqu'un a soufflé la bougie qui éclairait pour moi le doux visage maternel penché sur le repas du soir. Quelqu'un a éteint la lampe autour de laquelle nous étions une famille heureuse. »

ALAIN-FOURNIER, *Le Grand Meaulnes*

Le **pronom relatif composé** ***lequel*** varie en genre et en nombre. Il se contracte avec *à* et *de*.

	masculin	féminin
singulier	lequel (auquel, duquel)	laquelle (à laquelle, de laquelle)
pluriel	lesquels (auxquels, desquels)	lesquelles (auxquelles, desquelles)

Lequel est toujours du **même genre** et du **même nombre** que son **antécédent***.

l'ami avec lequel je voyage ; les amies avec lesquelles je voyage

Comment emploie-t-on les pronoms relatifs ?

On emploie un pronom relatif pour **introduire une subordonnée relative et la relier à l'antécédent du pronom** (→ 107).

Je lui donne une explication. Il comprend l'explication.
→ Il comprend l'explication [que je lui donne].

le pronom que remplace explication (c'est son antécédent)
il relie la proposition que je lui donne à son antécédent explication

Le pronom relatif a toujours une fonction **dans la proposition relative**. Pour trouver sa fonction, on peut le remplacer par son antécédent.

> Connais-tu l'auteur [dont je lis le livre] ? (= je lis le livre de l'auteur → dont, mis pour de l'auteur, est complément du nom livre)

ASTUCE *que* = conjonction* de subordination ou pronom relatif ?

Pour savoir si *que* introduisant une subordonnée est conjonction ou pronom, je regarde si je peux le remplacer par son antécédent.

Je crois l'histoire que tu racontes. → tu racontes l'histoire : que peut être remplacé par son antécédent, c'est un pronom relatif

Je crois que tu dis la vérité. → tu dis la vérité : que ne peut pas être remplacé, c'est une conjonction de subordination

EXERCICES

CORRIGÉS P. 411

1 Choisissez le bon pronom.

a. C'est un chien *(que / qui)* j'ai adopté. – **b.** Voici les points *(auquel / auxquels)* il faut faire attention. – **c.** Il connait le lieu *(de qui / dont)* je lui parle.

2 Transformez chaque paire de phrases en une seule phrase avec un pronom relatif remplaçant le groupe nominal souligné.

a. J'écris à mon correspondant. Mon correspondant habite en Italie. – **b.** Les graines ont été semées. Les graines ont bien germé. – **c.** J'ai retrouvé le trousseau de clés. J'avais perdu le trousseau de clés.

3 Pour chaque pronom relatif de la bulle littéraire, donnez son antécédent.

4 Cochez lorsque *que* est pronom relatif.

a. ❑ Je suis allé voir le film que tu m'as conseillé. – **b.** ❑ Il m'a dit que ce film était bien. – **c.** ❑ Il faut que les pommes soient bien rouges avant de les ramasser. – **d.** ❑ L'appartement que je loue est au rez-de-chaussée.

TOUT RETENIR EN UN CLIN D'ŒIL

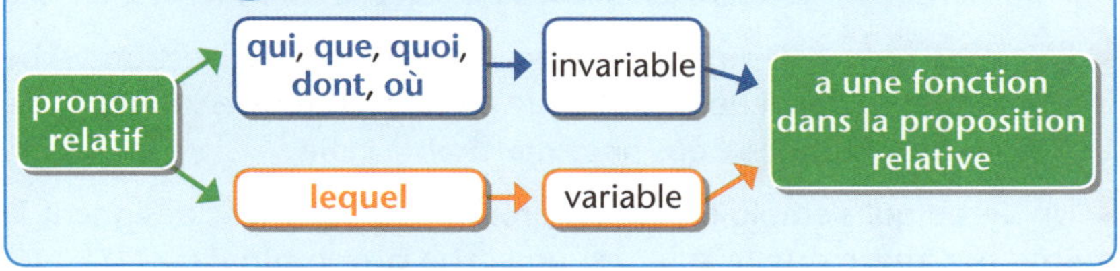

73 Les verbes : introduction

Qu'est-ce qu'un verbe ?

Le verbe est un mot qui exprime une **action** ou un **état** (→ 74).

La chanteuse salue le public. Elle est souriante.

Le verbe est un mot **variable** : il varie en nombre, en personne, en mode et en temps. L'ensemble des formes qu'un verbe peut prendre est sa **conjugaison** (→ 50).

pouvoir, je peux, nous pouvons, qu'il puisse

Un verbe conjugué à un mode personnel **s'accorde** toujours en **nombre** et en **personne** avec son **sujet** (→ 122).

Dans la phrase, le verbe :

- est le plus souvent le **noyau du groupe verbal** qui occupe la fonction de **prédicat** (→ 113) ;

La chanteuse (sujet) salue le public (prédicat). Elle (sujet) est souriante (prédicat).

- peut avoir ou non des **compléments** ;

Le public applaudit.
Le public applaudit la chanteuse.

- peut être **employé** avec la **négation** (→ 98).

La chanteuse ne salue pas le public. Elle n'est plus souriante.

Les différentes catégories de verbe

Selon le type de compléments qu'il peut recevoir (ou non), on dit d'un verbe qu'il est **transitif** ou **intransitif** (→ 75).

féliciter se construit toujours avec un complément d'objet (féliciter quelqu'un) : c'est un verbe transitif
dormir se construit sans complément d'objet : c'est un verbe intransitif

Un verbe qui ne s'emploie qu'avec le **pronom** sujet *il* est un verbe **impersonnel** (→ 76). Il ne se conjugue pas aux autres personnes.

Il pleut : il faut que nous nous mettions à l'abri.

Un verbe qui s'emploie avec un pronom complément désignant la **même personne que le sujet** est un **verbe pronominal** (→ 77).

Le public s'est levé à la fin du concert.

On dit des verbes *être* et *avoir* qu'ils sont **auxiliaires** quand ils sont employés pour former un temps composé (→ **133**).

> **Le public a applaudi la vedette.**
> (auxiliaire avoir pour former le passé composé du verbe applaudir)

LA BULLE LITTÉRAIRE

« Laissez chanter
l'eau qui chante
Laissez courir
l'eau qui court »
Philippe Soupault,
« Pour la liberté »

ASTUCE Comment reconnaitre un verbe ?

Je me rappelle que je peux toujours conjuguer un verbe en le faisant précéder d'un pronom personnel sujet.

ranger : je peux dire je range, tu ranges… → ranger est un verbe

danger : je ne peux pas dire ~~je dange~~ → danger n'est pas un verbe

EXERCICES

CORRIGÉS P. 411

1 Vrai ou faux ?

a. Le verbe s'accorde en genre et en nombre avec son sujet. – b. Le verbe est le noyau d'un groupe nominal. – c. Le verbe peut s'employer sans complément.

2 Chassez l'intrus de chaque liste.

a. guérir – désir – grandir – sortir – venir

b. aiment – viennent – vraiment – parlent – prennent

c. avez – gagnez – roulez – pensez – assez

3 Relevez tous les verbes de cet extrait.

La traversée dura trois jours. Je passai ces trois jours sur le pont, descendant au salon juste pour manger et dormir. Le reste du temps, j'allais me mettre à la pointe extrême du navire, près de l'ancre. (A. Daudet, *Le Petit Chose*)

4 Relevez les différentes formes d'un même verbe dans la bulle littéraire.

TOUT RETENIR EN UN CLIN D'ŒIL

le verbe →
- varie en nombre, personne, mode, temps
- est le noyau du groupe verbal
- peut avoir ou non des compléments

74 Comment distinguer verbes d'action et verbes d'état ?

Qu'est-ce qu'un verbe d'action ?

Les **verbes d'action** (ce sont les plus nombreux) expriment une action, que cette action soit concrète ou non.

> on reconnait bien des actions dans des verbes comme **marcher**, **courir**, **parler** ; **dormir**, **subir**, **savoir** sont aussi des verbes d'action, même si l'action elle-même n'est pas manifeste

Les **verbes d'action** peuvent :

- se suffire à eux-mêmes et s'employer sans **complément* du verbe** ;

> **La pluie tombe.**
> **Ils sont arrivés hier.**

- s'employer avec **un ou deux compléments du verbe**.

> **Nous récitons un poème.**
> **Elle ressemble à son père.**
> **Je parlerai à mes parents de mon projet.**

Qu'est-ce qu'un verbe d'état ?

Les **verbes d'état** expriment une **manière d'être** ou un **changement d'état**. Les plus courants sont : *être, demeurer, devenir, rester, paraitre, sembler* et l'expression *avoir l'air*.

> **Le temps devient orageux : l'air est lourd et les nuages semblent de plus en plus gros.**

LA BULLE LITTÉRAIRE

« Les moineaux gonflent leurs plumes au haut des branches et paraissent énormes. »
Jules Renard, *Journal*

Les **verbes d'état** ne s'emploient jamais seuls : ils font toujours **le lien entre l'attribut et le sujet** (→ 117).

> **Le temps devient orageux.** (**orageux** est attribut du sujet **le temps**)

Verbe d'état ou verbe d'action ?

Selon leur sens, certains verbes peuvent s'employer comme **verbe d'état ou verbe d'action**.

Nous paraissons bons amis.
(bons amis = attribut → paraitre est verbe d'état)
Ce roman paraitra à la rentrée.
(il n'y a pas d'attribut → paraitre est verbe d'action)

ASTUCE *être* = verbe d'état ou auxiliaire* ?

Pour distinguer le verbe d'état *être* de l'auxiliaire *être*, je regarde s'il est construit avec un adjectif ou avec un participe passé.

Je suis contente. (contente est adjectif → suis = verbe d'état)

Je suis rentrée. (je peux dire Je rentre → il s'agit du verbe rentrer conjugué à un temps composé → suis = auxiliaire)

EXERCICES

CORRIGÉS P. 411

1 Dans la bulle littéraire, relevez le verbe d'action et le verbe d'état.

2 Vrai ou faux ?

a. *Couler* est un verbe d'action. – b. Un verbe est toujours soit verbe d'action soit verbe d'état. – c. Le verbe *être* n'est pas toujours verbe d'état.

3 Notez A si le verbe de la phrase est verbe d'action, E s'il est verbe d'état.

a. ❑ Elle a obtenu son permis de conduite du premier coup. – b. ❑ Elle semble heureuse dans sa nouvelle maison. – c. ❑ Il est resté toute la journée à la plage. – d. ❑ Je suis resté malade pendant une semaine. – e. ❑ La revue parait tous les mois. – f. ❑ Tu parais bien content !

4 Faites deux phrases avec le verbe *demeurer* : l'une dans laquelle il sera verbe d'action, l'autre dans laquelle il sera verbe d'état.

TOUT RETENIR EN UN CLIN D'ŒIL

verbe d'action	≠	verbe d'état
↓		↓
peut être suivi ou non de **compléments du verbe**		est toujours suivi de **l'attribut du sujet**

75

Les verbes transitifs et les verbes intransitifs

Qu'est-ce qu'un verbe transitif ?

Les **verbes transitifs** sont les verbes qui peuvent se construire avec un **complément d'objet** (→ 116).

> Le boulanger prépare le pain.
> Le gout du pain dépend de la qualité de la farine.

Lorsque ce complément d'objet se construit **sans préposition*** (il s'agit d'un complément direct du verbe), on dit que le verbe est un **verbe transitif direct**.

> organiser, voir, espérer sont des verbes transitifs directs : leurs compléments se construisent sans préposition (organiser quelque chose ; voir quelqu'un, quelque chose ; espérer quelque chose)

Lorsque ce complément d'objet se construit **avec une préposition** (il s'agit d'un complément indirect du verbe), on dit que le verbe est un **verbe transitif indirect**.

> appartenir, dépendre sont des verbes transitifs indirects : leurs compléments se construisent avec une préposition (appartenir à quelqu'un ; dépendre de quelqu'un, de quelque chose)

Qu'est-ce qu'un verbe intransitif ?

Les **verbes intransitifs** sont les verbes qui se construisent **sans complément d'objet**.

> dormir, naitre, marcher sont des verbes intransitifs

LA BULLE LITTÉRAIRE

« Je marche à quatre pattes ; je fais des cabrioles. »

Pierre Boulle, *La Planète des singes*

Un verbe a-t-il toujours la même construction ?

Certains verbes peuvent avoir **différentes constructions** ; ils changent plus ou moins de sens selon ces constructions.

> verbe transitif : **Il manifeste sa joie.** (= il montre sa joie)
> verbe intransitif : **Il manifeste pour la paix.** (= il participe à une manifestation)
> verbe transitif direct : **Il tient une photo.** (= il la serre avec sa main)
> verbe transitif indirect : **Il tient à cette photo.** (= il y est attaché)

ASTUCE **Transitif direct ou transitif indirect ?**

Pour savoir si un verbe est transitif direct ou indirect, je pose la question *qui ?, quoi ?* ou *à / de qui ?, à / de quoi ?* et je regarde s'il y a une préposition ou non.

Il apprécie ses vacances.
(**Il apprécie quoi ?** → **apprécier** est transitif direct)
Il profite de ses vacances.
(**Il profite de quoi ?** → **profiter** est transitif indirect)

EXERCICES

CORRIGÉS P. 411

1 Classez les verbes de ces phrases selon qu'ils sont transitifs directs, transitifs indirects ou intransitifs.

a. J'ai bien dormi cette nuit. – **b.** Nous avons rencontré la directrice. – **c.** Je participerai au débat. – **d.** Pourquoi trembles-tu ainsi ? – **e.** Il lui en a parlé.

2 Pour chacun de ces verbes, faites deux phrases dans lesquelles le verbe aura une construction différente.

a. jouer – **b.** changer – **c.** tourner – **d.** prendre – **e.** trainer

TOUT RETENIR EN UN CLIN D'ŒIL

- transitif
  - direct → + complément d'objet sans préposition
  - indirect → + complément d'objet avec préposition
- intransitif → sans complément d'objet

76 Les verbes impersonnels

Qu'est-ce qu'un verbe impersonnel ?

Un **verbe impersonnel** est un verbe qui ne s'emploie **qu'avec le pronom sujet** ***il***. Ce pronom ne représente rien ni personne : il ne remplace aucun nom.

> **Il faut faire cela.**
> on ne peut pas employer le verbe falloir avec un autre pronom que il ; falloir est un verbe impersonnel

Les verbes impersonnels sont ***falloir*** et les verbes qui expriment des **phénomènes météorologiques** : *pleuvoir, neiger, grêler…*

> **Il pleut très rarement dans le désert.**
> **Il a neigé toute la nuit.**

Remarque : pris au sens figuré, *pleuvoir* peut s'employer à la 3e personne du pluriel avec un sujet réel.

> **Après ce succès, les honneurs pleuvaient sur l'équipe.**

La tournure impersonnelle

De nombreux verbes qui s'emploient normalement à toutes les personnes peuvent se construire **comme un verbe impersonnel** avec le **sujet apparent** (ou sujet grammatical) *il*. Ils sont alors **suivis du sujet réel** (appelé aussi sujet logique) et sont employés dans des phrases à la forme impersonnelle.

> **Quelques miettes** (sujet) **restent sur la table.** (forme personnelle)
> → **Il** (s. apparent) **reste quelques miettes** (s. réel) **sur la table.** (forme impersonnelle)

On trouve ainsi, par exemple, employé en tournure impersonnelle :

- *être* (ou un verbe* d'état) suivi d'un adjectif ;

> **Il sera nécessaire que vous soyez à l'heure.**
> **Il devient urgent de trouver une solution.**

- des expressions telles que *il arrive que* (ou *de*), *il semble que, il parait que…* ;

  Il lui arrive de se tromper.
  Il parait qu'un nouveau musée va ouvrir.

- *avoir* dans l'expression *il y a*.

  Il y a toujours une solution aux problèmes.

LA BULLE LITTÉRAIRE

« Il pleure dans mon cœur
Comme il pleut sur la ville »

Paul Verlaine,
« Il pleure dans mon cœur »

ASTUCE *mieux* **: avec** ***il faut*** **ou** ***il vaut*** **?**

La tournure impersonnelle *il vaut mieux* signifie « il est préférable de ». L'expression peut être proche par le sens de *il faut*. Je fais donc attention à ne pas confondre les deux tournures en me rappelant que *mieux* ne peut s'employer qu'avec un verbe exprimant une valeur.

Il vaut mieux partir tôt ou **Il faut partir tôt**
(mais pas ~~**Il faut mieux partir tôt.**~~)

EXERCICES

CORRIGÉS P. 411

1 Dans la bulle littéraire, quel est le verbe impersonnel ? Quel est celui qui est employé en tournure impersonnelle ?

2 Cochez si la phrase contient un verbe impersonnel ou une tournure impersonnelle.

a. ❑ Il arrive que je me trompe. – **b.** ❑ Il semble perdu au milieu de la foule. – **c.** ❑ Il vaut mieux s'arrêter là. – **d.** ❑ S'il ne grêle pas, la récolte sera bonne. – **e.** ❑ Il ne manque pas grand-chose pour terminer ce chantier.

3 Transformez les phrases suivantes en phrases avec une tournure impersonnelle.

a. Trois euros manquent dans la caisse. – **b.** Un enfant nait toutes les minutes dans le monde. – **c.** Quelques gouttes de pluie sont tombées cette nuit. – **d.** Prendre du repos est tout à fait normal.

4 Lorsque c'est possible, transformez les phrases impersonnelles de l'exercice 2 en phrases personnelles.

L'ESSENTIEL EN UN CLIN D'ŒIL

tournure impersonnelle = il + verbe à la 3e personne du singulier

77 Les verbes pronominaux

Qu'est-ce qu'un verbe pronominal ?

Un **verbe pronominal** est un verbe qui se conjugue avec un **pronom réfléchi** (→ **65**), c'est-à-dire un pronom personnel (*me, nous, se…*) qui renvoie au sujet*.

je me promène (me = je), tu te promènes (te = tu), etc.

Aux **temps composés**, les verbes pronominaux se conjuguent toujours avec l'auxiliaire ***être*** (→ **133**).

Nous nous sommes promenés le long du canal.

Bien qu'ils se présentent sous la même forme, les verbes pronominaux n'ont pas tous la même valeur, le même sens : cela dépend en particulier du **rôle du pronom réfléchi**.

LA BULLE LITTÉRAIRE

« Et je la vois qui se ratatine, qui rapetisse, qui rabougrit, qui se dégonfle et se défait, comme si elle fondait. »

Pierre Gripari, *Contes de la rue Broca*

Quel est le rôle du pronom réfléchi ?

Le pronom réfléchi d'un verbe pronominal peut être un **complément* direct ou indirect du verbe**.

Icha se regarde dans la glace.
(= Icha regarde Icha dans la glace)

Le frère et la sœur se téléphonent.
(= le frère téléphone à la sœur et la sœur téléphone au frère)

Mais le pronom n'a pas toujours de fonction : parfois, il ne représente rien ni personne et **fait partie intégrante du verbe**. C'est le cas en particulier :

- des verbes qui sont **toujours pronominaux** (ceux qui ne s'emploient jamais sans le pronom réfléchi) ;

> Je **me souviens** bien de nos dernières vacances.
> (le verbe souvenir n'existe pas ; on dit toujours se souvenir)

- des verbes pronominaux qui ont la même valeur qu'un **passif** (→ **99**).

> Ce mot ne **s'utilise** plus. (= le mot n'est plus utilisé)

ASTUCE Comment savoir si le pronom a une fonction ?

Si je peux « déplacer » le pronom après le verbe, le pronom a une fonction. Si le déplacement n'est pas possible, le pronom ne s'analyse pas.

Je **me** lave. (= je lave **moi** → me est complément direct du verbe)

Je **me** lave les mains. (= je lave les mains **à moi** → me est complément indirect du verbe)

Je **me** souviens de cela. (je ne peux pas dire ~~Je souviens moi de cela.~~ → me n'a pas de fonction)

EXERCICES

CORRIGÉS P. 411

1 Vrai ou faux ?

a. Un verbe pronominal se conjugue toujours avec un pronom réfléchi. – **b.** Le pronom réfléchi est toujours complément du verbe. – **c.** Les verbes pronominaux se conjuguent toujours avec *être* aux temps composés.

2 Récrivez le texte de la bulle littéraire en commençant par : *Et je me vois qui…*

3 Relevez les verbes pronominaux et précisez si leur pronom s'analyse ou non.

a. Ils s'habillent chaudement pour sortir. – **b.** Le mur s'est écroulé. – **c.** Ses livres se vendent très bien. – **d.** Roméo et Juliette s'aiment. – **e.** Tu t'en vas.

TOUT RETENIR EN UN CLIN D'ŒIL

verbe pronominal =
- pronom réfléchi (complément du verbe) + verbe
- pronom réfléchi et verbe qui forment un tout

78 Les modes : introduction

Les modes personnels

Les **modes personnels** sont les modes pour lesquels **le verbe change de forme selon la personne** à laquelle il est conjugué.

| je chantais (1re personne) ≠ il chantait (3e personne)

On distingue **trois modes personnels** :

- l'**indicatif** qui sert à l'expression des **faits**. C'est le plus courant des modes et le seul à pouvoir situer une action dans le temps (→ **82**) ;

| Nous partirons demain.

- le **subjonctif** qui sert à l'expression du **possible** (→ **79**) ;

| Il est possible que nous partions avec vous.

- l'**impératif** qui sert à l'expression de l'**ordre**. Il ne s'emploie que dans les propositions principales* de phrases injonctives (→ **96**).

| Partons dès maintenant.

Remarque : le conditionnel n'est plus considéré comme un mode, mais comme un temps de l'indicatif (→ **85**).

Les modes impersonnels

Les **modes impersonnels** sont les modes pour lesquels le verbe **ne se conjugue pas en personne**.

| partir (infinitif) ne peut pas s'employer avec les pronoms je, tu, il…

On distingue **deux modes impersonnels** :

- le mode **infinitif** (→ **80**) ;

| Il faut partir avant la nuit.

- le mode **participe** (→ **81**).

| Les automobilistes partant de bonne heure éviteront les embouteillages. (participe présent)

Les modes et les temps

Chaque mode, qu'il soit personnel ou impersonnel, compte deux ou plusieurs **temps**, dont le présent.

| Je pars aujourd'hui. (présent de l'indicatif)
| Il faut que je parte. (présent du subjonctif)

ASTUCE — Mode personnel ou impersonnel ?

Pour savoir si un verbe est employé à un mode personnel ou à un mode impersonnel, je regarde si je peux changer sa personne et s'il change de forme.

Ferme la porte en sortant. (je peux dire fermons la porte en sortant, fermez la porte en sortant → ferme est à un mode personnel, sortant est à un mode impersonnel)

EXERCICES

CORRIGÉS P. 411

1 Pour chacun de ces modes, notez P s'il s'agit d'un mode personnel et I s'il s'agit d'un mode impersonnel.

a. ❑ subjonctif – b. ❑ infinitif – c. ❑ indicatif – d. ❑ impératif – e. ❑ participe

2 Soulignez les verbes employés à un mode personnel et encadrez ceux qui sont conjugués à un mode impersonnel.

On y voit force sangliers, disait le capitaine Ellis, et il faut apprendre à les distinguer des cochons domestiques, qui leur ressemblent d'une manière étonnante : car, en tuant des cochons, l'on se fait une mauvaise affaire avec leurs gardiens. (P. Mérimée, *Colomba*)

3 Donnez le mode de chacun des verbes de la bulle littéraire.

LA BULLE LITTÉRAIRE

« Admettons que la jeune fille en rouge, ignorant que sa grand-mère est absente, ait voulu lui rendre visite : elle a dû, pour cela, traverser le square. »

Yvan Pommaux, *John Chatterton détective*

TOUT RETENIR EN UN CLIN D'ŒIL

modes

personnels : se conjuguent en personne → indicatif, subjonctif, impératif

impersonnels : ne se conjuguent pas en personne → infinitif, participe

comportent des temps

79

Quelles sont les valeurs du subjonctif ?

Dans les propositions indépendantes ou principales

On emploie le subjonctif dans une proposition **indépendante*** ou **principale*** pour exprimer l'**ordre** à la 3e personne, puisque l'impératif n'est pas possible à cette personne (→ **96**).

> Qu'il vienne dès maintenant.
> indépendante
>
> Qu'il vienne dès qu'il peut.
> principale
>
> (à la 2e personne, on aurait : Viens dès maintenant / dès que tu peux.)

Dans les propositions subordonnées

Le **subjonctif** s'emploie le plus souvent dans les **propositions subordonnées*** : il exprime un fait **possible**, que l'on considère avec un certain sentiment (doute, crainte, volonté…). Son emploi dépend :

- du **verbe** de la proposition principale pour les complétives compléments du verbe (→ **105**) ;

> Je veux que tu viennes. (vouloir est suivi du subjonctif)
> subordonnée (subjonctif)

- de la **conjonction* de coordination** qui introduit la circonstancielle (→ **106**).

> Je le répète pour que vous le sachiez. (pour que est suivi du subjonctif)
> subordonnée (subjonctif)

Les **principales conjonctions** introduisant un subjonctif sont :

à condition que	bien que	jusqu'à ce que
à moins que	de crainte que	pour peu que
à supposer que	de peur que	pour que
afin que	en admettant que	quoique
avant que	en attendant que	sans que

On emploie toujours le subjonctif dans les **propositions sujets** introduites par *que* (→ **105**).

| Qu'elle soit là me réjouit.

LA BULLE LITTÉRAIRE

« Je le sais parfaitement, quoique je sois étonné que vous le sachiez, vous ! »

Alexandre Dumas,
Les Trois Mousquetaires

ASTUCE J'écris le subjonctif *aie, aies, ait* ou l'indicatif *ai, es, est* ?

Les formes *aie, aies, ait* sont celles de *avoir* au singulier du subjonctif présent. Pour ne pas les confondre avec celles de l'indicatif *ai* (de *avoir*) ou *es, est* (de *être*), je remplace la forme par *prendre* : j'entendrai la différence entre le subjonctif (*prenne[s]*) et l'indicatif (*prend[s]*).

Je sais qu'il (?) là. (je peux dire Je sais qu'il prend
→ j'écris Je sais qu'il est là.)

Il faut qu'il (?) des idées. (je peux dire Il faut qu'il prenne
→ j'écris Il faut qu'il ait des idées.)

EXERCICES

CORRIGÉS P. 411

1 Vrai ou faux ?

a. Le subjonctif peut exprimer l'ordre. – b. Le subjonctif ne s'emploie que dans les subordonnées. – c. Après *pour que*, on utilise l'indicatif ou le subjonctif.

2 Relevez les subjonctifs et expliquez leur emploi.

a. Je doute que cela convienne. – b. Elle loue une voiture en attendant que la sienne soit réparée. – c. Qu'ils me fassent signe rapidement. – d. Qu'il accepte m'étonnerait.

3 Complétez avec la forme de *être* ou *avoir* qui convient.

a. Si j'..... bien compris, il faut qu'elle ..... la réponse ce soir. – b. Tu ..... à mes côtés pour que j'..... moins peur. – c. Bien que tu ..... refusé, il n'..... pas déçu.

L'ESSENTIEL EN UN CLIN D'ŒIL

subjonctif
→ l'ordre dans les indépendantes et principales
→ le possible dans les subordonnées

80 Comment utiliser le mode infinitif ?

L'infinitif comme équivalent d'un verbe

On emploie l'**infinitif** comme **verbe d'une phrase** (ou d'une proposition), en particulier pour exprimer un ordre ou une consigne.

Brancher l'appareil et appuyer sur le bouton vert.

L'infinitif peut suivre un verbe comme *aller, venir de, devoir, pouvoir…* conjugué à un mode personnel. Ces verbes perdent en partie leur sens (ils sont employés comme semi-auxiliaires) et c'est l'**infinitif** qui porte le **sens principal**.

Nous allons donner un spectacle à la salle des fêtes.
aller n'est pas pris dans son sens premier, mais sert à marquer le futur proche du verbe donner (= nous donnerons bientôt un spectacle)

Tu dois te tromper. (= tu te trompes sans doute)

LA BULLE LITTÉRAIRE

« Mourir n'est pas mourir, mes amis, c'est changer ! »
Alphonse de Lamartine, *La Mort de Socrate*

L'infinitif comme équivalent d'un nom

L'**infinitif** peut s'employer seul ou dans un **groupe* infinitif** dont il est le noyau. L'infinitif (ou le groupe infinitif) peut avoir alors **la même valeur qu'un nom** et occuper les mêmes fonctions.

Pour moi, chanter est un plaisir. (chanter est sujet du verbe est)

Il voulait nous chanter une nouvelle chanson. (le groupe infinitif est complément du verbe voulait)

Il prend des cours pour mieux chanter. (le groupe infinitif est complément de phrase, ou complément circonstanciel)

Dans le groupe infinitif, les autres mots ou groupes de mots se **rapportent à l'infinitif.**

> dans la phrase Il voulait nous chanter une nouvelle chanson, une nouvelle chanson est complément direct de chanter et nous est complément indirect de chanter

ASTUCE **Complément de verbe ou verbe ?**

Lorsqu'un infinitif (ou un groupe infinitif) suit un verbe conjugué, je regarde si je peux le remplacer par un pronom (*le, cela, en, y*) pour vérifier qu'il est complément du verbe.

Ils veulent déjeuner à midi. (je peux dire Ils le veulent
→ déjeuner à midi est complément de veulent)

Ils vont déjeuner à midi. (je ne peux pas dire ~~Ils y vont~~
→ déjeuner est le verbe de la phrase)

EXERCICES

CORRIGÉS P. 411

1 Relevez les infinitifs. Quels sont ceux qui sont le noyau d'un groupe ?
Je sais aussi jouer du violon, distraire les grandes personnes, faire des tours de cartes, de magie noire, de magie blanche, guérir les maux de dents, ramoner les cheminées, danser, jouer la comédie. (C. Roy, *La Maison qui s'envole*)

2 Quelle est la fonction des groupes infinitifs de la phrase de l'exercice 1 ?

3 Notez N si l'infinitif a la valeur d'un nom, V s'il a celle d'un verbe.
a. ❑ Ne pas klaxonner. – **b.** ❑ Il vient me chercher. – **c.** ❑ Il vient de partir.

4 Les infinitifs de cet extrait ont-ils la valeur d'un nom ou celle d'un verbe ?
Un âne qui se savait âne et ne rougissait point de l'être, mais qui l'était bien ; qui savait marcher, s'arrêter, repartir, tourner, boire, brouter, regarder, écouter, obéir, tout comme un âne. (H. Bosco, *L'Âne Culotte*)

TOUT RETENIR EN UN CLIN D'ŒIL

infinitif (+ compléments)
fonctionne comme
→ un verbe
→ un nom

81 Comment utiliser le mode participe ?

Le participe passé dans la conjugaison

Le **participe passé** s'emploie avec un auxiliaire* :

- dans la conjugaison des **temps composés** (→ 133) ;

  Les tomates ont séché au soleil.

- dans la conjugaison du **passif** (→ 99).

  Les tomates sont séchées par le soleil.

Il est alors **le verbe** de la phrase ou de la proposition.

Le participe comme équivalent d'un adjectif

Un verbe au mode **participe** (participe passé sans auxiliaire ou participe présent) peut s'employer seul ou avec des compléments. Le participe (ou groupe* participe) peut être l'équivalent d'un **adjectif**.

> Je coche la case correspondant à mon choix.
> on pourrait dire la bonne case
> Prenez des tomates séchées au soleil pour préparer votre sauce.
> on pourrait dire des tomates rouges

Dans le groupe participe, les autres mots ou groupes de mots se **rapportent au participe**.

> dans la phrase Je coche la case correspondant à mon choix, à mon choix est complément indirect de correspondant

Attention, le participe présent reste **invariable** ; il ne faut pas le confondre avec l'adjectif verbal en *-ant* (→ 63).

> une histoire amusante (adjectif verbal qui s'accorde)
> une histoire amusant les enfants (participe présent invariable)

Le gérondif comme équivalent d'un adverbe

Le participe présent précédé de *en* (appelé **gérondif**) peut s'employer seul ou avec des compléments comme équivalent d'un **adverbe** : il occupe le plus souvent la fonction de **complément* de phrase** (ou circonstanciel).

> Il s'endort en écoutant la radio.
> on pourrait dire Il s'endort vite.

Dans le groupe gérondif, les autres mots ou groupes de mots se **rapportent au participe présent**.

> dans la phrase Il s'endort en écoutant la radio, la radio est complément direct de écoutant

LA BULLE LITTÉRAIRE

« La bonne dame Aloïse, ravie de les voir ainsi penchés et chuchotant, disait en jouant avec les fermoirs de son livre d'heures :
– Touchant tableau d'amour ! »

Victor Hugo, *Notre-Dame de Paris*

ASTUCE Adjectif verbal ou participe présent ?

Je me rappelle qu'un participe présent est un verbe et qu'un verbe peut toujours s'employer avec la négation *ne… pas*, ce qui n'est pas le cas pour les adjectifs.

je peux dire une histoire n'amusant pas les enfants
→ amusant est participe présent

je ne peux pas dire ~~une histoire n'amusante pas~~
→ amusante est adjectif verbal

EXERCICES

CORRIGÉS P. 412

1 Soulignez les groupes de mots contenant un verbe au participe. Entourez le verbe noyau*.

a. Nous emménagerons le jour suivant la signature du bail. – **b.** En arrivant de bonne heure, vous aurez les meilleures places. – **c.** À quoi te servent toutes ces babioles accumulées depuis tant d'années ?

2 Quel groupe souligné peut avoir la même fonction qu'un adjectif ? qu'un adverbe ?

a. Il raconte les légendes transmises de génération en génération. – **b.** J'ai rencontré son frère en sortant de chez moi.

TOUT RETENIR EN UN CLIN D'ŒIL

	fonctionne comme
le participe passé dans la conjugaison	→ un verbe
le participe présent ou passé (+ compléments)	→ un adjectif
en + participe présent (+ compléments)	→ un adverbe

82 Quelles sont les valeurs des temps de la conjugaison ?

Situer l'action dans la chronologie

À l'indicatif, les temps de la conjugaison (imparfait, passé composé…) **situent l'action** exprimée par le verbe sur l'**axe chronologique**.

> **Autrefois, on se déplaçait à cheval. Aujourd'hui, on se déplace en voiture ; dans l'avenir, on se déplacera en soucoupe.**
>
> | les actions ont déjà eu lieu | les actions sont en train de se dérouler | les actions n'ont pas encore eu lieu |
> |---|---|---|
> | époque passée | époque présente | époque future |
> | **se déplaçait** | **se déplace** | **se déplacera** |

Par exemple, l'imparfait et le passé simple sont des temps du passé, le futur est un temps du futur… Mais les temps peuvent souvent **situer dans plusieurs époques**.

> **Je pars maintenant.** (présent pour l'époque présente)
> **Je pars dans une heure.** (présent pour l'époque future)

Les temps peuvent servir à **situer les actions les unes par rapport aux autres.**

> **Nous partirons quand nous aurons réparé notre voiture.**
> (partirons : futur ; aurons réparé : futur antérieur)
> l'action de réparer la voiture se déroulera avant celle de partir

Marquer l'état d'achèvement d'une action

Les **temps composés** servent également à indiquer que **l'action est terminée**, achevée (→ **84**).

> **Il faut qu'ils aient tous déjeuné à midi.** (passé du subjonctif)
> = il faut qu'ils aient tous fini de déjeuner → l'action est achevée

▶ Les **temps simples**, eux, indiquent que **l'action n'est pas achevée**, qu'elle est en train de se dérouler (→ **83**).

> Il faut qu'ils déjeunent tous à midi.
> (présent du subjonctif)
> = il faut qu'ils soient en train de déjeuner
> → l'action n'est pas achevée

LA BULLE LITTÉRAIRE

« Le verbe *aimer* est difficile à conjuguer : son passé n'est pas simple, son présent n'est qu'indicatif, et son futur est toujours conditionnel. »

Jean Cocteau, *La Difficulté d'être*

ASTUCE **Passé, présent ou futur ?**

Pour savoir si une action se déroule dans le passé, le présent ou le futur, je m'aide des indications de temps données dans la phrase (→ 191).

- hier, quand j'étais enfant… → passé
- aujourd'hui, à notre époque… → présent
- demain, quand je serai grand… → futur

EXERCICES

CORRIGÉS P. 412

1 Mettrez-vous les verbes de ces phrases à un temps du passé, du présent ou du futur ?

a. Il y a moins d'un siècle, on *(téléphoner)* très peu. – **b.** Dans quelques années, on *(imprimer)* tout en trois dimensions. – **c.** De nos jours, on *(voyager)* facilement.

2 Dans chaque phrase, entourez le verbe qui situe l'action avant l'action exprimée par l'autre verbe.

a. Quand vous aurez passé le pont, vous tournerez à gauche. – **b.** Elle s'était entraînée et elle a gagné le match. – **c.** Il récita le poème qu'il avait appris.

TOUT RETENIR EN UN CLIN D'ŒIL

les temps de la conjugaison
- **situent** sur l'axe du temps
- classent dans l'**ordre chronologique**
- marquent l'**achèvement** ou le **non-achèvement** d'une action

83 Comment utiliser les temps simples de l'indicatif ?

Le présent

Le **présent** est principalement utilisé pour indiquer que l'**action** se déroule au **moment où l'on parle** : c'est le **présent d'énonciation**.

> Le soleil brille et nous profitons d'une belle journée.

Le présent est également utilisé pour exprimer :

- une **vérité générale** ;

> La Terre tourne autour du Soleil. (c'était vrai dans le passé, cela l'est dans le présent et le sera dans l'avenir)

- une **action sur le point de se réaliser** ; il est alors l'équivalent d'un futur ;

> Il fait nuit dans une heure. (= il fera nuit dans une heure)

- une action qui s'est déroulée dans le passé : c'est le **présent de narration**.

> Au début du XVIIe siècle, Galilée soutient les thèses de Copernic.

L'imparfait

L'**imparfait** indique que l'**action** s'est déroulée **dans le passé**, mais qu'elle **n'est pas délimitée dans le temps** : on ne sait pas précisément quand elle a commencé ni quand elle s'est achevée.

> Les hommes préhistoriques vivaient dans des grottes.

Dans un récit au passé, l'imparfait convient ainsi pour :

- les **descriptions** et les **actions d'arrière-plan**, par opposition au passé simple ;

> Le sable était encore chaud. Nous admirions le soleil couchant.

- exprimer une **action qui se répète**.

> À l'approche de l'été, elle sortait son hamac.
> (= elle sortait son hamac chaque fois que l'été approchait)

Le passé simple

Le **passé simple** indique que l'action s'est déroulée **dans le passé**, et qu'elle **est délimitée dans le temps**. C'est un temps réservé à l'écrit.

> Copernic naquit en 1473.

Dans un récit au passé, le **passé simple** convient ainsi pour les **actions de premier plan**, celles qui font avancer le récit.

> Nous marchions quand nous entendîmes un bruit.
> (Nous marchions : arrière-plan (imparfait) ; quand nous entendîmes un bruit : premier plan (passé simple))

Le futur

Le **futur** s'emploie pour exprimer une **action qui n'a pas encore eu lieu** au moment où l'on parle.

> Je passerai te voir demain.

Le **futur** peut exprimer l'**ordre**.

> Vous remplirez le formulaire.

LA BULLE LITTÉRAIRE

« On ira où tu voudras quand tu voudras. »
Joe Dassin, « L'Été indien »

Le futur dans le passé est exprimé par le **conditionnel** (→ **85**).

ASTUCE — Pour distinguer passé simple et imparfait

Pour distinguer passé simple et imparfait, je pense à un tableau en peinture : le décor et les actions qui se passent dans le fond du tableau correspondent à l'imparfait ; les actions qui se passent sur le devant de la scène correspondent au passé simple.

EXERCICES

CORRIGÉS P. 412

1 Vrai ou faux ?

a. On peut utiliser le futur pour exprimer un ordre. – **b.** Pour les descriptions, on emploie le passé simple. – **c.** Le présent ne peut jamais exprimer un passé.

2 Identifiez le temps des verbes et expliquez son utilisation.

a. Tu fermeras la porte à clé. – **b.** L'eau bout à 100 °C. – **c.** Christophe Colomb découvrit l'Amérique en 1492. – **d.** Il pleuvait fort ce jour-là.

TOUT RETENIR EN UN CLIN D'ŒIL

imparfait	passé simple	présent	futur
↓	↓	↓	↓
action non délimitée, description	action délimitée, action de 1er plan	moment de la parole	action à venir

84 Comment utiliser les temps composés de l'indicatif ?

Le passé composé

Dans un **récit au passé**, le **passé composé** s'emploie pour les **actions délimitées** dans le temps et les **actions de premier plan**. Il a la même valeur que le passé simple (→ **83**).

> Christophe Colomb **a découvert** l'Amérique en 1492.
> Le chanteur a salué le public qui applaudissait à tout rompre.
> (a salué : premier plan ; applaudissait : arrière-plan)

Le **passé composé** peut aussi exprimer une **action** qui **est achevée** au moment où l'on parle (le présent).

> Il **a fait** des courses et il doit maintenant tout ranger.

Le plus-que-parfait

Le **plus-que-parfait** est un temps du **passé** : il indique une action achevée qui a eu lieu **avant** une autre, elle-même exprimée généralement à l'**imparfait**.

> Il habitait dans la maison qu'il avait construite.
> (habitait : imparfait ; avait construite : plus-que-parfait)
> l'action de construire a eu lieu avant celle d'habiter

Le passé antérieur

Le **passé antérieur** est un temps du passé. Il s'emploie dans une **proposition subordonnée*** commençant par *aussitôt que, dès que…* Il présente alors une action achevée qui se déroule **avant** celle de la principale* dont le verbe est le plus souvent au **passé simple**.

> Ils se mirent en route dès qu'ils eurent rassemblé leurs affaires.
> (mirent : passé simple ; eurent rassemblé : passé antérieur)
> l'action de rassembler les affaires a eu lieu juste avant celle de se mettre en route

Comme le passé simple, le passé antérieur est réservé à l'écrit.

Le futur antérieur

Le **futur antérieur** s'emploie pour exprimer une **action achevée** qui se situe dans le **futur** ou qui se déroule **avant** une autre exprimée au futur.

> Il donnera son avis lorsqu'il aura étudié toutes les propositions.
> (donnera : futur ; aura étudié : futur antérieur)

LA BULLE LITTÉRAIRE

« La répugnance que vous aurez surmontée et cachée sera moindre la prochaine fois. »

George Sand, *La Petite Fadette*

ASTUCE — Comment reconnaitre la valeur du passé composé ?

Pour savoir si le passé composé est un temps passé du récit, je regarde si je peux le remplacer par un passé simple.

Christophe Colomb a découvert l'Amérique en 1492.
je peux dire Christophe Colomb découvrit l'Amérique en 1492.
→ le passé composé a découvert est un temps passé du récit

Il a fait des courses et il doit maintenant tout ranger.
je ne peux pas dire ~~Il fit des courses et il doit maintenant tout ranger.~~ → le passé composé a fait marque une action achevée dans le présent

EXERCICES

CORRIGÉS P. 412

1 Mettez le verbe entre parenthèses au temps composé qui convient.

a. Demain, tu *(oublier)* l'incident. – **b.** Maintenant que vous *(déjeuner)*, vous pouvez partir. – **c.** Il était inutile d'arroser puisqu'il *(pleuvoir)* la veille.

2 Identifiez le temps des verbes soulignés et expliquez son utilisation.

a. Quand tu auras fini tes devoirs, tu sortiras. – **b.** Il s'installa dans sa nouvelle maison dès qu'il eut signé chez le notaire. – **c.** Je me souvenais du rêve que j'avais fait la nuit. – **d.** Il a fait ses études dans les années 2000.

TOUT RETENIR EN UN CLIN D'ŒIL

indicatif temps composés →
- action qui est achevée, accomplie
- action qui s'est déroulée avant une autre

85 Quelles sont les valeurs du conditionnel ?

Le conditionnel a la valeur d'un temps

Le conditionnel sert à marquer **le futur dans le passé** : il situe une action à venir par rapport à un moment passé.

> Il pensait à tous ceux qu'il n'oublierait jamais.
> pensait : imparfait — oublierait : conditionnel présent
> (au présent, on aurait : Il pense à tous ceux qu'il n'oubliera jamais.)
> oubliera : futur
>
> Elle avait espéré que tu aurais fini avant son arrivée.
> avait espéré : plus-que-parfait — aurais fini : conditionnel passé
> (au présent, on aurait : Elle espère que tu auras fini avant son arrivée.)
> auras fini : futur antérieur

On le trouve ainsi fréquemment dans le **discours indirect** (→ **201**) d'un récit au passé.

Le conditionnel a la valeur d'un mode

On emploie le conditionnel pour présenter un fait comme **incertain**. On l'utilise en particulier pour exprimer :

- une **supposition** ;

> L'incendie serait d'origine criminelle.
> (= on suppose que l'incendie est d'origine criminelle)

- un fait **imaginaire**, une **éventualité** ;

> Tu serais le roi, et moi, je serais la reine. (dans un jeu)
> Voici ce que je propose : vous partiriez avant nous et nous vous rejoindrions un peu plus tard.

- un fait soumis à une **condition**.

> S'il s'entrainait davantage, il gagnerait le match.
> S'il s'entrainait davantage : condition
> Je serais venu t'aider si tu me l'avais demandé.

Attention : le conditionnel s'emploie dans la principale* et non pas dans la subordonnée* introduite par *si* (→ **86**).

LA BULLE LITTÉRAIRE

« Si le monde était à l'envers,
Je marcherais les pieds en l'air »
Jean-Luc Moreau, « Si… »

▶ Le conditionnel s'emploie également pour **atténuer** une demande, un ordre…

Je voudrais un renseignement, s'il vous plait.
M'aiderais-tu à préparer le repas ?

ASTUCE **Comment atténuer un conseil donné à l'impératif ?**

Je remplace l'impératif par l'infinitif et je le fais précéder de *devoir* au conditionnel.

Prends un parapluie : il pleut.
→ Tu devrais prendre un parapluie : il pleut.

EXERCICES

CORRIGÉS P. 412

1 Cochez la phrase qui contient un conditionnel exprimant un futur dans le passé.

a. ☐ Il voudrait que tu viennes le voir. – b. ☐ Il m'a écrit qu'il passerait nous voir aux prochaines vacances. – c. ☐ Pourrais-tu parler moins fort ?

2 Mettez à l'imparfait le verbe souligné et faites toutes les modifications nécessaires.

a. Il affirme qu'il ne pleuvra pas. – b. Elle ne sait pas quand elle aura les résultats. – c. Il prépare le gâteau qu'il servira au dessert.

3 Dites si le conditionnel exprime une incertitude ou une atténuation.

a. Vous devriez faire du sport. – b. Un nouveau vaccin aurait été découvert. – c. Si le film passait au cinéma, j'irais le voir. – d. Pourrais-tu m'aider ?

4 Utilisez le conditionnel pour atténuer ces conseils.

a. Conduis moins vite. – b. Prends soin de ton chat. – c. Écoutez mes conseils.

TOUT RETENIR EN UN CLIN D'ŒIL

conditionnel
- temps : futur dans le passé
- mode : incertitude ou atténuation

86 La concordance des temps

Qu'est-ce que la concordance des temps ?

Il arrive que le temps du verbe d'une proposition subordonnée* ne dépende pas du sens, mais dépende du temps du verbe de la principale* : c'est ce que l'on appelle la **concordance des temps**.

> Il annonce (présent) qu'il partira (futur) en voyage.
>
> partira est au futur, car il exprime une action qui se situe après l'annonce et qui n'a pas encore eu lieu : le temps du verbe correspond au sens
>
> Il a annoncé (passé composé) qu'il partirait (conditionnel présent) en voyage.
>
> partirait est au conditionnel présent même s'il a une valeur de futur parce que a annoncé est à un temps du passé : c'est la concordance des temps

Dans les subordonnées complétives à l'indicatif

Lorsque le verbe de la principale est à un temps du passé (1), le temps du verbe de la subordonnée dépend de la façon dont l'action de la subordonnée se situe par rapport à celle de la principale (2) : elle est **antérieure** si elle se déroule avant, **simultanée** si elle se déroule en même temps, **postérieure** si elle se déroule après.

(1) temps de la principale	(2) par rapport au temps de la principale, l'action de la subordonnée est :		
	antérieure	**simultanée**	**postérieure**
passé	plus-que-parfait	imparfait	conditionnel présent ou passé
il disait / dit / a dit / avait dit	qu'il était venu	qu'il venait	qu'il viendrait

Dans les subordonnées de condition introduites par *si*

Lorsque la **principale** est au **conditionnel** présent ou passé, la subordonnée introduite par *si* est à l'**imparfait** ou au **plus-que-parfait** de l'indicatif, jamais au conditionnel.

> Elle serait contente (principale) si elle gagnait la compétition (subordonnée à l'imparfait).

Lorsque la **principale** est à un temps de l'**indicatif** autre que le conditionnel présent ou passé, la subordonnée introduite par *si* est au **présent** ou au **passé composé**, jamais au futur.

> Elle sera contente (principale) [si] elle gagne la compétition. (subordonnée)
>
> principale au futur de l'indicatif
> → subordonnée au présent, même si l'action n'a pas encore eu lieu

LA BULLE LITTÉRAIRE

« Si tu ne prononces pas mon nom, je vais te manger là-même ! »

Patrick CHAMOISEAU, *Veilles et Merveilles créoles*

ASTUCE Les *si* n'aiment pas les *ré* !

Je me rappelle que **je n'utilise jamais de futur ou de conditionnel après un *si* de condition** en retenant la « règle de musique » : « Les *si* n'aiment pas les *ré* », *ré* faisant allusion au *r* que l'on trouve toujours au futur et au conditionnel.

EXERCICES

CORRIGÉS P. 412

1 Choisissez le temps qui convient.

a. Je pensais que tu *(accepterais / accepteras)* ma proposition. – **b.** Si tu *(voudras / veux)*, nous irons au cinéma. – **c.** Il m'a écrit qu'il *(doit / devait)* partir.

2 Mettez le verbe entre parenthèses au temps qui convient.

a. S'il ne *(venir)* pas, je l'appellerai. – **b.** Elle ne t'aurait pas posé la question si elle *(connaitre)* la réponse. – **c.** On ne me croira pas si je *(dire)* cela.

3 Transformez cette phrase en commençant par : *Marie m'expliqua que Simone…*

Simone a eu très chaud, elle souhaite se baigner dans notre piscine et elle arrivera après son travail.

L'ESSENTIEL EN UN CLIN D'ŒIL

La concordance des temps dans les subordonnées

le temps du verbe de la subordonnée dépend
- du **temps du verbe** de la principale
- de l'**ordre chronologique** des actions

87 Les adverbes : introduction

Qu'est-ce qu'un adverbe ?

L'adverbe est un mot qui **précise le sens** du mot auquel il se rapporte. On peut classer les adverbes selon le type de précisions apportées (→ **88**).

Il est très rusé. (très modifie le sens de rusé)

L'adverbe est un **mot invariable** : il s'écrit toujours de la même façon.

Les coyotes courent vite. Mais Bip Bip court plus vite qu'eux.

Les adverbes se présentent sous la forme :

- d'**adverbes simples** tels que *très, bien, mal, aussi, encore, souvent...* ;
- d'adverbes formés à partir d'un **adjectif** auquel on ajoute le **suffixe*** ***-ment*** ;

vrai → vraiment ; chaud → chaudement
méchant → méchamment

- d'expressions qui ont le même rôle qu'un adverbe : on les appelle **locutions* adverbiales**.

Bip Bip file à toute allure.
= Bip Bip file vite → à toute allure est une locution adverbiale

Quelles sont les fonctions de l'adverbe ?

L'adverbe complète :

- un **verbe** ;

Bip Bip échappe toujours aux pièges du coyote.

- un **adjectif** ;

Vil Coyote se croit très malin.

- un autre **adverbe** ;

Bip Bip court particulièrement vite.

LA BULLE LITTÉRAIRE

« Or, il avait toujours vécu avec la conscience d'être un homme fort peu remarquable, ni bien séduisant, ni tellement laid, de taille moyenne, pas très bien bâti, plutôt fragile. »

Jacques Sternberg,
Douze nouvelles contemporaines

- une **phrase** complète.

  Heureusement, Bip Bip est rusé.

Le plus souvent, il peut être supprimé.

Bip Bip échappe aux pièges du coyote.
Vil Coyote se croit malin.

S'il porte sur un verbe et qu'on ne peut pas le supprimer, l'adverbe est **complément du verbe** (→ 115).

S'il se sent en danger, Bip Bip ira ailleurs. (on ne peut pas dire ~~Bip Bip ira~~ → ailleurs est complément du verbe aller)

ASTUCE **Comment reconnaitre une locution adverbiale ?**

Une expression est une locution adverbiale à deux conditions :
- **elle peut être remplacée par un adverbe ;**
  à toute allure = vite
- **il n'est pas possible de la modifier.**
  on ne peut pas dire ~~à toute allure rapide~~ ni ~~à toute allure de croisière~~

EXERCICES

CORRIGÉS P. 412

1 Cochez les affirmations vraies.

a. ❑ L'adverbe s'accorde en genre et en nombre. – b. ❑ L'adverbe peut modifier le sens d'un verbe. – c. ❑ L'adverbe est toujours complément du verbe. – d. ❑ Le plus souvent, l'adverbe peut être supprimé.

2 Dites quel mot ou groupe de mots chaque adverbe souligné modifie.

Vil Coyote invente des pièges très compliqués, mais il échoue éternellement dans ses tentatives de capture : aujourd'hui, Bip Bip court toujours. Franchement, je pense que le coyote devrait renoncer définitivement.

3 Dans la bulle littéraire, relevez les adverbes qui modifient un autre adverbe.

TOUT RETENIR EN UN CLIN D'ŒIL

adverbe →
- mot invariable
- modifie un verbe, un adjectif, un adverbe, une phrase
- peut souvent être supprimé

88 Comment classe-t-on les adverbes selon leur sens ?

Les adverbes de circonstance

Les **adverbes de circonstance** donnent le plus souvent des informations de :

- lieu (*ici, là, partout, dessus, dessous, dedans, loin, où ?...*) ;
- temps (*hier, demain, soudain, longtemps, tôt, tard, quand ?...*) ;
- manière (*bien, mal, vite, comment ?...* et de nombreux adverbes en *-ment*).

Les adverbes *où ?, quand ?, comment ?, pourquoi ?...* sont appelés **adverbes interrogatifs** : ils permettent de poser des questions sur les circonstances.

Les adverbes de quantité et d'intensité

Parmi les **adverbes de quantité et d'intensité**, on trouve : *assez, beaucoup, peu, davantage, très, plus, moins...*

Il mange beaucoup. Il fait moins chaud. Je vais très bien.

Plusieurs de ces adverbes peuvent être suivis de la préposition *de* pour introduire un nom. Ils ont alors la même valeur qu'un **déterminant** (→ **55**).

Il a lu beaucoup de livres. (= il a lu des / plusieurs / dix... livres)

Les adverbes d'opinion

Les **adverbes d'opinion** (*peut-être, surement, oui...*) permettent d'apporter **une nuance de certitude ou de doute** à ce que l'on dit.

Il va certainement venir. (= il va venir, c'est certain)

Les adverbes de liaison

Les **adverbes de liaison** marquent un **lien logique** entre deux phrases, deux propositions ou deux groupes de mots (→ **192**). Ils marquent en particulier :

- l'opposition (*pourtant, cependant, toutefois, en revanche...*) ;
- la conséquence (*ainsi, c'est pourquoi, par conséquent...*).

Il est arrivé en retard. Pourtant, il était parti à l'heure.

Les adverbes de négation

Le principal **adverbe de négation** est ***ne*** (*n'*). On emploie toujours les autres adverbes de négation (*pas, plus, jamais, nullement*) avec *ne* (→ **98**) dans une phrase verbale.

| J'ai bien dormi et je **n'**ai **plus** sommeil.

LA BULLE LITTÉRAIRE

« Aujourd'hui, maman est morte. Ou peut-être hier, je ne sais pas. »

Albert CAMUS, *L'Étranger*

ASTUCE *quand* = adverbe ou conjonction ?

Si je peux remplacer *quand* par *(à) quel moment*, c'est l'adverbe ; si je peux le remplacer par *lorsque*, c'est la conjonction.

Je ne sais pas **quand** il partira.
(= à quel moment il partira → quand est adverbe)

Il est parti **quand** je suis arrivé.
(= lorsque je suis arrivé → quand est conjonction)

EXERCICES

CORRIGÉS P. 412

1 Complétez les phrases suivantes avec un des adverbes proposés.

surement – précisément – ensuite – d'abord – bien

a. T'es-tu ..... amusé ? – **b.** Je sais ..... ce que je veux. – **c.** Nous dinerons ..... au restaurant et irons ..... au cinéma. – **d.** Il acceptera ..... la proposition.

2 À quelle catégorie appartient chacun des adverbes soulignés ?

a. Il a trop mangé et n'a plus faim. – **b.** Je viens souvent me reposer ici. – **c.** J'arriverai peut-être avant toi. – **d.** Ce n'était pas facile. Cependant, elle a réussi.

3 Barrez l'intrus dans chaque liste.

a. bien, trop, hier, beaucoup, assez – **b.** sans doute, surement, jamais, oui – **c.** pourtant, partout, ainsi, en effet – **d.** demain, tôt, autrefois, plus

TOUT RETENIR EN UN CLIN D'ŒIL

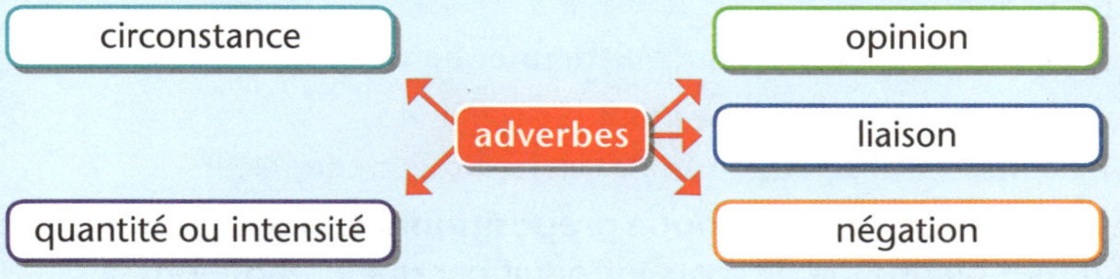

89 Les prépositions

Qu'est-ce qu'une préposition ?

La préposition est un **mot invariable** : elle s'écrit toujours de la même façon.

Batman vit à Gotham. Batman et Robin vivent à Gotham.

Les prépositions *à* et *de* **se contractent** avec les articles *le* et *les* :
– *à + le* → ***au*** ; *à + les* → ***aux*** ;
– *de + le* → ***du*** ; *de + les* → ***des***.

Certaines expressions ont le même rôle qu'une préposition : on les appelle **locutions* prépositives**.

Batman se déplace à bord de sa Batmobile.
on pourrait dire **Batman se déplace avec sa Batmobile** : **à bord de** est une locution prépositive

La préposition **introduit** un mot ou groupe de mots et marque **le lien de dépendance** qui existe entre ce mot ou groupe de mots et le terme qu'il complète. La préposition ne peut pas être supprimée.

Les ailes de ce superhéros sont plutôt surprenantes.
prép. (de) GN (ce superhéros) : complément de ailes

Ainsi, la préposition est un mot de relation qui n'a pas de fonction grammaticale (→ **109**).

Le plus souvent, la préposition **introduit** :

- un nom ou un groupe* nominal ;
  Batman se déplace-t-il aussi avec des Batrollers ?
- un pronom ;
  Grâce à lui, les méchants se tiennent à carreau.
- un infinitif ou un groupe infinitif.
  Le héros utilise aussi son Batplane pour se déplacer.

Remarque : on appelle **groupe prépositionnel** un complément formé d'un mot ou groupe de mots introduit par une préposition.

Quel sens une préposition a-t-elle ?

- Les principales prépositions sont ***à, dans, par, pour, en, vers, avec, sans, sous*** (Adam part pour Anvers avec cent sous). Elles contiennent le plus souvent une **information de sens**.

  | Batman vit à Gotham. (à marque le lieu)

- Mais certaines prépositions (notamment *à* et *de*) peuvent **se vider de leur sens** : leur emploi dépend alors plus de la construction que du sens.

  | Il s'apprête à s'envoler. (s'apprêter se construit toujours avec un complément introduit par à)

LA BULLE LITTÉRAIRE

« Nous nous mîmes à courir vers la mer. »

Marie-Aude MURAIL, *Le Hollandais sans peine*

ASTUCE Comment distinguer préposition et adverbe ?

Je me rappelle qu'une préposition relie deux mots alors qu'un adverbe modifie un mot.

Les ailes de ce superhéros sont plutôt surprenantes.

de **relie les deux** mots superhéros et ailes → c'est une préposition

plutôt **modifie le** mot surprenantes → c'est un adverbe

EXERCICES

CORRIGÉS P. 412

1 Barrez l'intrus de chaque liste.

a. sous – avec – dans – quand – pour – devant – **b.** depuis – sauf – selon – après – vers – mais – **c.** à cause de – grâce à – afin de – d'ailleurs – face à

2 Relevez les prépositions et locutions prépositives du texte.

Contrairement à Superman, Batman est sans superpouvoirs. Il tient sa force de son intelligence. On le reconnait facilement à son costume sur lequel est dessinée une chauvesouris. Dans la vie ordinaire, Batman a pour nom Bruce Wayne.

TOUT RETENIR EN UN CLIN D'ŒIL

préposition →
- mot invariable
- introduit le plus souvent un complément
- apporte le plus souvent une information de sens

90 Les conjonctions de subordination

Quelles sont les conjonctions de subordination ?

Parmi les **conjonctions de subordination**, on distingue :

- les **conjonctions en un seul mot** : *que, comme, lorsque, puisque, quand, quoique* et *si* ;

  Je viendrai quand j'aurai terminé mon travail.

- les **locutions* conjonctives**. Le plus souvent, elles sont formées avec *que* : *parce que, pour que, dès que…*

  Je viendrai à condition que j'aie terminé mon travail.

Les conjonctions de subordination sont des mots **invariables**.

Comme il était là, je l'ai invité à déjeuner.
Comme ils étaient là, je les ai invités à déjeuner.

Quel est le rôle des conjonctions de subordination ?

La conjonction de subordination **introduit une proposition subordonnée conjonctive** (→ **104**) et marque **le lien de dépendance** qui existe entre cette proposition et la proposition principale qu'elle complète. La conjonction de subordination ne peut pas être supprimée.

Je partirai dès que j'aurai terminé mon travail.
prop. pr. — conj. sub. — prop. sub.
complément de phrase (ou complément circonstanciel)

La conjonction de subordination ne dépend d'aucun terme dans la phrase : elle n'a pas de fonction grammaticale (→ **109**).

Quel est le sens des conjonctions de subordination ?

La conjonction ***que*** **n'a pas de sens particulier** : elle sert uniquement à introduire la proposition subordonnée.

Je pense que je viendrai.

Les autres conjonctions de subordination apportent une **indication de sens** (→ **106**) :

- **temps** (*quand, lorsque, avant que, jusqu'à ce que, depuis que…*) ;

LA BULLE LITTÉRAIRE

« Je découvrais que je pouvais parler d'une infinité de choses tapies au fond de moi. »
Gaël Faye, *Petit Pays*

- **cause** (*comme, parce que, vu que, étant donné que…*) ;
- **conséquence** (*de sorte que, si bien que…*) ;
- **but** (*pour que, afin que…*) ;
- **condition** (*si, à condition que, au cas où…*) ;
- **opposition** (*quoique, bien que…*) ;
- **comparaison** (*comme, de même que, autant que…*).

ASTUCE ***que* : pronom relatif ou conjonction de subordination ?**

Pour savoir si *que* introduisant une proposition subordonnée est pronom ou conjonction, je regarde si *que* a un antécédent*.

La voiture que j'ai achetée est neuve. (= j'ai acheté la voiture → que remplace la voiture ; il est complément du verbe acheter → que est pronom relatif)

Je sais que cette voiture est neuve. (= cette voiture est neuve → que disparait ; il n'a pas d'antécédent → que est conjonction de subordination)

EXERCICES

CORRIGÉS P. 412

1 Relevez les conjonctions de subordination et locutions conjonctives de ces proverbes.

a. Quand le chat n'est pas là, les souris dansent. – **b.** Il faut battre le fer tant qu'il est chaud. – **c.** Il faut que jeunesse se passe. – **d.** Si jeunesse savait, si vieillesse pouvait.

2 Entourez les conjonctions de subordination et soulignez les propositions qu'elles introduisent. Donnez la valeur de chaque conjonction.

a. J'enfile un pull parce que j'ai froid. – **b.** Si tu viens à Marseille, passe me voir. – **c.** Comme il n'a pas plu, il faut que j'arrose. – **d.** Je frotte pour que la tache disparaisse. – **e.** Il faut éteindre son téléphone quand on est à un spectacle.

TOUT RETENIR EN UN CLIN D'ŒIL

conjonction de subordination →
- mot **invariable**
- **introduit** une proposition subordonnée conjonctive
- apporte une **indication de sens**

91 Les conjonctions de coordination

Quelles sont les conjonctions de coordination ?

Il y a sept conjonctions de coordination : ***mais, ou, et, donc, or, ni, car***. Elles sont invariables et s'écrivent toujours de la même façon.

son frère et sa sœur ; ses frères et ses sœurs

Quel est le sens des conjonctions de coordination ?

Les conjonctions de coordination **marquent des liens logiques** : elles ont des sens différents.

conjonction	sens	exemple
et	addition	Elle joue du piano et du violon.
ou	choix	Il partira aujourd'hui ou demain.
mais	opposition	Il fait beau, mais il y a du vent.
ni	négation	Elle ne rit ni ne pleure.
or	transition	Il n'est pas là. Or je devais le voir.
car	cause	Je mets un pull, car j'ai froid.
donc	conséquence	J'ai froid, donc je mets un pull.

Quel est le rôle des conjonctions de coordination ?

Les conjonctions de coordination servent à **relier** :

- deux mots ou groupes de mots de **même fonction** ;

Carlos (sujet) et lui (sujet) se voient souvent (compl. de phrase), mais jamais très longtemps (compl. de phrase).

- deux propositions ou deux phrases de **même statut**.

Merci à ceux qui m'ont aidé (prop. relative) et qui m'ont apporté leur soutien (prop. relative).

Ainsi, bien qu'elles s'appellent conjonctions comme les conjonctions de subordination (→ **90**), les conjonctions de coordination ont un **rôle tout à fait différent** : elles ne marquent jamais un lien de dépendance.

LA BULLE LITTÉRAIRE

« J'ai les yeux marron donc je ne vois les autres qu'en marron. »

Gaël Faye, *Petit Pays*

Pour plus de détails sur la coordination, → **102**.

ASTUCE Mais où est donc Ornicar ?

Pour me rappeler la liste des sept conjonctions de coordination, je retiens la phrase « Mais où est donc Ornicar ? », mais je dois penser à changer l'orthographe quand j'écris les conjonctions *ou* et *et*.

EXERCICES

CORRIGÉS P. 412

1 Vrai ou faux ?

a. Il y a sept conjonctions de coordination. – **b.** Les conjonctions de coordination introduisent toujours une proposition subordonnée. – **c.** On peut relier un nom et un pronom par une conjonction de coordination. – **d.** Les conjonctions de coordination peuvent servir de connecteurs.

2 Choisissez la bonne conjonction de coordination.

a. Jules n'a pas dix-huit ans, *(donc / or / car)* il ne peut pas conduire de voiture. – **b.** J'ai lu trois fois *Robinson Crusoé*, *(et / mais / car)* j'aime beaucoup ce livre. – **c.** Je n'aime *(ou / ni / et)* le sucre *(ou / ni / et)* le chocolat. – **d.** Il avait compris la leçon, *(car / mais / donc)* il n'a pas réussi l'exercice.

3 Relevez la conjonction de coordination de la bulle littéraire et dites ce qu'elle exprime.

TOUT RETENIR EN UN CLIN D'ŒIL

92 Les interjections

Qu'est-ce qu'une interjection ?

Les interjections sont des **mots invariables**, généralement courts (une seule syllabe) et accompagnés d'un **point d'exclamation**.

ah! ; aïe! ; oh! ; oups! ; zut!

Certains **noms**, **adjectifs**, **verbes** ou **adverbes** et certaines **expressions** peuvent avoir la valeur d'une interjection.

Attention! tu risques de tomber!
Mince! j'ai oublié mes clefs!
Tiens! tu es ici!
Elle a gagné, tant mieux!
La barbe! tu m'ennuies avec tes histoires!

LA BULLE LITTÉRAIRE

« Ah! Non! C'est un peu court, jeune homme!
On pouvait dire... oh! Dieu! ...
bien des choses en somme... »

Edmond Rostand, *Cyrano de Bergerac*

Les interjections ont la particularité de pouvoir être **redoublées**.

Ah! ah! ça m'étonne!
Tiens! tiens! vous êtes ici?

Comment emploie-t-on les interjections ?

L'interjection s'emploie surtout à l'oral (ou dans les dialogues écrits). Elle sert à marquer, sous forme d'exclamation, le plus souvent un **sentiment** (admiration, étonnement, colère, soulagement…) ou une **sensation** (douleur, froid, dégout…).

Zut! je me suis trompé. (regret)
Aïe! je me suis piqué. (douleur)

Une même interjection peut exprimer **différents sentiments** ou **sensations**. C'est alors le contexte qui détermine son sens.

Hum! c'est embarrassant, cette histoire! (désagrément)
Hum! je me régale! (satisfaction)

L'interjection est autonome et ne dépend d'aucun autre mot de la phrase. Elle peut constituer à elle seule une phrase ou se placer dans une phrase où elle **n'a pas de fonction grammaticale** (→ **109**).

L'interjection peut s'employer avec un complément.

Bravo **à vous!** (**à vous** est complément de **bravo**)
Attention **au train qui arrive!**

ASTUCE ***bon* = adjectif ou interjection ?**

Bon travail !
(je peux remplacer **bon** par **mauvais** → **bon** est adjectif)

Bon, passons à autre chose !
(je ne peux pas remplacer **bon** par **mauvais** → **bon** est interjection : j'exprime ma satisfaction d'avoir terminé)

EXERCICES

CORRIGÉS P. 412

1 Vrai ou faux ?

a. Les interjections sont des compléments de phrase. – **b.** On peut utiliser une expression comme interjection. – **c.** Les interjections sont des mots plus longs que les autres. – **d.** Les interjections peuvent traduire un sentiment ou une sensation.

2 Donnez le sentiment ou la sensation qu'exprime chaque interjection.

a. Hélas ! je ne le reverrai plus. – **b.** Ouf ! j'ai fini. – **c.** Pouah ! cela m'écœure. – **d.** Euh ! je ne sais plus ce que je voulais dire.

3 Complétez les phrases avec l'interjection qui convient.

berk ! – enfin ! – miam ! – zut !

a. ..... je l'ai oublié. – **b.** ..... c'est bon ! – **c.** Te voilà, ... – **d.** ..... c'est dégoutant.

TOUT RETENIR EN UN CLIN D'ŒIL

interjection →
- mot **invariable**
- exprime un **sentiment**, une **sensation**
- n'a **pas de fonction grammaticale**

4 LES PHRASES

Les fonctions dans la phrase verbale

Généralités

Les fonctions au sein de la phrase

Les fonctions au sein des constituants

L'accord

93 La phrase : introduction

Qu'est-ce qu'une phrase ?

Une phrase est une suite de mots **organisée** qui transmet un **message complet** ; ce message peut être vrai, faux, fantaisiste, irréel…

Alice boit un thé avec le lièvre.

Une phrase constitue :

- une **unité de sens** : la phrase dit quelque chose (prédicat) à propos de quelque chose (sujet) ;

Le lapin est un mammifère.

- une **unité autonome** d'un point de vue grammatical : la phrase ne dépend d'aucun autre élément.

Quelles sont les caractéristiques d'une phrase ?

À l'écrit, une phrase commence par une **majuscule** (→ **27**) et se termine par un signe de **ponctuation forte** (→ **24**).

Quelle étrange rencontre ! Pourquoi le lapin court-il ainsi ?

À l'oral, la phrase forme également une certaine unité : chaque phrase est séparée de la suivante par une **pause** bien marquée.

Dans la phrase, l'**ordre des mots** est important (→ **101**).

Alice remercie le lièvre.
Le lièvre remercie Alice. } les deux phrases n'ont pas le même sens
Alice le lièvre remercie n'est pas une phrase

Quelles sont les différentes sortes de phrases ?

La **phrase verbale** comporte le plus souvent un groupe sujet et un groupe verbal (→ **111**).

La pauvre Alice (groupe sujet) ne comprend rien à la logique du chapelier. (groupe verbal)

Lorsqu'une phrase s'organise autour d'un mot autre qu'un verbe, la phrase est dite **non verbale**.

Merci pour ce délicieux thé. Entrée interdite.

Selon qu'elle contient une ou plusieurs propositions, la phrase est dite **simple** ou **complexe** (→ **103**).

Selon son intonation, sa ponctuation et sa structure, une phrase appartient à l'un des **types** suivants : déclaratif (→ **94**), interrogatif (→ **95**), injonctif ou impératif (→ **96**), exclamatif (→ **97**).

Pourquoi est-il en retard ? (interrogatif)

LA BULLE LITTÉRAIRE

« Toute phrase doit être en soi un monument bien coordonné. »

Charles BAUDELAIRE, *L'Esprit et le style de M. Villemain*

Les phrases peuvent se présenter sous différentes **formes** : affirmative ou négative (→ **98**), active ou passive (→ **99**), neutre ou emphatique (→ **100**), personnelle ou impersonnelle (→ **76**).

Elle rêve. (forme affirmative) / Elle ne rêve pas. (forme négative)

ASTUCE Comment relire ses phrases ?

Pour bien écrire mon texte, je relis mes phrases à voix haute : à chaque pause, je mets le bon signe de ponctuation forte et une majuscule à la phrase suivante.

EXERCICES

CORRIGÉS P. 412

1 Vrai ou faux ?

a. Les mots d'une phrase sont placés dans un certain ordre. – **b.** Une phrase peut être déclarative et interrogative. – **c.** Une phrase contient toujours un verbe.

2 Récrivez les mots dans l'ordre pour former des phrases et ponctuez-les.

a. regarde de Alice le serrure par trou la – **b.** retard lapin en est-il le

L'ESSENTIEL EN UN CLIN D'ŒIL

la phrase →
- est une **suite de mots** organisée
- est **autonome** grammaticalement
- commence par une **majuscule** et finit par une **ponctuation forte**

94 La phrase déclarative

Qu'exprime une phrase déclarative ?

La phrase déclarative correspond au **type de phrase le plus simple** : elle transmet une information, que l'information soit vraie ou fausse, réelle ou imaginaire, crédible ou non…

Christophe cherche le bonheur.
Il pense que ça ira mieux demain.

Remarque : une phrase déclarative peut **contenir une idée de question, d'ordre, de sentiment**… Il s'agira malgré tout d'une phrase déclarative si elle en a les caractéristiques (→ **ci-dessous**).

Christophe se demande où est le bonheur.
Il faut qu'il cherche mieux.
Il est heureux de l'avoir trouvé.
} phrases déclaratives

Quelles sont les caractéristiques du type déclaratif ?

À l'oral, l'intonation de la phrase déclarative est **montante** dans un premier temps, puis **descendante** en fin de phrase.

À l'écrit, la phrase déclarative se termine le plus souvent par un **point simple**. On peut également trouver des **points de suspension**.

LA BULLE LITTÉRAIRE

« Il est là le bonheur, il est là. »

Christophe Maé, « Il est où le bonheur ? »

Il chante pour trouver le bonheur.
Il cherche le bonheur partout : devant lui, derrière lui, à côté de lui…

Dans une phrase déclarative, l'ordre des mots répond le plus souvent au schéma suivant : **sujet + groupe verbal** (+ compléments de phrase, ou compléments circonstanciels).

Notre chanteur	cherche le bonheur	un peu partout.
sujet	groupe verbal	compl. de phrase

Cependant, pour des raisons d'expressivité, certains compléments peuvent être en **tête de phrase**.

> Certains jours, (compl. de phrase) Christophe (sujet) doute de tout. (groupe verbal)

ASTUCE **Point simple ou point d'interrogation ?**

Je me rappelle que le point simple correspond au type de phrase le plus simple, le type déclaratif. Je termine donc toujours mes phrases déclaratives par un point simple (ou des points de suspension), jamais par un point d'interrogation.

Je me demande s'il a fini par trouver le bonheur ou non.

EXERCICES

CORRIGÉS P. 412

1 Cochez les affirmations justes à propos de la phrase déclarative.
a. ❑ Elle a une intonation descendante puis montante. – **b.** ❑ Elle suit le plus souvent l'ordre sujet + groupe verbal. – **c.** ❑ Elle peut se terminer par un point d'exclamation.

2 Relevez les phrases de type déclaratif et expliquez vos choix.
a. Nous partirons après le déjeuner. – **b.** Fais attention à toi ! – **c.** Il n'a pas su répondre. – **d.** À quelle heure arrives-tu ?

3 Transformez ces phrases en phrases déclaratives.
a. J'ai beaucoup aimé ce film ! – **b.** Vous avez fini ? – **c.** Dis-moi où il se trouve. – **d.** Tes parents sont-ils au courant ?

4 Relevez les phrases de type déclaratif et expliquez vos choix.
a. Je lui ordonne de venir tout de suite. – **b.** Tu as oublié ton rendez-vous ? – **c.** Je ne sais plus quand est mon rendez-vous. – **d.** Ne le crois pas.

TOUT RETENIR EN UN CLIN D'ŒIL

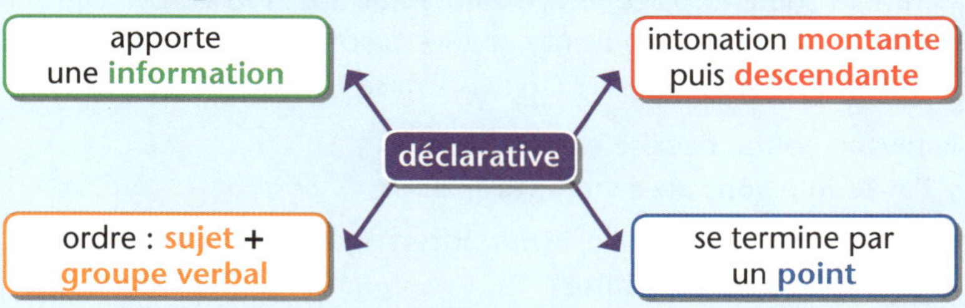

95 La phrase interrogative

Qu'exprime une phrase interrogative ?

Une phrase interrogative sert à poser directement une **question**. Elle appelle une réponse.

Que pensez-vous de cette affaire, mon cher Watson ?

Quand on peut répondre par ***oui*** ou par ***non*** (ou par *si* après une question négative), il s'agit d'une **interrogation totale**.

Watson a-t-il soupçonné quelque chose ? – Non, rien.

Quand la question porte sur un élément particulier, il s'agit d'une **interrogation partielle** (on ne peut répondre ni par *oui* ni par *non*). La phrase contient un **mot interrogatif*** tel que *pourquoi, quand, qui, quel*, etc. qui indique sur quoi porte la question.

Pourquoi l'assassin est-il revenu sur les lieux du crime ?
(pourquoi indique que la question demande une explication)

Quelles sont les caractéristiques du type interrogatif ?

À l'oral, la phrase interrogative totale a une intonation **montante**. À l'écrit, la phrase interrogative se termine toujours par un **point d'interrogation**.

La structure d'une phrase interrogative est différente selon le niveau de langue (→ **187**) :

- le niveau soutenu place **le pronom sujet après le verbe**. La phrase commence alors le plus souvent par le verbe ou par un mot interrogatif ;

  Avez-vous vu ma loupe ? Où l'ai-je mise ?

- le niveau courant utilise ***est-ce que… ?***

  Est-ce que vous avez vu ma loupe ?

Dans l'interrogation partielle, le **mot interrogatif précède** *est-ce que… ?*

Où est-ce que je l'ai mise ?

Si la question porte sur le sujet, on utilise *qui est-ce **qui**… ?*

Qui est-ce qui sait où est la loupe de Sherlock Holmes ?

- le niveau familier utilise la structure d'**une phrase déclarative** (→ **94**). C'est **l'intonation** à l'oral et le **point d'interrogation** à l'écrit qui distinguent une déclarative d'une interrogative. Cette structure est fréquente à l'oral.

déclarative :	Vous avez vu ma loupe.
interrogative :	Vous avez vu ma loupe?
déclarative :	Je l'ai mise sur la table.
interrogative :	Je l'ai mise où ?

LA BULLE LITTÉRAIRE

« Ce n'est pas la première fois qu'on demande son nom au garçon. Les autres enfants, au début :
– Eh, toi, tu es nouveau par ici ?
– D'où viens-tu ?
– Qu'est-ce qu'il fait, ton père ? »

Daniel PENNAC, *L'Œil du loup*

ASTUCE Quand utiliser *est-ce que... ?*

Je me rappelle que l'expression *est-ce que... ?* s'emploie uniquement pour poser une question directe. Ainsi, si ma phrase n'est pas une interrogative directe, je ne peux pas employer *est-ce que*.

j'écris donc Je me demande ce que tu fais.
et non ~~Je me demande qu'est-ce que tu fais.~~

EXERCICES

CORRIGÉS P. 413

1 Classez ces interrogatives selon qu'elles sont totales ou partielles.
a. Où habites-tu ? – **b.** Pars-tu demain ? – **c.** Qui vois-tu ? – **d.** Le sais-tu ?

2 Dans la bulle littéraire, à quel niveau de langue appartient chacune des phrases interrogatives ?

3 Récrivez ces interrogations orales dans le niveau courant puis soutenu.
a. Tu arrives quand ? – **b.** Tu as fini tes devoirs ? – **c.** Tu fais quoi ? – **d.** Tu dors ?

TOUT RETENIR EN UN CLIN D'ŒIL

interrogative
- pose directement une question
- structure différente selon le niveau de langue
- intonation montante
- se termine par un point d'interrogation

96 La phrase injonctive ou impérative

Qu'exprime une phrase injonctive ?

La phrase injonctive sert à exprimer :

- un **ordre** ;
  Rantanplan, reste ici !
- un **conseil** ;
  Calme-toi, Joe.
- une **demande** ;
  Apporte-moi les menottes, s'il te plait.
- un **souhait**.
  Que l'on arrête vite les frères Dalton !

LA BULLE LITTÉRAIRE

« Maintenant, va, et qu'on ne te voie pas chez moi. »

Roger Frison-Roche, *La Piste oubliée*

Lorsqu'elle est à la **forme négative** (→ **98**), la phrase injonctive peut exprimer une **interdiction**.

Rantanplan, ne bouge pas d'ici !

Quelles sont les caractéristiques du type injonctif ?

À l'oral, la phrase injonctive a une intonation **descendante**. À l'écrit, elle se termine généralement par un **point simple** ou un **point d'exclamation** si l'on veut marquer une certaine insistance.

Arrêtez-les !

Le verbe de la phrase injonctive est généralement à l'**impératif** (→ **78**). Ce mode a la particularité de n'exister qu'à trois personnes : la 2e personne du singulier et du pluriel ainsi que la 1re personne du pluriel. Le **sujet** d'un verbe à l'impératif **n'est jamais exprimé**.

Reste ici et partons à la recherche du cowboy.

Pour exprimer un ordre à la 3e personne, on utilise le **subjonctif** et on exprime le sujet.

Que Rantanplan (sujet) ne sorte (subjonctif) pas d'ici !

Lorsque la personne à qui s'adresse l'ordre n'est pas déterminée, on utilise l'**infinitif**.

Frapper avant d'entrer.

Les **pronoms personnels compléments** d'un verbe à l'impératif **suivent le verbe** (alors qu'ils le précèdent dans une phrase déclarative*).

déclarative : Rantanplan me suit.
injonctive : Suis-moi.

Mais si la phrase est à la **forme négative**, les **pronoms précèdent le verbe.**

Ne me suis pas.

ASTUCE Sujet ou apostrophe ?

Pour ne pas confondre un sujet avec un mot mis en apostrophe* (qui désigne la personne à laquelle on s'adresse), je me rappelle qu'un verbe à l'impératif n'a jamais de sujet.

Joe et Averell, arrêtez de vous disputer.

Joe et Averell n'est pas un sujet, mais une apostrophe

EXERCICES

CORRIGÉS P. 413

1 Cochez si la phrase est injonctive.

a. ❑ Battre les œufs en neige. – **b.** ❑ Ne dites rien à ce sujet. – **c.** ❑ Vous tournerez à droite après le feu. – **d.** ❑ Tournez à droite après le feu.

2 Transformez chacune de ces phrases en phrase injonctive à l'impératif.

a. Tu dois reculer d'une case. – **b.** Vous devez prendre le dé et le lancer. – **c.** Vous devez attendre un tour. – **d.** Tu dois revenir à la case départ.

3 Mettez ces phrases injonctives à la forme négative.

a. Vas-y. – **b.** Écoutez-le. – **c.** Donne-le-moi. – **d.** Prends-en plus.

4 Quels sont les verbes marquant l'ordre dans la bulle littéraire ? À quel mode sont-ils conjugués ?

TOUT RETENIR EN UN CLIN D'ŒIL

injonctive
- exprime un ordre, un conseil…
- le plus souvent à l'impératif
- intonation descendante
- se termine par un point simple ou un point d'exclamation

97 La phrase exclamative

Qu'exprime une phrase exclamative ?

La **phrase exclamative** permet au locuteur d'exprimer un **sentiment** ou une **émotion** (joie, surprise, peur…) par rapport à ce qu'il énonce.

Les ennemis sont enfin vaincus ! (exprime le soulagement)
Comme ces Jedi sont forts ! (exprime l'admiration)

Quelles sont les caractéristiques du type exclamatif ?

À l'oral, la phrase exclamative se caractérise essentiellement par l'**intonation** avec laquelle elle est prononcée et qui à elle seule peut exprimer le sentiment. **À l'écrit**, la phrase exclamative se termine toujours par un **point d'exclamation**.

La phrase exclamative peut commencer par un **mot exclamatif** :

- un adverbe tel que ***comme***, ***que*** ou ***combien*** (niveau soutenu) ;

Comme ils se sont bien battus !
Que ces guerriers sont courageux !
Combien cela est admirable !

- le **déterminant exclamatif** *quel* (→ **61**). Dans ce cas, le groupe sur lequel porte l'exclamation se place en début de phrase.

Quel courage ils ont eu !
(dans une déclarative, on aurait Ils ont eu du courage.)

La phrase exclamative peut avoir la même structure qu'une phrase déclarative, sans mot exclamatif (→ **94**). C'est l'**intonation** et le **point d'exclamation** qui en font alors une exclamative.

Les Jedi sont forts. (phrase déclarative, sans expression de sentiment ou d'émotion)
Les Jedi sont forts ! (phrase exclamative exprimant l'admiration)

▶ La phrase exclamative peut être **incomplète** ou **non verbale** (→ 93).

Puisque je te le dis!
(subordonnée sans principale)
Quel courage, ces Jedi!
(phrase non verbale)

LA BULLE LITTÉRAIRE

« Comme c'est curieux ! Comme c'est bizarre ! Et quelle coïncidence ! J'ai pris le même train, Monsieur, moi aussi ! »

Eugène IONESCO,
La Cantatrice chauve

ASTUCE ***Quel*** **exclamatif ou interrogatif ?**

Je me rappelle que le déterminant *quel* est interrogatif quand il est employé dans une interrogation directe ou indirecte. Je ne le confonds pas avec le déterminant *quel* exclamatif.

Quelle bonne idée tu as eue! → **quel** exclamatif
Quelle bonne idée as-tu eue? → **quel** interrogatif

EXERCICES

CORRIGÉS P. 413

1 Cochez si la phrase est exclamative.

a. ❑ Que c'est beau! – **b.** ❑ Je n'ai pas eu peur. – **c.** ❑ Comme il a grandi depuis l'année dernière! – **d.** ❑ Comme il a grandi, son pantalon est trop court. – **e.** ❑ Qu'elles soient sages ne m'étonne pas. – **f.** ❑ Qu'elles sont sages!

2 Transformez ces phrases pour en faire des exclamatives en utilisant *comme, que* ou *quel*.

a. Tu as une robe magnifique. – **b.** J'ai faim. – **c.** Elle est fière d'avoir réussi son concours. – **d.** Nous avons fait un voyage extraordinaire.

3 Cochez le sentiment exprimé dans les phrases exclamatives de la bulle littéraire.

a. ❑ la crainte – **b.** ❑ l'admiration – **c.** ❑ l'étonnement – **d.** ❑ la joie

TOUT RETENIR EN UN CLIN D'ŒIL

exclamative
- exprime un **sentiment**, une **émotion**
- **intonation** spécifique
- commence souvent par un **mot exclamatif**
- se termine par un **point d'exclamation**

98 La forme affirmative et la forme négative

Qu'appelle-t-on forme affirmative et forme négative ?

Une phrase, quel que soit son type (→ **93**), est soit à la forme affirmative, soit à la forme négative.

La **forme affirmative** est caractérisée par l'**absence de négation**. Par opposition, la **forme négative** se distingue par la **présence de la négation**.

| Marco Polo est allé en Chine. (forme affirmative) N'est-il pas allé au Japon ? (forme négative)

À l'écrit, la négation comporte l'**adverbe *ne*** (ou ***n'***) et le plus souvent un **autre terme négatif** qui peut être :

- un adverbe de négation (→ **88**) : *pas, plus, jamais, nulle part…* ;
  | Pour se rendre en Chine, Marco Polo n'a jamais pris l'avion.
- un pronom indéfini (→ **69**) : *aucun, nul, personne* et *rien* ;
  | Personne n'était allé aussi loin.
- un déterminant indéfini (→ **59**) : *aucun* et *nul* ;
  | Aucun voyageur n'était allé aussi loin.
- la conjonction de coordination *ni* (→ **91**).
  | Le jeune Marco n'a pris ni l'avion ni le train pour voyager.

Attention : à l'oral, on emploie souvent la négation sans l'adverbe *ne*. À l'écrit, il faut toujours bien veiller à le mettre.

Ne… que marque une restriction : il ne s'agit pas d'une négation.

| Il n'avait que 17 ans lorsqu'il est parti.

Quelle place occupe la négation ?

Lorsque le verbe est conjugué à un **temps simple**, les deux éléments de la négation **encadrent** le **verbe conjugué**.

| On n'imagine pas tout ce qu'il a pu voir.

Lorsque le verbe est conjugué à un **temps composé***, les deux éléments de la négation **encadrent** l'**auxiliaire**.

| On n'a jamais su quel était le montant de sa fortune.

Si le verbe est à l'**infinitif**, les deux termes de la négation se placent **ensemble devant l'infinitif.**

Espérait-il ne jamais rentrer ?

Le *ne* se place toujours **devant les pronoms qui précèdent** le verbe ou l'auxiliaire.

On n'en a jamais assez de lire ses récits.

LA BULLE LITTÉRAIRE

« Or mon petit bonhomme ne me semblait ni égaré, ni mort de faim, ni mort de soif, ni mort de peur. Il n'avait en rien l'apparence d'un enfant perdu. »

Antoine de Saint-Exupéry, *Le Petit Prince*

ASTUCE Comment ne pas oublier *ne* ?

Quand j'écris un terme négatif tel que *pas, jamais, rien, aucun...*, je m'assure que je n'ai pas oublié *ne* (ou *n'*) en vérifiant que je peux dessiner une paire de lunettes.

Certains n' ont pas voulu croire les récits de Marco.

EXERCICES

CORRIGÉS P. 413

1 Recopiez les phrases à la forme négative.

Règles de vie : Je me déplace sans courir. Je ne coupe pas la parole. Je ne bouscule personne. Je prends soin du matériel.

2 Transformez chaque phrase en phrase négative pour qu'elle devienne vraie.

a. Les poires murissent toujours en mars. – **b.** Il neige encore en aout. – **c.** La Lune a plusieurs satellites. – **d.** Tout le monde peut vivre sans manger.

3 Répondez à ces questions par une phrase négative.

a. Ont-ils reçu leur colis ? – **b.** Avez-vous vu quelqu'un ? – **c.** Les hirondelles sont-elles déjà de retour ? – **d.** Avez-vous entendu quelque chose ?

L'ESSENTIEL EN UN CLIN D'ŒIL

forme affirmative	forme négative
sans négation	avec négation (ne... pas, ne... jamais, ne... personne, etc.)

99 La forme active et la forme passive

Qu'appelle-t-on forme active et forme passive ?

- La **forme active** est la forme de phrase la plus fréquente.

  Pénélope attend Ulysse.

- La **forme passive** met en valeur **ce sur quoi porte l'action exprimée par le verbe** en lui donnant le statut de **sujet** grammatical.

  Ulysse (sujet) est attendu par Pénélope. (l'accent est mis sur Ulysse)

Comment passer de la forme active à la forme passive ?

- Seules les phrases actives contenant un **complément d'objet direct** (COD) (→ **116**) peuvent être **transformées en phrases passives**.

forme active	forme passive
Pénélope attend Ulysse (COD).	Ulysse (sujet) est attendu par Pénélope.

- Le verbe de la phrase active est mis au **participe passé** et il est précédé de l'auxiliaire* ***être*** conjugué au même temps qu'à la voix active.

  Des prétendants courtisaient Pénélope.
  → Pénélope était courtisée par des prétendants.
  (était est à l'imparfait comme courtisaient)

LA BULLE LITTÉRAIRE

« Je tombai dans un de mes sommeils épouvantables, dont je fus tiré au bout de deux heures environ par une secousse plus affreuse encore. »

Guy de Maupassant, *Le Horla*

- Le COD devient **sujet** et est déplacé en tête de phrase. Le sujet devient **complément d'agent** et se construit avec *par* ou *de*.

  La servante (sujet) avertit Pénélope (COD).
  → Pénélope (sujet) fut avertie par la servante (complément d'agent)

Lorsque le sujet de la phrase active est le pronom indéfini *on*, **il n'est pas repris** par un complément d'agent à la forme passive.

On a averti Pénélope du retour d'Ulysse.
→ Pénélope a été avertie du retour d'Ulysse.

ASTUCE Comment reconnaitre la forme passive ?

Pour reconnaitre une phrase à la forme passive, je vérifie que je peux la mettre à la forme active en transformant le sujet en complément d'objet direct du verbe.

Ulysse était attendu depuis des années.
(je peux dire On attendait Ulysse depuis des années.
→ c'est une phrase à la forme passive)

Ulysse était rentré après de longues années.
(je ne peux pas revenir à une phrase active, car c'en est déjà une
→ ce n'est pas une phrase à la forme passive ; était rentré est le plus-que-parfait de rentrer)

EXERCICES

CORRIGÉS P. 413

1 Vrai ou faux ?

a. Une phrase contenant un complément introduit par *par* est toujours une phrase passive. – b. Le complément d'agent n'est pas toujours exprimé. – c. On utilise l'auxiliaire *avoir* pour former le passif.

2 Relevez les phrases à la forme passive.

a. La règle est bien comprise de tous les élèves. – b. Le voleur est entré par la fenêtre. – c. La maison a été vendue. – d. Ils sont arrivés par le train.

3 Lorsque c'est possible, mettez ces phrases à la forme passive.

a. Le public applaudit la vedette. – b. Les grévistes ont occupé l'entreprise. – c. Je réponds à ta question. – d. On réparera mon téléphone demain.

TOUT RETENIR EN UN CLIN D'ŒIL

forme active : sujet + verbe + COD

forme passive : sujet + *être* + participe passé + (complément d'agent)

100 La forme emphatique

Qu'est-ce que la forme emphatique ?

La **forme emphatique** est la forme que prend une phrase lorsqu'un de ses éléments est **mis en valeur**. La phrase emphatique présente **une structure différente de la phrase neutre** pour mettre en relief cet élément.

> La mère Michel a perdu son chat. (forme neutre)
> → C'est la mère Michel qui a perdu son chat.
> (forme emphatique qui met en relief le sujet la mère Michel)

Quels procédés utilise-t-on dans la forme emphatique ?

Pour mettre en relief le **sujet** d'une phrase, on l'encadre par le présentatif ***c'est… qui.***

> La mère Michel (sujet) s'est adressée au père Lustucru (compl. de verbe). (forme neutre)
> → C'est la mère Michel qui s'est adressée au père Lustucru.

Pour mettre en relief un **complément**, on l'encadre par ***c'est… que*** et on le place en tête de phrase.

> → C'est au père Lustrucu que la mère Michel s'est adressée.

On peut également placer un groupe* **en tête** ou **en fin** de phrase, en le séparant par une virgule et en **l'annonçant** ou en **le reprenant par un pronom** personnel ou démonstratif*.

> La mère Michel n'a jamais retrouvé son chat. (phrase neutre)
> → Son chat, la mère Michel ne l'a jamais retrouvé.
> → Elle n'a jamais retrouvé son chat, la mère Michel.
> Le père Lustucru est un voleur. (phrase neutre)
> → C'est un voleur, le père Lustucru.

On peut ainsi mettre en relief plusieurs groupes.

> **Voler est tout ce que sait faire le père Lustucru.** (phrase neutre)
> → **Voler, c'est tout ce qu'il sait faire, le père Lustucru.**

LA BULLE LITTÉRAIRE

« C'est en forgeant qu'on devient forgeron. »
Proverbe

ASTUCE Comment trouver la fonction d'un groupe de mots mis en relief ?

Pour reconnaitre la fonction d'un mot ou groupe de mots mis en relief, je transforme la phrase emphatique en phrase neutre.

> **C'est à la mère Michel qu'on rendra le chat.**
> (= **On rendra le chat à la mère Michel.**
> → **à la mère Michel** est complément indirect du verbe **rendre**)

EXERCICES

CORRIGÉS P. 413

1 **Cochez s'il s'agit d'une phrase à la forme emphatique. Entourez l'élément mis en relief.**

a. ❑ C'est ici que j'habite. – **b.** ❑ C'est déjà l'été. – **c.** ❑ Je l'ai déjà lu, ce livre. – **d.** ❑ J'ai déjà lu ce livre. – **e.** ❑ Ces livres, je les ai déjà tous lus, moi.

2 **Utilisez *c'est... que* ou *c'est... qui* pour mettre en relief l'élément souligné.**

a. J'ai gagné. – **b.** Il lui a annoncé la nouvelle avec tact. – **c.** Je vous écrirai demain. – **d.** Elle m'a offert un cadeau.

3 **Utilisez le placement en fin de phrase pour mettre en relief l'élément souligné.**

a. La poule a pondu deux œufs. – **b.** J'ai rencontré ton frère hier. – **c.** Je répondrai à ta question. – **d.** La marche à pied est ce que je préfère.

TOUT RETENIR EN UN CLIN D'ŒIL

forme emphatique
→ placement **en tête** de phrase + encadrement par **c'est… qui, c'est… que**
→ placement **en tête ou fin** de phrase + reprise ou annonce **par un pronom**

101 Comment les mots s'organisent-ils dans une phrase ?

L'ordre des mots dans la phrase

Pour qu'une phrase ait du **sens** et soit **correctement construite**, les mots qui la composent sont placés dans **un certain ordre**, qui est le plus souvent fixe.

> **Les Schtroumpfs craignent Gargamel et Azraël.**
> si l'on change l'ordre des mots de cette phrase, soit elle n'a plus de sens (**Et Schtroumpfs Gargamel les Azraël craignent**), soit elle change de sens (**Gargamel et Azraël craignent les Schtroumpfs**) ; on peut toutefois intervertir **Gargamel** et **Azraël** : la phrase sera toujours correcte et aura le même sens (**Les Schtroumpfs craignent Azraël et Gargamel**)

Les relations entre les groupes de mots

Une phrase se compose de **différents constituants** (→ 111). Chaque constituant se compose lui-même d'un ou de plusieurs mots, dont un **noyau***.

> **Ils craignent l'affreux chat.**
> 1 2
> Le premier constituant de cette phrase, le sujet, se compose d'un seul mot : **ils**
> le deuxième constituant, le groupe verbal, se compose lui-même du noyau **craignent** et d'un autre constituant : **l'affreux chat**

Les mots ou groupes de mots qui se rattachent à un mot noyau ont un lien de **dépendance** avec lui.

> le groupe **l'affreux chat** dépend de **craignent**
> les mots **l'** et **affreux** dépendent de **chat**

LA BULLE LITTÉRAIRE

« Si vous voulez schtroumpfer, il faut dire schtroumpfer et non pas schtroumpfer ! Schtroumpfer ce n'est pas schtroumpfer !... vous schtroumpfez ? »

PEYO, *La Flûte à six schtroumpfs*

Les mots ou groupes de mots peuvent également avoir un lien logique en ayant **un même statut** : ils ont alors entre eux un lien de **coordination** ou de **juxtaposition** (→ **102**).

> Ils n'aiment ni le sorcier ni le chat. (le sorcier et le chat ont le même statut par rapport au noyau aiment → ils sont coordonnés)

ASTUCE **Comment distinguer lien de coordination et lien de dépendance ?**

Je me rappelle que, dans la coordination, je peux le plus souvent changer l'ordre des mots, ce qui n'est jamais le cas dans un lien de dépendance.

le sorcier et le chat = le chat et le sorcier → coordination

le chat du sorcier ≠ le sorcier du chat → dépendance

EXERCICES

CORRIGÉS P. 413

1 Vrai ou faux ?

a. Une phrase contient le plus souvent un seul constituant. – **b.** Il y a coordination lorsqu'un mot dépend d'un autre. – **c.** Un constituant peut être composé d'un seul mot.

2 Relevez le mot noyau de chaque groupe souligné.

a. Ils vivent dans des champignons aménagés en maison. – **b.** Gargamel n'attrapera jamais un Schtroumpf. – **c.** La Schtroumpfette n'est amoureuse de personne.

3 Expliquez pourquoi on peut comprendre cette phrase de deux façons différentes.

Il entend le bruit de la fenêtre.

TOUT RETENIR EN UN CLIN D'ŒIL

phrase = mots dans un certain **ordre** | organisés en **constituants**

↓

= mots liés par lien

- de **coordination** ou de **juxtaposition**
- de **dépendance**

102 Qu'est-ce que la coordination et la juxtaposition ?

La **coordination** et la **juxtaposition** permettent de **relier deux éléments qui ont le même statut** pour marquer un **lien logique** (→ **101**).

Que peut-on coordonner ou juxtaposer ?

On peut coordonner ou juxtaposer :

- des **propositions indépendantes** (→ **103**) ou des **phrases** ;

> Le rat des villes invita le rat des champs (proposition) : ils dînèrent ensemble (proposition) et ils discutèrent (proposition).
>
> Ils dinaient tranquillement. (phrase) Or quelqu'un vint les déranger. (phrase)

- des **mots ou groupes de mots** de **même fonction**, même s'ils sont de classes* grammaticales différentes.

> Il voulait que tout soit réussi et que la soirée soit agréable.
>
> Ils mangèrent de bon appétit mais sans excès.
>
> Demain (adverbe) ou la semaine prochaine (groupe nominal), ils dineront chez le rat des champs.
>
> compléments de phrase (compléments circonstanciels)

Comment est marquée la coordination ?

La coordination se marque le plus souvent à l'aide d'une **conjonction de coordination** (*mais, ou, et, donc, or, ni, car*) que l'on place entre les éléments à coordonner (→ **91**).

> Le rat des villes et le rat des champs dinent ensemble.

Elle peut également se marquer à l'aide d'**adverbes de liaison** (*pourtant, ainsi, en revanche, c'est pourquoi…*) qui coordonnent le plus souvent des phrases (→ **88**).

> Tout était bien préparé. Cependant, le diner ne se passa pas comme prévu.

LA BULLE LITTÉRAIRE

« Il marche, dort, mange et boit tout comme les autres. »

MOLIÈRE, *Le Malade imaginaire*

Comment est marquée la juxtaposition ?

Les éléments juxtaposés sont séparés par un **signe de ponctuation** (virgule, point-virgule ou deux-points).

> **Il avait posé sur la table assiettes, couteaux, fourchettes et verres.**
> chaque virgule est mise à la place de **et**
> **Le rat des champs a été dérangé : il ne reviendra plus en ville.**
> les deux-points sont mis à la place de **donc** ou **par conséquent**

ASTUCE Pour bien coordonner des verbes

Quand je coordonne deux verbes qui ont le même complément, je vérifie qu'ils ont la même construction en séparant ma phrase en deux propositions.

je peux dire **Il ira voir ou appellera le rat**, car je peux dire **Il ira voir le rat ou appellera le rat** ; mais je ne pas dire ~~Il ira voir ou téléphonera au rat~~, car je ne peux pas dire ~~Il ira voir au rat~~

EXERCICES

CORRIGÉS P. 413

1 Vrai ou faux ?

a. On peut coordonner seulement des propositions. – **b.** Il peut y avoir coordination entre deux mots de classes grammaticales différentes. – **c.** La juxtaposition se marque par la ponctuation.

2 Cochez s'il y a coordination ou juxtaposition. Soulignez les éléments ainsi reliés.

a. ❑ Deux et deux font quatre. – **b.** ❑ Dis non si tu ne veux pas dire oui. – **c.** ❑ Réponds par oui ou non. – **d.** ❑ Il est découragé, pourtant il reste souriant. – **e.** ❑ Elle viendra : elle en avait très envie.

L'ESSENTIEL EN UN CLIN D'ŒIL

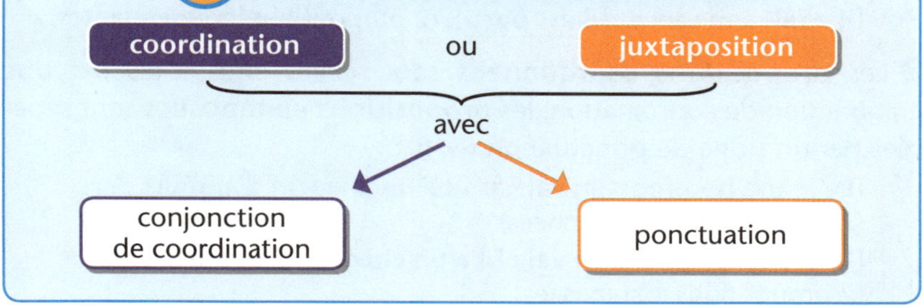

103 La phrase simple et la phrase complexe

Qu'appelle-t-on phrase simple et phrase complexe ?

Selon le nombre de verbes conjugués à un mode personnel (→ 78) contenus dans une phrase, on distingue :

- la **phrase simple** avec **un seul verbe** ;

  Vianney part avec juste un sac à dos.

- la **phrase complexe** avec **au moins deux verbes.**

  Vianney part, mais personne ne sait où.

  Nous espérons qu'il reviendra quand il sera consolé.

LA BULLE LITTÉRAIRE

« On n'a pas tout de suite su qu'elle était sorcière. »

Pierre Gripari,
La Sorcière et le Commissaire

Dans une phrase complexe, chaque verbe conjugué est le noyau* d'une **proposition** qui comporte alors **un sujet** et **un groupe verbal** (→ **111**).

[Vianney part], mais [personne ne sait où].
(Vianney : S ; part : GV ; personne : S ; ne sait où : GV)

Attention ! Ce n'est pas la longueur qui permet de dire s'il s'agit d'une phrase simple ou complexe : une phrase complexe peut être plus courte qu'une phrase simple.

Quelles sont les propositions dans la phrase complexe ?

Dans une phrase complexe, une **proposition indépendante** ne dépend d'aucune proposition et aucune proposition ne dépend d'elle.

[Il a fait son sac] et [il est parti]. (2 propositions indépendantes)

Les **propositions coordonnées** sont reliées entre elles par une conjonction de coordination, les **propositions juxtaposées** sont séparées par un signe de ponctuation (→ **102**).

[Le jeune homme s'en va] car [il a un chagrin d'amour].
(2 propositions coordonnées)

[Le jeune homme s'en va] : [il a un chagrin d'amour].
(2 propositions juxtaposées)

Lorsque deux propositions sont reliées entre elles par un lien de **dépendance** (→ **101**), il y a une **proposition principale** et une **proposition subordonnée** (→ **104**) : la subordonnée complète la principale ou un mot de la principale.

> [Elle lui a dit] [qu'il n'avait pas su l'aimer].
> prop. princ. — prop. sub.
> la subordonnée est complément direct du verbe a dit de la principale

ASTUCE Comment reconnaitre une phrase complexe ?

Je me rappelle qu'une phrase complexe contient au moins deux propositions et que chaque proposition contient un sujet et un groupe verbal.

> [Le long périple entrepris par le jeune chanteur lui permettra d'oublier son terrible chagrin d'amour]. (phrase simple)
>
> [Il quitte celle [qu'il aime]]. (phrase complexe)

EXERCICES

CORRIGÉS P. 413

1 **Soulignez d'un trait les phrases simples, de deux traits les phrases complexes.**
Les animaux ne l'écoutent pas. Ils s'amusent à bondir tout près d'elle, à se glisser entre ses bras, ils soufflent leur haleine sur son visage. Ils se moquent d'elle. Si elle pouvait en attraper un, rien qu'un, elle ne le lâcherait plus. (J.M.G. Le Clézio, *Peuple du ciel*)

2 **Relevez dans le texte précédent deux propositions juxtaposées, une proposition principale et une proposition subordonnée.**

TOUT RETENIR EN UN CLIN D'ŒIL

- **phrase simple** → **un seul** verbe
- **phrase complexe** → **plusieurs** verbes → **plusieurs** propositions reliées entre elles par
  - **coordination** ou **juxtaposition**
  - **subordination**

104 Proposition principale et proposition subordonnée

Qu'appelle-t-on propositions principale et subordonnée ?

Une **proposition subordonnée** est rattachée à une autre proposition par un mot subordonnant*. Cette autre proposition est appelée **proposition principale**.

> Buck trouve [qu'il fait froid en Alaska].
> principale — subordonnée

Une proposition subordonnée peut dépendre d'une autre proposition subordonnée : c'est la **subordination en cascade**.

> Buck trouve [qu'il fait froid dans cette région [qui lui est étrangère]].
> principale — subordonnée — subordonnée

Une **subordonnée** a **toujours une fonction grammaticale** (→ 109) dans la principale : elle peut être complément* du verbe, complément* de phrase (ou circonstanciel)…

> Buck trouve [qu'il fait froid en Alaska].
> la subordonnée qu'il fait froid en Alaska est complément du verbe trouve de la principale

Quels sont les différents types de subordonnée ?

On classe les propositions subordonnées selon le **mot subordonnant** qui les introduit. On distingue ainsi :

- les subordonnées **conjonctives (complétives,** → 105 et **circonstancielles,** → 106) introduites par une **conjonction de subordination** comme *que, quand…* ;

> Buck ne savait pas que l'Alaska était une région aussi froide.

- les subordonnées **relatives** (→ 107) introduites par un **pronom relatif** comme *qui, où…* ;

  Le chien s'est habitué au froid qui sévit en Alaska.

- les subordonnées **interrogatives indirectes** (→ 108) introduites par un **mot interrogatif*** comme *pourquoi, quel…* .

  Buck se demande pourquoi il fait si froid.

LA BULLE LITTÉRAIRE

« La maman de Blaise a dit au papa de Blaise que c'était une drôle d'idée qu'il avait eue de venir passer ses vacances dans un endroit où il pleuvait tout le temps. »

René Goscinny, *Les Vacances du petit Nicolas*

ASTUCE Comment retenir le nom des subordonnées ?

Je retiens les noms des différentes subordonnées en pensant au mot subordonnant qui les introduit.

conjonction de subordination → **conjonctive**

pronom **relatif** → **relative**

mot **interrogatif** → **interrogative** indirecte

EXERCICES

CORRIGÉS P. 413

1 Soulignez les propositions principales et encadrez les subordonnées par des crochets.

a. Je serai parti quand tu reviendras. – **b.** Nous avons trouvé une maison qui nous plait vraiment. – **c.** Il se demandait qui l'avait appelé. – **d.** J'aimerais que tu sois là pour mon anniversaire. – **e.** Sais-tu où elle est ?

2 Pour chacune des subordonnées de l'exercice 1, entourez le mot subordonnant et dites de quel type de subordonnée il s'agit.

3 Relevez les propositions subordonnées de la bulle littéraire et, pour chacune d'elles, dites de quel mot elle dépend.

TOUT RETENIR EN UN CLIN D'ŒIL

proposition principale
→ proposition subordonnée :
- conjonctive
- relative
- interrogative indirecte

105 Les subordonnées conjonctives complétives

Qu'est-ce qu'une conjonctive complétive ?

La **subordonnée conjonctive complétive** (la complétive) est introduite par la **conjonction de subordination** *que*, qui marque son lien de dépendance avec la principale*.

Elsa a décidé [qu'elle devait vivre libérée et délivrée].

La **conjonction** n'a **pas de fonction grammaticale** dans la complétive : si on transforme la subordonnée en indépendante*, la conjonction disparait.

Elsa a décidé qu'elle devait vivre libérée et délivrée.
→ Elsa a décidé : elle doit vivre libérée et délivrée.

LA BULLE LITTÉRAIRE

« Si tu crois que c'est gai le gazon noir ! »
Jean GIRAUDOUX, *Ondine*

La complétive a la même valeur qu'un **nom** ou un **groupe* nominal** : elle peut occuper les mêmes fonctions (→ ci-dessous).

Elle ne craint pas [qu'il fasse froid] (complétive). (= Elle ne craint pas le froid (groupe nominal).)

Le plus souvent, le **mode** du verbe de la complétive dépend du **verbe de la principale**.

savoir demande l'indicatif (elle sait qu'il fait froid)
craindre demande le subjonctif (elle ne craint pas qu'il fasse froid)

Le **temps** du verbe de la complétive, lui, peut dépendre du système de la concordance des temps (→ **86**).

Quelles fonctions peuvent occuper les complétives ?

Le plus souvent, une **complétive** est :

- **complément** (direct ou indirect) **du verbe** de la principale (→ **115**) ;
  Elle chante qu'elle est libérée et délivrée.
- **sujet réel** d'un verbe en tournure impersonnelle (→ **76**).
  Il est certain qu'elle se sent mieux maintenant.

Elle peut être aussi **sujet**, **attribut*** du sujet ou **complément** d'un adjectif.

> Qu'elle ait froid n'a rien d'étonnant.
> (sujet de a)
> Le problème est qu'elle transforme tout en neige.
> (attribut du sujet problème)
> Je suis heureuse qu'elle se sente libérée.
> (complément de heureuse)

ASTUCE **Comment trouver la fonction d'une complétive ?**

Je remplace la complétive par *cela* et je regarde la fonction de *cela*.

Je pense qu'elle doit se sentir libre maintenant.

= Je pense cela.

→ la complétive est complément direct du verbe penser

EXERCICES

CORRIGÉS P. 414

1 Vrai ou faux ?

a. Une complétive est introduite par une préposition. – b. Une complétive n'a pas de fonction dans la phrase. – c. Une complétive est l'équivalent d'un groupe nominal.

2 Relevez uniquement les complétives et donnez leur fonction.

a. Veux-tu que je vienne ? – b. Il me fait un schéma pour que je comprenne. – c. Je me souviens qu'il venait souvent ici. – d. Que tu aies réussi ton concours me ravit.

3 Transformez chaque phrase en commençant par *Je sais que* puis par *Je veux que*.

a. Ton ami te soutient. – b. Elle conduit prudemment. – c. Ce cadeau lui plait.

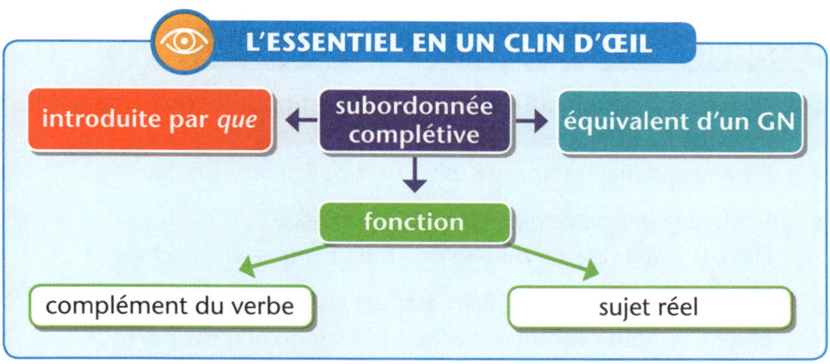

106 Les subordonnées conjonctives circonstancielles

Qu'est-ce qu'une conjonctive circonstancielle ?

La **subordonnée conjonctive circonstancielle** (la circonstancielle) apporte des informations sur les circonstances (temps, cause, conséquence…) de l'action exprimée dans la principale* : c'est un complément de phrase (→ **114**). Le plus souvent, elle peut être déplacée ou supprimée.

Elsa ne se plaint pas [quand elle a froid].
[Quand elle a froid], Elsa ne se plaint pas.
Elsa ne se plaint pas.

Elle est introduite par une **conjonction de subordination** comme *quand, si, avant que…*, qui marque son lien de dépendance avec la principale. La **conjonction** n'a **pas de fonction grammaticale** dans la subordonnée, mais elle apporte l'information de sens (→ ci-dessous).

Il neige pendant qu'elle chante.
(pendant que donne une indication de temps)

Le plus souvent, le **mode** du verbe de la circonstancielle dépend de la **conjonction** qui l'introduit.

après que demande l'indicatif (après qu'elle a pris froid)
avant que demande le subjonctif (avant qu'elle ne prenne froid)

Le **temps** du verbe de la circonstancielle, lui, peut dépendre du système de la concordance des temps (→ **86**).

Quelles sont les différentes circonstancielles ?

Selon la conjonction qui les introduit, on distingue les circonstancielles :

- de **temps** (avec *quand, lorsque, depuis que…*) ;
  Depuis qu'elle est libérée, plus rien ne l'arrête.
- de **cause** (avec *parce que, comme, puisque…*) ;
  Elle est partie parce qu'elle ne voulait plus vivre cachée.
- de **conséquence** (avec *si bien que, au point que…*) ;
  Elle ne voulait plus vivre cachée si bien qu'elle est partie.

- de **but** (avec *pour que, afin que…*) ;

  Que faut-il faire pour qu'elle se sente libérée ?

- d'**opposition** (avec *quoique, bien que, alors que…*) ;

  Bien qu'elle vive dans un palais, elle n'est pas heureuse.

- de **condition** (avec *si, à condition que…*) ;

  Elle sera heureuse si elle se sent délivrée.

- de **comparaison** (avec *comme, ainsi que…*).

  Je voudrais être libre comme elle l'est.

Pour plus de détails, → **194** à **198**.

LA BULLE LITTÉRAIRE

« As-tu cent sous pour que je paye mon dîner ? »

Gustave FLAUBERT, *Éducation sentimentale*

ASTUCE **Comment coordonner deux circonstancielles de même valeur ?**

Au lieu de répéter la même conjonction pour introduire la deuxième circonstancielle, j'utilise *que*.

Elle est partie parce qu'elle ne voulait plus vivre cachée et qu'elle voulait se sentir libérée. (= et parce qu'elle voulait se sentir libérée)

EXERCICES

CORRIGÉS P. 414

1 **Cochez si la phrase contient une subordonnée circonstancielle.**

a. ❑ Je travaille pendant que tu dors. – **b.** ❑ Je travaille pendant ta sieste. – **c.** ❑ Je ne sais pas s'il est là. – **d.** ❑ S'il est là, je lui parlerai.

2 **Relevez les subordonnées circonstancielles et donnez leur valeur.**

a. Je t'aiderai si tu en as besoin. – **b.** Je fais un schéma pour que tu comprennes. – **c.** Il n'est pas là parce qu'il est malade. – **d.** Elle a fait des économies de sorte qu'elle peut s'offrir un voyage.

TOUT RETENIR EN UN CLIN D'ŒIL

subordonnée circonstancielle

→ introduite par une conjonction de subordination

→ complément de phrase

107 Les subordonnées relatives

Regardez Lucky Luke qui porte Jolly Jumper !

Quelles sont les caractéristiques des relatives ?

La proposition subordonnée **relative** (la relative) est introduite par un **pronom relatif** comme *qui, que, quoi, dont, où, lequel* (→ **72**) qui, le plus souvent, reprend son antécédent*.

Regardez Lucky Luke [qui porte Jolly Jumper] !
antécédent : Lucky Luke — relative : qui porte Jolly Jumper

Le **pronom occupe toujours une fonction** dans la relative. On retrouve cette fonction en remplaçant le pronom par son antécédent.

Regardez Lucky Luke. Lucky Luke porte Jolly Jumper !
→ dans l'exemple précédent, **qui** est donc sujet du verbe **porter**

La relative se place généralement **juste après l'antécédent** du pronom. Elle peut donc être insérée dans la principale* dont elle dépend.

Un cheval [dont les qualités sont si précieuses] est rare.

Quelles fonctions peuvent occuper les relatives ?

Le **pronom relatif** a le plus souvent un **antécédent** ; la relative est alors **complément de cet antécédent**. Elle a la même valeur qu'un **adjectif épithète** ou qu'un complément du nom introduit par une préposition (→ **118**).

C'est un cheval que tous voudraient avoir.
(à comparer avec **un cheval précieux**)
Nous aimons tous ce cheval qui a un moral d'acier.
(à comparer avec **ce cheval au moral d'acier**)

LA BULLE LITTÉRAIRE

« Le jeune marquis allait épouser une femme qu'il adorait et dont il était aimé. »
VOLTAIRE, *Jeannot et Colin*

Lorsque le **pronom relatif n'a pas d'antécédent**, la relative occupe les fonctions qu'occupe généralement le **groupe nominal**.

> **Qui veut voyager loin ménage sa monture.**
> (sujet du verbe **ménager**)
> **Jolly Jumper va où il veut.**
> (complément du verbe **aller**)
> **Ce cheval ne changera jamais et restera qui il est.**
> (attribut du sujet **cheval**)

ASTUCE **Fonction de la relative ≠ fonction du pronom**

Pour ne pas confondre fonction du pronom et fonction de la subordonnée, je me rappelle que le pronom a une fonction dans la relative et que la relative a une fonction (le plus souvent complément de l'antécédent) dans la principale.

EXERCICES

CORRIGÉS P. 414

1 Cochez la phrase qui contient une relative.

a. ❑ Le chien que tu vois dehors est celui du voisin.
b. ❑ Je sais que c'est le chien du voisin.

2 Mettez les relatives entre crochets, entourez le pronom relatif et soulignez son antécédent s'il en a un.

a. Le sport que je préfère est la natation. – **b.** C'est un auteur dont j'ai lu tous les livres. – **c.** Embrassez qui vous voudrez. – **d.** La maison dans laquelle il habite est au bout de la rue. – **e.** Qui dort dine.

3 Pour chaque relative de l'exercice 2, donnez sa fonction ; puis donnez la fonction de son pronom relatif.

4 Quelle est la fonction de chacune des relatives de la bulle littéraire ?

TOUT RETENIR EN UN CLIN D'ŒIL

pronom relatif avec antécédent
pronom relatif sans antécédent
→ relative
→ complément de l'antécédent
→ mêmes fonctions que le GN

108 Les subordonnées interrogatives indirectes

Les caractéristiques des interrogatives indirectes

L'**interrogative indirecte** est une proposition subordonnée dans laquelle on **rapporte une question**, c'est-à-dire une phrase interrogative (→ **95**).

> **On se demande [combien de baobabs le petit prince a arrachés].**
> interrogative indirecte
> la phrase interrogative directe correspondante est **Combien de baobabs le petit prince a-t-il arrachés ?**

L'interrogative indirecte est **introduite** par la **conjonction*** ***si*** ou un mot interrogatif* comme *combien, pourquoi, quel…*

> **Je te demande [si tu veux m'apprivoiser].**
> **On se demande [combien de baobabs le petit prince a arrachés].**

Les fonctions des interrogatives indirectes

L'interrogative indirecte est **complément direct du verbe** de la principale*. Elle ne peut pas être supprimée.

> **On se demande [combien de baobabs le petit prince a arrachés].**
> l'interrogative entre crochets est complément direct du verbe **demander**

Les **verbes** qui ont pour complément une subordonnée interrogative indirecte sont des verbes qui contiennent dans leur sens **une idée de questionnement**, d'ignorance, d'incertitude comme *demander, ignorer, vérifier, ne pas savoir…*

LA BULLE LITTÉRAIRE

« Ils parleront l'arabe, mais ils ignoreront comment on repique des betteraves et comment on sème du blé. »

Guy de Maupassant, *Bel-Ami*

- Plus rarement, l'interrogative indirecte peut être sujet.

  [**Comment le petit prince est arrivé sur Terre**] **reste un mystère.**
  l'interrogative entre crochets est sujet du verbe **rester**

ASTUCE Comment reconnaitre l'interrogative indirecte ?

Je me rappelle qu'à chaque interrogative indirecte correspond une phrase interrogative. Je vérifie donc que je peux transformer la subordonnée en question directe.

J'ignore où il habite.
(je peux dire **J'ignore cela : « Où habite-t-il ? »**
→ **où il habite** = interrogative indirecte)

J'ai vu la planète où il habite.
(je ne peux pas dire ~~J'ai vu la planète cela : « Où habite-t-il ? »~~
→ **où il habite** ≠ interrogative indirecte : c'est une relative qui donne une information sur la planète)

EXERCICES

CORRIGÉS P. 414

1 Transformez ces phrases interrogatives en interrogatives indirectes en commençant par *Je me demande*.

a. Quelle heure est-il? – **b.** Pourquoi sont-ils partis? – **c.** Qu'est-ce que tu racontes? – **d.** Quand les hirondelles reviendront-elles?

2 Mettez entre crochets les interrogatives indirectes (attention aux intrus) et entourez le mot qui les introduit.

a. J'ignore quand ils arrivent. – **b.** Nous ne savons pas si les fruits sont mûrs. – **c.** Nous ramassons les fruits s'ils sont mûrs. – **d.** C'est lui qui a gagné. – **e.** Sais-tu qui a gagné?

3 Quelle est la fonction des deux interrogatives de la bulle littéraire ?

TOUT RETENIR EN UN CLIN D'ŒIL

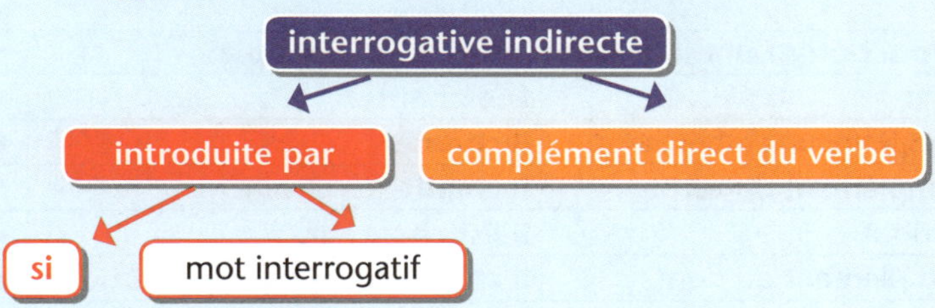

109 Quelle est la différence entre classe grammaticale et fonction grammaticale ?

Qu'appelle-t-on classe grammaticale ?

Une **classe grammaticale** (→ 51) est un **ensemble de mots** que l'on regroupe parce qu'ils ont **plusieurs points communs**.

> la classe des adjectifs (rapide, lent…) regroupe des mots variables en genre et en nombre qui peuvent compléter un nom ou un pronom

Un mot a le plus souvent **une seule classe grammaticale**, qu'il **conserve** quel que soit son emploi dans la phrase.

> chanson est un nom et ne peut pas être autre chose qu'un nom

Qu'appelle-t-on fonction grammaticale ?

La **fonction** d'un mot ou d'un groupe de mots, c'est **le rôle qu'il joue dans une phrase** donnée, la **relation** qu'il a avec les autres mots. Ainsi un même mot peut **changer de fonction** selon les phrases dans lesquelles il est employé.

> **Cette chanson me plait.** (chanson est sujet du verbe plaire)
> **Je connais cette chanson.** (chanson est complément du verbe connaitre)

Les **principales fonctions** sont :

fonction grammaticale	exemple	renvoi
sujet	**Léo chante.**	→ 112
complément de phrase	**Il chante souvent.**	→ 114
complément du verbe	**Il chante le refrain.**	→ 115
attribut	**Il est chanteur.**	→ 117
complément du nom	**Il chante une chanson d'amour.**	→ 118
complément de l'adjectif	**Il est fier de chanter.**	→ 119

Remarques :

- la fonction du groupe verbal est appelée prédicat (→ **113**) ;
- les prépositions*, les conjonctions de subordination* et les conjonctions de coordination* n'ont pas de « fonction grammaticale » à proprement parler.

LA BULLE LITTÉRAIRE

« Sa maman à lui était sa fille à elle. Et elle était pour eux deux la personne la plus importante au monde. »

Patrick Ness,
Quelques minutes après minuit

ASTUCE Comment distinguer classe et fonction ?

Pour différencier classe et fonction, je prends l'image d'une personne. La « classe » de cette personne, c'est sa carte d'identité, elle ne change pas. Sa « fonction », c'est le rôle qu'elle joue dans la société.

par exemple, je suis toujours la même personne, mais je suis aussi un élève au collège, un copain ou une copine dans la cour, un enfant à la maison…

EXERCICES

CORRIGÉS P. 414

1 Vrai ou faux ?

a. On peut donner la classe d'un mot même s'il n'est pas employé dans une phrase. – **b.** On peut donner la fonction d'un mot même s'il n'est pas employé dans une phrase. – **c.** On peut donner la classe et la fonction d'un mot employé dans une phrase.

2 Notez C si le mot désigne une classe, F s'il désigne une fonction.

a. ❑ verbe – **b.** ❑ adjectif – **c.** ❑ attribut – **d.** ❑ préposition – **e.** ❑ sujet

3 Quelle est la classe grammaticale des mots soulignés dans la bulle littéraire ? Quelle est leur fonction ?

TOUT RETENIR EN UN CLIN D'ŒIL

classe d'un mot ≠ fonction d'un mot

- classe d'un mot → le plus souvent, **une seule**
- classe d'un mot → **ne change pas**
- fonction d'un mot → **plusieurs**
- fonction d'un mot → **change** selon les phrases

110 Qu'est-ce que l'analyse grammaticale d'une phrase verbale ?

Comment analyse-t-on une phrase verbale ?

Pour faire l'analyse d'une phrase, on commence par **distinguer les différents constituants** qui la composent (→ **111**).

> Fifi Brindacier (sujet) habitait un très bel endroit. (groupe verbal)

Ces constituants sont à leur tour analysés : on étudie les mots ou les groupes de mots qui les composent en se demandant quel mot ou groupe de mots **complète** quel autre (le noyau).

> habitait (verbe noyau) un très bel endroit (complément du verbe)

On peut ainsi « descendre » dans l'analyse jusqu'à l'étude de tous les mots pris séparément en donnant leurs **classe** et **fonction grammaticales** (→ **109**).

mot analysé	classe	fonction
un	article indéfini, masc. sing.	détermine le nom endroit
très	adverbe	complète l'adjectif bel
bel	adjectif, masc. sing.	épithète du nom endroit
endroit	nom, masc. sing.	complément du verbe habitait

Quand on donne la classe grammaticale, on donne :

- le **genre** et le **nombre** pour les noms, les déterminants*, les adjectifs et les pronoms (également la personne pour les pronoms personnels) ;
- la **personne** et le **nombre** pour les verbes.

À quoi sert l'analyse ?

Analyser une phrase ou un constituant permet de :

- bien **comprendre le sens**, car on regroupe les mots qui vont ensemble et on repère le mot noyau de chaque groupe ;

> Fifi a trouvé une boite de bonbons rouge. (boite est le mot noyau complété par de bonbons et rouge ; ce ne sont donc pas les bonbons qui sont rouges, puisque rouge est au singulier)

- bien **orthographier les mots**, car on peut vérifier que les accords sont respectés (→ **120**).

  dans le tableau page précédente, on voit que un et bel sont au masculin singulier, comme le mot noyau endroit avec lequel ils doivent s'accorder

LA BULLE LITTÉRAIRE

« Il reprenait le récit, comme les écoliers font avec leurs devoirs, analyse logique et analyse grammaticale, où chaque expression est passée au crible. »

Maurice Leblanc, *Les Dents du tigre*

ASTUCE Comment visualiser une analyse ?

Afin de mieux comprendre la structure d'une phrase ou d'un constituant, je la représente sous forme d'arbre : chaque étiquette donne la classe ; les liens de dépendance (quel mot ou groupe de mots complète le mot noyau) sont marqués par les branches.

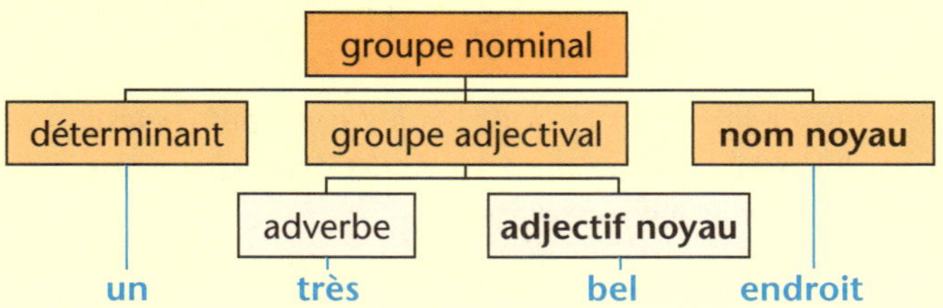

EXERCICES

CORRIGÉS P. 414

1 Donnez la classe et la fonction des mots soulignés.

La fille aux tresses rousses a deux amis qui habitent la maison voisine.

2 Représentez cette phrase sous forme d'arbre.

La jeune héroïne a deux amis.

TOUT RETENIR EN UN CLIN D'ŒIL

Comment et pourquoi faire une analyse grammaticale ?

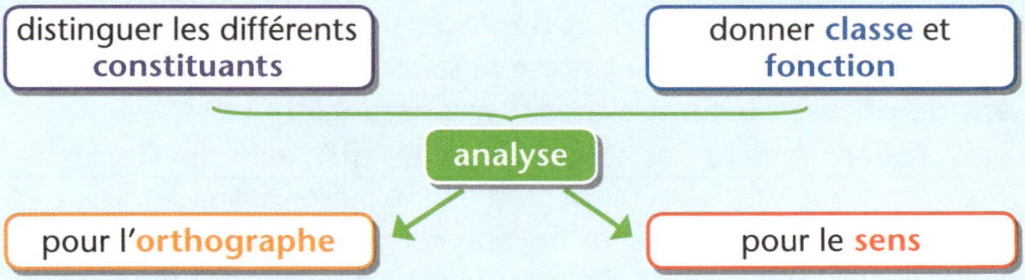

111 Quels sont les différents constituants d'une phrase verbale ?

Qu'elle soit simple ou complexe (→ **103**), une phrase verbale comprend différents constituants* qu'il faut savoir reconnaitre.

Les constituants obligatoires

- La phrase verbale comporte au moins **deux constituants** : le **sujet** (→ **112**) et le **groupe verbal** (→ **113**).

> **Le chanteur M. Pokora** (sujet) **voue une grande admiration à Claude François.** (groupe verbal)

- Hormis dans les phrases injonctives à l'impératif (→ **96**), la présence de chacun des deux constituants est **obligatoire** dans une phrase verbale : on ne peut pas les supprimer.

> **le chanteur M. Pokora** ne peut pas constituer une phrase verbale à lui seul ; **voue une grande admiration à Claude François** non plus

- Dans une phrase complexe, **chaque proposition** comporte également un **sujet** et un **groupe verbal**.

> **Tous ses admirateurs espèrent [qu'il fera une grande tournée].**
>
> la proposition principale a pour sujet **Tous ses admirateurs** et pour groupe verbal **espèrent qu'il fera une grande tournée**
> la proposition subordonnée a pour sujet **il** et pour groupe verbal **fera une grande tournée**

Les constituants facultatifs

- Un constituant que l'on peut **déplacer** ou **supprimer** sans changer profondément le sens de la phrase ni sa structure est appelé **complément de phrase** ou **complément circonstanciel** (→ **114**).

> **M. Pokora** (sujet) **signera des autographes** (groupe verbal) **dès qu'il aura fini son concert.** (complément de phrase)
>
> on peut dire **Dès qu'il aura fini son concert, M. Pokora signera des autographes** ou **M. Pokora signera des autographes**
> → **dès qu'il aura fini son concert** est complément de phrase

- Une phrase peut comporter **plusieurs compléments de phrase.**

> À l'issue du concert (compl. de phrase), il (S) signera des autographes (groupe verbal) dans le hall d'accueil (compl. de phrase).

Que comportent les différents constituants ?

- Chacun des constituants (obligatoires ou facultatifs) peut comporter **un seul mot** ou **plusieurs mots qui dépendent alors d'un mot noyau*.**

> Il (S) chantera (V) demain (compl. de phrase).
>
> L'idole des jeunes (sujet) interprète la chanson (groupe verbal) avec le talent qu'on lui connait (complément de phrase).

LA BULLE LITTÉRAIRE

« Cette année-là, je chantais pour la première fois. »

Claude François, « Cette année-là »

ASTUCE Pour construire une phrase qui tienne debout

Je me rappelle que, pour qu'une phrase verbale tienne debout, il lui faut deux jambes : le groupe sujet et le groupe verbal.

EXERCICES

CORRIGÉS P. 414

1 **Donnez le sujet et le groupe verbal de chacune des phrases. Lesquelles comportent un complément de phrase ?**

a. La troupe de théâtre joue des pièces de Molière. – **b.** Victor et Saïd vont à la mer. – **c.** Il est parti de bon matin. – **d.** Je viendrai dès que je serai prêt.

2 **Cochez les phrases correctes qui correspondent bien au schéma : sujet + groupe verbal.**

a. ❑ Je voudrais qu'il vienne plus souvent. – **b.** ❑ Quand les grandes vacances. – **c.** ❑ Les élèves qui ont terminé leurs devoirs. – **d.** ❑ Qui parle ?

3 **Dans la bulle littéraire, relevez le sujet, le groupe verbal et le ou les compléments de phrase.**

TOUT RETENIR EN UN CLIN D'ŒIL

phrase verbale ou proposition = sujet + groupe verbal + (complément de phrase)

112 Le sujet

Qu'est-ce que la fonction sujet ?

Le **sujet** est la fonction du mot ou du groupe mots qui désigne ce qui **fait l'action** ou **est dans l'état** exprimé par le verbe : c'est un constituant obligatoire de la phrase verbale, il ne peut pas être supprimé (→ **111**).

> **Le jeune garçon sort dans le jardin.**
> (le jeune garçon accomplit l'action de sortir)

Le sujet est également le mot ou groupe de mots qui **commande l'accord du verbe** (→ **122**).

> **sort** est à la 3e personne du singulier comme le sujet **le jeune garçon**

Quelle est la classe grammaticale du sujet ?

Le plus souvent, le sujet est :

- un **nom** ou un groupe nominal (→ **52**) ;

> **Le grand-père du jeune garçon n'est pas très content.**

- un **pronom**, employé seul ou avec un complément (→ **64**).

> **Il ne craint pas le loup. Lequel des deux gagnera ?**

Le sujet peut être aussi :

- un **infinitif** ou un groupe infinitif (→ **80**) ;

> **Narguer le loup amuse beaucoup l'oiseau.**

- une **proposition subordonnée conjonctive** introduite par *que* (→ **105**).

> **Que le grand-père ne soit pas très content n'a rien d'étonnant.**

Quelle est la place du sujet ?

Le plus souvent, le sujet précède le verbe, mais on peut aussi le trouver placé après le verbe. On dit alors qu'il s'agit d'un **sujet inversé**. On peut ainsi trouver des sujets inversés :

- dans des phrases interrogatives (→ **95**) ;

> **Que va dire le grand-père ?**

- dans des propositions subordonnées relatives (→ **107**) ;

> **On entend encore le canard qu'a englouti le loup.**

- lorsqu'un complément* de phrase est placé en tête de phrase ;

> **Soudain apparut le loup.**

- dans les incises* placées après des paroles rapportées.

  « J'ai attrapé le loup ! » cria Pierre.

LA BULLE LITTÉRAIRE

« Au dehors, on entendait le brouhaha de la foule, que dominaient parfois des cris aigus. »

Jules Verne, *Le Tour du monde en quatre-vingts jours*

ASTUCE Comment reconnaitre le sujet d'une phrase verbale ?

Je reconnais le sujet d'une phrase verbale ou d'une proposition :

- **en l'encadrant par *c'est … qui* (→ 100) ;**

  → C'est le jeune garçon qui sort dans le jardin.

- **en répondant à la question *qui est-ce qui… ?* ou *qu'est-ce qui… ?* ;**

  Qui est-ce qui sort dans le jardin ? Le jeune garçon.

- **en le remplaçant par un pronom personnel sujet (→ 65).**

  Il sort dans le jardin. (il remplace le jeune garçon)

EXERCICES

CORRIGÉS P. 414

1 Cochez les phrases dont le sujet est correctement souligné.

a. ❑ Parmi ses amies, la cigale ne compte pas la fourmi. – **b.** ❑ Le lièvre a été battu par la tortue. – **c.** ❑ Oser troubler son breuvage fâche fortement le loup. – **d.** ❑ La grenouille de la fable voulait ressembler au bœuf.

2 Donnez le sujet de chaque verbe souligné.

La Barbe bleue dit qu'il avait reçu des lettres qui lui avaient appris que l'affaire pour laquelle il était parti venait d'être terminée à son avantage. (d'après Ch. Perrault, *La Barbe bleue*)

TOUT RETENIR EN UN CLIN D'ŒIL

le sujet

- est un **constituant obligatoire**
- commande **l'accord du verbe**
- est placé **avant le verbe** (parfois après)
- peut être encadré par **c'est… qui**
- est souvent un **nom**, un **groupe nominal** ou un **pronom**

113 Le groupe verbal

De quoi est composé le groupe verbal ?

Le groupe verbal est toujours composé d'un **verbe** qui peut être :

- **seul** ;

  Gulliver voyage.

- accompagné d'un ou de plusieurs **compléments**, appelés compléments du verbe (→ 115) ;

  Le naufragé a rencontré les Lilliputiens.
  Il leur raconte ses mésaventures.

- accompagné d'un **attribut du sujet** (→ 117).

  Les Lilliputiens sont très petits !

Les différents constituants* du groupe verbal (compléments ou attributs) **ne peuvent pas être déplacés à l'extérieur** du groupe verbal.

on ne peut pas dire : ~~Les Lilliputiens le naufragé a rencontré~~ ni ~~Très petits les Lilliputiens sont~~

Le verbe n'est pas toujours le premier mot du groupe verbal. Il peut être précédé par :

- des **pronoms** ;

  Le naufragé leur raconte ses mésaventures.

- le *ne* de la **négation**.

  Les Lilliputiens ne sont pas grands !

LA BULLE LITTÉRAIRE

« Le roi de Blefuscu, ayant pris trois jours pour délibérer sur cette affaire, rendit une réponse très honnête et très sage. »

Jonathan Swift, *Voyage à Lilliput*

Le verbe **s'accorde avec le sujet** (→ 122).

Gulliver voyage.
voyage est à la 3e personne du singulier comme le sujet Gulliver

Quelle est la fonction du groupe verbal ?

La fonction du groupe verbal est appelée **prédicat**.

Gulliver a connu de curieuses aventures.
prédicat

C'est un **constituant obligatoire** de la phrase, il ne peut pas être supprimé (→ 111).

ASTUCE **Comment trouver le groupe verbal ?**

Pour trouver le groupe verbal d'une phrase ou d'une proposition, j'applique la méthode suivante :

1° je supprime tous les compléments* de phrase (ils sont supprimables ou déplaçables) ;

Le héros se retrouve ~~par hasard~~ sur l'ile de Lilliput ~~après son naufrage~~.

2° je délimite les deux constituants obligatoires ;

le héros / se retrouve sur l'ile de Lilliput

3° je souligne le constituant qui contient le verbe.

se retrouve sur l'ile de Lilliput

EXERCICES

CORRIGÉS P. 415

1 Vrai ou faux ?

a. Dans le groupe verbal, il n'y a que le verbe. – **b.** Le groupe verbal est un constituant obligatoire. – **c.** Le prédicat est une classe grammaticale.

2 Soulignez les groupes verbaux de ces phrases.

Au cours des derniers mois, les baleiniers ont tué des milliers de baleines. Pourtant, partout dans le monde, ce cétacé est protégé. De nombreux pays interdisent la chasse à la baleine, mais certains pays tels que le Japon, l'Islande ou la Norvège autorisent cette pratique. Des mouvements écologistes expriment leur mécontentement. Ils entreprennent des actions dans les différentes mers du globe pour empêcher le massacre.

3 Relevez dans l'exercice 2 un groupe verbal contenant un attribut du sujet.

TOUT RETENIR EN UN CLIN D'ŒIL

le groupe verbal
- a une fonction **appelée prédicat**
- est un **constituant obligatoire**
- verbe seul
- vb + complément(s)
- vb + attribut du sujet

114 Le complément de phrase ou complément circonstanciel

La nuit, Zeus retourne au mont Olympe en se cachant d'Héra.

Qu'est-ce que la fonction complément de phrase ?

Le **complément de phrase** est la fonction du mot ou groupe de mots qui **apporte des informations supplémentaires** sur les circonstances (temps, lieu, manière…) : c'est un constituant facultatif, il peut être supprimé (→ **111**).

> Du haut du mont Olympe, Zeus se met souvent en colère.
> (du haut du mont Olympe donne une information de lieu ; souvent donne une information de temps ; ces deux compléments peuvent être supprimés)

On peut en trouver dans les **propositions principales*** comme dans les **subordonnées***.

> Je sais [que, du haut du mont Olympe, Zeus se met souvent en colère].

Du point de vue du sens, le complément de phrase ne dépend pas d'un mot particulier de la phrase : on peut donc le **déplacer** facilement.

> Souvent, Zeus se met en colère du haut du mont Olympe.

La classe grammaticale du complément de phrase

Le complément de phrase peut être :

- un **adverbe** (avec ou sans complément) ;

> Zeus se met souvent en colère.
> Zeus se met bien plus souvent qu'autrefois en colère.

- un **groupe* nominal** ou un équivalent du nom : **pronom** (→ **64**) ou **infinitif** (→ **80**), le plus souvent introduit par une préposition* ;

> Ce matin (gr. nom.), avant d'aller au marché (groupe infinitif), Héra rappellera ses devoirs à Zeus.
> Elle était furieuse à cause de lui (pronom).

- une **proposition subordonnée circonstancielle** (→ 106) ;

  Dès qu'Héra a le dos tourné, Zeus aime descendre sur Terre.

- un **gérondif** (→ 81).

  Elle quitta la pièce <u>en claquant la porte</u>.

LA BULLE LITTÉRAIRE

« Zeus châtiera, <u>s'il veut</u>, le sublime voleur. »

Maurice Bouchor, *Les Symboles*

ASTUCE Comment reconnaitre un complément de phrase ?

Je me rappelle que le complément de phrase peut être déplacé ou supprimé.

Zeus brandit la foudre au sommet de l'Olympe. (je peux dire Au sommet de l'Olympe, Zeus brandit la foudre → au sommet de l'Olympe est complément de phrase)

Zeus habite au sommet de l'Olympe. (je ne peux pas dire ~~Au sommet de l'Olympe, Zeus habite~~ → au sommet de l'Olympe n'est pas complément de phrase, c'est un complément du verbe habiter)

EXERCICES

CORRIGÉS P. 415

1 Récrivez la bulle littéraire en déplaçant les compléments de phrase.

2 Relevez les compléments de phrase.
a. J'ai rencontré son frère hier au marché. – **b.** Quand je suis passé, il n'était pas chez lui. – **c.** Ils m'ont offert un livre pour mon anniversaire. – **d.** Peux-tu acheter du pain en revenant du collège ?

3 Cochez la phrase qui contient un complément de phrase.
a. ❑ Il est parti le lendemain. – **b.** ❑ Il attendait le lendemain avec impatience.

4 Pour chacun des compléments de phrase relevés dans l'exercice 2, donnez sa classe grammaticale.

TOUT RETENIR EN UN CLIN D'ŒIL

complément de phrase → supprimable ; déplaçable

complément de phrase → adverbe ; GN (ou équivalent) ; conjonctive ; gérondif

115 Le complément du verbe

Qu'est-ce que la fonction complément de verbe ?

LA BULLE LITTÉRAIRE

« Tous les chemins mènent à Rome. »
Proverbe

La fonction **complément de verbe** est la fonction du mot ou groupe de mots qui **dépend du verbe** : c'est un constituant **obligatoire** du groupe verbal et on ne peut ni le déplacer dans la phrase ni le supprimer (→ **111**).

> **James Bond va au restaurant.** (**au restaurant** complète le verbe **va** ; on ne peut pas dire ~~James Bond va~~, ni ~~Au restaurant, James Bond va~~ → **au restaurant** est complément du verbe)
>
> **Il prend des quenelles de brochet.** (**des quenelles de brochet** complète le verbe **prend** ; on ne peut pas dire ~~Il prend~~, ni ~~Des quenelles de brochet il prend~~ → **des quenelles de brochet** est complément du verbe)

Lorsque le complément du verbe répond à la question *qu'est-ce que… ?* ou *qui est-ce que… ?* précédée ou non d'une préposition*, on l'appelle **complément d'objet** (→ **116**).

> **Il va au restaurant et prend des quenelles de brochet.**
> **Qu'est-ce qu'il prend ?**
> **Des quenelles de brochet**
> → **des quenelles de brochet** est un complément d'objet

La classe grammaticale du complément du verbe

Le plus souvent, le complément du verbe est :

- un **nom** ou un **groupe nominal** ;

> **James aime le golf.**

- un équivalent du nom : un **pronom** (→ **64**) ou un **infinitif** (→ **80**).

> **Il y joue parfois.**
> pronom (y)
>
> **Il espère se reposer bientôt.**
> groupe infinitif (se reposer bientôt)

Ces compléments peuvent être introduits par une **préposition**.

> **Il habite en Angleterre. Il ne craint pas de perdre.**

Le complément du verbe peut également être :

- une **proposition subordonnée complétive** (→ 105) ;
  - L'espion pense qu'il réussira sa mission.
- une **proposition subordonnée interrogative indirecte** (→ 108) ;
  - Je ne sais pas s'il fait la cuisine.
- un **adverbe**.
  - Il revient de loin !

ASTUCE Comment reconnaitre un complément du verbe ?

Je me rappelle que le complément du verbe n'est pas déplaçable.

James Bond va au casino.

(je ne peux pas dire : ~~Au casino James Bond va~~ → au casino est donc un complément de verbe et non un complément circonstanciel)

EXERCICES

CORRIGÉS P. 415

1 Cochez l'affirmation à propos du complément du verbe si elle est vraie.

a. ❑ C'est toujours un nom. – **b.** ❑ Il appartient au groupe verbal. – **c.** ❑ C'est toujours un complément d'objet.

2 Remplacez le complément du verbe de la bulle littéraire par un pronom, puis par un groupe nominal.

3 Relevez tous les compléments du verbe. Pour chaque complément, dites de quel verbe il dépend et donnez son noyau*.

Après ses études de droit, Jean de La Fontaine occupe le poste de maitre des Eaux et Forêts dans sa ville natale. À 37 ans, il s'installe à Paris et fréquente les salons parisiens. Il se consacre entièrement à la littérature et publie ses fables entre 1668 et 1694. Dans ces œuvres, il dénonce avec humour et sévérité les défauts de la société.

TOUT RETENIR EN UN CLIN D'ŒIL

116 Le complément d'objet

Le **complément d'objet** est un **complément du verbe** (→ 115) particulier. Il est à ce titre ni **déplaçable** ni **supprimable**.

Comment est construit un complément d'objet?

Le complément d'objet peut être relié **directement** au verbe, **sans préposition***. On parle alors de **complément d'objet direct** (COD).

> Paul aime Virginie. Les amoureux admirent les paysages.

Lorsque le complément d'objet est relié au verbe **par une préposition**, on parle de **complément d'objet indirect** (COI).

> Il pense à elle. Les amoureux se nourrissent de fruits tropicaux.
> le verbe penser se construit avec à : penser à quelqu'un, à quelque chose
> se nourrir se construit avec de : se nourrir de quelque chose

Comment reconnaitre le complément d'objet?

On reconnait le complément d'objet :

- en répondant à la **question** *qui est-ce que…?* ou *qu'est-ce que…?* pour les COD ;

> Qui est-ce que Paul aime? Virginie.
> Qu'est-ce que les amoureux admirent? Les paysages.

- en répondant à la **question** *à qui…?, de qui…?, à quoi…?, de quoi…?,* etc. pour les COI.

> À qui pense-t-il? À elle.
> De quoi se nourrissent les amoureux? De fruits tropicaux.

LA BULLE LITTÉRAIRE

« Qui vole un œuf vole un bœuf. »
Proverbe

Le plus souvent, on peut **remplacer** un complément d'objet par un **pronom personnel complément** (→ 65).

> **Paul l'aime.** (l' remplace Virginie)
> **Les amoureux s'en nourrissent.** (en remplace **de fruits tropicaux**)

ASTUCE — COD ou COI ?

Pour savoir si le verbe est employé avec un COD ou un COI, je regarde comment il se construit à l'infinitif.

> **Virginie lui plaît.** (plaire **à quelqu'un**) → lui est COI
> **Il lui a demandé de venir.** (demander **quelque chose**) → venir est COD

EXERCICES

CORRIGÉS P. 415

1 Cochez si la phrase contient un complément d'objet.

a. ❑ Il ressemble à son père. – **b.** ❑ Tu vas souvent au cinéma. – **c.** ❑ Il s'était enfui la veille. – **d.** ❑ J'écris à mon correspondant. – **e.** ❑ Je suppose que tout est vrai.

2 Remplacez les compléments d'objet soulignés par un pronom personnel.

a. J'ai réparé mon vélo hier. – **b.** Le maire s'adresse aux citoyens. – **c.** Nous connaitrons les résultats bientôt. – **d.** Je souhaite venir te voir cet été.

3 Retrouvez les compléments d'objet en utilisant différents procédés. Soulignez les COD, encadrez les COI.

Ce vélo appartient à ma sœur. Il a un porte-bagage à l'arrière. Elle l'a acheté cet été. Elle en profite beaucoup.

TOUT RETENIR EN UN CLIN D'ŒIL

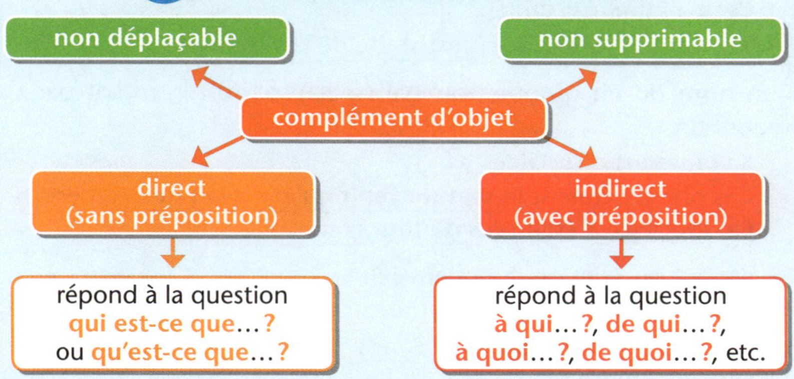

117 L'attribut du sujet

Qu'est-ce que la fonction attribut du sujet ?

Attribut du sujet est la fonction du mot ou groupe de mots qui exprime une qualité, un état, une manière d'être du **sujet**. Il fait **partie du groupe verbal** (→ **113**).

La directrice de l'école (sujet) est sa tante. (groupe verbal)

tante est attribut du sujet directrice

L'attribut du sujet ne peut ni être déplacé ni être supprimé.

L'attribut est relié au sujet avec un **verbe* d'état** tel que *être, demeurer, devenir, paraitre, rester, sembler…* (→ **74**). Le plus souvent, il est construit directement, sans préposition*.

Matilda semble douée.
Elle deviendra une élève comme les autres.

Quelle est la classe grammaticale de l'attribut du sujet ?

Le plus souvent, l'attribut du sujet est :

- un **adjectif** ou un groupe adjectival (→ **62**). Dans ce cas, l'adjectif s'accorde toujours en genre et en nombre avec le sujet (→ **121**) ;

Cette enfant est douée.
Mlle Candy ne parait pas satisfaite de la situation.

- un **nom** ou un groupe nominal (→ **52**), parfois introduit par une préposition.

Sa tante est directrice.
Ces photos étaient le seul souvenir qu'elle avait de son père.
La directrice n'était plus du tout en forme.

L'attribut du sujet peut être aussi :

- un **pronom**, en particulier démonstratif (→ **67**) ou possessif (→ **68**) ;

Elle est celle qui a aidé Mlle Candy. Cette maison est la sienne.
Que deviendra Matilda ?

- un **infinitif** ou un groupe infinitif (→ **80**). Dans ce cas, l'infinitif peut être introduit par *de* ;

  Le mieux serait de ne rien dire.
  Souffler n'est pas jouer.

- une **proposition subordonnée complétive** introduite par *que* (→ **105**).

  L'important est que Mlle Candy soit heureuse.

LA BULLE LITTÉRAIRE

« Les rivières ne sont plus que des gros tas de pierres, les puits ne sont plus que des trous pleins de cailloux. »

Jean Debruynne, *Au pays de Moumouna*

ASTUCE Comment reconnaitre un nom attribut du sujet ?

L'attribut du sujet désigne toujours le même être ou la même chose que le sujet. Je m'assure donc que j'ai bien affaire à un attribut en vérifiant que je peux mettre le signe = entre le sujet et l'attribut.

Ta sœur est violoniste.
(Ta sœur = violoniste → violoniste est attribut du sujet sœur)

Ta sœur a écouté la violoniste.
(Ta sœur ≠ violoniste → violoniste n'est pas attribut du sujet sœur)

EXERCICES

CORRIGÉS P. 415

1 Cochez les phrases si elles contiennent un attribut du sujet. Soulignez-le.

a. ❑ Je ne resterai pas longtemps. – **b.** ❑ L'exercice ne parait pas difficile aux élèves. – **c.** ❑ L'idéal serait que nous ayons terminé ce soir. – **d.** ❑ Sa maison a l'air en mauvais état. – **e.** ❑ Ce livre est à moi ; celui qui est sur la table est le tien. – **f.** ❑ Ils sont revenus en train.

2 Donnez, pour chaque attribut de l'exercice 1, sa classe grammaticale.

3 Formez une phrase contenant un attribut. Variez les verbes.

Exemple : maison, bon état → La maison parait en bon état.

a. élèves, appliqué – **b.** voisine, infirmier – **c.** chiens, fidèle compagnon

TOUT RETENIR EN UN CLIN D'ŒIL

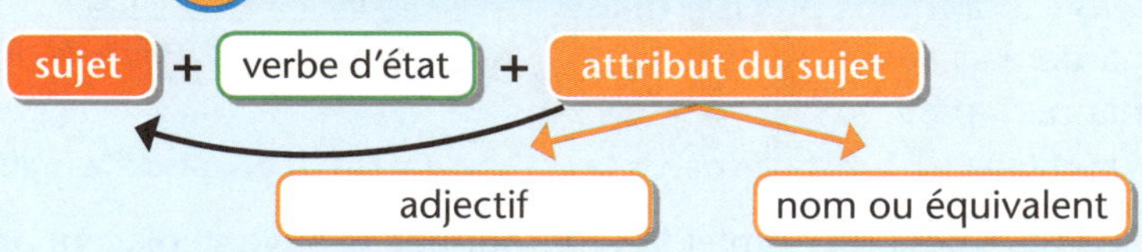

118 Les expansions du nom

Qu'est-ce qu'une expansion du nom ?

Un nom peut être **enrichi** par différents éléments ; ces expansions jouent le même rôle : celui de **compléter le nom**.

un grand chien ; un chien de haute taille ; un chien qui parait immense

L'ensemble formé par un nom, son déterminant* et ses expansions est appelé **groupe nominal**.

Ce statut d'expansion correspond à des fonctions différentes selon la classe* grammaticale de l'expansion :

- l'**adjectif** (ou le groupe adjectival → **62**) est **épithète** ;

  un grand chien (grand = adjectif → **épithète** du nom chien)

- le **nom** (→ **52**) ou un équivalent du nom (pronom, → **64**, infinitif, → **80**) **introduit par une préposition*** est **complément du nom** ;

  un chien de haute taille (de haute taille = GN introduit par une préposition → sa fonction est **complément du nom** chien)

  le chien de quelqu'un ; un os à ronger

- les propositions subordonnées relatives (→ **107**) sont **compléments de l'antécédent**.

  un chien qui parait immense (qui parait immense = relative → sa fonction est **complément de l'antécédent** chien)

Remarques

Le plus souvent, les expansions du nom peuvent être supprimées : la phrase sera moins précise, mais elle gardera sa structure et le sens ne changera pas.

Un chien de haute taille garde la maison. (≈ Un chien garde la maison.)

Le complément du nom et la subordonnée relative se placent **après le nom** qu'ils complètent.

LA BULLE LITTÉRAIRE

« Nous avons vu la fleur jaune du tournesol, la fleur rouge du chardon, la fleur de l'ocotillo qui ressemble à un serpent à tête rouge. »

J.M.G. Le Clézio, *Peuple du ciel*

L'adjectif **épithète suit généralement le nom**, mais dans certains cas il peut le précéder.

un chien gentil ou un gentil chien

Un même nom peut avoir **plusieurs expansions** de classes différentes.

un grand chien de garde qui dormait devant la maison
adjectif — nom — proposition relative

ASTUCE Comment reconnaitre le nom noyau ?

Lorsqu'un groupe nominal contient deux noms, je me rappelle que le complément du nom est après le nom noyau. Ainsi, je sais que le premier nom est le nom noyau.

l'os (1) du chien (2) → chien est complément du nom noyau os

EXERCICES

CORRIGÉS P. 415

1 **Encadrez chacune des expansions des noms soulignés.**

Il avait des cheveux bouclés de mouton blanc, ne mangeait que du fromage de chèvre, ne buvait que du lait de brebis et parlait d'une voix chevrotante qui faisait frétiller sa longue et soyeuse barbiche de bouc. (D. Pennac, *L'Œil du loup*)

2 **Lisez ces titres d'ouvrages et analysez chacun des constituants* de leurs groupes nominaux.**

a. *La Dernière Reine d'Ayiti* – **b.** *La Plus Grande Peur de ma vie* – **c.** *Histoires du chien qui avait une ombre d'enfant*

TOUT RETENIR EN UN CLIN D'ŒIL

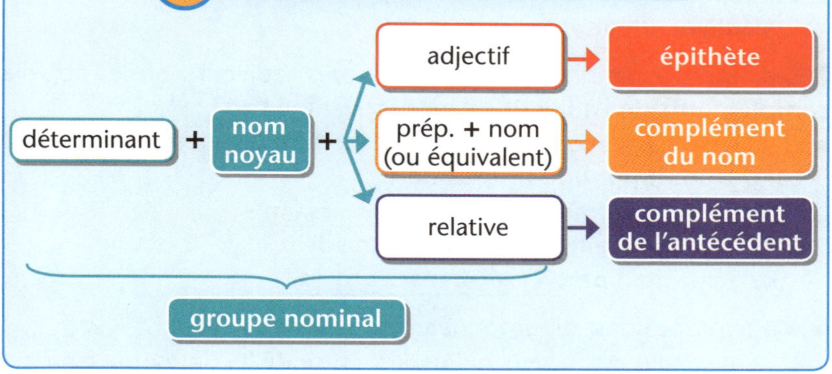

119

Les expansions de l'adjectif

Qu'est-ce qu'une expansion de l'adjectif ?

Un adjectif peut être **enrichi** par différents éléments ; ces expansions jouent le même rôle : celui de **compléter l'adjectif**.

> Aladin est très heureux. (très complète l'adjectif heureux)
> Il est content que le génie lui obéisse. (toute la proposition complète l'adjectif content)

L'ensemble formé par l'adjectif et ses expansions est appelé **groupe adjectival**.

> très heureux et content que le génie lui obéisse sont deux groupes adjectivaux qui ont chacun pour noyau l'adjectif heureux et content

Un même adjectif peut avoir **plusieurs expansions**.

> Il est très heureux que le génie lui obéisse.
> 1re expansion adj. noyau 2e expansion

La classe grammaticale de l'expansion de l'adjectif

Les expansions pouvant précéder l'adjectif sont les **adverbes** (→ **87**).

> Aladin était plutôt paresseux.

Les autres expansions sont placées après l'adjectif : on les appelle **compléments de l'adjectif**. Le plus souvent, il s'agit :

- d'un **nom** (→ **52**) ou d'un équivalent du nom (pronom → **64**, infinitif → **80**) **introduit par une préposition*** ;

> Aladin se montrait généreux envers ses amis.
> Il faisait apparaitre un génie capable de tout.
> Le génie était prêt à exécuter ses ordres.

- d'une proposition subordonnée **complétive** (→ **105**).

> Le magicien est furieux qu'Aladin refuse de lui donner la lampe.

▶ Lorsqu'il est au comparatif (→ 199), l'adjectif peut être accompagné d'un complément introduit par *que*.

Aladin est-il plus heureux **que** moi ?

LA BULLE LITTÉRAIRE

« Un matin nous partons, le cerveau plein de flamme, / Le cœur gros de rancune et de désirs amers. »

Charles BAUDELAIRE, « Le Voyage »

ASTUCE Complément du nom ou de l'adjectif ?

Je m'aide toujours du sens pour savoir si j'ai affaire à un complément du nom ou à un complément de l'adjectif.

une personne pauvre en détresse
(c'est la personne qui est **en détresse**
→ **en détresse** est complément du nom **personne**)

une description pauvre en renseignements
(je ne peux pas dire ~~une description en renseignements~~
→ **en renseignements** est complément de l'adjectif **pauvre**)

EXERCICES

CORRIGÉS P. 415

1 Cochez si la phrase contient une expansion de l'adjectif.

a. ❑ Il sera ravi de te revoir. – **b.** ❑ Cet évènement est antérieur à son arrivée. – **c.** ❑ Il montre un intérêt particulier pour le théâtre. – **d.** ❑ L'indemnité sera équivalente au dommage subi. – **e.** ❑ Il est tout à fait possible qu'elle vienne.

2 Analysez chacune des expansions d'adjectif de l'exercice 1.

TOUT RETENIR EN UN CLIN D'ŒIL

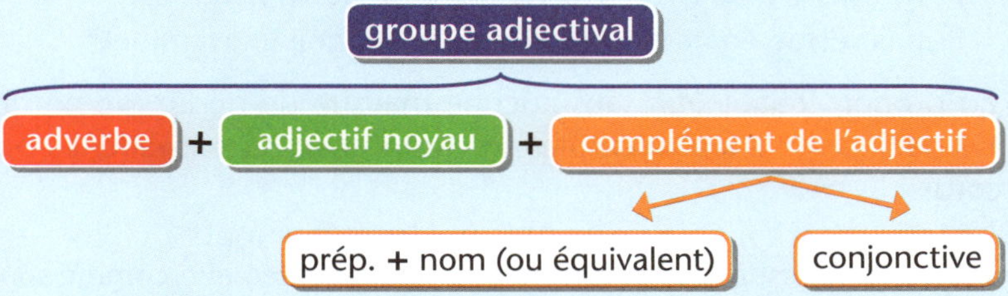

120 L'accord : introduction

Qu'est-ce que l'accord ?

L'accord est le phénomène par lequel **un mot prend une forme particulière** en fonction d'un autre mot (le donneur) avec lequel il entretient des relations (grammaticale et de sens). On dit que **le donneur commande l'accord**.

> **Les tomates vertes deviennent rouges au soleil.**
>
> **vert** et **rouge** s'écrivent au féminin pluriel parce que le nom **tomates** auquel ils se rapportent est au féminin pluriel (le nom **tomates** est le donneur)
>
> **devenir** s'écrit à la 3e personne du pluriel parce que son sujet, **tomates**, est au pluriel

Ainsi, les déterminants (→ **121**), les adjectifs (→ **121**), les verbes conjugués à un mode personnel (→ **122**) et les participes passés (→ **123**) changent de forme selon le genre, le nombre ou la personne de leur donneur. Le cas est particulier pour les pronoms (→ **124**).

Quelles classes de mots peuvent commander l'accord ?

Le plus souvent, le mot qui commande l'accord est un **nom** ou un **pronom**. Il est donc toujours important d'identifier, selon l'accord à faire, le genre, le nombre ou la personne de ce donneur.

> **l'océan bleu** ; **la mer bleue** ; **les flots bleus** ; **les ondes bleues**
>
> **je parle** ; **tu parles** ; **ils parlent**

Attention :

- aux **pronoms personnels** qui ne portent pas tous en eux de marque de genre : c'est la situation de communication qui détermine le genre ;

> **Je suis resté égal à moi-même.** (**je** désigne un homme)
>
> **Je suis restée égale à moi-même.** (**je** désigne une femme)

- au pronom relatif ***qui***, sans aucune marque de genre, de nombre ni de personne : il faut identifier son antécédent* pour faire les bons accords.

> **Marie, c'est toi qui es devenue meilleure que moi !**
>
> le sujet **qui** est à la 2e personne du singulier et féminin comme son antécédent **toi** qui désigne Marie

LA BULLE LITTÉRAIRE

« Rêver est une chose douce qui ne coûte rien et qui rassure. »

Tahar Ben Jelloun, *L'Auberge des pauvres*

▶ Le **donneur** peut être un **infinitif** ou une **proposition**. Dans ce cas, l'accord se fait au masculin singulier et à la 3e personne.

> Étudier ce phénomène est très intéressant.
> Qu'elles arrivent en retard serait vraiment fâcheux.

ASTUCE — **Pour ne pas oublier les accords qu'on n'entend pas**

L'accord est beaucoup plus présent à l'écrit qu'à l'oral. Ainsi, lorsque j'écris, je pense toujours à bien vérifier que j'ai respecté les accords.

> l'océan bleu / la mer bleue : dans les deux cas, bleu se prononce de la même façon, mais il s'écrit différemment ; je le vérifie en remplaçant bleu par gris (j'entends l'accord : la mer grise)

EXERCICES

CORRIGÉS P. 415

1 Reliez les mots soulignés à leur donneur.

a. Nos amis arrivés en début d'après-midi repartiront demain. – **b.** Les enfants sont revenus enchantés de leurs vacances. – **c.** La petite chatte des voisins est restée seule. – **d.** C'est toi qui as gagné.

2 Expliquez l'accord des mots soulignés de l'exercice 1 en suivant l'exemple.

Exemple : Nos *est au masculin pluriel comme le nom* amis.

3 Entourez les donneurs.

a. Voici une jolie fleur jaune. – **b.** Elles sont rentrées de Nice. – **c.** Accorder sans se tromper n'est pas si difficile. – **d.** Attention à la peinture fraiche !

TOUT RETENIR EN UN CLIN D'ŒIL

le donneur transmet

- son **genre** → aux déterminants, adjectifs et participes passés
- son **nombre** → aux déterminants, adjectifs et participes passés / aux verbes conjugués à un mode personnel
- sa **personne** → aux verbes conjugués à un mode personnel

121

Comment accorder les déterminants et les adjectifs ?

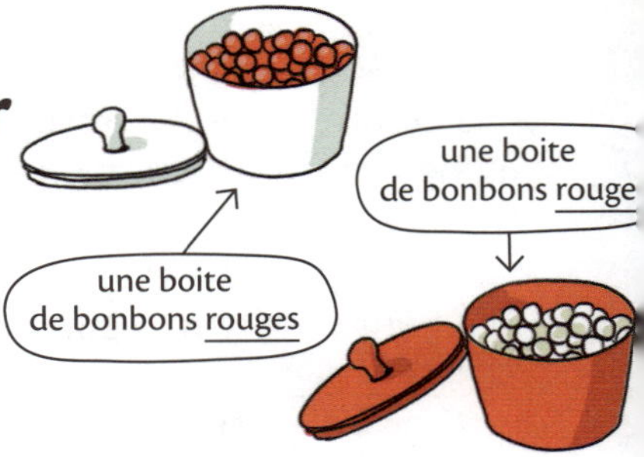

L'accord du déterminant

Le **déterminant** (→ **55**) s'accorde en **genre** et en **nombre** avec le **nom** auquel il se rapporte.

la maison, les maisons ; le château, les châteaux

Cas particuliers : la plupart des **déterminants numéraux** restent cependant invariables (→ **60**).

deux-mille euros ; quatre semaines

L'accord de l'adjectif

Quelle que soit sa fonction (épithète* ou attribut*), l'**adjectif** (→ **62**) s'accorde en **genre** et en **nombre** avec le **nom** ou le **pronom** auquel il se rapporte.

J'ai une nouvelle voisine. Elle seule sait où sont mes clés.

Ces chatons paraissent bien jeunes. Je les trouve très mignons.

Lorsqu'un même adjectif se rapporte à **plusieurs noms ou pronoms coordonnés** par *et*, il se met au pluriel et au masculin si au moins l'un des termes est au masculin (→ **125**).

son oncle (masc. sing.) et sa tante (fém. sing.) maternels (masc. plur.)

Les **adjectifs** issus du participe passé ou du participe présent d'un verbe suivent les mêmes règles.

La vieille femme fatiguée reste souriante.

Lorsqu'il est dans un groupe* nominal composé d'un nom lui-même complété par un autre nom, il faut se demander **auquel des deux noms l'adjectif se rapporte.**

un panier de pommes acides (ce sont les pommes qui sont acides)
des chaises de bureau empilées (ce sont les chaises qui sont empilées)

ASTUCE Comment s'aider des déterminants ?

À l'oral, le genre et le nombre sont souvent plus facilement repérables sur le déterminant (*un* ≠ *une*) que sur le nom ou l'adjectif. À l'écrit, on peut se fier aux déterminants pour écrire correctement les noms et les adjectifs.

un ami dévoué
(j'écris l'adjectif et le nom sans *e* parce que le déterminant est un)

une amie dévouée
(j'écris l'adjectif et le nom avec *e* parce que le déterminant est une)

EXERCICES

CORRIGÉS P. 416

1 Complétez les déterminants, les adjectifs et participes passés.

L..... bizarre..... incidents nocturne..... survenu..... dans l..... classe de sciences, et dont on continuait à ignorer l..... auteurs comme l..... causes, étaient resté..... dans tout..... l..... mémoires.
(P. Véry, *Les Disparus de Saint-Agil*)

LA BULLE LITTÉRAIRE

« Oui, tout est bizarre ! Ces bêtes aquatiques, ces varechs bruns et roux, cet estuaire immense que les gens d'ici appellent "rivière" bien que l'eau en soit salée. »

Yvon Mauffret,
Le Mousse du bateau perdu

2 Pour chaque déterminant et chaque adjectif de la bulle littéraire, donnez le nom ou le pronom qui commande son accord.

3 Écrivez trois fois ces groupes nominaux en variant chaque fois le genre ou le nombre.

a. un cousin germain – **b.** quel gentil chien – **c.** son correspondant allemand

TOUT RETENIR EN UN CLIN D'ŒIL

le déterminant	l'adjectif
↓	↓
a le **genre** et le **nombre**	
↓	↓
du nom	du nom ou du pronom

auquel il se rapporte

122 Comment accorder le verbe ?

Règle générale

- Le verbe s'accorde en **personne** (1re, 2e ou 3e) et en **nombre** (singulier ou pluriel) avec son **sujet.**

 Je cours. (cours est à la 1re personne du singulier comme je)
 Ils courent. (courent est à la 3e personne du pluriel comme ils)

- Il est donc toujours important de repérer **le sujet, et son noyau*** s'il s'agit d'un groupe nominal ou pronominal.

 Le célèbre athlète court. Les célèbres athlètes courent.

Les expressions comme *beaucoup de, quantité de, un grand nombre de...* jouent le rôle d'un déterminant (→ **59**) : c'est bien le **nom qui suit** qui est le noyau et qui **commande l'accord**.

 Beaucoup de supporters les encouragent.

Cas particuliers

- Un **nom singulier** peut représenter **plusieurs** personnes ou choses : l'accord du verbe avec un tel sujet se fera bien au **singulier** (comme le nom) et non au pluriel (comme ce que désigne le nom).

 Le public nombreux suivait la course avec intérêt.
 (et non ~~Le public nombreux suivaient~~)

- Le verbe en **tournure impersonnelle** (→ **76**) s'accorde avec le sujet grammatical *il :* il est donc toujours à la **3e personne du singulier**.

 Il lui reste encore quelques mètres à parcourir avant l'arrivée !

- Si le sujet est un **infinitif** (ou un groupe* infinitif) ou **une proposition subordonnée complétive** introduite par *que* (→ **105**), le verbe est à la **3e personne du singulier**.

 Courir aussi vite qu'Usain m'est impossible !
 Qu'il soit de nouveau champion olympique n'étonne personne.

ASTUCE Pour bien accorder le verbe

Pour ne pas faire d'erreur quand j'accorde un verbe, je me rappelle que :

- **le sujet peut être placé après le verbe ;**
  Les performances que réalise l'athlète sont surprenantes !
- **le noyau du sujet peut être séparé du verbe par d'autres mots.**
  L'athlète des jeux Olympiques court. Je le vois de la tribune.

EXERCICES

CORRIGÉS P. 416

1 Complétez avec le ou les pronoms personnels sujets qui conviennent.

a. . . . saurons – b. . . . sauront – c. . . . dansait – d. . . . dansaient – e. . . . dansais

2 Expliquez l'accord des verbes soulignés en donnant leur sujet avec le noyau qui commande l'accord.

La naissance de Gaspard Fontarelle suscita maints commentaires. Les parents de l'enfant étaient marchands forains. Ils vendaient des cravates et personne n'aurait songé à leur en faire le reproche, si Mme Fontarelle ne s'était avisée de dire la bonne aventure sur les marchés. (A. Dhôtel, *Le Pays où l'on n'arrive jamais*)

3 Écrivez les verbes entre parenthèses au présent.

a. Qui *(savoir)* à qui *(profiter)* ces recherches ? – b. La croissance *(stagner)* ainsi que le *(montrer)* les chiffres. – c. L'enquête menée auprès de cinq-cents collégiens *(prouver)* l'intérêt que *(porter)* les jeunes à l'écologie. – d. C'est encore toi qui *(avoir)* le plus de chance !

4 Récrivez le texte de la bulle littéraire en remplaçant *nous* par *vous*, puis par *moi*.

LA BULLE LITTÉRAIRE

« Nous qui connaissons toute la ville, nous ne voyons pas du tout qui pourrait avoir perdu la raison. »
Georges Simenon, *Le Chien jaune*

TOUT RETENIR EN UN CLIN D'ŒIL

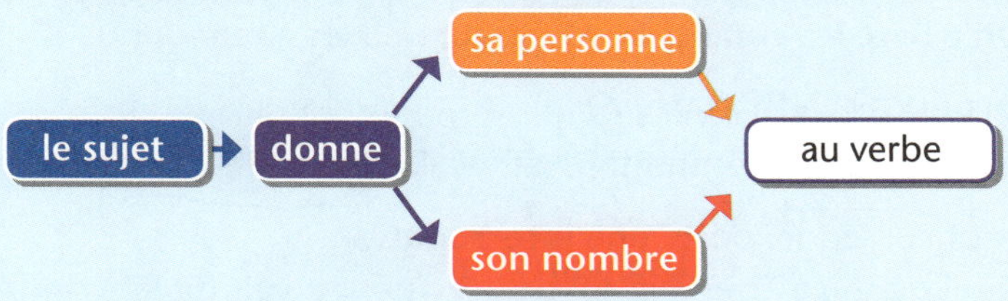

123 Comment accorder le participe passé ?

Le participe passé employé sans auxiliaire

Le participe passé employé sans auxiliaire* s'accorde en **genre** et en **nombre** avec le **mot auquel il se rapporte**, comme un adjectif (→ **121**).

| Restée à l'entrée du labyrinthe, Ariane attend Thésée. Elle le croit perdu.

Le participe passé employé avec l'auxiliaire *être*

Le participe passé employé avec l'auxiliaire *être* s'accorde en **genre** et en **nombre** avec le **sujet**. C'est le cas :

- du participe passé des verbes qui forment toujours leurs temps composés avec *être* (→ **133**) ;

  | Les jeunes citoyens ne sont jamais revenus à la maison.

- du participe passé des verbes au passif (→ **99**).

  | Les plans du labyrinthe ont été conçus par Dédale.

Le participe passé employé avec l'auxiliaire *avoir*

Le **participe passé** employé avec ***avoir*** ne s'accorde **jamais avec le sujet**.

| Plusieurs personnes ont disparu dans le labyrinthe.

Mais il s'accorde toujours en **genre** et en **nombre** avec le **complément d'objet direct** (COD, → **116**) placé **avant** le verbe. C'est le cas lorsque le COD est :

- un **pronom personnel** (*me, la, les…*) ;

  | On a livré les enfants au Minotaure : il les a mangés.

- le **pronom relatif *que*** (*qu'*) ;

  | On a livré au Minotaure les enfants qu'il a aussitôt dévorés.

- le **mot** sur lequel porte une **interrogation**.

  | Quelle astuce Thésée a-t-il trouvée pour sortir du labyrinthe ?

En dehors de ces trois cas, le COD se place **après** le verbe : il ne commande donc pas l'accord du participe passé.

> Le monstre a dévoré tous les enfants.

LA BULLE LITTÉRAIRE

« Alceste a passé la boîte à Joachim, qui l'a passée à Maixent, qui l'a passée à Eudes qui l'a passée à Rufus, qui l'a passée à Geoffroy, qui a fait une drôle de tête. »

René Goscinny, *Le Petit Nicolas et les copains*

ASTUCE — Pour bien accorder le participe passé avec le COD

Si le COD est un pronom personnel ou *que*, je cherche son antécédent (le noyau* du groupe qu'il remplace) pour faire les bons accords.

> les sept garçons que le Minotaure a mangé(?)
> que remplace garçons (le Minotaure a mangé les sept garçons)
> → que est au masculin pluriel → j'écris mangés

EXERCICES

CORRIGÉS P. 416

1 Expliquez l'accord de chaque participe passé souligné.

a. Ils ont construit une cabane et l'ont aménagée. – **b.** Tous les passagers sont descendus de l'avion. – **c.** La pomme que j'ai mangée était délicieuse. – **d.** Ravis de retrouver leur fille, les parents l'ont embrassée.

2 Mettez ces phrases au passé composé.

a. Nous parcourons tout le pays. – **b.** Nos correspondants arrivent ce matin. – **c.** Jules écrit sa lettre et l'envoie aujourd'hui. – **d.** Combien de livres lis-tu en une année ? – **e.** Je range les affaires que je sors de ma valise.

TOUT RETENIR EN UN CLIN D'ŒIL

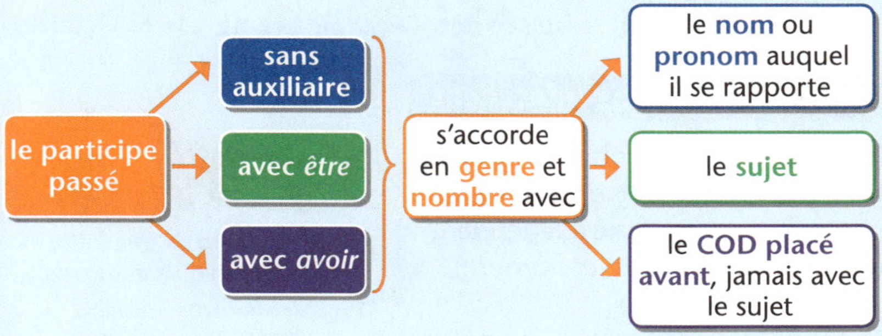

124 Comment choisir le genre et le nombre d'un pronom ?

Le genre et le nombre d'un pronom dépendent du fait qu'il remplace un mot (appelé antécédent*) ou non (→ **64**).

Les pronoms avec antécédent

- Les pronoms **personnels** et les pronoms **relatifs** sont toujours du **même genre** et du **même nombre** que le **nom** (ou le **pronom**) qu'ils remplacent.

  > **Jeanne a deux grands chiens avec lesquels elle se promène souvent.**
  > le pronom **lesquels** remplace **deux grands chiens**
  > → il est au masculin pluriel comme le nom noyau **chiens**
  > le pronom **elle** remplace **Jeanne**
  > → il est au féminin singulier comme le nom **Jeanne**

- Les **autres pronoms** sont toujours du **même genre** que le nom ou le pronom qu'ils représentent, mais **leur nombre dépend de ce qu'ils désignent**.

  > **Parmi ses robes, celle qui lui va le mieux est la rouge.**
  > le pronom **celle** est au féminin comme le nom **robe** qu'il remplace, mais il est au singulier, car on ne parle que d'une robe
  > **Son fils est ami avec les miens.** (= avec mes fils)

- Lorsque le pronom remplace **autre chose** qu'un nom ou un pronom (une proposition, par exemple), il est au **masculin singulier**.

  > **Notre équipe a remporté la victoire : cela me réjouit.** (**cela**, masculin singulier, remplace **notre équipe a remporté la victoire**)

Les pronoms sans antécédent

- Le genre et le nombre d'un **pronom personnel qui désigne une ou plusieurs personnes** dépendent de l'être désigné (sexe et nombre).

  > **Sarah, tu es belle.**
  > **Bastien, tu es beau.**

LA BULLE LITTÉRAIRE

« Colomba, tu es une folle, répondait Orso en galopant. »
Prosper Mérimée, *Colomba*

Les **autres pronoms** sont le plus souvent au **masculin**. Certains sont toujours au singulier : *rien, aucun, personne…* ; d'autres toujours au pluriel : *certains, plusieurs…*

> **Certains pensent comme moi.**
> **Chacun sait ce qu'il a à faire.**
> **Ces nouvelles ne présagent rien de bon.**

ASTUCE Comment bien accorder avec un pronom ?

Je me rappelle qu'un pronom, même s'il ne varie pas, a toujours un genre et un nombre qu'il donne aux mots dont il commande l'accord. J'identifie donc toujours son genre, son nombre et sa personne pour faire les bons accords.

J'ai revu son père qui était ému.
(qui remplace père = masculin singulier)

J'ai revu ses sœurs qui étaient émues.
(qui remplace sœurs = féminin pluriel)

EXERCICES

CORRIGÉS P. 416

1 Vrai ou faux ?

a. Le pronom *qui* est toujours au masculin singulier. – **b.** Le pronom *quelque chose* est toujours au masculin singulier. – **c.** Un pronom est toujours du même nombre que son antécédent. – **d.** Un pronom est toujours du même genre que son antécédent quand il en a un.

2 Donnez le genre et le nombre de chacun des pronoms soulignés.

a. Jef parle à Rachida qui ne l'écoute pas. – **b.** Je sais tout de son histoire. – **c.** Ils copient les phrases que le professeur leur dicte. – **d.** Cela fera plaisir à certains.

3 Complétez.

a. Aucun des randonneurs n'étai.... fatigu.... . – **b.** Je ne connais personne de plus compét.... qu'elle. – **c.** J'ai quelque chose d'intéress.... à te raconter.

L'ESSENTIEL EN UN CLIN D'ŒIL

pronom personnel et relatif avec antécédent →	genre et nombre de l'antécédent
pronom sans antécédent désignant une personne →	genre et nombre selon qui est désigné

125 Comment accorder lorsqu'il y a *et* ?

Comment accorder en nombre ?

Que les termes coordonnés soient au singulier ou au pluriel, l'accord se fait au **pluriel**.

> La paille et le bois sont moins solides que la brique. (le verbe sont et l'adjectif solides, qui s'accordent avec le sujet, sont au pluriel)

Comment accorder en genre ?

Si les termes coordonnés sont du **même genre**, l'accord se fait **selon ce genre**.

> Les briques et les tuiles qu'il a utilisées sont très résistantes.
> paille et tuile sont deux noms féminins
> → le participe passé utilisées, qui s'accorde avec le complément d'objet* direct qu' mis pour les briques et les tuiles, est au féminin ; l'adjectif attribut résistantes, qui s'accorde avec le sujet, est au féminin

Si les termes coordonnés sont de **genres différents**, l'accord se fait au **masculin**.

> Le ciment et la colle qu'il a utilisés sont très résistants.
> ciment est un nom masculin, colle est un nom féminin
> → le participe passé utilisés et l'adjectif résistants sont au masculin

Comment accorder en personne ?

Si les termes coordonnés sont de la **même personne**, l'accord se fait à **cette personne**.

> Ses frères et lui construisent une maison solide.
> 3e pers. 3e pers.

Si les termes coordonnés contiennent un pronom personnel de la **1re personne**, l'accord se fait à la **1re personne** du pluriel.

> Mes frères et moi construisons une maison solide.
> 3e pers. 1re pers. 1re pers. plur.

LA BULLE LITTÉRAIRE

« Est-ce bien vous et moi, madame Grandet, qui avons fait une fille désobéissante comme l'est celle-là ? »

Honoré DE BALZAC, *Eugénie Grandet*

- Si les termes coordonnés contiennent un pronom personnel de la **2e personne** et un terme de la **3e personne**, l'accord se fait à la **2e personne** du pluriel.

  Tes frères (3e pers.) et toi (2e pers) construisez (2e pers. plur.) une maison solide.

ASTUCE À quelle personne accorder le verbe ?

Lorsque plusieurs personnes différentes font une même action, je suis l'ordre croissant des nombres (1, 2, 3), comme si je comptais, pour savoir comment accorder le verbe.

Toi (2e pers.) et moi (1re pers.) n'avons pas peur du loup.

1 vient avant 2 → le verbe avoir est à la 1re personne du pluriel

EXERCICES

CORRIGÉS P. 416

1 Donnez les pronoms personnels sujets correspondants.

a. toi et moi – **b.** lui et moi – **c.** eux et vous – **d.** vous et nous – **e.** elle et lui

2 Complétez.

a. « Papa et moi ser..... rentr..... avant minuit », dit Rosalie. – **b.** L'orange et le citron que j'ai press..... donn..... un jus délicieux. – **c.** Philippe et Claire rest..... attach..... à ces traditions.

TOUT RETENIR EN UN CLIN D'ŒIL

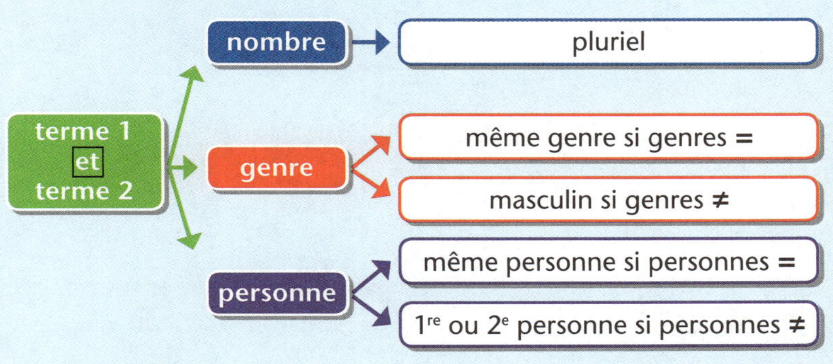

5 CONJUGAISON

Comment conjuguer ?

Tableaux de conjugaison

126 Comment conjuguer un verbe ?

Pour bien conjuguer un verbe, il faut associer au bon radical (qui porte le sens) la bonne terminaison (qui porte les différentes marques grammaticales). Mais la décomposition radical-terminaison n'est pas toujours possible.

Le radical

Certains verbes **gardent le même radical** dans toute leur conjugaison ; d'autres verbes se conjuguent sur **deux ou plusieurs radicaux.** Dans ce cas, on parle aussi de **bases.**

> **aimer** et **courir** n'ont qu'un radical : **aim-**, **cour-**
> **pouvoir** se conjugue sur plusieurs radicaux : **peu-**, **pouv-**, **peuv-**…

Certaines modifications ne concernent que la **graphie** et ne changent pas la prononciation du radical.

> ainsi, on utilise le ç dans la conjugaison des verbes en *-cer* pour garder le son [s] (→ **3**) : **lancer** → **je lançais**

Les **verbes en *-er*** et les **verbes en *-ir* / *-issant*** ont le plus souvent un radical stable. Les **autres verbes** subissent plus de modifications qui ne sont pas prévisibles : il faut les connaitre.

> **prendre** modifie son radical différemment de **vendre** : **je prenais** / **je vendais**

Cependant, il y a des régularités. Ainsi pour **tous les verbes** :

- le même radical sert à former la **1re personne du pluriel du présent de l'indicatif**, le **participe présent** (sauf *être* et *savoir*), toutes les **personnes de l'imparfait** ;

> **prendre** : **nous prenons**, **prenant**, **je prenais**, **nous prenions**

- le même radical sert à former toutes les personnes du **futur** et du **conditionnel présent.**

> **pouvoir** : **je pourrai**, **nous pourrons** (futur)
> **je pourrais**, **nous pourrions** (conditionnel présent)

Les terminaisons

Les terminaisons présentent certaines difficultés :

- certaines d'entre elles peuvent **se prononcer de la même façon** ;

> **-é** (participe passé) et **-er** (infinitif) se prononcent [e] (→ **134**)

- elles sont parfois **muettes.**

  -t et -s ne se prononcent pas :
  je crois, il croit

Cependant, à l'exception de quelques cas, **les terminaisons sont régulières** pour un temps donné ou une personne donnée. Elles sont donc prévisibles.

> -ons termine toujours un verbe dont le sujet est nous, jamais ils ou elles
> un verbe dont le sujet est ils ou elles se termine toujours par -nt

LA BULLE LITTÉRAIRE

« On dirait… dans cet enclos, là, juste en dessous, je rêve ou tous les verbes se terminent en *er* ? *Chanter, arriver, pleurer…* »

Erik ORSENNA,
Les Chevaliers du subjonctif

ASTUCE Comment trouver le bon radical ?

Lorsqu'on me demande de conjuguer un verbe à un temps donné, je le prononce à voix haute en le faisant précéder de *hier* (pour les temps du passé), *maintenant* (pour le présent), *demain* (pour le futur), *il faut que* (pour subjonctif), *si c'était possible* (pour le conditionnel).

faire → Hier, je faisais du vélo.
Il faut que je fasse du vélo.

EXERCICES

CORRIGÉS P. 416

1 Regroupez les étiquettes par verbe et donnez l'infinitif.

lisez | lions | lissant | liait | lirez | lissera | lis | lissez | lieras | lient | lissions | liraient

2 Pour chacune de ces terminaisons, donnez-en au moins une autre qui se prononce de la même façon.

a. -ais – **b.** -ons – **c.** -as – **d.** -e

3 Relevez les verbes de la bulle littéraire : séparez le radical de la terminaison par un trait.

4 Séparez le radical de la terminaison par un trait et donnez l'infinitif.

a. vous pliiez – **b.** nous ferions – **c.** ils disaient – **d.** grandissant – **e.** aimé

L'ESSENTIEL EN UN CLIN D'ŒIL

verbe = radical + terminaison

127 Quel radical utiliser au présent de l'indicatif ?

Les verbes en *-er*

La plupart des verbes en *-er* gardent **le même radical*** à toutes les personnes du présent de l'indicatif : ce radical s'obtient en supprimant la terminaison *-er* de l'infinitif.

infinitif : parler → radical du présent : parl- (je parle, nous parlons)

Il y a quelques cas particuliers :

- dans les verbes en ***-cer*** et les verbes en ***-ger***, on écrit **ç** et ***ge*** **devant** ***-ons***. Sinon, la prononciation change !

  placer : nous plaçons
  manger : nous mangeons

> **LA BULLE LITTÉRAIRE**
>
> « Nous mangeons une tartine, puis nous filons au Volcan. »
> Émile Zola, *Germinal*

- dans les verbes en ***-oyer*** et ***-uyer***, le *y* devient ***i*** devant les terminaisons muettes *-e, -es, -ent*. Les verbes en *-ayer* s'écrivent avec *i* ou *y* ;

  envoyer : j'envoie ; essuyer : ils essuient
  payer : je paie ou je paye

- les verbes qui ont un ***e*** ou un ***é*** **dans l'avant-dernière syllabe** de leur infinitif s'écrivent avec **è** (accent grave, → 18) **devant les terminaisons muettes** *-e, -es, -ent* (→ 161 et 151).

  promener : je promène ; préférer : elles préfèrent

Mais ***appeler*** et ***jeter***, ainsi que les verbes de leur famille, **doublent leur consonne** dans ce cas (→ 148).

rappeler : je rappelle ; projeter : elles projettent

Les verbes en *-ir / -issant*

Tous les verbes en *-ir / -issant* ont **deux radicaux** pour le présent :

- pour le singulier, le radical est court ;

  infinitif : finir → radical du présent singulier : fini- (je finis, il finit)

- pour le pluriel, le radical est long.

  radical du présent singulier : fini-
  → radical du présent pluriel : finiss- (nous finissons, elles finissent)

Les autres verbes

Les autres verbes peuvent former leur présent sur **un ou plusieurs radicaux** qui ne se construisent pas toujours à partir de l'infinitif : il faut les connaitre.

courir → un radical : cour- (je cours, nous courons)
voir → deux radicaux : voi- (je vois), voy- (nous voyons)
devoir → trois radicaux : doi- (je dois), dev- (nous devons), doiv- (ils doivent)

ASTUCE Comment retenir quel radical utiliser ?

Je me rappelle que, pour tous les verbes (sauf *avoir*, *être* et *aller*), c'est toujours le même radical qui sert à former les trois personnes du singulier.

j'achète, tu achètes, il achète
je fais, tu fais, elle fait

EXERCICES

CORRIGÉS P. 416

1 **Classez ces verbes selon qu'ils ont un, deux ou trois radicaux au présent de l'indicatif.**
a. écrire – **b.** grandir – **c.** secourir – **d.** parsemer – **e.** vouloir – **f.** savoir

2 **Donnez les radicaux du présent de l'indicatif de ces verbes.**
a. ennuyer – **b.** placer – **c.** espérer – **d.** rejeter – **e.** déranger – **f.** semer

TOUT RETENIR EN UN CLIN D'ŒIL

Les radicaux du présent

verbes en *-er*	singulier et pluriel	= infinitif sans -er (parl-)
verbes en *-ir* / *-issant*	singulier	= radical court (fini-)
	pluriel	= radical long (finiss-)
autres verbes	il faut les connaitre (doi-, dev-, doiv-)	

128 Quelles sont les terminaisons du présent de l'indicatif ?

Les terminaisons du singulier

Au singulier, les verbes ont des **terminaisons différentes selon leur infinitif** :

- tous les verbes en *-er* (sauf *aller*), ainsi que les verbes qui se conjuguent comme *cueillir, offrir, ouvrir, souffrir* et *assaillir* ont des terminaisons en ***-e, -es, -e*** ;

parler :	**je parle**	**tu parles**	**il / elle parle**
couvrir :	**je couvre**	**tu couvres**	**il / elle couvre**

- presque tous les autres verbes ont des terminaisons en ***-s, -s, -t***.

grandir :	**je grandis**	**tu grandis**	**il / elle grandit**
voir :	**je vois**	**tu vois**	**il / elle voit**

Les terminaisons du pluriel

Presque tous les verbes, quel que soit leur infinitif, ont des terminaisons en ***-ons, -ez, -ent***.

nous parlons, **vous grandissez**, **ils / elles voient**

Quelques cas particuliers

▶ ***Vouloir, pouvoir*** et ***valoir*** n'ont pas de *s* aux deux premières personnes du singulier, mais un ***x***.

> je veux, je peux, je vaux
> tu veux, tu peux, tu vaux

LA BULLE LITTÉRAIRE

« Je commence à parler et très vite je perds le fil, j'oublie le plan, je me laisse emporter par le désir que j'ai de les convaincre. »

Delphine de Vigan, *No et moi*

▶ Les verbes en ***-dre*** (sauf ceux en *-indre* ou *-oudre*) **n'ont pas de *-t*** à la 3e personne du singulier (→ 176). Ils se terminent par le ***d* du radical*** (on dit qu'ils ont la terminaison Ø).

> verbe en -dre : prendre → il prend ; tordre → elle tord
> mais verbe en -indre : peindre → il peint

▶ ***Avoir*** (→ 137), ***être*** (→ 138), ***aller*** (→ 139), ***dire*** (→ 173) *et* ***faire*** (→ 140) ont des conjugaisons particulières avec des terminaisons qui leur sont propres : il faut les connaitre par cœur.

ASTUCE Comment écrire la bonne terminaison au singulier ?

Je me rappelle que les terminaisons du singulier dépendent de l'infinitif. Avant d'écrire un verbe au présent, je regarde donc toujours s'il a un infinitif en *-er* ou non.

EXERCICES

CORRIGÉS P. 416

1 Complétez avec la bonne terminaison.

a. elle jou. . . . . – **b.** il cou. . . . . – **c.** je dépli. . . . . – **d.** j'écri. . . . . – **e.** tu conclu. . . . . – **f.** tu pollu. . . . .

2 Mettez ces verbes au présent et à la personne demandée.

a. gravir (ils) – **b.** pouvoir (tu) – **c.** courir (elles) – **d.** ranger (nous) – **e.** dire (vous) – **f.** semer (elles) – **g.** attendre (il) – **h.** céder (je) – **i.** tracer (nous)

L'ESSENTIEL EN UN CLIN D'ŒIL

	je	tu	il / elle	nous	vous	ils / elles
verbes en *-er*	-e	-es	-e	-ons	-ez	-ent
autres verbes	-s (-x)	-s (-x)	-t (ou Ø)			

129 Comment conjuguer un verbe à l'imparfait de l'indicatif ?

Le radical

- Chaque verbe a **un seul radical*** à l'imparfait.

  je savais, tu savais, elle savait, nous savions, vous saviez, ils savaient
  je grandissais, …, nous grandissions, …, elles grandissaient

- Pour tous les verbes (sauf pour *être*), ce radical est le même que celui de la **1re personne du pluriel du présent** de l'indicatif.

infinitif	1re pers. du plur. du présent	radical	imparfait
plier	nous plions	pli-	je pliais
finir	nous finissons	finiss-	je finissais
prendre	nous prenons	pren-	je prenais

- Dans les verbes en *-cer* (→ **170**) et les verbes en *-ger* (→ **163**), on écrit **ç** et ***ge*** **devant** ***-ais, -ait, -aient***. Sinon, la prononciation change !

  rincer : je rinçais, tu rinçais, il rinçait, elles rinçaient
  plonger : je plongeais, tu plongeais, elle plongeait, ils plongeaient

Les terminaisons

- Pour tous les verbes, les terminaisons sont : ***-ais***, ***-ais***, ***-ait***, ***-ions***, ***-iez***, ***-aient***.

je	tu	il / elle	nous	vous	ils / elles
-ais	-ais	-ait	-ions	-iez	-aient
je lisais	tu lisais	elle lisait	nous lisions	vous lisiez	ils lisaient

Quelques cas particuliers

Parfois, le radical se termine par un *i*. Avec *nous* et *vous*, il faut ajouter *-ions* ou *-iez*. Il y a donc deux ***i*** à l'imparfait pour ces verbes.

plier : nous pliions, vous pliiez
rire : nous riions, vous riiez

LA BULLE LITTÉRAIRE

« Gavroche se couchait, puis se redressait, s'effaçait dans un coin de la porte, puis bondissait, disparaissait, reparaissait, se sauvait, revenait. »

Victor Hugo, *Les Misérables*

ASTUCE J'écris *-ais, -ait* ou *-aient* ?

Je regarde le sujet du verbe pour choisir parmi ces trois terminaisons qui se prononcent de la même façon.

je sais que s va avec je ou tu → j'écris donc je chantais, tu dansais
je sais que t va avec il / elle → j'écris donc il chantait, elle dansait
je sais que ent va avec ils / elles → j'écris donc ils chantaient, elles dansaient

EXERCICES

CORRIGÉS P. 416

1 Recopiez les verbes qui sont à l'imparfait et donnez leur infinitif.

Le petit prince, qui assistait à l'installation d'un bouton énorme, sentait bien qu'il en sortirait une apparition miraculeuse, mais la fleur n'en finissait pas de se préparer à être belle, à l'abri dans sa chambre verte. Elle choisissait avec soin ses couleurs. Elle s'habillait lentement, elle ajustait un à un ses pétales. (A. de Saint-Exupéry, *Le Petit Prince*)

2 Mettez à l'imparfait ces verbes donnés au présent de l'indicatif.

a. vous cirez – **b.** vous criez – **c.** elle commence – **d.** je dors – **e.** tu finis

3 Mettez à l'imparfait les verbes donnés entre parenthèses.

Il n'*(oser)* plus me raconter des histoires de son enfance. Je ne lui *(parler)* plus de mes études. [...] elles lui *(être)* incompréhensibles et il *(refuser)* de faire mine de s'y intéresser, à la différence de ma mère. Il se *(fâcher)* quand je me *(plaindre)* du travail ou *(critiquer)* les cours. Le mot «prof» lui *(déplaire)*. (A. Ernaux, *La Place*)

L'ESSENTIEL EN UN CLIN D'ŒIL

radical de la 1re personne du pluriel du présent + -ais, -ais, -ait -ions, -iez, -aient = imparfait

130 Comment conjuguer un verbe au passé simple ?

Le radical

- Chaque verbe a **un seul radical*** au passé simple.

  je reçus, tu reçus, elle reçut, nous reçûmes, vous reçûtes,
  ils reçurent

- Pour tous les **verbes en *-er*** (même pour *aller*), ce radical est le même que celui de l'infinitif (infinitif auquel on retire *-er*).

  parler : radical parl- → ils parlèrent

Remarque : Dans les verbes en ***-cer*** (→ **170**) et les verbes en ***-ger*** (→ **163**), on écrit **ç** et ***ge*** **devant** les terminaisons qui commencent par ***a***. Sinon, la prononciation change !

  je rinçai, nous plongeâmes

- Pour les **verbes en *-ir* / *-issant*** (→ **142**), ce radical est le même que celui du présent singulier.

  finir : radical fini- → ils finirent

- Pour les **autres verbes**, le radical n'est pas prévisible. Il faut **le connaitre.**

  recevoir : il reçut ; vivre : ils vécurent

Les terminaisons

- Au passé simple, les verbes ont des **terminaisons différentes selon leur infinitif** :

- les **verbes en *-er*** (y compris *aller*) ont les terminaisons : ***-ai, -as, -a, -âmes, -âtes, -èrent*** ;

  je pliai, tu plias, elle plia, nous pliâmes, vous pliâtes, ils plièrent

- pour les **autres verbes**, les terminaisons finissent toujours par ***-s, -s, -t, -mes, -tes, -rent***, mais la voyelle qui précède peut être ***i*** ou ***u*** selon les verbes. Cette voyelle devient ***in*** [ɛ̃] pour les verbes qui se conjuguent comme *tenir* ou *venir* (→ **181**).

  voir : je vis, ils virent ; lire : je lus, ils lurent
  venir : je vins, ils vinrent

▶ Aux 1re et 2e personnes du pluriel, il y a toujours un accent circonflexe sur la voyelle de la terminaison.

> nous parlâmes, vous dîtes,
> nous sûmes, vous vîntes

LA BULLE LITTÉRAIRE

« Quand les écuelles furent vidées, on alluma les pipes et on se mit à causer un peu. »

Alphonse DAUDET,
Les Lettres de mon moulin

ASTUCE J'écris *-ai* ou *-ais* avec le sujet *je* ?

Je me rappelle que, avec le sujet *je*, *-ai* est la terminaison du passé simple et *-ais* est celle de l'imparfait. Pour savoir à quel temps est le verbe, je change de personne.

Je march(ai ou ais ?) depuis une heure.
Soudain, je rencontr(ai ou ais ?) un chien.

Tu marchais (imparfait) depuis une heure.
Soudain, tu rencontras (passé simple) un chien.

donc j'écris : Je marchais depuis une heure.
Soudain, je rencontrai un chien.

EXERCICES

CORRIGÉS P. 417

1 Relevez les verbes au passé simple et donnez leur infinitif.
L'épaisseur du noir diminua. Soudain, je crus sentir qu'une ombre glissait près de moi. Je poussai un cri, une voix répondit. (G. de Maupassant, *Sur l'eau*)

2 Mettez ces verbes au passé simple et à la personne demandée.
a. danser (je) – **b.** rougir (tu) – **c.** courir (elles) – **d.** s'enfuir (ils) – **e.** aller (nous) – **f.** apercevoir (tu) – **g.** attendre (vous) – **h.** regarder (elle)

3 Récrivez la bulle littéraire en mettant *les écuelles* au singulier et en remplaçant *on* par *ils*.

L'ESSENTIEL EN UN CLIN D'ŒIL

passé simple = radical +
- -ai, -as, -a, -âmes, -âtes, -èrent → verbes en -er
- -s, -s, -t, -^mes, -^tes, -rent → autres verbes

131 Comment conjuguer un verbe au futur ?

Le radical

Le futur de chaque verbe est construit sur **un seul radical***, qui est toujours suivi par *r*, **la marque du futur**.

je saurai, tu sauras, elle saura, nous saurons, vous saurez, ils sauront

je grandirai, …, nous grandirons, …, elles grandiront

Pour tous les **verbes en *-er*** (sauf pour *aller*), ce radical correspond à la **1re personne du singulier du présent** de l'indicatif à laquelle on ajoute le ***r* du futur**.

parler : je parle (présent) → parle + r → je parlerai (futur)

Ainsi, comme pour le présent (→ **127**), il faut veiller à :

- **remplacer *y* par *i*** dans les verbes en *-uyer* et *-oyer* ;

  nettoyer → présent : je nettoie → futur : je nettoierai

- **remplacer le *e* ou le *é*** de l'avant-dernière syllabe de l'infinitif par ***è*** ;

  semer → présent : je sème → futur : je sèmerai

  régler → présent : je règle → futur : je réglerai

- **doubler** le ***l*** et le ***t*** de ***appeler*** et ***jeter*** et des verbes de leur famille.

  jeter → présent : je jette
  → futur : je jetterai

Pour tous les **verbes en *-ir* / *-issant***, ce radical suivi du *r* du futur correspond à l'**infinitif**. Pour les **autres verbes**, cela peut correspondre à l'infinitif ou être différent. Dans ce cas, Il faut **connaitre les radicaux**.

LA BULLE LITTÉRAIRE

« On ne t'appellera pas *miss Intrépida*, me dit Maman. On te donnera ton vrai nom : *Vampirella*. »

Évelyne Reberg, *C'est la vie, Julie !*

	verbes en *-ir* / *-issant*	autres verbes		
infinitif	choisir	sortir	courir	faire
futur	je choisirai	je sortirai	je courrai	je ferai

radical + *r* = infinitif (choisir, sortir) — radical ≠ infinitif (courir, faire)

Les terminaisons

Pour tous les verbes, les terminaisons sont :

je	tu	il / elle	nous	vous	ils / elles
-ai	-as	-a	-ons	-ez	-ont
je lirai	tu liras	elle lira	nous lirons	vous lirez	ils liront

ASTUCE Comment ne pas oublier les *e* muets ?

Je me rappelle que, pour construire le futur d'un verbe en *-er*, je prends sa 1re personne du singulier au présent qui se termine toujours par *e* et j'ajoute le *r* du futur. Ainsi, je n'oublie pas les *e* qui ne s'entendent pas.

jouer : je joue (présent) → joue + r → je jouerai (futur)

EXERCICES

CORRIGÉS P. 417

1 Dans chaque liste, quel verbe n'est pas au futur ?

a. ❑ je volerai ❑ je nagerai ■ je courais ❑ je sauterai

b. ❑ ils parleront ❑ nous rirons ■ nous faisons ❑ elles chanteront

c. ■ il savoura ❑ il dégustera ❑ il goutera ❑ il appréciera

2 Complétez cet horoscope en mettant les verbes au futur.

Sagittaire – Semaine du 3 mai : Vous *(franchir)* une nouvelle étape dans vos amours et vous *(voir)* la vie en rose. Rien ne vous *(ennuyer)*. Attention, vous *(projeter)* des achats qui vous *(jouer)* des tours. Vous *(oublier)* vos soucis de santé.

3 Relevez les verbes au futur dans la bulle littéraire et donnez leur infinitif.

L'ESSENTIEL EN UN CLIN D'ŒIL

- verbes en *-er* → 1re pers. du prés. + r
- verbes en *-ir* / *-issant* → infinitif
- autres verbes → infinitif ou autre radical (avec r)

+ -ai, -as, -a, -ons, -ez, -ont = futur

132 Comment conjuguer un verbe au conditionnel présent ?

Le radical

Chaque verbe a **un seul radical*** au conditionnel présent. Pour tous les verbes, le radical du verbe (le même que celui du futur, → **131**) est suivi par la marque *r*.

infinitif	futur	radical + *r*	conditionnel présent
parler	il parlera	parler-	il parlerait
choisir	elle choisira	choisir-	elle choisirait
sortir	il sortira	sortir-	il sortirait
faire	elle fera	fer-	elle ferait

Comme pour le futur, il faut veiller à :

- **remplacer *y* par *i*** dans les verbes en *-uyer* et *-oyer* ;

  noyer → futur : il noiera
  → conditionnel présent : il noierait

- **remplacer le *e* ou le *é*** de l'avant-dernière syllabe de l'infinitif **par *è*** ;

  semer → futur : il sèmera
  → conditionnel présent : il sèmerait
  régler → futur : elle règlera
  → conditionnel présent : elle règlerait

- **doubler** le *l* et le *t* de ***appeler*** et ***jeter*** et des verbes de leur famille (→ **148**).

  jeter → futur : il jettera
  → conditionnel présent : il jetterait

LA BULLE LITTÉRAIRE

« Mais il me semblait que si nous allions à leur rencontre nous entrerions dans une zone dangereuse. »

Patrick Modiano, *Un cirque passe*

Les terminaisons

Les terminaisons du conditionnel présent sont les mêmes pour tous les verbes ; ce sont celles de l'**imparfait**.

je	tu	il / elle	nous	vous	ils / elles
-ais	-ais	-ait	-ions	-iez	-aient
je lirais	tu lirais	elle lirait	nous lirions	vous liriez	ils liraient

ASTUCE J'écris *-ai* ou *-ais* avec le sujet *je* ?

Je me rappelle que, avec le sujet *je*, *-ai* est la terminaison du futur et *-ais* est celle du conditionnel présent. Pour savoir à quel temps est le verbe, je change de personne.

J'aimer(ai ou ais ?) venir, mais je ne ser(ai ou ais ?) pas disponible.

Nous aimerions (conditionnel présent) venir, mais nous ne serons (futur) pas disponibles.

donc j'écris : J'aimerais venir, mais je ne serai pas disponible.

EXERCICES

CORRIGÉS P. 417

1 Vrai ou faux ?

a. Pour tous les verbes, le conditionnel présent se construit à partir de l'infinitif auquel on ajoute les terminaisons de l'imparfait. – **b.** Les terminaisons du conditionnel présent sont les mêmes que celles du futur. – **c.** Les terminaisons du conditionnel présent suivent toujours un *r*.

2 Mettez ces verbes au conditionnel présent et à la personne demandée.

a. espérer (je) – **b.** broyer (tu) – **c.** courir (elles) – **d.** éternuer (ils) – **e.** inclure (nous) – **f.** venir (tu) – **g.** voir (vous) – **h.** aller (elle)

3 Dans chaque liste, quel verbe n'est pas au conditionnel présent ?

a. ❑ je chasserais ❑ je suivrais ❑ je concourais ❑ je répondrais

b. ❑ nous sortirions ❑ nous gérions ❑ nous garantirions ❑ nous serions

c. ❑ ils savaient ❑ elles connaitraient ❑ ils sauraient ❑ elles ignoreraient

L'ESSENTIEL EN UN CLIN D'ŒIL

radical + r du futur + terminaisons de l'imparfait = conditionnel présent

133 Comment conjuguer un verbe aux temps composés de l'indicatif ?

Qu'est-ce qu'un temps composé ?

Un verbe conjugué à un temps composé est formé de l'**auxiliaire*** ***avoir* ou *être*** conjugué à un temps simple suivi du **participe passé** du verbe.

| courir : j'ai couru (ai : aux. ; couru : p. p.) partir : j'étais parti (étais : aux. ; parti : p. p.)

Dans un temps composé, c'est l'**auxiliaire** qui **varie** pour porter les marques de temps, de mode, de personne et de nombre. Le **participe passé**, lui, **garde la même forme**, mais il peut s'accorder en genre et en nombre (→ **123**).

| il a couru, elles ont couru

Quel auxiliaire choisir ?

La plupart des verbes se conjuguent avec *avoir*.

| Elle a chanté en solo.

Quelques verbes se conjuguent avec *être*. Les plus courants sont : *aller, arriver, (re)descendre, devenir, (r)entrer, (re)monter, mourir, naitre, (re)partir, rester, retourner, (res)sortir, (re)tomber, (re)venir.*

| La cantatrice est partie en tournée.

Les verbes pronominaux (→ **77**) se conjuguent toujours avec *être*.

| Elle s'est trompée, mais personne ne s'est aperçu de rien.

LA BULLE LITTÉRAIRE

« On a couru sur le sable mouillé. Nos pieds ont laissé des traces luisantes. »

Christine de Rivoyre, *Boy*

Les différents temps composés de l'indicatif

À chaque temps simple de l'indicatif correspond un temps composé. L'indicatif compte ainsi **cinq temps composés** :

- le **passé composé**, avec l'auxiliaire conjugué au **présent** ;

  | j'ai parlé nous sommes venus

- le **plus-que-parfait**, avec l'auxiliaire conjugué à l'**imparfait** ;

  | j'avais parlé nous étions venus

- le **passé antérieur**, avec l'auxiliaire conjugué au **passé simple** ;

  | j'eus parlé nous fûmes venus

- le **futur antérieur**, avec l'auxiliaire conjugué au **futur** ;

  | j'aurai parlé nous serons venus

- le **conditionnel passé**, avec l'auxiliaire conjugué au **conditionnel présent**.

  | j'aurais parlé nous serions venus

ASTUCE **Comment reconnaitre *avoir* auxiliaire ?**

Pour reconnaitre *avoir* auxiliaire, je regarde le sens de la phrase.

si je dis j'ai mangé des bonbons, le sens est « manger des bonbons » et non « avoir des bonbons ». Il s'agit donc du verbe manger employé à un temps composé avec l'auxiliaire avoir.

EXERCICES

CORRIGÉS P. 417

1 Recopiez les verbes conjugués à un temps composé.

a. Quand il est arrivé, il avait l'air content. – **b.** Je n'étais pas à la maison car j'étais allé me promener. – **c.** Tu auras envie de revenir dès que tu seras parti.

2 Mettez ces verbes au temps et à la personne demandés.

a. venir (*plus-que-parfait*, je) – **b.** grandir (*futur antérieur*, tu) – **c.** courir (*passé composé*, elles) – **d.** tomber (*passé antérieur*, il)

L'ESSENTIEL EN UN CLIN D'ŒIL

temps de l'auxiliaire	→	temps composé
présent j'ai, je suis	→	**passé composé** j'ai fait, je suis parti
imparfait j'avais, j'étais	→	**plus-que-parfait** j'avais fait, j'étais parti
passé simple j'eus, je fus	→	**passé antérieur** j'eus fait, je fus parti
futur j'aurai, je serai	→	**futur antérieur** j'aurai fait, je serai parti
conditionnel présent j'aurais, je serais	→	**conditionnel passé** j'aurais fait, je serais parti

134

Doit-on écrire -*é* ou -*er* ?

Lorsqu'on doit écrire un verbe en -*er* qui se termine par le son [e], il faut toujours se demander si l'on écrit -*é* (participe passé) ou -*er* (infinitif).

La terminaison -*é* du participe passé

On écrit -*é* quand il s'agit du **participe passé**. Le participe passé s'emploie :

- dans les **temps composés** (passé composé, plus-que-parfait, etc.). Il est alors précédé de l'auxiliaire *avoir* ou *être* conjugué à un temps simple (→ **133**) ;

  Le lièvre serait sans doute arrivé plus tôt s'il n'avait pas trainé.

- au **passif** avec l'auxiliaire *être* (→ **99**) ;

  Le lièvre sera devancé par la tortue.

- sans auxiliaire, comme simple **adjectif**.

  Le lièvre est navré de sa défaite.
  Dépité, il rejoint son terrier.

S'il le faut, on **accorde le participe passé** (→ **123**) qui se termine alors par -*ée*, -*és* ou -*ées*.

Les admirateurs de la tortue, enchantés, l'ont encouragée tout au long de la course.

> **LA BULLE LITTÉRAIRE**
>
> « Je suis vite allée me planter devant la salle de bains et j'ai crié :
> – Sylviane ! T'es là depuis cinquante heures au moins ! Ouvre ! Je veux me laver. »
>
> Évelyne REBERG, *C'est la vie, Julie !*

La terminaison -*er* de l'infinitif

On écrit -*er* quand il s'agit de l'infinitif. L'infinitif (→ **80**) est employé le plus souvent :

- après une **préposition** (*à, de, pour…*) ;

  La tortue a tout fait pour gagner.

- comme **complément de verbes** tels que *devoir, pouvoir, vouloir, falloir, aller, laisser…*

  | **Le lièvre pensait qu'il allait gagner, mais il a dû abandonner.**

ASTUCE **Comment vérifier la terminaison *-é* ou *-er* ?**

Je peux toujours remplacer le verbe par un autre verbe qui n'a pas d'infinitif en *-er* : j'entendrai alors s'il s'agit d'un participe passé ou d'un infinitif.

La tortue a gagn(**é** ou **er** ?).
→ **La tortue a perdu.** → participe passé → **La tortue a gagné.**
La tortue voulait gagn(**é** ou **er** ?).
→ **La tortue voulait perdre.** → infinitif → **La tortue voulait gagner.**

EXERCICES

CORRIGÉS P. 417

1 Quels sont les infinitifs et les participes passés de la bulle littéraire ?

2 Expliquez pourquoi chacune des terminaisons soulignées est écrite ainsi.
Le lièvre aurait préféré gagner. Il était tout de même supposé arriver le premier. Il n'aurait pas dû trainer aussi longtemps. Sans vouloir le vexer, je trouve qu'il ne s'est pas montré très malin.

3 Choisissez la bonne forme.
Les spectateurs ont *(regardé / regarder)* la course. Chacun était *(étonné / étonner)* de ne pas voir le lièvre se *(préparé / préparer)* pour l'épreuve.

4 Complétez.
Après s'être repos….., le lièvre a cherch….. à se rattrap…… Mais c'était trop tard ! On a annonc….. la victoire. La tortue a cri….. de joie et le lièvre s'est effondr……

TOUT RETENIR EN UN CLIN D'ŒIL

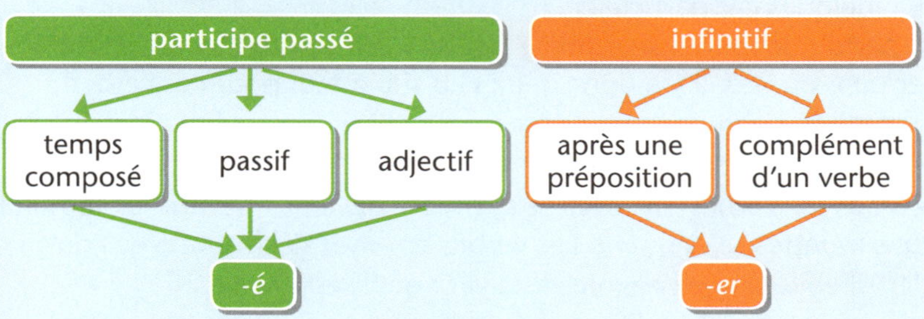

135

Comment conjuguer un verbe au subjonctif ?

Le subjonctif présent

La plupart des verbes forment toutes leurs personnes du subjonctif présent à partir d'**un seul radical***.

que je chante, que nous chantions
que je finisse, que nous finissions
que je fasse, que nous fassions

Les autres verbes ont **deux radicaux** : un pour les personnes du singulier et la 3e du pluriel, l'autre pour les 1re et 2e personnes du pluriel.

radical 1	radical 2
que je sème, qu'ils sèment	que nous semions, que vous semiez
que je voie, qu'elles voient	que nous voyions, que vous voyiez
que je veuille, qu'ils veuillent	que nous voulions, que vous vouliez

Pour tous les verbes (à l'exception de *avoir* et *être*), les terminaisons sont les mêmes : ***-e, -es, -e, -ions, -iez, -ent***.

	je	tu	il / elle	nous	vous	ils / elles
	-e	-es	-e	-ions	-iez	-ent
que	je lise	tu lises	elle lise	nous lisions	vous lisiez	ils lisent

Quelques cas particuliers :

- parfois, le radical se termine par un *i*. Avec *nous* et *vous*, il faut ajouter *-ions* ou *-iez*. Il y a donc deux ***i*** au subjonctif pour ces verbes ;

plier : que nous pliions, que vous pliiez
rire : que nous riions, que vous riiez

- dans les verbes en ***-oyer*** et ***uyer***, le *y* devient ***i*** devant les terminaisons muettes *-e, -es, -ent*. Les verbes en *-ayer* s'écrivent avec *i* ou *y* ;

envoyer : que j'envoie ; essuyer : qu'ils essuient
payer : que je paie ou je paye

- les verbes qui ont un ***e* ou un *è* dans l'avant-dernière syllabe** de leur infinitif s'écrivent avec ***è* (accent grave) devant les terminaisons muettes** *-e, -es, -ent* (→ **18**).

| promener : que je promène ;
| préférer : qu'elles préfèrent

> **LA BULLE LITTÉRAIRE**
> « Votre chanson est charmante, dit miss Lydia. Je veux que vous me l'écriviez dans mon album. »
> Prosper MÉRIMÉE, *Colomba*

Mais ***appeler*** et ***jeter***, ainsi que les verbes de leur famille, **doublent leur consonne** dans ce cas.

| rappeler : que je rappelle ; projeter : qu'elles projettent

Le subjonctif passé

Le **subjonctif passé** est un temps composé (→ **133**) : il se construit avec l'auxiliaire *avoir* ou *être* conjugué au subjonctif présent suivi du participe passé du verbe.

| courir : qu'elle ait (aux.) couru (p. p.)   partir : qu'il soit (aux.) parti (p. p.)

ASTUCE Pour trouver le subjonctif présent d'un verbe

Je prononce à voix haute *il faut que* et je le fais suivre du verbe à la personne voulue : j'obtiendrai son subjonctif présent.

je viens → il faut que je vienne

EXERCICES

CORRIGÉS P. 417

1 Relevez les verbes qui sont au subjonctif.

a. je coure – **b.** il voit – **c.** nous envoyons – **d.** vous pouviez – **e.** tu croies

2 Mettez les verbes au subjonctif présent et à la personne demandée.

a. jeter (ils) – **b.** voir (tu) – **c.** essuyer (vous) – **d.** courir (il) – **e.** avoir (je)

L'ESSENTIEL EN UN CLIN D'ŒIL

radical ou radicaux 1 et 2	+	-e, -es, -e, -ions, -iez, -ent	=	subjonctif présent
auxiliaire au subjonctif présent	+	participe passé	=	subjonctif passé

136

Comment conjuguer un verbe au présent de l'impératif ?

Les personnes de l'impératif

L'**impératif** est un mode pour lequel le verbe ne se conjugue qu'à **trois personnes** : la 2ᵉ du singulier (*tu*) et les deux premières du pluriel (*nous* et *vous*).

infinitif	2ᵉ pers. sing.	1ʳᵉ pers. plur.	2ᵉ pers. plur.
parler	parle	parlons	parlez
finir	finis	finissons	finissez
prendre	prends	prenons	prenez

On emploie ce mode sans pronom personnel sujet.

Parle moins fort. Chantons en chœur. N'oubliez pas le rendez-vous.

Quelles sont les formes au présent de l'impératif ?

Au présent de l'impératif, les verbes ont la **même forme qu'au présent de l'indicatif**.

infinitif	présent de l'indicatif	présent de l'impératif
choisir	tu choisis	choisis
courir	nous courons	courons
faire	vous faites	faites

Mais, il y a des exceptions :

- ***être***, ***avoir*** et ***savoir*** ont des formes différentes de celles du présent de l'indicatif ;

avoir : aie, ayons, ayez
être : sois, soyons, soyez
savoir : sache, sachons, sachez

LA BULLE LITTÉRAIRE

« Venez çà. Avancez là. Tournez-vous. Levez les yeux. Regardez-moi. »

MOLIÈRE, *Le Malade imaginaire*

- la 2e personne du singulier des **verbes en *-er*** et des verbes qui se conjuguent comme *cueillir, offrir, ouvrir, souffrir* et *assaillir* ne se termine pas par *-es*, mais par ***-e***. De même, l'impératif *va* (de *aller*) se distingue de l'indicatif *tu vas*.

> **– Mon ami Pierrot, ouvre-moi ta porte et prête-moi ta plume.**
> **– Non, va chez la voisine.**
> au présent de l'indicatif, on aurait : **tu m'ouvres ta porte, tu me prêtes ta plume, tu vas chez la voisine**

Mais si le verbe est suivi des compléments ***en*** ou ***y***, on lui ajoute un ***s*** pour faciliter la prononciation.

> **Si tu n'as plus de stylo, achètes-en un autre. Vas-y vite !**

ASTUCE **J'écris *-e* ou *-es* à l'impératif ?**

Pour les verbes qui se terminent en *-e* à la 2e personne du singulier, j'ajoute un *s* de liaison si je l'entends : *-es*. Sinon, j'écris *-e*.

Achèt(e ou **es ?)-en un autre.**
j'entends le [z] de la liaison → j'écris **achètes**

Ouvr(e ou **es ?)-moi ta porte.**
je n'entends pas [z] → j'écris **ouvre**

EXERCICES

CORRIGÉS P. 417

1 Dans chaque liste, une forme verbale n'est pas un impératif. Laquelle ?
a. cours, court, courons – **b.** souris, souriions, souriez – **c.** aies, ayons, ayez

2 Récrivez le texte de la bulle littéraire en mettant les verbes à la 2e personne du singulier.

3 Transformez cette recette à la 2e personne du singulier, puis à la 1re personne du pluriel de l'impératif.
Mélanger les œufs et le sucre. Y ajouter la farine et le chocolat fondu. Mettre au four et laisser cuire 20 minutes.

L'ESSENTIEL EN UN CLIN D'ŒIL

présent de l'impératif = présent de l'indicatif **sauf** :
- pour **avoir**, **être** et **savoir**
- à la 2e personne du singulier des verbes en **-er** : **e**

137 Avoir

Avoir a plusieurs formes irrégulières que l'on peut difficilement décomposer en radical et terminaison. Il faut les connaitre par cœur. C'est le seul verbe à suivre ce modèle de conjugaison (*ravoir* ne s'emploie qu'à l'infinitif). L'impératif présent a les mêmes formes que le subjonctif.

INDICATIF			
Présent	**Imparfait**	**Passé simple**	**Futur simple**
j'ai tu as il/elle a nous avons vous avez ils/elles ont	j'avais tu avais il/elle avait nous avions vous aviez ils/elles avaient	j'eus tu eus il/elle eut nous eûmes vous eûtes ils/elles eurent	j'aurai tu auras il/elle aura nous aurons vous aurez ils/elles auront
Passé composé	**Plus-que-parfait**	**Passé antérieur**	**Futur antérieur**
j'ai eu tu as eu il/elle a eu nous avons eu vous avez eu ils/elles ont eu	j'avais eu tu avais eu il/elle avait eu nous avions eu vous aviez eu ils/elles avaient eu	j'eus eu tu eus eu il/elle eut eu nous eûmes eu vous eûtes eu ils/elles eurent eu	j'aurai eu tu auras eu il/elle aura eu nous aurons eu vous aurez eu ils/elles auront eu

IMPÉRATIF
Présent
 aie ayons ayez
Passé
 aie eu ayons eu ayez eu

SUBJONCTIF	
Présent	**Imparfait**
que j'aie que tu aies qu'il/elle ait que nous ayons que vous ayez qu'ils/elles aient	que j'eusse que tu eusses qu'il/elle eût que nous eussions que vous eussiez qu'ils/elles eussent
Passé	**Plus-que-parfait**
que j'aie eu que tu aies eu qu'il/elle ait eu que nous ayons eu que vous ayez eu qu'ils/elles aient eu	que j'eusse eu que tu eusses eu qu'il/elle eût eu que nous eussions eu que vous eussiez eu qu'ils/elles eussent eu

Conditionnel présent
j'aurais tu aurais il/elle aurait nous aurions vous auriez ils/elles auraient
Conditionnel passé
j'aurais eu tu aurais eu il/elle aurait eu nous aurions eu vous auriez eu ils/elles auraient eu

INFINITIF	
Présent	**Passé**
avoir	avoir eu

PARTICIPE	
Présent	**Passé**
ayant	eu, ayant eu

Être

Être a plusieurs formes irrégulières que l'on peut difficilement décomposer en radical et terminaison. Il faut les connaitre par cœur.
L'impératif présent a les mêmes formes que le subjonctif.

INDICATIF			
Présent	**Imparfait**	**Passé simple**	**Futur simple**
je suis tu es il/elle est nous sommes vous êtes ils/elles sont	j'étais tu étais il/elle était nous étions vous étiez ils/elles étaient	je fus tu fus il/elle fut nous fûmes vous fûtes ils/elles furent	je serai tu seras il/elle sera nous serons vous serez ils/elles seront
Passé composé	**Plus-que-parfait**	**Passé antérieur**	**Futur antérieur**
j'ai été tu as été il/elle a été nous avons été vous avez été ils/elles ont été	j'avais été tu avais été il/elle avait été nous avions été vous aviez été ils/elles avaient été	j'eus été tu eus été il/elle eut été nous eûmes été vous eûtes été ils/elles eurent été	j'aurai été tu auras été il/elle aura été nous aurons été vous aurez été ils/elles auront été

IMPÉRATIF
Présent
sois soyons soyez
Passé
aie été ayons été ayez été

SUBJONCTIF	
Présent	**Imparfait**
que je sois que tu sois qu'il/elle soit que nous soyons que vous soyez qu'ils/elles soient	que je fusse que tu fusses qu'il/elle fût que nous fussions que vous fussiez qu'ils/elles fussent
Passé	**Plus-que-parfait**
que j'aie été que tu aies été qu'il/elle ait été que nous ayons été que vous ayez été qu'ils/elles aient été	que j'eusse été que tu eusses été qu'il/elle eût été que nous eussions été que vous eussiez été qu'ils/elles eussent été

Conditionnel présent
je serais tu serais il/elle serait nous serions vous seriez ils/elles seraient
Conditionnel passé
j'aurais été tu aurais été il/elle aurait été nous aurions été vous auriez été ils/elles auraient été

INFINITIF	
Présent	**Passé**
être	avoir été

PARTICIPE	
Présent	**Passé**
étant	été, ayant été

139 Aller

Seul *aller* suit ce modèle de conjugaison.
En tant que verbe en *-er*, il a une conjugaison tout à fait régulière à l'imparfait, au passé simple (et donc au subjonctif imparfait) et au participe. Mais il change de radical aux autres temps, ce qui fait qu'il est irrégulier.

INDICATIF

Présent	Imparfait	Passé simple	Futur simple
je vais	j'allais	j'allai	j'irai
tu vas	tu allais	tu allas	tu iras
il/elle va	il/elle allait	il/elle alla	il/elle ira
nous allons	nous allions	nous allâmes	nous irons
vous allez	vous alliez	vous allâtes	vous irez
ils/elles vont	ils/elles allaient	ils/elles allèrent	ils/elles iront
Passé composé	**Plus-que-parfait**	**Passé antérieur**	**Futur antérieur**
je suis allé(e)	j'étais allé(e)	je fus allé(e)	je serai allé(e)
tu es allé(e)	tu étais allé(e)	tu fus allé(e)	tu seras allé(e)
il/elle est allé(e)	il/elle était allé(e)	il/elle fut allé(e)	il/elle sera allé(e)
nous sommes allé(e)s	nous étions allé(e)s	nous fûmes allé(e)s	nous serons allé(e)s
vous êtes allé(e)s	vous étiez allé(e)s	vous fûtes allé(e)s	vous serez allé(e)s
ils/elles sont allé(e)s	ils/elles étaient allé(e)s	ils/elles furent allé(e)s	ils/elles seront allé(e)s

IMPÉRATIF

Présent	Passé
va	sois allé(e)
allons	soyons allé(e)s
allez	soyez allé(e)s

SUBJONCTIF

Présent	Imparfait
que j'aille	que j'allasse
que tu ailles	que tu allasses
qu'il/elle aille	qu'il/elle allât
que nous allions	que nous allassions
que vous alliez	que vous allassiez
qu'ils/elles aillent	qu'ils/elles allassent
Passé	**Plus-que-parfait**
que je sois allé(e)	que je fusse allé(e)
que tu sois allé(e)	que tu fusses allé(e)
qu'il/elle soit allé(e)	qu'il/elle fût allé(e)
que nous soyons allé(e)s	que nous fussions allé(e)s
que vous soyez allé(e)s	que vous fussiez allé(e)s
qu'ils/elles soient allé(e)s	qu'ils/elles fussent allé(e)s

Conditionnel présent	Conditionnel passé
j'irais	je serais allé(e)
tu irais	tu serais allé(e)
il/elle irait	il/elle serait allé(e)
nous irions	nous serions allé(e)s
vous iriez	vous seriez allé(e)s
ils/elles iraient	ils/elles seraient allé(e)s

INFINITIF

Présent	Passé
aller	être allé(e)(s)

PARTICIPE

Présent	Passé
allant	allé(e)(s), étant allé(e)(s)

Faire

Tous les verbes dérivés de *faire* (*défaire, contrefaire…*) se conjuguent sur ce modèle. Ces verbes présentent la particularité d'avoir une 2e personne du pluriel du présent de l'indicatif et de l'impératif en *-tes* et non en *-ez*.

INDICATIF

Présent	Imparfait	Passé simple	Futur simple
je fais	je faisais	je fis	je ferai
tu fais	tu faisais	tu fis	tu feras
il/elle fait	il/elle faisait	il/elle fit	il/elle fera
nous faisons	nous faisions	nous fîmes	nous ferons
vous faites	vous faisiez	vous fîtes	vous ferez
ils/elles font	ils/elles faisaient	ils/elles firent	ils/elles feront
Passé composé	**Plus-que-parfait**	**Passé antérieur**	**Futur antérieur**
j'ai fait	j'avais fait	j'eus fait	j'aurai fait
tu as fait	tu avais fait	tu eus fait	tu auras fait
il/elle a fait	il/elle avait fait	il/elle eut fait	il/elle aura fait
nous avons fait	nous avions fait	nous eûmes fait	nous aurons fait
vous avez fait	vous aviez fait	vous eûtes fait	vous aurez fait
ils/elles ont fait	ils/elles avaient fait	ils/elles eurent fait	ils/elles auront fait

IMPÉRATIF

Présent	Passé
fais	aie fait
faisons	ayons fait
faites	ayez fait

SUBJONCTIF

Présent	Imparfait
que je fasse	que je fisse
que tu fasses	que tu fisses
qu'il/elle fasse	qu'il/elle fît
que nous fassions	que nous fissions
que vous fassiez	que vous fissiez
qu'ils/elles fassent	qu'ils/elles fissent
Passé	**Plus-que-parfait**
que j'aie fait	que j'eusse fait
que tu aies fait	que tu eusses fait
qu'il/elle ait fait	qu'il/elle eût fait
que nous ayons fait	que nous eussions fait
que vous ayez fait	que vous eussiez fait
qu'ils/elles aient fait	qu'ils/elles eussent fait

Conditionnel présent	Conditionnel passé
je ferais	j'aurais fait
tu ferais	tu aurais fait
il/elle ferait	il/elle aurait fait
nous ferions	nous aurions fait
vous feriez	vous auriez fait
ils/elles feraient	ils/elles auraient fait

INFINITIF

Présent	Passé
faire	avoir fait

PARTICIPE

Présent	Passé
faisant	fait, ayant fait

141 Parler

Les verbes qui se conjuguent sur ce modèle ont un seul radical pour toute leur conjugaison. Ce radical s'obtient en supprimant *-er* de l'infinitif (*parl/er* → ***parl-***).

INDICATIF			
Présent	**Imparfait**	**Passé simple**	**Futur simple**
je parle tu parles il/elle parle nous parlons vous parlez ils/elles parlent	je parlais tu parlais il/elle parlait nous parlions vous parliez ils/elles parlaient	je parlai tu parlas il/elle parla nous parlâmes vous parlâtes ils/elles parlèrent	je parlerai tu parleras il/elle parlera nous parlerons vous parlerez ils/elles parleront
Passé composé	**Plus-que-parfait**	**Passé antérieur**	**Futur antérieur**
j'ai parlé tu as parlé il/elle a parlé nous avons parlé vous avez parlé ils/elles ont parlé	j'avais parlé tu avais parlé il/elle avait parlé nous avions parlé vous aviez parlé ils/elles avaient parlé	j'eus parlé tu eus parlé il/elle eut parlé nous eûmes parlé vous eûtes parlé ils/elles eurent parlé	j'aurai parlé tu auras parlé il/elle aura parlé nous aurons parlé vous aurez parlé ils/elles auront parlé

IMPÉRATIF	SUBJONCTIF		CONDITIONNEL
Présent	**Présent**	**Imparfait**	**Conditionnel présent**
 parle parlons parlez 	que je parle que tu parles qu'il/elle parle que nous parlions que vous parliez qu'ils/elles parlent	que je parlasse que tu parlasses qu'il/elle parlât que nous parlassions que vous parlassiez qu'ils/elles parlassent	je parlerais tu parlerais il/elle parlerait nous parlerions vous parleriez ils/elles parleraient
Passé	**Passé**	**Plus-que-parfait**	**Conditionnel passé**
 aie parlé ayons parlé ayez parlé 	que j'aie parlé que tu aies parlé qu'il/elle ait parlé que nous ayons parlé que vous ayez parlé qu'ils/elles aient parlé	que j'eusse parlé que tu eusses parlé qu'il/elle eût parlé que nous eussions parlé que vous eussiez parlé qu'ils/elles eussent parlé	j'aurais parlé tu aurais parlé il/elle aurait parlé nous aurions parlé vous auriez parlé ils/elles auraient parlé

INFINITIF	
Présent	**Passé**
parler	avoir parlé

PARTICIPE	
Présent	**Passé**
parlant	parlé, ayant parlé

Finir

Tous les verbes en *-ir* dont le participe présent est en *-iss-* (*fin**iss**ant*) suivent ce modèle. ***Maudire*** se conjugue également sur ce modèle, mais son participe passé est en *-it* (*maudit*) et son infinitif en *-ire*. Il en va de même pour ***bruire***, qui ne se conjugue guère qu'au participe présent et aux 3es personnes du présent et de l'imparfait (indicatif ou subjonctif). Son participe passé (rare) est invariable : *brui*.

INDICATIF

Présent	Imparfait	Passé simple	Futur simple
je finis tu finis il/elle finit nous finissons vous finissez ils/elles finissent	je finissais tu finissais il/elle finissait nous finissions vous finissiez ils/elles finissaient	je finis tu finis il/elle finit nous finîmes vous finîtes ils/elles finirent	je finirai tu finiras il/elle finira nous finirons vous finirez ils/elles finiront
Passé composé	**Plus-que-parfait**	**Passé antérieur**	**Futur antérieur**
j'ai fini tu as fini il/elle a fini nous avons fini vous avez fini ils/elles ont fini	j'avais fini tu avais fini il/elle avait fini nous avions fini vous aviez fini ils/elles avaient fini	j'eus fini tu eus fini il/elle eut fini nous eûmes fini vous eûtes fini ils/elles eurent fini	j'aurai fini tu auras fini il/elle aura fini nous aurons fini vous aurez fini ils/elles auront fini

IMPÉRATIF

Présent	Passé
finis finissons finissez	aie fini ayons fini ayez fini

SUBJONCTIF

Présent	Imparfait
que je finisse que tu finisses qu'il/elle finisse que nous finissions que vous finissiez qu'ils/elles finissent	que je finisse que tu finisses qu'il/elle finît que nous finissions que vous finissiez qu'ils/elles finissent
Passé	**Plus-que-parfait**
que j'aie fini que tu aies fini qu'il/elle ait fini que nous ayons fini que vous ayez fini qu'ils/elles aient fini	que j'eusse fini que tu eusses fini qu'il/elle eût fini que nous eussions fini que vous eussiez fini qu'ils/elles eussent fini

Conditionnel présent	Conditionnel passé
je finirais tu finirais il/elle finirait nous finirions vous finiriez ils/elles finiraient	j'aurais fini tu aurais fini il/elle aurait fini nous aurions fini vous auriez fini ils/elles auraient fini

INFINITIF

Présent	Passé
finir	avoir fini

PARTICIPE

Présent	Passé
finissant	fini, ayant fini

143 Les verbes pronominaux

Les verbes pronominaux se conjuguent toujours avec un pronom réfléchi, c'est-à-dire un pronom complément qui est de la même personne que le sujet (→ 77). Aux temps composés, tous les verbes pronominaux se conjuguent avec l'auxiliaire *être*.

INDICATIF

Présent	Imparfait	Passé simple	Futur simple
je me lie tu te lies il/elle se lie nous nous lions vous vous liez ils/elles se lient	je me liais tu te liais il/elle se liait nous nous liions vous vous liiez ils/elles se liaient	je me liai tu te lias il/elle se lia nous nous liâmes vous vous liâtes ils/elles se lièrent	je me lierai tu te lieras il/elle se liera nous nous lierons vous vous lierez ils/elles se lieront
Passé composé	**Plus-que-parfait**	**Passé antérieur**	**Futur antérieur**
je me suis lié(e) tu t'es lié(e) il/elle s'est lié(e) nous ns sommes lié(e)s vous vous êtes lié(e)s ils/elles se sont lié(e)s	je m'étais lié(e) tu t'étais lié(e) il/elle s'était lié(e) nous nous étions lié(e)s vous vous étiez lié(e)s ils/elles s'étaient lié(e)s	je me fus lié(e) tu te fus lié(e) il/elle se fut lié(e) nous nous fûmes lié(e)s vous vous fûtes lié(e)s ils/elles se furent lié(e)s	je me serai lié(e) tu te seras lié(e) il/elle se sera lié(e) nous nous serons lié(e)s vous vous serez lié(e)s ils/elles se seront lié(e)s

IMPÉRATIF

Présent
lie-toi lions-nous liez-vous
Passé
inusité

SUBJONCTIF

Présent	Imparfait
que je me lie que tu te lies qu'il/elle se lie que nous nous liions que vous vous liiez qu'ils/elles se lient	que je me liasse que tu te liasses qu'il/elle se liât que nous nous liassions que vous vous liassiez qu'ils/elles se liassent
Passé	**Plus-que-parfait**
que je me sois lié(e) que tu te sois lié(e) qu'il/elle se soit lié(e) que nous ns soyons lié(e)s que vous vs soyez lié(e)s qu'ils/elles se soient lié(e)s	que je me fusse lié(e) que tu te fusses lié(e) qu'il/elle se fût lié(e) que nous nous fussions lié(e)s que vous vous fussiez lié(e)s qu'ils/elles se fussent lié(e)s

Conditionnel présent
je me lierais tu te lierais il/elle se lierait nous nous lierions vous vous lieriez ils/elles se lieraient
Conditionnel passé
je me serais lié(e) tu te serais lié(e) il/elle se serait lié(e) nous nous serions lié(e)s vous vous seriez lié(e)s ils/elles se seraient lié(e)s

INFINITIF

Présent	Passé
se lier	s'être lié(e)(s)

PARTICIPE

Présent	Passé
se liant	lié(e)(s), s'étant lié(e)(s)

Les verbes impersonnels

144

Les verbes impersonnels (→ 76) ne se conjuguent qu'à la 3e personne du singulier et ne connaissent donc pas d'impératif.

Falloir

Falloir n'a pas de participe présent.

INDICATIF			
Présent	**Imparfait**	**Passé simple**	**Futur simple**
il faut	il fallait	il fallut	il faudra
Passé composé	**Plus-que-parfait**	**Passé antérieur**	**Futur antérieur**
il a fallu	il avait fallu	il eut fallu	il aura fallu
			Conditionnel présent
			il faudrait
			Conditionnel passé
			il aurait fallu

SUBJONCTIF	
Présent	**Imparfait**
qu'il faille	qu'il fallût
Passé	**Plus-que-parfait**
qu'il ait fallu	qu'il eût fallu

INFINITIF	
Présent	**Passé**
falloir	avoir fallu

PARTICIPE	
Présent	**Passé**
inusité	fallu, ayant fallu

Pleuvoir

Au sens figuré, on peut trouver *pleuvoir* à la 3e personne du pluriel : *les hommages pleuvaient*.

INDICATIF			
Présent	**Imparfait**	**Passé simple**	**Futur simple**
il pleut	il pleuvait	il plut	il pleuvra
Passé composé	**Plus-que-parfait**	**Passé antérieur**	**Futur antérieur**
il a plu	il avait plu	il eut plu	il aura plu
			Conditionnel présent
			il pleuvrait
			Conditionnel passé
			il aurait plu

SUBJONCTIF	
Présent	**Imparfait**
qu'il pleuve	qu'il plût
Passé	**Plus-que-parfait**
qu'il ait plu	qu'il eût plu

INFINITIF	
Présent	**Passé**
pleuvoir	avoir plu

PARTICIPE	
Présent	**Passé**
pleuvant	plu, ayant plu

145 Les verbes au passif

Pour conjuguer un verbe au passif (→ 99), on utilise l'auxiliaire *être*, que l'on met à un temps simple ou composé, et le participe passé du verbe que l'on accorde en genre et en nombre avec le sujet du verbe.

INDICATIF

Présent	Imparfait	Passé simple	Futur simple
je suis lié(e)	j'étais lié(e)	je fus lié(e)	je serai lié(e)
tu es lié(e)	tu étais lié(e)	tu fus lié(e)	tu seras lié(e)
il/elle est lié(e)	il/elle était lié(e)	il/elle fut lié(e)	il/elle sera lié(e)
nous sommes lié(e)s	nous étions lié(e)s	nous fûmes lié(e)s	nous serons lié(e)s
vous êtes lié(e)s	vous étiez lié(e)s	vous fûtes lié(e)s	vous serez lié(e)s
ils/elles sont lié(e)s	ils/elles étaient lié(e)s	ils/elles furent lié(e)s	ils/elles seront lié(e)s
Passé composé	**Plus-que-parfait**	**Passé antérieur**	**Futur antérieur**
j'ai été lié(e)	j'avais été lié(e)	j'eus été lié(e)	j'aurai été lié(e)
tu as été lié(e)	tu avais été lié(e)	tu eus été lié(e)	tu auras été lié(e)
il/elle a été lié(e)	il/elle avait été lié(e)	il/elle eut été lié(e)	il/elle aura été lié(e)
nous avons été lié(e)s	nous avions été lié(e)s	nous eûmes été lié(e)s	nous aurons été lié(e)s
vous avez été lié(e)s	vous aviez été lié(e)s	vous eûtes été lié(e)s	vous aurez été lié(e)s
ils/elles ont été lié(e)s	ils/elles avaient été lié(e)s	ils/elles eurent été lié(e)s	ils/elles auront été lié(e)s

IMPÉRATIF

Présent	Passé
sois lié(e)	aie été lié(e)
soyons lié(e)s	ayons été lié(e)s
soyez lié(e)s	ayez été lié(e)s

SUBJONCTIF

Présent	Imparfait
que je sois lié(e)	que je fusse lié(e)
que tu sois lié(e)	que tu fusses lié(e)
qu'il/elle soit lié(e)	qu'il/elle fût lié(e)
que nous soyons lié(e)s	que nous fussions lié(e)s
que vous soyez lié(e)s	que vous fussiez lié(e)s
qu'ils/elles soient lié(e)s	qu'ils/elles fussent lié(e)s
Passé	**Plus-que-parfait**
que j'aie été lié(e)	que j'eusse été lié(e)
que tu aies été lié(e)	que tu eusses été lié(e)
qu'il/elle ait été lié(e)	qu'il/elle eût été lié(e)
que nous ayons été lié(e)s	que nous eussions été lié(e)s
que vous ayez été lié(e)s	que vous eussiez été lié(e)s
qu'ils/elles aient été lié(e)s	qu'ils/elles eussent été lié(e)s

Conditionnel présent	Conditionnel passé
je serais lié(e)	j'aurais été lié(e)
tu serais lié(e)	tu aurais été lié(e)
il/elle serait lié(e)	il/elle aurait été lié(e)
nous serions lié(e)s	nous aurions été lié(e)s
vous seriez lié(e)s	vous auriez été lié(e)s
ils/elles seraient lié(e)s	ils/elles auraient été lié(e)s

INFINITIF

Présent	Passé
être lié(e)(s)	avoir été lié(e)(s)

PARTICIPE

Présent	Passé
étant lié(e)(s)	lié(e)(s), ayant été lié(e)(s)

Absoudre

Les deux autres verbes se conjuguant sur ce modèle sont *dissoudre* et ***résoudre***. Mais ce dernier a pour participe passé *résolu*.
Contrairement aux autres verbes en *-dre* (→ 176), ces verbes perdent le *d* de l'infinitif, sauf au futur (et donc au conditionnel présent). Ils reçoivent alors, de façon tout à fait régulière, la terminaison *t* de la 3e personne du singulier au présent de l'indicatif.

INDICATIF

Présent	Imparfait	Passé simple	Futur simple
j'absous	j'absolvais	j'absolus	j'absoudrai
tu absous	tu absolvais	tu absolus	tu absoudras
il/elle absout	il/elle absolvait	il/elle absolut	il/elle absoudra
nous absolvons	nous absolvions	nous absolûmes	nous absoudrons
vous absolvez	vous absolviez	vous absolûtes	vous absoudrez
ils/elles absolvent	ils/elles absolvaient	ils/elles absolurent	ils/elles absoudront
Passé composé	**Plus-que-parfait**	**Passé antérieur**	**Futur antérieur**
j'ai absout	j'avais absout	j'eus absout	j'aurai absout
tu as absout	tu avais absout	tu eus absout	tu auras absout
il/elle a absout	il/elle avait absout	il/elle eut absout	il/elle aura absout
nous avons absout	nous avions absout	nous eûmes absout	nous aurons absout
vous avez absout	vous aviez absout	vous eûtes absout	vous aurez absout
ils/elles ont absout	ils/elles avaient absout	ils/elles eurent absout	ils/elles auront absout

IMPÉRATIF

Présent	Passé
absous	aie absout
absolvons	ayons absout
absolvez	ayez absout

SUBJONCTIF

Présent	Imparfait
que j'absolve	que j'absolusse
que tu absolves	que tu absolusses
qu'il/elle absolve	qu'il/elle absolût
que nous absolvions	que nous absolussions
que vous absolviez	que vous absolussiez
qu'ils/elles absolvent	qu'ils/elles absolussent
Passé	**Plus-que-parfait**
que j'aie absout	que j'eusse absout
que tu aies absout	que tu eusses absout
qu'il/elle ait absout	qu'il/elle eût absout
que nous ayons absout	que nous eussions absout
que vous ayez absout	que vous eussiez absout
qu'ils/elles aient absout	qu'ils/elles eussent absout

Conditionnel présent	Conditionnel passé
j'absoudrais	j'aurais absout
tu absoudrais	tu aurais absout
il/elle absoudrait	il/elle aurait absout
nous absoudrions	nous aurions absout
vous absoudriez	vous auriez absout
ils/elles absoudraient	ils/elles auraient absout

INFINITIF

Présent	Passé
absoudre	avoir absout

PARTICIPE

Présent	Passé
absolvant	absout, ayant absout

147 Acquérir

Suivent ce modèle de conjugaison les verbes dérivés de *quérir* (*acquérir, conquérir, s'enquérir* et *requérir*). ***Quérir***, lui, ne s'emploie qu'à l'infinitif.

INDICATIF

Présent	Imparfait	Passé simple	Futur simple
j'acquiers	j'acquérais	j'acquis	j'acquerrai
tu acquiers	tu acquérais	tu acquis	tu acquerras
il/elle acquiert	il/elle acquérait	il/elle acquit	il/elle acquerra
nous acquérons	nous acquérions	nous acquîmes	nous acquerrons
vous acquérez	vous acquériez	vous acquîtes	vous acquerrez
ils/elles acquièrent	ils/elles acquéraient	ils/elles acquirent	ils/elles acquerront
Passé composé	**Plus-que-parfait**	**Passé antérieur**	**Futur antérieur**
j'ai acquis	j'avais acquis	j'eus acquis	j'aurai acquis
tu as acquis	tu avais acquis	tu eus acquis	tu auras acquis
il/elle a acquis	il/elle avait acquis	il/elle eut acquis	il/elle aura acquis
nous avons acquis	nous avions acquis	nous eûmes acquis	nous aurons acquis
vous avez acquis	vous aviez acquis	vous eûtes acquis	vous aurez acquis
ils/elles ont acquis	ils/elles avaient acquis	ils/elles eurent acquis	ils/elles auront acquis

IMPÉRATIF

Présent
acquiers
acquérons
acquérez
Passé
aie acquis
ayons acquis
ayez acquis

SUBJONCTIF

Présent	Imparfait
que j'acquière	que j'acquisse
que tu acquières	que tu acquisses
qu'il/elle acquière	qu'il/elle acquît
que nous acquérions	que nous acquissions
que vous acquériez	que vous acquissiez
qu'ils/elles acquièrent	qu'ils/elles acquissent
Passé	**Plus-que-parfait**
que j'aie acquis	que j'eusse acquis
que tu aies acquis	que tu eusses acquis
qu'il/elle ait acquis	qu'il/elle eût acquis
que nous ayons acquis	que nous eussions acquis
que vous ayez acquis	que vous eussiez acquis
qu'ils/elles aient acquis	qu'ils/elles eussent acquis

Conditionnel présent
j'acquerrais
tu acquerrais
il/elle acquerrait
nous acquerrions
vous acquerriez
ils/elles acquerraient
Conditionnel passé
j'aurais acquis
tu aurais acquis
il/elle aurait acquis
nous aurions acquis
vous auriez acquis
ils/elles auraient acquis

INFINITIF

Présent	Passé
acquérir	avoir acquis

PARTICIPE

Présent	Passé
acquérant	acquis, ayant acquis

Appeler

148

Appeler, *jeter* et les verbes de leur famille marquent le son [ɛ] par le doublement du *l* ou du *t* : *nous appelons*, *nous jetons* [ə] / *j'appelle*, *je jette* [ɛ]. Ce doublement de consonne remplace l'accent grave des verbes qui se conjuguent sur le modèle de *lever* (→ 161).

INDICATIF			
Présent	**Imparfait**	**Passé simple**	**Futur simple**
j'appelle	j'appelais	j'appelai	j'appellerai
tu appelles	tu appelais	tu appelas	tu appelleras
il/elle appelle	il/elle appelait	il/elle appela	il/elle appellera
nous appelons	nous appelions	nous appelâmes	nous appellerons
vous appelez	vous appeliez	vous appelâtes	vous appellerez
ils/elles appellent	ils/elles appelaient	ils/elles appelèrent	ils/elles appelleront
Passé composé	**Plus-que-parfait**	**Passé antérieur**	**Futur antérieur**
j'ai appelé	j'avais appelé	j'eus appelé	j'aurai appelé
tu as appelé	tu avais appelé	tu eus appelé	tu auras appelé
il/elle a appelé	il/elle avait appelé	il/elle eut appelé	il/elle aura appelé
nous avons appelé	nous avions appelé	nous eûmes appelé	nous aurons appelé
vous avez appelé	vous aviez appelé	vous eûtes appelé	vous aurez appelé
ils/elles ont appelé	ils/elles avaient appelé	ils/elles eurent appelé	ils/elles auront appelé

IMPÉRATIF	SUBJONCTIF		
Présent	**Présent**	**Imparfait**	**Conditionnel présent**
	que j'appelle	que j'appelasse	j'appellerais
appelle	que tu appelles	que tu appelasses	tu appellerais
	qu'il/elle appelle	qu'il/elle appelât	il/elle appellerait
appelons	que nous appelions	que nous appelassions	nous appellerions
appelez	que vous appeliez	que vous appelassiez	vous appelleriez
	qu'ils/elles appellent	qu'ils/elles appelassent	ils/elles appelleraient
Passé	**Passé**	**Plus-que-parfait**	**Conditionnel passé**
	que j'aie appelé	que j'eusse appelé	j'aurais appelé
aie appelé	que tu aies appelé	que tu eusses appelé	tu aurais appelé
	qu'il/elle ait appelé	qu'il/elle eût appelé	il/elle aurait appelé
ayons appelé	que nous ayons appelé	que nous eussions appelé	nous aurions appelé
ayez appelé	que vous ayez appelé	que vous eussiez appelé	vous auriez appelé
	qu'ils/elles aient appelé	qu'ils/elles eussent appelé	ils/elles auraient appelé

INFINITIF	
Présent	**Passé**
appeler	avoir appelé

PARTICIPE	
Présent	**Passé**
appelant	appelé, ayant appelé

149 Battre

Tous les verbes dérivés de *battre* (*abattre*, *combattre*…) suivent ce modèle de conjugaison.
À la 3e personne du singulier du présent de l'indicatif, le *t* du radical se confond avec la terminaison.

INDICATIF

Présent	Imparfait	Passé simple	Futur simple
je bats tu bats il/elle bat nous battons vous battez ils/elles battent	je battais tu battais il/elle battait nous battions vous battiez ils/elles battaient	je battis tu battis il/elle battit nous battîmes vous battîtes ils/elles battirent	je battrai tu battras il/elle battra nous battrons vous battrez ils/elles battront
Passé composé	**Plus-que-parfait**	**Passé antérieur**	**Futur antérieur**
j'ai battu tu as battu il/elle a battu nous avons battu vous avez battu ils/elles ont battu	j'avais battu tu avais battu il/elle avait battu nous avions battu vous aviez battu ils/elles avaient battu	j'eus battu tu eus battu il/elle eut battu nous eûmes battu vous eûtes battu ils/elles eurent battu	j'aurai battu tu auras battu il/elle aura battu nous aurons battu vous aurez battu ils/elles auront battu

IMPÉRATIF

Présent	Passé
 bats battons battez 	 aie battu ayons battu ayez battu

SUBJONCTIF

Présent	Imparfait
que je batte que tu battes qu'il/elle batte que nous battions que vous battiez qu'ils/elles battent	que je battisse que tu battisses qu'il/elle battît que nous battissions que vous battissiez qu'ils/elles battissent
Passé	**Plus-que-parfait**
que j'aie battu que tu aies battu qu'il/elle ait battu que nous ayons battu que vous ayez battu qu'ils/elles aient battu	que j'eusse battu que tu eusses battu qu'il/elle eût battu que nous eussions battu que vous eussiez battu qu'ils/elles eussent battu

Conditionnel présent	Conditionnel passé
je battrais tu battrais il/elle battrait nous battrions vous battriez ils/elles battraient	j'aurais battu tu aurais battu il/elle aurait battu nous aurions battu vous auriez battu ils/elles auraient battu

INFINITIF

Présent	Passé
battre	avoir battu

PARTICIPE

Présent	Passé
battant	battu, ayant battu

Boire

Seuls *boire* et *reboire* suivent ce modèle de conjugaison.

INDICATIF

Présent	Imparfait	Passé simple	Futur simple
je bois	je buvais	je bus	je boirai
tu bois	tu buvais	tu bus	tu boiras
il/elle boit	il/elle buvait	il/elle but	il/elle boira
nous buvons	nous buvions	nous bûmes	nous boirons
vous buvez	vous buviez	vous bûtes	vous boirez
ils/elles boivent	ils/elles buvaient	ils/elles burent	ils/elles boiront
Passé composé	**Plus-que-parfait**	**Passé antérieur**	**Futur antérieur**
j'ai bu	j'avais bu	j'eus bu	j'aurai bu
tu as bu	tu avais bu	tu eus bu	tu auras bu
il/elle a bu	il/elle avait bu	il/elle eut bu	il/elle aura bu
nous avons bu	nous avions bu	nous eûmes bu	nous aurons bu
vous avez bu	vous aviez bu	vous eûtes bu	vous aurez bu
ils/elles ont bu	ils/elles avaient bu	ils/elles eurent bu	ils/elles auront bu

IMPÉRATIF

Présent
bois
buvons
buvez
Passé
aie bu
ayons bu
ayez bu

SUBJONCTIF

Présent	Imparfait
que je boive	que je busse
que tu boives	que tu busses
qu'il/elle boive	qu'il/elle bût
que nous buvions	que nous bussions
que vous buviez	que vous bussiez
qu'ils/elles boivent	qu'ils/elles bussent
Passé	**Plus-que-parfait**
que j'aie bu	que j'eusse bu
que tu aies bu	que tu eusses bu
qu'il/elle ait bu	qu'il/elle eût bu
que nous ayons bu	que nous eussions bu
que vous ayez bu	que vous eussiez bu
qu'ils/elles aient bu	qu'ils/elles eussent bu

Conditionnel présent
je boirais
tu boirais
il/elle boirait
nous boirions
vous boiriez
ils/elles boiraient
Conditionnel passé
j'aurais bu
tu aurais bu
il/elle aurait bu
nous aurions bu
vous auriez bu
ils/elles auraient bu

INFINITIF

Présent	Passé
boire	avoir bu

PARTICIPE

Présent	Passé
buvant	bu, ayant bu

151 Céder

Les verbes en *-er* qui se conjuguent sur ce modèle ont un *é* dans l'avant-dernière syllabe de leur infinitif. Ce *é* devient *è* devant une syllabe avec un *e* muet : *nous cédons*, mais *je cède*. Les verbes en *-éger* (*piéger*, etc.) suivent ce modèle, mais on écrit *ge* devant les terminaisons commençant par *a* ou *o* : *j'abrège, nous abrégeons, abrégeant*. De même, *rapiécer* s'écrit avec ç devant *a* ou *o* : *je rapièce, nous rapiéçons, rapiéçant*.

INDICATIF

Présent	Imparfait	Passé simple	Futur simple
je cède	je cédais	je cédai	je cèderai
tu cèdes	tu cédais	tu cédas	tu cèderas
il/elle cède	il/elle cédait	il/elle céda	il/elle cèdera
nous cédons	nous cédions	nous cédâmes	nous cèderons
vous cédez	vous cédiez	vous cédâtes	vous cèderez
ils/elles cèdent	ils/elles cédaient	ils/elles cédèrent	ils/elles cèderont
Passé composé	**Plus-que-parfait**	**Passé antérieur**	**Futur antérieur**
j'ai cédé	j'avais cédé	j'eus cédé	j'aurai cédé
tu as cédé	tu avais cédé	tu eus cédé	tu auras cédé
il/elle a cédé	il/elle avait cédé	il/elle eut cédé	il/elle aura cédé
nous avons cédé	nous avions cédé	nous eûmes cédé	nous aurons cédé
vous avez cédé	vous aviez cédé	vous eûtes cédé	vous aurez cédé
ils/elles ont cédé	ils/elles avaient cédé	ils/elles eurent cédé	ils/elles auront cédé

IMPÉRATIF

Présent	Passé
cède	aie cédé
cédons	ayons cédé
cédez	ayez cédé

SUBJONCTIF

Présent	Imparfait
que je cède	que je cédasse
que tu cèdes	que tu cédasses
qu'il/elle cède	qu'il/elle cédât
que nous cédions	que nous cédassions
que vous cédiez	que vous cédassiez
qu'ils/elles cèdent	qu'ils/elles cédassent
Passé	**Plus-que-parfait**
que j'aie cédé	que j'eusse cédé
que tu aies cédé	que tu eusses cédé
qu'il/elle ait cédé	qu'il/elle eût cédé
que nous ayons cédé	que nous eussions cédé
que vous ayez cédé	que vous eussiez cédé
qu'ils/elles aient cédé	qu'ils/elles eussent cédé

Conditionnel présent	Conditionnel passé
je cèderais	j'aurais cédé
tu cèderais	tu aurais cédé
il/elle cèderait	il/elle aurait cédé
nous cèderions	nous aurions cédé
vous cèderiez	vous auriez cédé
ils/elles cèderaient	ils/elles auraient cédé

INFINITIF

Présent	Passé
céder	avoir cédé

PARTICIPE

Présent	Passé
cédant	cédé, ayant cédé

Conclure

Se conjuguent également sur ce modèle *exclure* et ***inclure***, mais ce dernier a un participe passé en *-us* : *inclus*.
Il ne faut pas confondre cette conjugaison avec celle des verbes dont l'infinitif se termine par *-uer* : le futur et le conditionnel présent s'écrivent sans *e* avant le *r* (*éval**uer*** → *j'éval**uerai*** ; *concl**ure*** → je *concl**urai***).

INDICATIF

Présent	Imparfait	Passé simple	Futur simple
je conclus	je concluais	je conclus	je conclurai
tu conclus	tu concluais	tu conclus	tu concluras
il/elle conclut	il/elle concluait	il/elle conclut	il/elle conclura
nous concluons	nous concluions	nous conclûmes	nous conclurons
vous concluez	vous concluiez	vous conclûtes	vous conclurez
ils/elles concluent	ils/elles concluaient	ils/elles conclurent	ils/elles concluront
Passé composé	**Plus-que-parfait**	**Passé antérieur**	**Futur antérieur**
j'ai conclu	j'avais conclu	j'eus conclu	j'aurai conclu
tu as conclu	tu avais conclu	tu eus conclu	tu auras conclu
il/elle a conclu	il/elle avait conclu	il/elle eut conclu	il/elle aura conclu
nous avons conclu	nous avions conclu	nous eûmes conclu	nous aurons conclu
vous avez conclu	vous aviez conclu	vous eûtes conclu	vous aurez conclu
ils/elles ont conclu	ils/elles avaient conclu	ils/elles eurent conclu	ils/elles auront conclu

IMPÉRATIF

Présent
conclus
concluons
concluez
Passé
aie conclu
ayons conclu
ayez conclu

SUBJONCTIF

Présent	Imparfait
que je conclue	que je conclusse
que tu conclues	que tu conclusses
qu'il/elle conclue	qu'il/elle conclût
que nous concluions	que nous conclussions
que vous concluiez	que vous conclussiez
qu'ils/elles concluent	qu'ils/elles conclussent
Passé	**Plus-que-parfait**
que j'aie conclu	que j'eusse conclu
que tu aies conclu	que tu eusses conclu
qu'il/elle ait conclu	qu'il/elle eût conclu
que nous ayons conclu	que nous eussions conclu
que vous ayez conclu	que vous eussiez conclu
qu'ils/elles aient conclu	qu'ils/elles eussent conclu

Conditionnel présent
je conclurais
tu conclurais
il/elle conclurait
nous conclurions
vous concluriez
ils/elles concluraient
Conditionnel passé
j'aurais conclu
tu aurais conclu
il/elle aurait conclu
nous aurions conclu
vous auriez conclu
ils/elles auraient conclu

INFINITIF

Présent	Passé
conclure	avoir conclu

PARTICIPE

Présent	Passé
concluant	conclu, ayant conclu

153 Conduire

Tous les verbes dont l'infinitif se termine par *-uire* (*construire, déduire, cuire*) se conjuguent sur ce modèle, mais :

- ***luire*** (et ***reluire***) ainsi que ***nuire*** (et ***s'entrenuire***) ont un participe passé invariable en *-i* : *lui, nui* ;
- ***bruire*** se conjugue sur le modèle de *finir* (→ 142).

INDICATIF

Présent	Imparfait	Passé simple	Futur simple
je conduis	je conduisais	je conduisis	je conduirai
tu conduis	tu conduisais	tu conduisis	tu conduiras
il/elle conduit	il/elle conduisait	il/elle conduisit	il/elle conduira
nous conduisons	nous conduisions	nous conduisîmes	nous conduirons
vous conduisez	vous conduisiez	vous conduisîtes	vous conduirez
ils/elles conduisent	ils/elles conduisaient	ils/elles conduisirent	ils/elles conduiront
Passé composé	**Plus-que-parfait**	**Passé antérieur**	**Futur antérieur**
j'ai conduit	j'avais conduit	j'eus conduit	j'aurai conduit
tu as conduit	tu avais conduit	tu eus conduit	tu auras conduit
il/elle a conduit	il/elle avait conduit	il/elle eut conduit	il/elle aura conduit
nous avons conduit	nous avions conduit	nous eûmes conduit	nous aurons conduit
vous avez conduit	vous aviez conduit	vous eûtes conduit	vous aurez conduit
ils/elles ont conduit	ils/elles avaient conduit	ils/elles eurent conduit	ils/elles auront conduit

IMPÉRATIF

Présent	Passé
conduis	aie conduit
conduisons	ayons conduit
conduisez	ayez conduit

SUBJONCTIF

Présent	Imparfait
que je conduise	que je conduisisse
que tu conduises	que tu conduisisses
qu'il/elle conduise	qu'il/elle conduisît
que nous conduisions	que nous conduisissions
que vous conduisiez	que vous conduisissiez
qu'ils/elles conduisent	qu'ils/elles conduisissent
Passé	**Plus-que-parfait**
que j'aie conduit	que j'eusse conduit
que tu aies conduit	que tu eusses conduit
qu'il/elle ait conduit	qu'il/elle eût conduit
que nous ayons conduit	que nous eussions conduit
que vous ayez conduit	que vous eussiez conduit
qu'ils/elles aient conduit	qu'ils/elles eussent conduit

CONDITIONNEL

Conditionnel présent	Conditionnel passé
je conduirais	j'aurais conduit
tu conduirais	tu aurais conduit
il/elle conduirait	il/elle aurait conduit
nous conduirions	nous aurions conduit
vous conduiriez	vous auriez conduit
ils/elles conduiraient	ils/elles auraient conduit

INFINITIF

Présent	Passé
conduire	avoir conduit

PARTICIPE

Présent	Passé
conduisant	conduit, ayant conduit

Courir

154

Les verbes dérivés de *courir* (*recourir, concourir…*) se conjuguent sur ce modèle. Toute leur conjugaison se fait sur un seul radical en *-cour-*.
Au futur (et donc au conditionnel présent), il faut bien penser à mettre les deux *r* : *je courrai, il encourrait*.

INDICATIF

Présent	Imparfait	Passé simple	Futur simple
je cours	je courais	je courus	je courrai
tu cours	tu courais	tu courus	tu courras
il/elle court	il/elle courait	il/elle courut	il/elle courra
nous courons	nous courions	nous courûmes	nous courrons
vous courez	vous couriez	vous courûtes	vous courrez
ils/elles courent	ils/elles couraient	ils/elles coururent	ils/elles courront
Passé composé	**Plus-que-parfait**	**Passé antérieur**	**Futur antérieur**
j'ai couru	j'avais couru	j'eus couru	j'aurai couru
tu as couru	tu avais couru	tu eus couru	tu auras couru
il/elle a couru	il/elle avait couru	il/elle eut couru	il/elle aura couru
nous avons couru	nous avions couru	nous eûmes couru	nous aurons couru
vous avez couru	vous aviez couru	vous eûtes couru	vous aurez couru
ils/elles ont couru	ils/elles avaient couru	ils/elles eurent couru	ils/elles auront couru

IMPÉRATIF

Présent	Passé
cours	aie couru
courons	ayons couru
courez	ayez couru

SUBJONCTIF

Présent	Imparfait
que je coure	que je courusse
que tu coures	que tu courusses
qu'il/elle coure	qu'il/elle courût
que nous courions	que nous courussions
que vous couriez	que vous courussiez
qu'ils/elles courent	qu'ils/elles courussent
Passé	**Plus-que-parfait**
que j'aie couru	que j'eusse couru
que tu aies couru	que tu eusses couru
qu'il/elle ait couru	qu'il/elle eût couru
que nous ayons couru	que nous eussions couru
que vous ayez couru	que vous eussiez couru
qu'ils/elles aient couru	qu'ils/elles eussent couru

Conditionnel présent	Conditionnel passé
je courrais	j'aurais couru
tu courrais	tu aurais couru
il/elle courrait	il/elle aurait couru
nous courrions	nous aurions couru
vous courriez	vous auriez couru
ils/elles courraient	ils/elles auraient couru

INFINITIF

Présent	Passé
courir	avoir couru

PARTICIPE

Présent	Passé
courant	couru, ayant couru

155 Croire

On ne peut utiliser le radical en *-croy-* (en prononçant [krwaj]) que si la terminaison n'est pas muette. Par exemple, on écrira : *il faut que tu me croies* en faisant rimer *croies* avec *oie* (et non avec *ouailles*). Aux deux premières personnes du pluriel de l'imparfait de l'indicatif et du présent du subjonctif, il ne faut pas oublier le *i* des terminaisons *-ions* et *-iez* après le *y* du radical, même si on ne l'entend pas.

INDICATIF

Présent	Imparfait	Passé simple	Futur simple
je crois	je croyais	je crus	je croirai
tu crois	tu croyais	tu crus	tu croiras
il/elle croit	il/elle croyait	il/elle crut	il/elle croira
nous croyons	nous croyions	nous crûmes	nous croirons
vous croyez	vous croyiez	vous crûtes	vous croirez
ils/elles croient	ils/elles croyaient	ils/elles crurent	ils/elles croiront
Passé composé	**Plus-que-parfait**	**Passé antérieur**	**Futur antérieur**
j'ai cru	j'avais cru	j'eus cru	j'aurai cru
tu as cru	tu avais cru	tu eus cru	tu auras cru
il/elle a cru	il/elle avait cru	il/elle eut cru	il/elle aura cru
nous avons cru	nous avions cru	nous eûmes cru	nous aurons cru
vous avez cru	vous aviez cru	vous eûtes cru	vous aurez cru
ils/elles ont cru	ils/elles avaient cru	ils/elles eurent cru	ils/elles auront cru

IMPÉRATIF

Présent	Passé
crois	aie cru
croyons	ayons cru
croyez	ayez cru

SUBJONCTIF

Présent	Imparfait
que je croie	que je crusse
que tu croies	que tu crusses
qu'il/elle croie	qu'il/elle crût
que nous croyions	que nous crussions
que vous croyiez	que vous crussiez
qu'ils/elles croient	qu'ils/elles crussent
Passé	**Plus-que-parfait**
que j'aie cru	que j'eusse cru
que tu aies cru	que tu eusses cru
qu'il/elle ait cru	qu'il/elle eût cru
que nous ayons cru	que nous eussions cru
que vous ayez cru	que vous eussiez cru
qu'ils/elles aient cru	qu'ils/elles eussent cru

Conditionnel présent	Conditionnel passé
je croirais	j'aurais cru
tu croirais	tu aurais cru
il/elle croirait	il/elle aurait cru
nous croirions	nous aurions cru
vous croiriez	vous auriez cru
ils/elles croiraient	ils/elles auraient cru

INFINITIF

Présent	Passé
croire	avoir cru

PARTICIPE

Présent	Passé
croyant	cru, ayant cru

Cueillir

156

Les verbes ***assaillir, défaillir, tressaillir*** et ***saillir*** (quand ce dernier signifie « dépasser, s'élancer ») se conjuguent également sur ce modèle, à l'exception du futur (et donc du conditionnel présent) que l'on forme avec *-ir-* et non *-er-* : *j'assaillirai, nous assaillirions.* L'autre verbe ***saillir*** qui signifie « s'accoupler » se conjugue sur le modèle de *finir* (→ 142).

INDICATIF

Présent	Imparfait	Passé simple	Futur simple
je cueille	je cueillais	je cueillis	je cueillerai
tu cueilles	tu cueillais	tu cueillis	tu cueilleras
il/elle cueille	il/elle cueillait	il/elle cueillit	il/elle cueillera
nous cueillons	nous cueillions	nous cueillîmes	nous cueillerons
vous cueillez	vous cueilliez	vous cueillîtes	vous cueillerez
ils/elles cueillent	ils/elles cueillaient	ils/elles cueillirent	ils/elles cueilleront
Passé composé	**Plus-que-parfait**	**Passé antérieur**	**Futur antérieur**
j'ai cueilli	j'avais cueilli	j'eus cueilli	j'aurai cueilli
tu as cueilli	tu avais cueilli	tu eus cueilli	tu auras cueilli
il/elle a cueilli	il/elle avait cueilli	il/elle eut cueilli	il/elle aura cueilli
nous avons cueilli	nous avions cueilli	nous eûmes cueilli	nous aurons cueilli
vous avez cueilli	vous aviez cueilli	vous eûtes cueilli	vous aurez cueilli
ils/elles ont cueilli	ils/elles avaient cueilli	ils/elles eurent cueilli	ils/elles auront cueilli

IMPÉRATIF

Présent	Passé
cueille	aie cueilli
cueillons	ayons cueilli
cueillez	ayez cueilli

SUBJONCTIF

Présent	Imparfait
que je cueille	que je cueillisse
que tu cueilles	que tu cueillisses
qu'il/elle cueille	qu'il/elle cueillît
que nous cueillions	que nous cueillissions
que vous cueilliez	que vous cueillissiez
qu'ils/elles cueillent	qu'ils/elles cueillissent
Passé	**Plus-que-parfait**
que j'aie cueilli	que j'eusse cueilli
que tu aies cueilli	que tu eusses cueilli
qu'il/elle ait cueilli	qu'il/elle eût cueilli
que nous ayons cueilli	que nous eussions cueilli
que vous ayez cueilli	que vous eussiez cueilli
qu'ils/elles aient cueilli	qu'ils/elles eussent cueilli

Conditionnel présent	Conditionnel passé
je cueillerais	j'aurais cueilli
tu cueillerais	tu aurais cueilli
il/elle cueillerait	il/elle aurait cueilli
nous cueillerions	nous aurions cueilli
vous cueilleriez	vous auriez cueilli
ils/elles cueilleraient	ils/elles auraient cueilli

INFINITIF

Présent	Passé
cueillir	avoir cueilli

PARTICIPE

Présent	Passé
cueillant	cueilli, ayant cueilli

157 Devoir

Seuls *devoir* et *redevoir* se conjuguent sur ce modèle.
Leur participe passé s'écrit avec un accent circonflexe sur le *u* seulement au masculin singulier. Au féminin et au pluriel, cet accent disparait : *les sommes dues*.
L'impératif est rarement utilisé.

INDICATIF

Présent	Imparfait	Passé simple	Futur simple
je dois	je devais	je dus	je devrai
tu dois	tu devais	tu dus	tu devras
il/elle doit	il/elle devait	il/elle dut	il/elle devra
nous devons	nous devions	nous dûmes	nous devrons
vous devez	vous deviez	vous dûtes	vous devrez
ils/elles doivent	ils/elles devaient	ils/elles durent	ils/elles devront
Passé composé	**Plus-que-parfait**	**Passé antérieur**	**Futur antérieur**
j'ai dû	j'avais dû	j'eus dû	j'aurai dû
tu as dû	tu avais dû	tu eus dû	tu auras dû
il/elle a dû	il/elle avait dû	il/elle eut dû	il/elle aura dû
nous avons dû	nous avions dû	nous eûmes dû	nous aurons dû
vous avez dû	vous aviez dû	vous eûtes dû	vous aurez dû
ils/elles ont dû	ils/elles avaient dû	ils/elles eurent dû	ils/elles auront dû

IMPÉRATIF

Présent	Passé
dois	aie dû
devons	ayons dû
devez	ayez dû

SUBJONCTIF

Présent	Imparfait
que je doive	que je dusse
que tu doives	que tu dusses
qu'il/elle doive	qu'il/elle dût
que nous devions	que nous dussions
que vous deviez	que vous dussiez
qu'ils/elles doivent	qu'ils/elles dussent
Passé	**Plus-que-parfait**
que j'aie dû	que j'eusse dû
que tu aies dû	que tu eusses dû
qu'il/elle ait dû	qu'il/elle eût dû
que nous ayons dû	que nous eussions dû
que vous ayez dû	que vous eussiez dû
qu'ils/elles aient dû	qu'ils/elles eussent dû

Conditionnel présent	Conditionnel passé
je devrais	j'aurais dû
tu devrais	tu aurais dû
il/elle devrait	il/elle aurait dû
nous devrions	nous aurions dû
vous devriez	vous auriez dû
ils/elles devraient	ils/elles auraient dû

INFINITIF

Présent	Passé
devoir	avoir dû

PARTICIPE

Présent	Passé
devant	dû, ayant dû

Écrire

Tous les verbes dont l'infinitif se termine par *-crire* (*écrire, décrire, inscrire, transcrire…*) se conjuguent sur ce modèle.

INDICATIF

Présent	Imparfait	Passé simple	Futur simple
j'écris	j'écrivais	j'écrivis	j'écrirai
tu écris	tu écrivais	tu écrivis	tu écriras
il/elle écrit	il/elle écrivait	il/elle écrivit	il/elle écrira
nous écrivons	nous écrivions	nous écrivîmes	nous écrirons
vous écrivez	vous écriviez	vous écrivîtes	vous écrirez
ils/elles écrivent	ils/elles écrivaient	ils/elles écrivirent	ils/elles écriront
Passé composé	**Plus-que-parfait**	**Passé antérieur**	**Futur antérieur**
j'ai écrit	j'avais écrit	j'eus écrit	j'aurai écrit
tu as écrit	tu avais écrit	tu eus écrit	tu auras écrit
il/elle a écrit	il/elle avait écrit	il/elle eut écrit	il/elle aura écrit
nous avons écrit	nous avions écrit	nous eûmes écrit	nous aurons écrit
vous avez écrit	vous aviez écrit	vous eûtes écrit	vous aurez écrit
ils/elles ont écrit	ils/elles avaient écrit	ils/elles eurent écrit	ils/elles auront écrit

IMPÉRATIF

Présent
écris
écrivons
écrivez
Passé
aie écrit
ayons écrit
ayez écrit

SUBJONCTIF

Présent	Imparfait
que j'écrive	que j'écrivisse
que tu écrives	que tu écrivisses
qu'il/elle écrive	qu'il/elle écrivît
que nous écrivions	que nous écrivissions
que vous écriviez	que vous écrivissiez
qu'ils/elles écrivent	qu'ils/elles écrivissent
Passé	**Plus-que-parfait**
que j'aie écrit	que j'eusse écrit
que tu aies écrit	que tu eusses écrit
qu'il/elle ait écrit	qu'il/elle eût écrit
que nous ayons écrit	que nous eussions écrit
que vous ayez écrit	que vous eussiez écrit
qu'ils/elles aient écrit	qu'ils/elles eussent écrit

Conditionnel présent
j'écrirais
tu écrirais
il/elle écrirait
nous écririons
vous écririez
ils/elles écriraient
Conditionnel passé
j'aurais écrit
tu aurais écrit
il/elle aurait écrit
nous aurions écrit
vous auriez écrit
ils/elles auraient écrit

INFINITIF

Présent	Passé
écrire	avoir écrit

PARTICIPE

Présent	Passé
écrivant	écrit, ayant écrit

159 Extraire

Le verbe *traire* et tous ses dérivés (*soustraire, distraire...*) ainsi que *braire* se conjuguent sur ce modèle. Ces verbes n'ont pas de passé simple, donc pas de subjonctif imparfait non plus. Aux deux premières personnes du pluriel de l'imparfait de l'indicatif et du présent du subjonctif, il ne faut pas oublier le *i* des terminaisons *-ions* et *-iez* après le *y* du radical, même si on ne l'entend pas.

INDICATIF

Présent	Imparfait	Passé simple	Futur simple
j'extrais tu extrais il/elle extrait nous extrayons vous extrayez ils/elles extraient	j'extrayais tu extrayais il/elle extrayait nous extrayions vous extrayiez ils/elles extrayaient	*inusité*	j'extrairai tu extrairas il/elle extraira nous extrairons vous extrairez ils/elles extrairont
Passé composé	**Plus-que-parfait**	**Passé antérieur**	**Futur antérieur**
j'ai extrait tu as extrait il/elle a extrait nous avons extrait vous avez extrait ils/elles ont extrait	j'avais extrait tu avais extrait il/elle avait extrait nous avions extrait vous aviez extrait ils/elles avaient extrait	j'eus extrait tu eus extrait il/elle eut extrait nous eûmes extrait vous eûtes extrait ils/elles eurent extrait	j'aurai extrait tu auras extrait il/elle aura extrait nous aurons extrait vous aurez extrait ils/elles auront extrait

IMPÉRATIF

Présent	Passé
extrais extrayons extrayez	aie extrait ayons extrait ayez extrait

SUBJONCTIF

Présent	Imparfait
que j'extraie que tu extraies qu'il/elle extraie que nous extrayions que vous extrayiez qu'ils/elles extraient	*inusité*
Passé	**Plus-que-parfait**
que j'aie extrait que tu aies extrait qu'il/elle ait extrait que nous ayons extrait que vous ayez extrait qu'ils/elles aient extrait	que j'eusse extrait que tu eusses extrait qu'il/elle eût extrait que nous eussions extrait que vous eussiez extrait qu'ils/elles eussent extrait

Conditionnel présent	Conditionnel passé
j'extrairais tu extrairais il/elle extrairait nous extrairions vous extrairiez ils/elles extrairaient	j'aurais extrait tu aurais extrait il/elle aurait extrait nous aurions extrait vous auriez extrait ils/elles auraient extrait

INFINITIF

Présent	Passé
extraire	avoir extrait

PARTICIPE

Présent	Passé
extrayant	extrait, ayant extrait

Fuir

Seuls *fuir* et *s'enfuir* se conjuguent sur ce modèle.
Aux deux premières personnes du pluriel de l'imparfait de l'indicatif et du présent du subjonctif, il ne faut pas oublier le *i* des terminaisons *-ions* et *-iez* après le *y* du radical, même si on ne l'entend pas.

INDICATIF

Présent	Imparfait	Passé simple	Futur simple
je fuis	je fuyais	je fuis	je fuirai
tu fuis	tu fuyais	tu fuis	tu fuiras
il/elle fuit	il/elle fuyait	il/elle fuit	il/elle fuira
nous fuyons	nous fuyions	nous fuîmes	nous fuirons
vous fuyez	vous fuyiez	vous fuîtes	vous fuirez
ils/elles fuient	ils/elles fuyaient	ils/elles fuirent	ils/elles fuiront
Passé composé	**Plus-que-parfait**	**Passé antérieur**	**Futur antérieur**
j'ai fui	j'avais fui	j'eus fui	j'aurai fui
tu as fui	tu avais fui	tu eus fui	tu auras fui
il/elle a fui	il/elle avait fui	il/elle eut fui	il/elle aura fui
nous avons fui	nous avions fui	nous eûmes fui	nous aurons fui
vous avez fui	vous aviez fui	vous eûtes fui	vous aurez fui
ils/elles ont fui	ils/elles avaient fui	ils/elles eurent fui	ils/elles auront fui

IMPÉRATIF

Présent	Passé
fuis	aie fui
fuyons	ayons fui
fuyez	ayez fui

SUBJONCTIF

Présent	Imparfait
que je fuie	que je fuisse
que tu fuies	que tu fuisses
qu'il/elle fuie	qu'il/elle fuît
que nous fuyions	que nous fuissions
que vous fuyiez	que vous fuissiez
qu'ils/elles fuient	qu'ils/elles fuissent
Passé	**Plus-que-parfait**
que j'aie fui	que j'eusse fui
que tu aies fui	que tu eusses fui
qu'il/elle ait fui	qu'il/elle eût fui
que nous ayons fui	que nous eussions fui
que vous ayez fui	que vous eussiez fui
qu'ils/elles aient fui	qu'ils/elles eussent fui

CONDITIONNEL

Conditionnel présent	Conditionnel passé
je fuirais	j'aurais fui
tu fuirais	tu aurais fui
il/elle fuirait	il/elle aurait fui
nous fuirions	nous aurions fui
vous fuiriez	vous auriez fui
ils/elles fuiraient	ils/elles auraient fui

INFINITIF

Présent	Passé
fuir	avoir fui

PARTICIPE

Présent	Passé
fuyant	fui, ayant fui

161 Lever

Les verbes en *-er* qui suivent ce modèle ont un *e* sans accent dans l'avant-dernière syllabe de leur infinitif. Ce *e* devient *è* devant une syllabe avec un *e* muet : *nous levons*, mais *je lève*… Seuls *appeler* et *jeter* (et les verbes de leur famille) ne prennent pas l'accent grave, mais doublent leur consonne (→ 148) : *j'appelle, je jette*. Pour *dépecer*, il faut penser à écrire *ç* devant les terminaisons commençant par *a* ou *o* : *nous dépeçons*.

INDICATIF

Présent	Imparfait	Passé simple	Futur simple
je lève tu lèves il/elle lève nous levons vous levez ils/elles lèvent	je levais tu levais il/elle levait nous levions vous leviez ils/elles levaient	je levai tu levas il/elle leva nous levâmes vous levâtes ils/elles levèrent	je lèverai tu lèveras il/elle lèvera nous lèverons vous lèverez ils/elles lèveront
Passé composé	**Plus-que-parfait**	**Passé antérieur**	**Futur antérieur**
j'ai levé tu as levé il/elle a levé nous avons levé vous avez levé ils/elles ont levé	j'avais levé tu avais levé il/elle avait levé nous avions levé vous aviez levé ils/elles avaient levé	j'eus levé tu eus levé il/elle eut levé nous eûmes levé vous eûtes levé ils/elles eurent levé	j'aurai levé tu auras levé il/elle aura levé nous aurons levé vous aurez levé ils/elles auront levé

Conditionnel présent

je lèverais tu lèverais il/elle lèverait nous lèverions vous lèveriez ils/elles lèveraient

Conditionnel passé

j'aurais levé tu aurais levé il/elle aurait levé nous aurions levé vous auriez levé ils/elles auraient levé

IMPÉRATIF

Présent
lève levons levez
Passé
aie levé ayons levé ayez levé

SUBJONCTIF

Présent	Imparfait
que je lève que tu lèves qu'il/elle lève que nous levions que vous leviez qu'ils/elles lèvent	que je levasse que tu levasses qu'il/elle levât que nous levassions que vous levassiez qu'ils/elles levassent
Passé	**Plus-que-parfait**
que j'aie levé que tu aies levé qu'il/elle ait levé que nous ayons levé que vous ayez levé qu'ils/elles aient levé	que j'eusse levé que tu eusses levé qu'il/elle eût levé que nous eussions levé que vous eussiez levé qu'ils/elles eussent levé

INFINITIF

Présent	Passé
lever	avoir levé

PARTICIPE

Présent	Passé
levant	levé, ayant levé

Lire

162

Les verbes dérivés de *lire* (*relire, élire* et *réélire*) se conjuguent sur ce modèle. Pour *élire* et *réélire*, on veillera à bien former le passé simple avec la voyelle *u* (et non *i*) : *ils élurent leur délégué*.

INDICATIF

Présent	Imparfait	Passé simple	Futur simple
je lis	je lisais	je lus	je lirai
tu lis	tu lisais	tu lus	tu liras
il/elle lit	il/elle lisait	il/elle lut	il/elle lira
nous lisons	nous lisions	nous lûmes	nous lirons
vous lisez	vous lisiez	vous lûtes	vous lirez
ils/elles lisent	ils/elles lisaient	ils/elles lurent	ils/elles liront

Passé composé	Plus-que-parfait	Passé antérieur	Futur antérieur
j'ai lu	j'avais lu	j'eus lu	j'aurai lu
tu as lu	tu avais lu	tu eus lu	tu auras lu
il/elle a lu	il/elle avait lu	il/elle eut lu	il/elle aura lu
nous avons lu	nous avions lu	nous eûmes lu	nous aurons lu
vous avez lu	vous aviez lu	vous eûtes lu	vous aurez lu
ils/elles ont lu	ils/elles avaient lu	ils/elles eurent lu	ils/elles auront lu

IMPÉRATIF

Présent	Passé
lis	aie lu
lisons	ayons lu
lisez	ayez lu

SUBJONCTIF

Présent	Imparfait
que je lise	que je lusse
que tu lises	que tu lusses
qu'il/elle lise	qu'il/elle lût
que nous lisions	que nous lussions
que vous lisiez	que vous lussiez
qu'ils/elles lisent	qu'ils/elles lussent

Passé	Plus-que-parfait
que j'aie lu	que j'eusse lu
que tu aies lu	que tu eusses lu
qu'il/elle ait lu	qu'il/elle eût lu
que nous ayons lu	que nous eussions lu
que vous ayez lu	que vous eussiez lu
qu'ils/elles aient lu	qu'ils/elles eussent lu

Conditionnel présent	Conditionnel passé
je lirais	j'aurais lu
tu lirais	tu aurais lu
il/elle lirait	il/elle aurait lu
nous lirions	nous aurions lu
vous liriez	vous auriez lu
ils/elles liraient	ils/elles auraient lu

INFINITIF

Présent	Passé
lire	avoir lu

PARTICIPE

Présent	Passé
lisant	lu, ayant lu

163 Manger

Le radical des verbes en *-ger* se termine par un *g* (*mang/er* → ***mang-***). Pour garder le son [ʒ] du *g*, on ajoute un *e* lorsque la terminaison commence par *a* ou *o* : *nous mangeons, il mangea* (→ 4).

INDICATIF

Présent	Imparfait	Passé simple	Futur simple
je mange	je mangeais	je mangeai	je mangerai
tu manges	tu mangeais	tu mangeas	tu mangeras
il/elle mange	il/elle mangeait	il/elle mangea	il/elle mangera
nous mangeons	nous mangions	nous mangeâmes	nous mangerons
vous mangez	vous mangiez	vous mangeâtes	vous mangerez
ils/elles mangent	ils/elles mangeaient	ils/elles mangèrent	ils/elles mangeront

Passé composé	Plus-que-parfait	Passé antérieur	Futur antérieur
j'ai mangé	j'avais mangé	j'eus mangé	j'aurai mangé
tu as mangé	tu avais mangé	tu eus mangé	tu auras mangé
il/elle a mangé	il/elle avait mangé	il/elle eut mangé	il/elle aura mangé
nous avons mangé	nous avions mangé	nous eûmes mangé	nous aurons mangé
vous avez mangé	vous aviez mangé	vous eûtes mangé	vous aurez mangé
ils/elles ont mangé	ils/elles avaient mangé	ils/elles eurent mangé	ils/elles auront mangé

Conditionnel présent	Conditionnel passé
je mangerais	j'aurais mangé
tu mangerais	tu aurais mangé
il/elle mangerait	il/elle aurait mangé
nous mangerions	nous aurions mangé
vous mangeriez	vous auriez mangé
ils/elles mangeraient	ils/elles auraient mangé

IMPÉRATIF

Présent	Passé
mange	aie mangé
mangeons	ayons mangé
mangez	ayez mangé

SUBJONCTIF

Présent	Imparfait
que je mange	que je mangeasse
que tu manges	que tu mangeasses
qu'il/elle mange	qu'il/elle mangeât
que nous mangions	que nous mangeassions
que vous mangiez	que vous mangeassiez
qu'ils/elles mangent	qu'ils/elles mangeassent

Passé	Plus-que-parfait
que j'aie mangé	que j'eusse mangé
que tu aies mangé	que tu eusses mangé
qu'il/elle ait mangé	qu'il/elle eût mangé
que nous ayons mangé	que nous eussions mangé
que vous ayez mangé	que vous eussiez mangé
qu'ils/elles aient mangé	qu'ils/elles eussent mangé

INFINITIF

Présent	Passé
manger	avoir mangé

PARTICIPE

Présent	Passé
mangeant	mangé, ayant mangé

Mettre

164

Tous les verbes dérivés de *mettre* (*commettre, remettre…*) suivent ce modèle de conjugaison.
À la 3e personne du singulier du présent de l'indicatif, le *t* du radical se confond avec la terminaison.

INDICATIF

Présent	Imparfait	Passé simple	Futur simple
je mets	je mettais	je mis	je mettrai
tu mets	tu mettais	tu mis	tu mettras
il/elle met	il/elle mettait	il/elle mit	il/elle mettra
nous mettons	nous mettions	nous mîmes	nous mettrons
vous mettez	vous mettiez	vous mîtes	vous mettrez
ils/elles mettent	ils/elles mettaient	ils/elles mirent	ils/elles mettront
Passé composé	**Plus-que-parfait**	**Passé antérieur**	**Futur antérieur**
j'ai mis	j'avais mis	j'eus mis	j'aurai mis
tu as mis	tu avais mis	tu eus mis	tu auras mis
il/elle a mis	il/elle avait mis	il/elle eut mis	il/elle aura mis
nous avons mis	nous avions mis	nous eûmes mis	nous aurons mis
vous avez mis	vous aviez mis	vous eûtes mis	vous aurez mis
ils/elles ont mis	ils/elles avaient mis	ils/elles eurent mis	ils/elles auront mis

IMPÉRATIF

Présent	Passé
mets	aie mis
mettons	ayons mis
mettez	ayez mis

SUBJONCTIF

Présent	Imparfait
que je mette	que je misse
que tu mettes	que tu misses
qu'il/elle mette	qu'il/elle mît
que nous mettions	que nous missions
que vous mettiez	que vous missiez
qu'ils/elles mettent	qu'ils/elles missent
Passé	**Plus-que-parfait**
que j'aie mis	que j'eusse mis
que tu aies mis	que tu eusses mis
qu'il/elle ait mis	qu'il/elle eût mis
que nous ayons mis	que nous eussions mis
que vous ayez mis	que vous eussiez mis
qu'ils/elles aient mis	qu'ils/elles eussent mis

Conditionnel présent	Conditionnel passé
je mettrais	j'aurais mis
tu mettrais	tu aurais mis
il/elle mettrait	il/elle aurait mis
nous mettrions	nous aurions mis
vous mettriez	vous auriez mis
ils/elles mettraient	ils/elles auraient mis

INFINITIF

Présent	Passé
mettre	avoir mis

PARTICIPE

Présent	Passé
mettant	mis, ayant mis

165 Mourir

Seul *mourir* se conjugue sur ce modèle.
Au futur (et donc au conditionnel présent), il faut bien penser à mettre les deux *r* : *je mou**rr**ai, il mou**rr**ait.*

INDICATIF

Présent	Imparfait	Passé simple	Futur simple
je meurs tu meurs il/elle meurt nous mourons vous mourez ils/elles meurent	je mourais tu mourais il/elle mourait nous mourions vous mouriez ils/elles mouraient	je mourus tu mourus il/elle mourut nous mourûmes vous mourûtes ils/elles moururent	je mourrai tu mourras il/elle mourra nous mourrons vous mourrez ils/elles mourront
Passé composé	**Plus-que-parfait**	**Passé antérieur**	**Futur antérieur**
je suis mort(e) tu es mort(e) il/elle est mort(e) nous sommes mort(e)s vous êtes mort(e)s ils/elles sont mort(e)s	j'étais mort(e) tu étais mort(e) il/elle était mort(e) nous étions mort(e)s vous étiez mort(e)s ils/elles étaient mort(e)s	je fus mort(e) tu fus mort(e) il/elle fut mort(e) nous fûmes mort(e)s vous fûtes mort(e)s ils/elles furent mort(e)s	je serai mort(e) tu seras mort(e) il/elle sera mort(e) nous serons mort(e)s vous serez mort(e)s ils/elles seront mort(e)s

IMPÉRATIF

Présent	Passé
meurs mourons mourez	sois mort(e) soyons mort(e)s soyez mort(e)s

SUBJONCTIF

Présent	Imparfait
que je meure que tu meures qu'il/elle meure que nous mourions que vous mouriez qu'ils/elles meurent	que je mourusse que tu mourusses qu'il/elle mourût que nous mourussions que vous mourussiez qu'ils/elles mourussent
Passé	**Plus-que-parfait**
que je sois mort(e) que tu sois mort(e) qu'il/elle soit mort(e) que nous soyons mort(e)s que vous soyez mort(e)s qu'ils/elles soient mort(e)s	que je fusse mort(e) que tu fusses mort(e) qu'il/elle fût mort(e) que nous fussions mort(e)s que vous fussiez mort(e)s qu'ils/elles fussent mort(e)s

Conditionnel présent	Conditionnel passé
je mourrais tu mourrais il/elle mourrait nous mourrions vous mourriez ils/elles mourraient	je serais mort(e) tu serais mort(e) il/elle serait mort(e) nous serions mort(e)s vous seriez mort(e)s ils/elles seraient mort(e)s

INFINITIF

Présent	Passé
mourir	être mort(e)(s)

PARTICIPE

Présent	Passé
mourant	mort(e)(s), étant mort(e)(s)

Noyer

Les verbes dont l'infinitif se termine par *-oyer* et *-uyer* changent le *y* en *i* devant un *e* muet : *nous essuyons, j'essuie, j'essuierai*. Les verbes en *-ayer* peuvent garder le *y* dans toute leur conjugaison : *je paie* ou *je paye* ; *il paiera* ou *il payera*.
Envoyer construit ses formes du futur (et donc du conditionnel présent) sur le radical *enverr-* : *j'**enverr**ai, nous **enverr**ions*.

INDICATIF			
Présent	**Imparfait**	**Passé simple**	**Futur simple**
je noie	je noyais	je noyai	je noierai
tu noies	tu noyais	tu noyas	tu noieras
il/elle noie	il/elle noyait	il/elle noya	il/elle noiera
nous noyons	nous noyions	nous noyâmes	nous noierons
vous noyez	vous noyiez	vous noyâtes	vous noierez
ils/elles noient	ils/elles noyaient	ils/elles noyèrent	ils/elles noieront
Passé composé	**Plus-que-parfait**	**Passé antérieur**	**Futur antérieur**
j'ai noyé	j'avais noyé	j'eus noyé	j'aurai noyé
tu as noyé	tu avais noyé	tu eus noyé	tu auras noyé
il/elle a noyé	il/elle avait noyé	il/elle eut noyé	il/elle aura noyé
nous avons noyé	nous avions noyé	nous eûmes noyé	nous aurons noyé
vous avez noyé	vous aviez noyé	vous eûtes noyé	vous aurez noyé
ils/elles ont noyé	ils/elles avaient noyé	ils/elles eurent noyé	ils/elles auront noyé

IMPÉRATIF
Présent
noie
noyons
noyez
Passé
aie noyé
ayons noyé
ayez noyé

SUBJONCTIF	
Présent	**Imparfait**
que je noie	que je noyasse
que tu noies	que tu noyasses
qu'il/elle noie	qu'il/elle noyât
que nous noyions	que nous noyassions
que vous noyiez	que vous noyassiez
qu'ils/elles noient	qu'ils/elles noyassent
Passé	**Plus-que-parfait**
que j'aie noyé	que j'eusse noyé
que tu aies noyé	que tu eusses noyé
qu'il/elle ait noyé	qu'il/elle eût noyé
que nous ayons noyé	que nous eussions noyé
que vous ayez noyé	que vous eussiez noyé
qu'ils/elles aient noyé	qu'ils/elles eussent noyé

Conditionnel présent
je noierais
tu noierais
il/elle noierait
nous noierions
vous noieriez
ils/elles noieraient
Conditionnel passé
j'aurais noyé
tu aurais noyé
il/elle aurait noyé
nous aurions noyé
vous auriez noyé
ils/elles auraient noyé

INFINITIF	
Présent	**Passé**
noyer	avoir noyé

PARTICIPE	
Présent	**Passé**
noyant	noyé, ayant noyé

167 Ouvrir

Les verbes qui suivent ce modèle présentent la particularité d'avoir des terminaisons en *e* (*-e*, *-es*, *-e*) au singulier du présent de l'indicatif et de l'impératif (comme les verbes en *-er*) et non en *s* et *t* (comme les autres verbes en *-ir*).
Se conjuguent également sur ce modèle *souffrir* et *offrir*.

INDICATIF

Présent	Imparfait	Passé simple	Futur simple
j'ouvre	j'ouvrais	j'ouvris	j'ouvrirai
tu ouvres	tu ouvrais	tu ouvris	tu ouvriras
il/elle ouvre	il/elle ouvrait	il/elle ouvrit	il/elle ouvrira
nous ouvrons	nous ouvrions	nous ouvrîmes	nous ouvrirons
vous ouvrez	vous ouvriez	vous ouvrîtes	vous ouvrirez
ils/elles ouvrent	ils/elles ouvraient	ils/elles ouvrirent	ils/elles ouvriront
Passé composé	**Plus-que-parfait**	**Passé antérieur**	**Futur antérieur**
j'ai ouvert	j'avais ouvert	j'eus ouvert	j'aurai ouvert
tu as ouvert	tu avais ouvert	tu eus ouvert	tu auras ouvert
il/elle a ouvert	il/elle avait ouvert	il/elle eut ouvert	il/elle aura ouvert
nous avons ouvert	nous avions ouvert	nous eûmes ouvert	nous aurons ouvert
vous avez ouvert	vous aviez ouvert	vous eûtes ouvert	vous aurez ouvert
ils/elles ont ouvert	ils/elles avaient ouvert	ils/elles eurent ouvert	ils/elles auront ouvert

IMPÉRATIF

Présent	Passé
ouvre	aie ouvert
ouvrons	ayons ouvert
ouvrez	ayez ouvert

SUBJONCTIF

Présent	Imparfait
que j'ouvre	que j'ouvrisse
que tu ouvres	que tu ouvrisses
qu'il/elle ouvre	qu'il/elle ouvrît
que nous ouvrions	que nous ouvrissions
que vous ouvriez	que vous ouvrissiez
qu'ils/elles ouvrent	qu'ils/elles ouvrissent
Passé	**Plus-que-parfait**
que j'aie ouvert	que j'eusse ouvert
que tu aies ouvert	que tu eusses ouvert
qu'il/elle ait ouvert	qu'il/elle eût ouvert
que nous ayons ouvert	que nous eussions ouvert
que vous ayez ouvert	que vous eussiez ouvert
qu'ils/elles aient ouvert	qu'ils/elles eussent ouvert

Conditionnel présent	Conditionnel passé
j'ouvrirais	j'aurais ouvert
tu ouvrirais	tu aurais ouvert
il/elle ouvrirait	il/elle aurait ouvert
nous ouvririons	nous aurions ouvert
vous ouvririez	vous auriez ouvert
ils/elles ouvriraient	ils/elles auraient ouvert

INFINITIF

Présent	Passé
ouvrir	avoir ouvert

PARTICIPE

Présent	Passé
ouvrant	ouvert, ayant ouvert

Paraitre

168

Tous les verbes en *-aitre* ou *-oitre* (*connaitre, accroitre…*) suivent ce modèle. Mais :

- ***naitre*** et ***renaitre*** construisent leur passé simple et leur subjonctif imparfait sur le radical *(re)naqui-* ; leurs participes passés sont *né* et *rené* ;
- les formes de ***croitre*** portent un accent circonflexe lorsqu'il y a risque de confusion avec des formes du verbe *croire* (*il croît, il crût, il a crû…*) (→ 19).

INDICATIF

Présent	Imparfait	Passé simple	Futur simple
je parais	je paraissais	je parus	je paraitrai
tu parais	tu paraissais	tu parus	tu paraitras
il/elle parait	il/elle paraissait	il/elle parut	il/elle paraitra
nous paraissons	nous paraissions	nous parûmes	nous paraitrons
vous paraissez	vous paraissiez	vous parûtes	vous paraitrez
ils/elles paraissent	ils/elles paraissaient	ils/elles parurent	ils/elles paraitront
Passé composé	**Plus-que-parfait**	**Passé antérieur**	**Futur antérieur**
j'ai paru	j'avais paru	j'eus paru	j'aurai paru
tu as paru	tu avais paru	tu eus paru	tu auras paru
il/elle a paru	il/elle avait paru	il/elle eut paru	il/elle aura paru
nous avons paru	nous avions paru	nous eûmes paru	nous aurons paru
vous avez paru	vous aviez paru	vous eûtes paru	vous aurez paru
ils/elles ont paru	ils/elles avaient paru	ils/elles eurent paru	ils/elles auront paru

IMPÉRATIF

Présent	Passé
parais	aie paru
paraissons	ayons paru
paraissez	ayez paru

SUBJONCTIF

Présent	Imparfait
que je paraisse	que je parusse
que tu paraisses	que tu parusses
qu'il/elle paraisse	qu'il/elle parût
que nous paraissions	que nous parussions
que vous paraissiez	que vous parussiez
qu'ils/elles paraissent	qu'ils/elles parussent
Passé	**Plus-que-parfait**
que j'aie paru	que j'eusse paru
que tu aies paru	que tu eusses paru
qu'il/elle ait paru	qu'il/elle eût paru
que nous ayons paru	que nous eussions paru
que vous ayez paru	que vous eussiez paru
qu'ils/elles aient paru	qu'ils/elles eussent paru

Conditionnel présent	Conditionnel passé
je paraitrais	j'aurais paru
tu paraitrais	tu aurais paru
il/elle paraitrait	il/elle aurait paru
nous paraitrions	nous aurions paru
vous paraitriez	vous auriez paru
ils/elles paraitraient	ils/elles auraient paru

INFINITIF

Présent	Passé
paraitre	avoir paru

PARTICIPE

Présent	Passé
paraissant	paru, ayant paru

169 Peindre

Tous les verbes dont l'infinitif se termine par *-indre* (*craindre, feindre, joindre…*) suivent ce modèle de conjugaison.
Contrairement aux autres verbes en *-dre* (→ 176), ces verbes perdent le *d* de l'infinitif, sauf au futur (et donc au conditionnel présent). Ils reçoivent alors de façon tout à fait régulière la terminaison *t* de la 3e personne du singulier au présent de l'indicatif.

INDICATIF

Présent	Imparfait	Passé simple	Futur simple
je peins	je peignais	je peignis	je peindrai
tu peins	tu peignais	tu peignis	tu peindras
il/elle peint	il/elle peignait	il/elle peignit	il/elle peindra
nous peignons	nous peignions	nous peignîmes	nous peindrons
vous peignez	vous peigniez	vous peignîtes	vous peindrez
ils/elles peignent	ils/elles peignaient	ils/elles peignirent	ils/elles peindront
Passé composé	**Plus-que-parfait**	**Passé antérieur**	**Futur antérieur**
j'ai peint	j'avais peint	j'eus peint	j'aurai peint
tu as peint	tu avais peint	tu eus peint	tu auras peint
il/elle a peint	il/elle avait peint	il/elle eut peint	il/elle aura peint
nous avons peint	nous avions peint	nous eûmes peint	nous aurons peint
vous avez peint	vous aviez peint	vous eûtes peint	vous aurez peint
ils/elles ont peint	ils/elles avaient peint	ils/elles eurent peint	ils/elles auront peint

IMPÉRATIF

Présent	Passé
peins	aie peint
peignons	ayons peint
peignez	ayez peint

SUBJONCTIF

Présent	Imparfait
que je peigne	que je peignisse
que tu peignes	que tu peignisses
qu'il/elle peigne	qu'il/elle peignît
que nous peignions	que nous peignissions
que vous peigniez	que vous peignissiez
qu'ils/elles peignent	qu'ils/elles peignissent
Passé	**Plus-que-parfait**
que j'aie peint	que j'eusse peint
que tu aies peint	que tu eusses peint
qu'il/elle ait peint	qu'il/elle eût peint
que nous ayons peint	que nous eussions peint
que vous ayez peint	que vous eussiez peint
qu'ils/elles aient peint	qu'ils/elles eussent peint

Conditionnel présent	Conditionnel passé
je peindrais	j'aurais peint
tu peindrais	tu aurais peint
il/elle peindrait	il/elle aurait peint
nous peindrions	nous aurions peint
vous peindriez	vous auriez peint
ils/elles peindraient	ils/elles auraient peint

INFINITIF

Présent	Passé
peindre	avoir peint

PARTICIPE

Présent	Passé
peignant	peint, ayant peint

Placer

Le radical des verbes en *-cer* se termine par un *c* (*plac/er* → ***plac-***). Pour garder le son [s] du *c*, on ajoute une cédille lorsque la terminaison commence par *a* ou *o* : *nous plaçons, il plaça* (→ 3).

INDICATIF			
Présent	**Imparfait**	**Passé simple**	**Futur simple**
je place	je plaçais	je plaçai	je placerai
tu places	tu plaçais	tu plaças	tu placeras
il/elle place	il/elle plaçait	il/elle plaça	il/elle placera
nous plaçons	nous placions	nous plaçâmes	nous placerons
vous placez	vous placiez	vous plaçâtes	vous placerez
ils/elles placent	ils/elles plaçaient	ils/elles placèrent	ils/elles placeront
Passé composé	**Plus-que-parfait**	**Passé antérieur**	**Futur antérieur**
j'ai placé	j'avais placé	j'eus placé	j'aurai placé
tu as placé	tu avais placé	tu eus placé	tu auras placé
il/elle a placé	il/elle avait placé	il/elle eut placé	il/elle aura placé
nous avons placé	nous avions placé	nous eûmes placé	nous aurons placé
vous avez placé	vous aviez placé	vous eûtes placé	vous aurez placé
ils/elles ont placé	ils/elles avaient placé	ils/elles eurent placé	ils/elles auront placé

IMPÉRATIF	SUBJONCTIF		CONDITIONNEL
Présent	**Présent**	**Imparfait**	**Conditionnel présent**
	que je place	que je plaçasse	je placerais
place	que tu places	que tu plaçasses	tu placerais
	qu'il/elle place	qu'il/elle plaçât	il/elle placerait
plaçons	que nous placions	que nous plaçassions	nous placerions
placez	que vous placiez	que vous plaçassiez	vous placeriez
	qu'ils/elles placent	qu'ils/elles plaçassent	ils/elles placeraient
Passé	**Passé**	**Plus-que-parfait**	**Conditionnel passé**
	que j'aie placé	que j'eusse placé	j'aurais placé
aie placé	que tu aies placé	que tu eusses placé	tu aurais placé
	qu'il/elle ait placé	qu'il/elle eût placé	il/elle aurait placé
ayons placé	que nous ayons placé	que nous eussions placé	nous aurions placé
ayez placé	que vous ayez placé	que vous eussiez placé	vous auriez placé
	qu'ils/elles aient placé	qu'ils/elles eussent placé	ils/elles auraient placé

INFINITIF	
Présent	**Passé**
placer	avoir placé

PARTICIPE	
Présent	**Passé**
plaçant	placé, ayant placé

171 Plaire

Les dérivés de *plaire* (*complaire* et *déplaire*) et *taire* se conjuguent sur ce modèle.

INDICATIF

Présent	Imparfait	Passé simple	Futur simple
je plais	je plaisais	je plus	je plairai
tu plais	tu plaisais	tu plus	tu plairas
il/elle plait	il/elle plaisait	il/elle plut	il/elle plaira
nous plaisons	nous plaisions	nous plûmes	nous plairons
vous plaisez	vous plaisiez	vous plûtes	vous plairez
ils/elles plaisent	ils/elles plaisaient	ils/elles plurent	ils/elles plairont
Passé composé	**Plus-que-parfait**	**Passé antérieur**	**Futur antérieur**
j'ai plu	j'avais plu	j'eus plu	j'aurai plu
tu as plu	tu avais plu	tu eus plu	tu auras plu
il/elle a plu	il/elle avait plu	il/elle eut plu	il/elle aura plu
nous avons plu	nous avions plu	nous eûmes plu	nous aurons plu
vous avez plu	vous aviez plu	vous eûtes plu	vous aurez plu
ils/elles ont plu	ils/elles avaient plu	ils/elles eurent plu	ils/elles auront plu

IMPÉRATIF

Présent	Passé
plais	aie plu
plaisons	ayons plu
plaisez	ayez plu

SUBJONCTIF

Présent	Imparfait
que je plaise	que je plusse
que tu plaises	que tu plusses
qu'il/elle plaise	qu'il/elle plût
que nous plaisions	que nous plussions
que vous plaisiez	que vous plussiez
qu'ils/elles plaisent	qu'ils/elles plussent
Passé	**Plus-que-parfait**
que j'aie plu	que j'eusse plu
que tu aies plu	que tu eusses plu
qu'il/elle ait plu	qu'il/elle eût plu
que nous ayons plu	que nous eussions plu
que vous ayez plu	que vous eussiez plu
qu'ils/elles aient plu	qu'ils/elles eussent plu

Conditionnel présent	Conditionnel passé
je plairais	j'aurais plu
tu plairais	tu aurais plu
il/elle plairait	il/elle aurait plu
nous plairions	nous aurions plu
vous plairiez	vous auriez plu
ils/elles plairaient	ils/elles auraient plu

INFINITIF

Présent	Passé
plaire	avoir plu

PARTICIPE

Présent	Passé
plaisant	plu, ayant plu

Pouvoir

172

Seul *pouvoir* suit cette conjugaison.
La terminaison est en *x* et non en *s* aux deux premières personnes du singulier du présent de l'indicatif.
La forme *je puis* est réservée au niveau de langue soutenu. Mais on emploie couramment *puis-je,* seule forme possible en cas d'inversion du sujet.

INDICATIF			
Présent	**Imparfait**	**Passé simple**	**Futur simple**
je peux *ou* je puis	je pouvais	je pus	je pourrai
tu peux	tu pouvais	tu pus	tu pourras
il/elle peut	il/elle pouvait	il/elle put	il/elle pourra
nous pouvons	nous pouvions	nous pûmes	nous pourrons
vous pouvez	vous pouviez	vous pûtes	vous pourrez
ils/elles peuvent	ils/elles pouvaient	ils/elles purent	ils/elles pourront
Passé composé	**Plus-que-parfait**	**Passé antérieur**	**Futur antérieur**
j'ai pu	j'avais pu	j'eus pu	j'aurai pu
tu as pu	tu avais pu	tu eus pu	tu auras pu
il/elle a pu	il/elle avait pu	il/elle eut pu	il/elle aura pu
nous avons pu	nous avions pu	nous eûmes pu	nous aurons pu
vous avez pu	vous aviez pu	vous eûtes pu	vous aurez pu
ils/elles ont pu	ils/elles avaient pu	ils/elles eurent pu	ils/elles auront pu

IMPÉRATIF
Présent
inusité
Passé
aie pu
ayons pu
ayez pu

SUBJONCTIF	
Présent	**Imparfait**
que je puisse	que je pusse
que tu puisses	que tu pusses
qu'il/elle puisse	qu'il/elle pût
que nous puissions	que nous pussions
que vous puissiez	que vous pussiez
qu'ils/elles puissent	qu'ils/elles pussent
Passé	**Plus-que-parfait**
que j'aie pu	que j'eusse pu
que tu aies pu	que tu eusses pu
qu'il/elle ait pu	qu'il/elle eût pu
que nous ayons pu	que nous eussions pu
que vous ayez pu	que vous eussiez pu
qu'ils/elles aient pu	qu'ils/elles eussent pu

Conditionnel présent
je pourrais
tu pourrais
il/elle pourrait
nous pourrions
vous pourriez
ils/elles pourraient
Conditionnel passé
j'aurais pu
tu aurais pu
il/elle aurait pu
nous aurions pu
vous auriez pu
ils/elles auraient pu

INFINITIF	
Présent	**Passé**
pouvoir	avoir pu

PARTICIPE	
Présent	**Passé**
pouvant	pu, ayant pu

173 Prédire

Les verbes dérivés de *dire* (*interdire, contredire…*) se conjuguent sur ce modèle mais ***dire*** et ***redire*** ont leur 2e personne du pluriel en *-tes* au présent de l'indicatif et de l'impératif (*vous dites, dites* ; *vous redites, redites*) et ***maudire*** se conjugue comme *finir* (→ 142). Se conjuguent également sur ce modèle *confire* (et *déconfire*) ainsi que ***suffire***, mais ce dernier a un participe passé invariable en *-i* et non en *-it* (*suffi*).

INDICATIF

Présent	Imparfait	Passé simple	Futur simple
je prédis	je prédisais	je prédis	je prédirai
tu prédis	tu prédisais	tu prédis	tu prédiras
il/elle prédit	il/elle prédisait	il/elle prédit	il/elle prédira
nous prédisons	nous prédisions	nous prédîmes	nous prédirons
vous prédisez	vous prédisiez	vous prédîtes	vous prédirez
ils/elles prédisent	ils/elles prédisaient	ils/elles prédirent	ils/elles prédiront

Passé composé	Plus-que-parfait	Passé antérieur	Futur antérieur
j'ai prédit	j'avais prédit	j'eus prédit	j'aurai prédit
tu as prédit	tu avais prédit	tu eus prédit	tu auras prédit
il/elle a prédit	il/elle avait prédit	il/elle eut prédit	il/elle aura prédit
nous avons prédit	nous avions prédit	nous eûmes prédit	nous aurons prédit
vous avez prédit	vous aviez prédit	vous eûtes prédit	vous aurez prédit
ils/elles ont prédit	ils/elles avaient prédit	ils/elles eurent prédit	ils/elles auront prédit

IMPÉRATIF

Présent	Passé
prédis	aie prédit
prédisons	ayons prédit
prédisez	ayez prédit

SUBJONCTIF

Présent	Imparfait
que je prédise	que je prédisse
que tu prédises	que tu prédisses
qu'il/elle prédise	qu'il/elle prédît
que nous prédisions	que nous prédissions
que vous prédisiez	que vous prédissiez
qu'ils/elles prédisent	qu'ils/elles prédissent

Passé	Plus-que-parfait
que j'aie prédit	que j'eusse prédit
que tu aies prédit	que tu eusses prédit
qu'il/elle ait prédit	qu'il/elle eût prédit
que nous ayons prédit	que nous eussions prédit
que vous ayez prédit	que vous eussiez prédit
qu'ils/elles aient prédit	qu'ils/elles eussent prédit

Conditionnel présent	Conditionnel passé
je prédirais	j'aurais prédit
tu prédirais	tu aurais prédit
il/elle prédirait	il/elle aurait prédit
nous prédirions	nous aurions prédit
vous prédiriez	vous auriez prédit
ils/elles prédiraient	ils/elles auraient prédit

INFINITIF

Présent	Passé
prédire	avoir prédit

PARTICIPE

Présent	Passé
prédisant	prédit, ayant prédit

Prendre

174

Tous les verbes dérivés de *prendre* (*apprendre, comprendre…*) se conjuguent sur ce modèle. À la 3e personne du présent de l'indicatif, le *d* final du radical empêche la terminaison *t*. Il faut bien penser à utiliser le radical *prenn-* (avec *nn*) quand la désinence qui suit contient un *e* muet et *pren-* (avec un seul *n*) dans les autres cas : *ils prennent, nous prenons*. (→ 10)

INDICATIF

Présent	Imparfait	Passé simple	Futur simple
je prends	je prenais	je pris	je prendrai
tu prends	tu prenais	tu pris	tu prendras
il/elle prend	il/elle prenait	il/elle prit	il/elle prendra
nous prenons	nous prenions	nous prîmes	nous prendrons
vous prenez	vous preniez	vous prîtes	vous prendrez
ils/elles prennent	ils/elles prenaient	ils/elles prirent	ils/elles prendront
Passé composé	**Plus-que-parfait**	**Passé antérieur**	**Futur antérieur**
j'ai pris	j'avais pris	j'eus pris	j'aurai pris
tu as pris	tu avais pris	tu eus pris	tu auras pris
il/elle a pris	il/elle avait pris	il/elle eut pris	il/elle aura pris
nous avons pris	nous avions pris	nous eûmes pris	nous aurons pris
vous avez pris	vous aviez pris	vous eûtes pris	vous aurez pris
ils/elles ont pris	ils/elles avaient pris	ils/elles eurent pris	ils/elles auront pris

IMPÉRATIF

Présent	Passé
prends	aie pris
prenons	ayons pris
prenez	ayez pris

SUBJONCTIF

Présent	Imparfait
que je prenne	que je prisse
que tu prennes	que tu prisses
qu'il/elle prenne	qu'il/elle prît
que nous prenions	que nous prissions
que vous preniez	que vous prissiez
qu'ils/elles prennent	qu'ils/elles prissent
Passé	**Plus-que-parfait**
que j'aie pris	que j'eusse pris
que tu aies pris	que tu eusses pris
qu'il/elle ait pris	qu'il/elle eût pris
que nous ayons pris	que nous eussions pris
que vous ayez pris	que vous eussiez pris
qu'ils/elles aient pris	qu'ils/elles eussent pris

Conditionnel présent	Conditionnel passé
je prendrais	j'aurais pris
tu prendrais	tu aurais pris
il/elle prendrait	il/elle aurait pris
nous prendrions	nous aurions pris
vous prendriez	vous auriez pris
ils/elles prendraient	ils/elles auraient pris

INFINITIF

Présent	Passé
prendre	avoir pris

PARTICIPE

Présent	Passé
prenant	pris, ayant pris

175 Recevoir

Les verbes dont l'infinitif se termine par *-cevoir* (*recevoir, décevoir, percevoir*...) suivent ce modèle de conjugaison. On écrit *ç* devant les terminaisons commençant par *o* ou *u* pour garder au *c* sa prononciation en [s] : *je reçois, il reçut* (→ 3).

INDICATIF

Présent	Imparfait	Passé simple	Futur simple
je reçois	je recevais	je reçus	je recevrai
tu reçois	tu recevais	tu reçus	tu recevras
il/elle reçoit	il/elle recevait	il/elle reçut	il/elle recevra
nous recevons	nous recevions	nous reçûmes	nous recevrons
vous recevez	vous receviez	vous reçûtes	vous recevrez
ils/elles reçoivent	ils/elles recevaient	ils/elles reçurent	ils/elles recevront
Passé composé	**Plus-que-parfait**	**Passé antérieur**	**Futur antérieur**
j'ai reçu	j'avais reçu	j'eus reçu	j'aurai reçu
tu as reçu	tu avais reçu	tu eus reçu	tu auras reçu
il/elle a reçu	il/elle avait reçu	il/elle eut reçu	il/elle aura reçu
nous avons reçu	nous avions reçu	nous eûmes reçu	nous aurons reçu
vous avez reçu	vous aviez reçu	vous eûtes reçu	vous aurez reçu
ils/elles ont reçu	ils/elles avaient reçu	ils/elles eurent reçu	ils/elles auront reçu

IMPÉRATIF

Présent	Passé
reçois	aie reçu
recevons	ayons reçu
recevez	ayez reçu

SUBJONCTIF

Présent	Imparfait
que je reçoive	que je reçusse
que tu reçoives	que tu reçusses
qu'il/elle reçoive	qu'il/elle reçût
que nous recevions	que nous reçussions
que vous receviez	que vous reçussiez
qu'ils/elles reçoivent	qu'ils/elles reçussent
Passé	**Plus-que-parfait**
que j'aie reçu	que j'eusse reçu
que tu aies reçu	que tu eusses reçu
qu'il/elle ait reçu	qu'il/elle eût reçu
que nous ayons reçu	que nous eussions reçu
que vous ayez reçu	que vous eussiez reçu
qu'ils/elles aient reçu	qu'ils/elles eussent reçu

Conditionnel présent	Conditionnel passé
je recevrais	j'aurais reçu
tu recevrais	tu aurais reçu
il/elle recevrait	il/elle aurait reçu
nous recevrions	nous aurions reçu
vous recevriez	vous auriez reçu
ils/elles recevraient	ils/elles auraient reçu

INFINITIF

Présent	Passé
recevoir	avoir reçu

PARTICIPE

Présent	Passé
recevant	reçu, ayant reçu

Rendre

La plupart des verbes en *-dre* (*mordre, fondre, perdre…*) se conjuguent sur ce modèle : toutes leurs formes se construisent sur un même radical que l'on obtient en supprimant *-re* de l'infinitif (*rend/re* → ***rend-***). La présence de ce *d* empêche la terminaison *t* de la 3e personne du singulier du présent de l'indicatif. ***Prendre*** et ses composés (→ 174), les verbes en ***-indre*** (→ 169) et ceux en ***-soudre*** (→ 146) suivent d'autres modèles de conjugaison.

INDICATIF

Présent	Imparfait	Passé simple	Futur simple
je rends	je rendais	je rendis	je rendrai
tu rends	tu rendais	tu rendis	tu rendras
il/elle rend	il/elle rendait	il/elle rendit	il/elle rendra
nous rendons	nous rendions	nous rendîmes	nous rendrons
vous rendez	vous rendiez	vous rendîtes	vous rendrez
ils/elles rendent	ils/elles rendaient	ils/elles rendirent	ils/elles rendront

Passé composé	Plus-que-parfait	Passé antérieur	Futur antérieur
j'ai rendu	j'avais rendu	j'eus rendu	j'aurai rendu
tu as rendu	tu avais rendu	tu eus rendu	tu auras rendu
il/elle a rendu	il/elle avait rendu	il/elle eut rendu	il/elle aura rendu
nous avons rendu	nous avions rendu	nous eûmes rendu	nous aurons rendu
vous avez rendu	vous aviez rendu	vous eûtes rendu	vous aurez rendu
ils/elles ont rendu	ils/elles avaient rendu	ils/elles eurent rendu	ils/elles auront rendu

IMPÉRATIF

Présent	Passé
rends	aie rendu
rendons	ayons rendu
rendez	ayez rendu

SUBJONCTIF

Présent	Imparfait
que je rende	que je rendisse
que tu rendes	que tu rendisses
qu'il/elle rende	qu'il/elle rendît
que nous rendions	que nous rendissions
que vous rendiez	que vous rendissiez
qu'ils/elles rendent	qu'ils/elles rendissent

Passé	Plus-que-parfait
que j'aie rendu	que j'eusse rendu
que tu aies rendu	que tu eusses rendu
qu'il/elle ait rendu	qu'il/elle eût rendu
que nous ayons rendu	que nous eussions rendu
que vous ayez rendu	que vous eussiez rendu
qu'ils/elles aient rendu	qu'ils/elles eussent rendu

Conditionnel

Conditionnel présent	Conditionnel passé
je rendrais	j'aurais rendu
tu rendrais	tu aurais rendu
il/elle rendrait	il/elle aurait rendu
nous rendrions	nous aurions rendu
vous rendriez	vous auriez rendu
ils/elles rendraient	ils/elles auraient rendu

INFINITIF

Présent	Passé
rendre	avoir rendu

PARTICIPE

Présent	Passé
rendant	rendu, ayant rendu

177 Rire

Seul *sourire* se conjugue également sur ce modèle.
À l'imparfait de l'indicatif et au présent du subjonctif, il faut bien veiller à écrire avec ***ii*** les deux premières personnes du pluriel (*nous r**ii**ons, vous r**ii**ez*) : le premier *i* est celui du radical, le second celui de la terminaison (*-ions, -iez*).
Le participe passé de *rire* et celui de *sourire* sont invariables.

INDICATIF

Présent	Imparfait	Passé simple	Futur simple
je ris	je riais	je ris	je rirai
tu ris	tu riais	tu ris	tu riras
il/elle rit	il/elle riait	il/elle rit	il/elle rira
nous rions	nous riions	nous rîmes	nous rirons
vous riez	vous riiez	vous rîtes	vous rirez
ils/elles rient	ils/elles riaient	ils/elles rirent	ils/elles riront
Passé composé	**Plus-que-parfait**	**Passé antérieur**	**Futur antérieur**
j'ai ri	j'avais ri	j'eus ri	j'aurai ri
tu as ri	tu avais ri	tu eus ri	tu auras ri
il/elle a ri	il/elle avait ri	il/elle eut ri	il/elle aura ri
nous avons ri	nous avions ri	nous eûmes ri	nous aurons ri
vous avez ri	vous aviez ri	vous eûtes ri	vous aurez ri
ils/elles ont ri	ils/elles avaient ri	ils/elles eurent ri	ils/elles auront ri

IMPÉRATIF

Présent	Passé
ris	aie ri
rions	ayons ri
riez	ayez ri

SUBJONCTIF

Présent	Imparfait
que je rie	que je risse
que tu ries	que tu risses
qu'il/elle rie	qu'il/elle rît
que nous riions	que nous rissions
que vous riiez	que vous rissiez
qu'ils/elles rient	qu'ils/elles rissent
Passé	**Plus-que-parfait**
que j'aie ri	que j'eusse ri
que tu aies ri	que tu eusses ri
qu'il/elle ait ri	qu'il/elle eût ri
que nous ayons ri	que nous eussions ri
que vous ayez ri	que vous eussiez ri
qu'ils/elles aient ri	qu'ils/elles eussent ri

Conditionnel présent	Conditionnel passé
je rirais	j'aurais ri
tu rirais	tu aurais ri
il/elle rirait	il/elle aurait ri
nous ririons	nous aurions ri
vous ririez	vous auriez ri
ils/elles riraient	ils/elles auraient ri

INFINITIF

Présent	Passé
rire	avoir ri

PARTICIPE

Présent	Passé
riant	ri, ayant ri

Savoir

Savoir est le seul verbe à suivre cette conjugaison. Il présente deux particularités que ne connaissent pas les autres verbes (sauf *être* et *avoir*) : le radical de son participe présent (*sachant*) diffère de celui de sa 1re personne du pluriel de l'indicatif (*nous savons*) ; son impératif présent (*sache, sachons, sachez*) diffère de son indicatif présent (*tu sais, nous savons, vous savez*).

INDICATIF

Présent	Imparfait	Passé simple	Futur simple
je sais	je savais	je sus	je saurai
tu sais	tu savais	tu sus	tu sauras
il/elle sait	il/elle savait	il/elle sut	il/elle saura
nous savons	nous savions	nous sûmes	nous saurons
vous savez	vous saviez	vous sûtes	vous saurez
ils/elles savent	ils/elles savaient	ils/elles surent	ils/elles sauront
Passé composé	**Plus-que-parfait**	**Passé antérieur**	**Futur antérieur**
j'ai su	j'avais su	j'eus su	j'aurai su
tu as su	tu avais su	tu eus su	tu auras su
il/elle a su	il/elle avait su	il/elle eut su	il/elle aura su
nous avons su	nous avions su	nous eûmes su	nous aurons su
vous avez su	vous aviez su	vous eûtes su	vous aurez su
ils/elles ont su	ils/elles avaient su	ils/elles eurent su	ils/elles auront su

IMPÉRATIF

Présent	Passé
sache	aie su
sachons	ayons su
sachez	ayez su

SUBJONCTIF

Présent	Imparfait
que je sache	que je susse
que tu saches	que tu susses
qu'il/elle sache	qu'il/elle sût
que nous sachions	que nous sussions
que vous sachiez	que vous sussiez
qu'ils/elles sachent	qu'ils/elles sussent
Passé	**Plus-que-parfait**
que j'aie su	que j'eusse su
que tu aies su	que tu eusses su
qu'il/elle ait su	qu'il/elle eût su
que nous ayons su	que nous eussions su
que vous ayez su	que vous eussiez su
qu'ils/elles aient su	qu'ils/elles eussent su

Conditionnel présent	Conditionnel passé
je saurais	j'aurais su
tu saurais	tu aurais su
il/elle saurait	il/elle aurait su
nous saurions	nous aurions su
vous sauriez	vous auriez su
ils/elles sauraient	ils/elles auraient su

INFINITIF

Présent	Passé
savoir	avoir su

PARTICIPE

Présent	Passé
sachant	su, ayant su

179 Sentir

Les verbes composés sur *dormir, mentir, partir, sentir, servir* et *sortir* suivent ce modèle : ils se conjuguent sur un même radical que l'on obtient en supprimant *-ir* de l'infinitif (*sent/ir* → ***sent-***), sauf au singulier du présent de l'indicatif et de l'impératif où ils perdent la dernière consonne du radical.

INDICATIF

Présent	Imparfait	Passé simple	Futur simple
je sens	je sentais	je sentis	je sentirai
tu sens	tu sentais	tu sentis	tu sentiras
il/elle sent	il/elle sentait	il/elle sentit	il/elle sentira
nous sentons	nous sentions	nous sentîmes	nous sentirons
vous sentez	vous sentiez	vous sentîtes	vous sentirez
ils/elles sentent	ils/elles sentaient	ils/elles sentirent	ils/elles sentiront
Passé composé	**Plus-que-parfait**	**Passé antérieur**	**Futur antérieur**
j'ai senti	j'avais senti	j'eus senti	j'aurai senti
tu as senti	tu avais senti	tu eus senti	tu auras senti
il/elle a senti	il/elle avait senti	il/elle eut senti	il/elle aura senti
nous avons senti	nous avions senti	nous eûmes senti	nous aurons senti
vous avez senti	vous aviez senti	vous eûtes senti	vous aurez senti
ils/elles ont senti	ils/elles avaient senti	ils/elles eurent senti	ils/elles auront senti

IMPÉRATIF

Présent	Passé
sens	aie senti
sentons	ayons senti
sentez	ayez senti

SUBJONCTIF

Présent	Imparfait
que je sente	que je sentisse
que tu sentes	que tu sentisses
qu'il/elle sente	qu'il/elle sentît
que nous sentions	que nous sentissions
que vous sentiez	que vous sentissiez
qu'ils/elles sentent	qu'ils/elles sentissent
Passé	**Plus-que-parfait**
que j'aie senti	que j'eusse senti
que tu aies senti	que tu eusses senti
qu'il/elle ait senti	qu'il/elle eût senti
que nous ayons senti	que nous eussions senti
que vous ayez senti	que vous eussiez senti
qu'ils/elles aient senti	qu'ils/elles eussent senti

CONDITIONNEL

Conditionnel présent	Conditionnel passé
je sentirais	j'aurais senti
tu sentirais	tu aurais senti
il/elle sentirait	il/elle aurait senti
nous sentirions	nous aurions senti
vous sentiriez	vous auriez senti
ils/elles sentiraient	ils/elles auraient senti

INFINITIF

Présent	Passé
sentir	avoir senti

PARTICIPE

Présent	Passé
sentant	senti, ayant senti

Suivre

180

Les dérivés de *suivre* (*poursuivre* et *s'ensuivre*) se conjuguent sur ce modèle.
S'ensuivre ne se conjugue qu'à la 3e personne du singulier ou du pluriel.

INDICATIF

Présent	Imparfait	Passé simple	Futur simple
je suis	je suivais	je suivis	je suivrai
tu suis	tu suivais	tu suivis	tu suivras
il/elle suit	il/elle suivait	il/elle suivit	il/elle suivra
nous suivons	nous suivions	nous suivîmes	nous suivrons
vous suivez	vous suiviez	vous suivîtes	vous suivrez
ils/elles suivent	ils/elles suivaient	ils/elles suivirent	ils/elles suivront

Passé composé	Plus-que-parfait	Passé antérieur	Futur antérieur
j'ai suivi	j'avais suivi	j'eus suivi	j'aurai suivi
tu as suivi	tu avais suivi	tu eus suivi	tu auras suivi
il/elle a suivi	il/elle avait suivi	il/elle eut suivi	il/elle aura suivi
nous avons suivi	nous avions suivi	nous eûmes suivi	nous aurons suivi
vous avez suivi	vous aviez suivi	vous eûtes suivi	vous aurez suivi
ils/elles ont suivi	ils/elles avaient suivi	ils/elles eurent suivi	ils/elles auront suivi

CONDITIONNEL

Conditionnel présent	Conditionnel passé
je suivrais	j'aurais suivi
tu suivrais	tu aurais suivi
il/elle suivrait	il/elle aurait suivi
nous suivrions	nous aurions suivi
vous suivriez	vous auriez suivi
ils/elles suivraient	ils/elles auraient suivi

IMPÉRATIF

Présent	Passé
suis	aie suivi
suivons	ayons suivi
suivez	ayez suivi

SUBJONCTIF

Présent	Imparfait
que je suive	que je suivisse
que tu suives	que tu suivisses
qu'il/elle suive	qu'il/elle suivît
que nous suivions	que nous suivissions
que vous suiviez	que vous suivissiez
qu'ils/elles suivent	qu'ils/elles suivissent

Passé	Plus-que-parfait
que j'aie suivi	que j'eusse suivi
que tu aies suivi	que tu eusses suivi
qu'il/elle ait suivi	qu'il/elle eût suivi
que nous ayons suivi	que nous eussions suivi
que vous ayez suivi	que vous eussiez suivi
qu'ils/elles aient suivi	qu'ils/elles eussent suivi

INFINITIF

Présent	Passé
suivre	avoir suivi

PARTICIPE

Présent	Passé
suivant	suivi, ayant suivi

181 Tenir

Tous les verbes dérivés de *tenir* (*détenir, contenir, retenir…*) ou *venir* (*venir, convenir, survenir…*) se conjuguent sur ce modèle.

INDICATIF

Présent	Imparfait	Passé simple	Futur simple
je tiens	je tenais	je tins	je tiendrai
tu tiens	tu tenais	tu tins	tu tiendras
il/elle tient	il/elle tenait	il/elle tint	il/elle tiendra
nous tenons	nous tenions	nous tînmes	nous tiendrons
vous tenez	vous teniez	vous tîntes	vous tiendrez
ils/elles tiennent	ils/elles tenaient	ils/elles tinrent	ils/elles tiendront
Passé composé	**Plus-que-parfait**	**Passé antérieur**	**Futur antérieur**
j'ai tenu	j'avais tenu	j'eus tenu	j'aurai tenu
tu as tenu	tu avais tenu	tu eus tenu	tu auras tenu
il/elle a tenu	il/elle avait tenu	il/elle eut tenu	il/elle aura tenu
nous avons tenu	nous avions tenu	nous eûmes tenu	nous aurons tenu
vous avez tenu	vous aviez tenu	vous eûtes tenu	vous aurez tenu
ils/elles ont tenu	ils/elles avaient tenu	ils/elles eurent tenu	ils/elles auront tenu

CONDITIONNEL

Conditionnel présent	Conditionnel passé
je tiendrais	j'aurais tenu
tu tiendrais	tu aurais tenu
il/elle tiendrait	il/elle aurait tenu
nous tiendrions	nous aurions tenu
vous tiendriez	vous auriez tenu
ils/elles tiendraient	ils/elles auraient tenu

IMPÉRATIF

Présent	Passé
tiens	aie tenu
tenons	ayons tenu
tenez	ayez tenu

SUBJONCTIF

Présent	Imparfait
que je tienne	que je tinsse
que tu tiennes	que tu tinsses
qu'il/elle tienne	qu'il/elle tînt
que nous tenions	que nous tinssions
que vous teniez	que vous tinssiez
qu'ils/elles tiennent	qu'ils/elles tinssent
Passé	**Plus-que-parfait**
que j'aie tenu	que j'eusse tenu
que tu aies tenu	que tu eusses tenu
qu'il/elle ait tenu	qu'il/elle eût tenu
que nous ayons tenu	que nous eussions tenu
que vous ayez tenu	que vous eussiez tenu
qu'ils/elles aient tenu	qu'ils/elles eussent tenu

INFINITIF

Présent	Passé
tenir	avoir tenu

PARTICIPE

Présent	Passé
tenant	tenu, ayant tenu

Vaincre

182

Seul *convaincre* se conjugue également sur ce modèle.
À la 3e personne du singulier du présent de l'indicatif, le *c* du radical empêche la terminaison *t*.

INDICATIF

Présent	Imparfait	Passé simple	Futur simple
je vaincs	je vainquais	je vainquis	je vaincrai
tu vaincs	tu vainquais	tu vainquis	tu vaincras
il/elle vainc	il/elle vainquait	il/elle vainquit	il/elle vaincra
nous vainquons	nous vainquions	nous vainquîmes	nous vaincrons
vous vainquez	vous vainquiez	vous vainquîtes	vous vaincrez
ils/elles vainquent	ils/elles vainquaient	ils/elles vainquirent	ils/elles vaincront
Passé composé	**Plus-que-parfait**	**Passé antérieur**	**Futur antérieur**
j'ai vaincu	j'avais vaincu	j'eus vaincu	j'aurai vaincu
tu as vaincu	tu avais vaincu	tu eus vaincu	tu auras vaincu
il/elle a vaincu	il/elle avait vaincu	il/elle eut vaincu	il/elle aura vaincu
nous avons vaincu	nous avions vaincu	nous eûmes vaincu	nous aurons vaincu
vous avez vaincu	vous aviez vaincu	vous eûtes vaincu	vous aurez vaincu
ils/elles ont vaincu	ils/elles avaient vaincu	ils/elles eurent vaincu	ils/elles auront vaincu

IMPÉRATIF

Présent	Passé
vaincs	aie vaincu
vainquons	ayons vaincu
vainquez	ayez vaincu

SUBJONCTIF

Présent	Imparfait
que je vainque	que je vainquisse
que tu vainques	que tu vainquisses
qu'il/elle vainque	qu'il/elle vainquît
que nous vainquions	que nous vainquissions
que vous vainquiez	que vous vainquissiez
qu'ils/elles vainquent	qu'ils/elles vainquissent
Passé	**Plus-que-parfait**
que j'aie vaincu	que j'eusse vaincu
que tu aies vaincu	que tu eusses vaincu
qu'il/elle ait vaincu	qu'il/elle eût vaincu
que nous ayons vaincu	que nous eussions vaincu
que vous ayez vaincu	que vous eussiez vaincu
qu'ils/elles aient vaincu	qu'ils/elles eussent vaincu

Conditionnel présent	Conditionnel passé
je vaincrais	j'aurais vaincu
tu vaincrais	tu aurais vaincu
il/elle vaincrait	il/elle aurait vaincu
nous vaincrions	nous aurions vaincu
vous vaincriez	vous auriez vaincu
ils/elles vaincraient	ils/elles auraient vaincu

INFINITIF

Présent	Passé
vaincre	avoir vaincu

PARTICIPE

Présent	Passé
vainquant	vaincu, ayant vaincu

183 Valoir

La terminaison est en *x* et non en *s* au singulier du présent de l'indicatif et de l'impératif. Se conjuguent également sur ce modèle les verbes *revaloir*, *équivaloir* et ***prévaloir***, mais ce dernier construit son subjonctif sur le radical *préval-*.
L'impératif de ces verbes est rarement employé.

INDICATIF

Présent	Imparfait	Passé simple	Futur simple
je vaux	je valais	je valus	je vaudrai
tu vaux	tu valais	tu valus	tu vaudras
il/elle vaut	il/elle valait	il/elle valut	il/elle vaudra
nous valons	nous valions	nous valûmes	nous vaudrons
vous valez	vous valiez	vous valûtes	vous vaudrez
ils/elles valent	ils/elles valaient	ils/elles valurent	ils/elles vaudront

Passé composé	Plus-que-parfait	Passé antérieur	Futur antérieur
j'ai valu	j'avais valu	j'eus valu	j'aurai valu
tu as valu	tu avais valu	tu eus valu	tu auras valu
il/elle a valu	il/elle avait valu	il/elle eut valu	il/elle aura valu
nous avons valu	nous avions valu	nous eûmes valu	nous aurons valu
vous avez valu	vous aviez valu	vous eûtes valu	vous aurez valu
ils/elles ont valu	ils/elles avaient valu	ils/elles eurent valu	ils/elles auront valu

IMPÉRATIF

Présent	Passé
vaux	aie valu
valons	ayons valu
valez	ayez valu

SUBJONCTIF

Présent	Imparfait
que je vaille	que je valusse
que tu vailles	que tu valusses
qu'il/elle vaille	qu'il/elle valût
que nous valions	que nous valussions
que vous valiez	que vous valussiez
qu'ils/elles vaillent	qu'ils/elles valussent

Passé	Plus-que-parfait
que j'aie valu	que j'eusse valu
que tu aies valu	que tu eusses valu
qu'il/elle ait valu	qu'il/elle eût valu
que nous ayons valu	que nous eussions valu
que vous ayez valu	que vous eussiez valu
qu'ils/elles aient valu valu	qu'ils/elles eussent valu

Conditionnel présent	Conditionnel passé
je vaudrais	j'aurais valu
tu vaudrais	tu aurais valu
il/elle vaudrait	il/elle aurait valu
nous vaudrions	nous aurions valu
vous vaudriez	vous auriez valu
ils/elles vaudraient	ils/elles auraient valu

INFINITIF

Présent	Passé
valoir	avoir valu

PARTICIPE

Présent	Passé
valant	valu, ayant valu

Vivre

184

Seuls *vivre* et ses dérivés (*revivre, survivre*) suivent ce modèle de conjugaison.

INDICATIF			
Présent	**Imparfait**	**Passé simple**	**Futur simple**
je vis tu vis il/elle vit nous vivons vous vivez ils/elles vivent	je vivais tu vivais il/elle vivait nous vivions vous viviez ils/elles vivaient	je vécus tu vécus il/elle vécut nous vécûmes vous vécûtes ils/elles vécurent	je vivrai tu vivras il/elle vivra nous vivrons vous vivrez ils/elles vivront
Passé composé	**Plus-que-parfait**	**Passé antérieur**	**Futur antérieur**
j'ai vécu tu as vécu il/elle a vécu nous avons vécu vous avez vécu ils/elles ont vécu	j'avais vécu tu avais vécu il/elle avait vécu nous avions vécu vous aviez vécu ils/elles avaient vécu	j'eus vécu tu eus vécu il/elle eut vécu nous eûmes vécu vous eûtes vécu ils/elles eurent vécu	j'aurai vécu tu auras vécu il/elle aura vécu nous aurons vécu vous aurez vécu ils/elles auront vécu

IMPÉRATIF	SUBJONCTIF		
Présent	**Présent**	**Imparfait**	**Conditionnel présent**
 vis vivons vivez 	que je vive que tu vives qu'il/elle vive que nous vivions que vous viviez qu'ils/elles vivent	que je vécusse que tu vécusses qu'il/elle vécût que nous vécussions que vous vécussiez qu'ils/elles vécussent	je vivrais tu vivrais il/elle vivrait nous vivrions vous vivriez ils/elles vivraient
Passé	**Passé**	**Plus-que-parfait**	**Conditionnel passé**
 aie vécu ayons vécu ayez vécu 	que j'aie vécu que tu aies vécu qu'il/elle ait vécu que nous ayons vécu que vous ayez vécu qu'ils/elles aient vécu	que j'eusse vécu que tu eusses vécu qu'il/elle eût vécu que nous eussions vécu que vous eussiez vécu qu'ils/elles eussent vécu	j'aurais vécu tu aurais vécu il/elle aurait vécu nous aurions vécu vous auriez vécu ils/elles auraient vécu

INFINITIF	
Présent	**Passé**
vivre	avoir vécu

PARTICIPE	
Présent	**Passé**
vivant	vécu, ayant vécu

185 Voir

Les composés de *voir* (*entrevoir*, *prévoir* et *revoir*) se conjuguent sur ce modèle, mais le futur et le conditionnel de ***prévoir*** se forment sur le radical *prévoir-* et non *préverr-*.
Pour ces verbes, on ne peut utiliser le radical en *-voy-* (en prononçant [waj]) que si la terminaison n'est pas muette. Par exemple, on écrira : *il faut que l'on se voie*, en faisant rimer *voie* avec *oie* (et non avec *ouailles*).

INDICATIF

Présent	Imparfait	Passé simple	Futur simple
je vois	je voyais	je vis	je verrai
tu vois	tu voyais	tu vis	tu verras
il/elle voit	il/elle voyait	il/elle vit	il/elle verra
nous voyons	nous voyions	nous vîmes	nous verrons
vous voyez	vous voyiez	vous vîtes	vous verrez
ils/elles voient	ils/elles voyaient	ils/elles virent	ils/elles verront
Passé composé	**Plus-que-parfait**	**Passé antérieur**	**Futur antérieur**
j'ai vu	j'avais vu	j'eus vu	j'aurai vu
tu as vu	tu avais vu	tu eus vu	tu auras vu
il/elle a vu	il/elle avait vu	il/elle eut vu	il/elle aura vu
nous avons vu	nous avions vu	nous eûmes vu	nous aurons vu
vous avez vu	vous aviez vu	vous eûtes vu	vous aurez vu
ils/elles ont vu	ils/elles avaient vu	ils/elles eurent vu	ils/elles auront vu

IMPÉRATIF

Présent	Passé
vois	aie vu
voyons	ayons vu
voyez	ayez vu

SUBJONCTIF

Présent	Imparfait
que je voie	que je visse
que tu voies	que tu visses
qu'il/elle voie	qu'il/elle vît
que nous voyions	que nous vissions
que vous voyiez	que vous vissiez
qu'ils/elles voient	qu'ils/elles vissent
Passé	**Plus-que-parfait**
que j'aie vu	que j'eusse vu
que tu aies vu	que tu eusses vu
qu'il/elle ait vu	qu'il/elle eût vu
que nous ayons vu	que nous eussions vu
que vous ayez vu	que vous eussiez vu
qu'ils/elles aient vu	qu'ils/elles eussent vu

Conditionnel présent	Conditionnel passé
je verrais	j'aurais vu
tu verrais	tu aurais vu
il/elle verrait	il/elle aurait vu
nous verrions	nous aurions vu
vous verriez	vous auriez vu
ils/elles verraient	ils/elles auraient vu

INFINITIF

Présent	Passé
voir	avoir vu

PARTICIPE

Présent	Passé
voyant	vu, ayant vu

Vouloir

186

La terminaison est en *x* et non en *s* au singulier du présent de l'indicatif et de l'impératif. Les formes de l'impératif sont rares. On les trouve essentiellement dans la tournure *ne m'en veux pas, ne m'en voulez pas* (ou *ne m'en veuille pas, ne m'en veuillez pas,* plus soutenu) qui signifie « ne m'en garde pas rancune ».
On utilise également *veuillez* dans les formules de politesse.

INDICATIF

Présent	Imparfait	Passé simple	Futur simple
je veux	je voulais	je voulus	je voudrai
tu veux	tu voulais	tu voulus	tu voudras
il/elle veut	il/elle voulait	il/elle voulut	il/elle voudra
nous voulons	nous voulions	nous voulûmes	nous voudrons
vous voulez	vous vouliez	vous voulûtes	vous voudrez
ils/elles veulent	ils/elles voulaient	ils/elles voulurent	ils/elles voudront
Passé composé	**Plus-que-parfait**	**Passé antérieur**	**Futur antérieur**
j'ai voulu	j'avais voulu	j'eus voulu	j'aurai voulu
tu as voulu	tu avais voulu	tu eus voulu	tu auras voulu
il/elle a voulu	il/elle avait voulu	il/elle eut voulu	il/elle aura voulu
nous avons voulu	nous avions voulu	nous eûmes voulu	nous aurons voulu
vous avez voulu	vous aviez voulu	vous eûtes voulu	vous aurez voulu
ils/elles ont voulu	ils/elles avaient voulu	ils/elles eurent voulu	ils/elles auront voulu

IMPÉRATIF

Présent
veuille *ou* veux
veuillons *ou* voulons
veuillez *ou* voulez
Passé
aie voulu
ayons voulu
ayez voulu

SUBJONCTIF

Présent	Imparfait
que je veuille	que je voulusse
que tu veuilles	que tu voulusses
qu'il/elle veuille	qu'il/elle voulût
que nous voulions	que nous voulussions
que vous vouliez	que vous voulussiez
qu'ils/elles veuillent	qu'ils/elles voulussent
Passé	**Plus-que-parfait**
que j'aie voulu	que j'eusse voulu
que tu aies voulu	que tu eusses voulu
qu'il/elle ait voulu	qu'il/elle eût voulu
que nous ayons voulu	que nous eussions voulu
que vous ayez voulu	que vous eussiez voulu
qu'ils/elles aient voulu	qu'ils/elles eussent voulu

Conditionnel présent
je voudrais
tu voudrais
il/elle voudrait
nous voudrions
vous voudriez
ils/elles voudraient
Conditionnel passé
j'aurais voulu
tu aurais voulu
il/elle aurait voulu
nous aurions voulu
vous auriez voulu
ils/elles auraient voulu

INFINITIF

Présent	Passé
vouloir	avoir voulu

PARTICIPE

Présent	Passé
voulant	voulu, ayant voulu

6 EXPRESSION

Comment bien utiliser les mots ?

Comment rendre un texte cohérent ?

Comment exprimer...

Comment transformer...

ET LITTÉRATURE

Littérature

187 Qu'est-ce qu'un niveau de langue ?

Quels sont les niveaux de langue ?

Il y a trois principaux niveaux de langue :

- le **niveau familier** est un langage que l'on emploie entre amis proches, en famille ; en dehors de cette situation, le niveau familier ne doit pas être utilisé ;

  Tchao, les gars !

- le **niveau courant** est un langage neutre que l'on emploie quotidiennement, en classe, dans les conversations, les journaux… ;

  Au revoir, mes amis !

- le **niveau soutenu** est un langage soigné que l'on emploie lorsqu'on s'adresse à quelqu'un d'important par exemple. On le trouve aussi dans certains textes littéraires.

  Recevez mes salutations distinguées.

Remarque : les niveaux de langue sont aussi appelés registres de langue.

On doit **adapter** son niveau de langue **à la personne à qui on s'adresse.**

À quoi reconnait-on un niveau de langue ?

Les niveaux de langue se reconnaissent par leur **vocabulaire**. En effet, certains mots sont propres à un niveau de langue.

manger est un verbe du niveau courant ; dans le niveau familier, on utilise bouffer et dans le niveau soutenu se sustenter

Les niveaux de langue se reconnaissent également par la **construction des phrases.**

Tu viens demain ?
→ niveau familier

Est-ce que tu viens demain ?
→ niveau courant

Viendras-tu demain ?
→ niveau soutenu

LA BULLE LITTÉRAIRE

« Ainsi passait-il de "Peu me chaut" à "Rien à cirer", de "Cesse de m'emberlificoter, facétieux lutin" à "Te fiche pas de moi, crétin ! »

Éric-Emmanuel SCHMITT, *Ulysse from Bagdad*

ASTUCE Comment savoir si un mot est familier ?

Pour savoir si un mot est familier, je le cherche dans un dictionnaire. Si le mot est familier, le dictionnaire le signalera par l'indication *familier* ou l'abréviation *fam.*

COSTARD n. masc. FAM. Costume.

Pour éviter d'employer un mot familier, je prends son synonyme, qui se trouve dans la définition, car les définitions sont toujours écrites dans le niveau courant.

EXERCICES

CORRIGÉS P. 417

1 Donnez le niveau de langue de chacune de ces phrases.

a. J'ai très faim. – **b.** Mon estomac crie famine. – **c.** J'ai grave la dalle.

2 Associez à chacune de ces situations la question qui lui convient.

1. invitation officielle – **2.** invitation neutre – **3.** invitation à un proche

a. Tu viens à ma teuf ? – **b.** Nous feriez-vous l'honneur d'être des nôtres ? – **c.** Est-ce que tu viendras à ma fête ?

3 Récrivez ces phrases de niveau familier dans le niveau courant.

a. Il a la classe, ce mec ! – **b.** Elle se fiche de moi. – **c.** Je kiffe cette chanson.

TOUT RETENIR EN UN CLIN D'ŒIL

Quel niveau de langue employer ?

- entre proches → niveau **familier** ; niveau **courant**
- situation neutre → niveau **courant**
- situation officielle → niveau **soutenu**

188 Qu'est-ce qu'un champ lexical ?

De quoi se compose un champ lexical ?

Un champ lexical, dans un texte, est l'ensemble des mots et expressions qui se rapportent à un **même thème**, à une même idée.

> orchestre, instrument, concert, chanter, symphonique, mélodieux, à l'unisson appartiennent au champ lexical de la musique
>
> gagner, remporter, vainqueur, triomphe appartiennent au champ lexical de la victoire

Remarque : un même mot pouvant avoir plusieurs sens, il peut appartenir à différents champs lexicaux.

> instrument appartient au champ lexical de la musique, mais aussi à celui de l'outillage

Les mots d'un même champ lexical peuvent appartenir à des **classes* grammaticales différentes.**

> noms : bolide, course, rapidité
> verbes : filer, foncer, galoper
> adjectifs : rapide, véloce
> adverbes : vite, promptement
> expressions : comme une flèche, ventre à terre
>
> } champ lexical de la vitesse

Comment utiliser les champs lexicaux ?

Repérer le champ lexical d'un texte permet de bien **cerner son thème** et de donner aux mots **le sens qui leur convient**.

> Le public était enthousiasmé par le nouveau répertoire de l'artiste.
>
> public et artiste appartiennent au champ lexical du spectacle
> → répertoire est à prendre dans le sens « œuvre » et non « carnet »

Constituer un champ lexical pour écrire un texte permet de l'**enrichir**, de le rendre plus **précis** et **cohérent**.

LA BULLE LITTÉRAIRE

« La nuit venait vite en hiver. Malgré bonnets de laine et peaux de mouton, nous grelottions. »

J.M.G. LE CLÉZIO, *Ourania*

ASTUCE **Comment constituer un champ lexical ?**

Je définis le thème que je vais traiter, puis je cherche :
– des mots génériques et spécifiques (→ 35) ;
– des synonymes (→ 37) ;
– des mots de la même famille (noms, verbes, adjectifs, adverbes…).

EXERCICES

CORRIGÉS P. 417

1 Donnez le champ lexical de chaque liste de mots.

a. parfum, arôme, effluve, sentir, suave – **b.** stylo, feuille, cahier, crayon, écrire, littéraire – **c.** gravir, pente, sommet, alpage, montagnard

2 Quel est le champ lexical de la bulle littéraire ? Complétez-le avec d'autres mots.

3 Constituez des débuts de champs lexicaux en remplissant le tableau avec des mots de la catégorie grammaticale demandée.

champ lexical	nom	adjectif	verbe
la nuit	.....	.....	.....
la tempête	.....	.....	.....
le sommeil	.....	.....	.....

TOUT RETENIR EN UN CLIN D'ŒIL

champ lexical = mots autour d'un même thème

↓ pour

mieux comprendre — mieux écrire

189 Qu'est-ce que la connotation ?

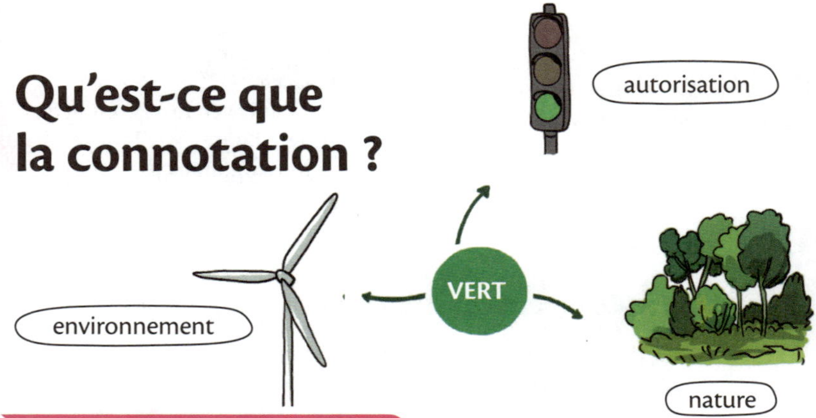

Dénotation et connotation

Un mot a toujours **au moins un sens** (→ 34), sens donné par sa définition dans un dictionnaire : c'est sa **dénotation**.

le nom **automne** a pour sens « saison comprise entre l'été et l'hiver »

Mais les mots peuvent **évoquer** d'autres idées, donner des impressions qui viennent se surajouter à leur sens : c'est ce qu'on appelle la **connotation**.

pour les romantiques, le nom **automne** évoque le déclin de la vie, la vieillesse

La connotation liée au mot

Des mots peuvent avoir un **sens** (ou l'un de leurs sens) qui porte une ou plusieurs **connotations**.

les noms **frérot** et **sœurette** ont pour sens « frère » et « sœur », et ont une connotation affective

Les principales connotations liées au mot sont :

- la connotation **positive** ou **méliorative** (elle valorise) ;

  propre a une connotation positive quand il signifie « qui ne pollue pas » : **une énergie propre**

- la connotation **négative** ou **péjorative** (elle dévalorise).

  cambrousse désigne d'une façon négative la campagne

Certains suffixes (→ 31) donnent une connotation négative aux mots qu'ils forment. C'est le cas des suffixes *-aille, -ard, -asse, -âtre, -ouille.*

de la ferraille ; **un chauffard** ; **fadasse** ; **rêvasser** ; **verdâtre** ; **mâchouiller**

La connotation liée au contexte

- Le plus souvent, c'est le **contexte** (géographique, culturel, historique, social, individuel, etc.) qui détermine la connotation d'un mot.

> **mer** peut faire penser aux loisirs pour un vacancier, au travail pour un pêcheur, à la liberté pour un aventurier…

LA BULLE LITTÉRAIRE

> **« Grand-père » a une connotation plus respectueuse et plus affectueuse.**
>
> **Boutros Boutros-Ghali,** *En attendant la prochaine lune*

ASTUCE Comment utiliser les connotations ?

Pour améliorer mon texte, je relis mes descriptions (d'objets, de situations, de personnages) et je remplace les mots utilisés par des mots qui correspondent à la connotation que je recherche.

> **Le misérable était très maigre, très petit ; il était habillé d'une veste usée et d'un pantalon tout troué.**
> → **Le misérable était maigrichon, gringalet ; il était vêtu de hardes.**

EXERCICES

CORRIGÉS P. 417

1 Vrai ou faux ?

a. Un mot a une seule connotation. – **b.** Les connotations d'un mot sont toujours données dans un dictionnaire. – **c.** La connotation d'un mot peut dépendre du contexte. – **d.** Un suffixe peut noter une connotation.

2 Mettez + ou – devant ces mots selon leur connotation positive ou négative.

a. braillard – **b.** un cul-terreux – **c.** enchanteur – **d.** maigrichon – **e.** l'or – **f.** une résidence – **g.** la paix – **h.** trainasser – **i.** un revanchard

TOUT RETENIR EN UN CLIN D'ŒIL

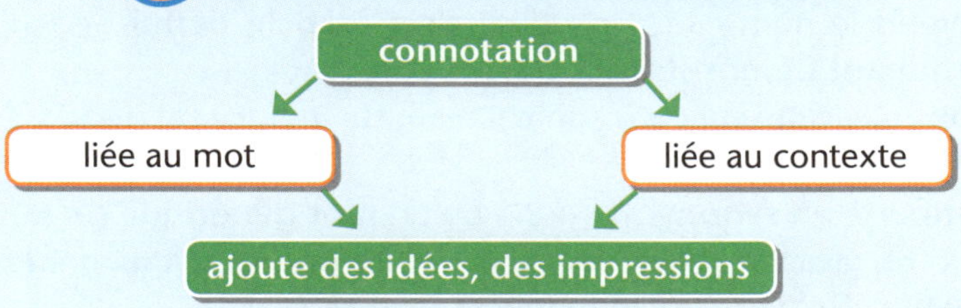

190 Comment utilise-t-on la reprise ?

Qu'est-ce que la reprise ?

La reprise consiste à **désigner à nouveau** dans un texte ce dont **on a déjà parlé**. La reprise peut se faire :

- en **répétant** l'élément déjà mentionné ;

  Saïd voulait voir Jacques, mais Jacques n'était pas là.

- en **désignant** de façon différente ce dont on a déjà parlé.

  Saïd voulait voir Émilie, mais elle n'était pas là.
  le nom Émilie et le pronom elle désignent la même personne

La reprise pronominale

La plupart des pronoms (→ 64) peuvent reprendre un élément déjà cité, le plus souvent un **nom** ou un **groupe nominal**. On dit alors qu'ils sont **substituts**.

Ces oiseaux sont magnifiques. Je les observe. Soudain, certains s'envolent. (les et certains reprennent ces oiseaux)

Les pronoms *le* et *cela* peuvent remplacer aussi un **adjectif**, une **proposition**, une **phrase**, un **passage**…

Si tu es content, je le suis aussi : je dis cela en toute sincérité.
le reprend content ; cela reprend la proposition précédente

Les principaux procédés de reprise nominale

Pour reprendre un nom ou groupe nominal, on peut utiliser un **groupe nominal** qui :

- reprend un ou plusieurs **noms propres** ;

  Jules et Aïcha sont à Paris. Les deux amis visitent la ville.

- reprend le nom cité. On utilise alors l'**article défini** (→ 56) ou le **déterminant démonstratif** (→ 57) ;

  Un roi vivait seul dans son château. Un jour, ce roi décida de partir.

- comporte un **synonyme** (→ 37) ou un **mot générique** (→ 35) ;

  Un roi vivait seul dans son château. Le palais était magnifique, mais cette demeure lui semblait bien vide.

- est une **périphrase**, c'est-à-dire un groupe de mots qui désigne la même chose ou le même être qu'un nom seul (→ **209**).

| Le lion avait réuni tous ses sujets. Le roi des animaux s'adressa à eux.

ASTUCE **Comment bien remplacer un nom par un pronom ?**

Lorsque je remplace un nom par un pronom personnel, je vérifie que cela ne crée pas d'ambigüité. Si c'est le cas, j'utilise un groupe nominal en remplacement.

si j'écris Paul donne son avis à Saïd. Il n'est pas d'accord, on ne sait pas qui est « il » ; si j'écris Ce dernier n'est pas d'accord, on comprend qu'il s'agit de Saïd puisqu'il est cité en dernier

EXERCICES

CORRIGÉS P. 417

1 Récrivez ces phrases en utilisant la reprise demandée.

a. Il aperçut au loin un chêne. Le chêne lui parut immense. *(GN)* – **b.** J'ai emprunté une BD à ma voisine. Je vais rendre la BD à ma voisine. *(pronoms)* – **c.** Elle va à un festival de cinéma. Le cinéma l'a toujours intéressée. *(GN)*

2 Relevez les reprises de la bulle littéraire et donnez le groupe de mots qu'elles reprennent.

LA BULLE LITTÉRAIRE

« [Marie] va s'asseoir au coin de la cheminée près de ses frères, Marc et Julien. Les deux garçons sont assis par terre sur des sacs de toile. Ils travaillent un morceau de bois. »

Claude Seignolle,
L'Homme aux sept loups

TOUT RETENIR EN UN CLIN D'ŒIL

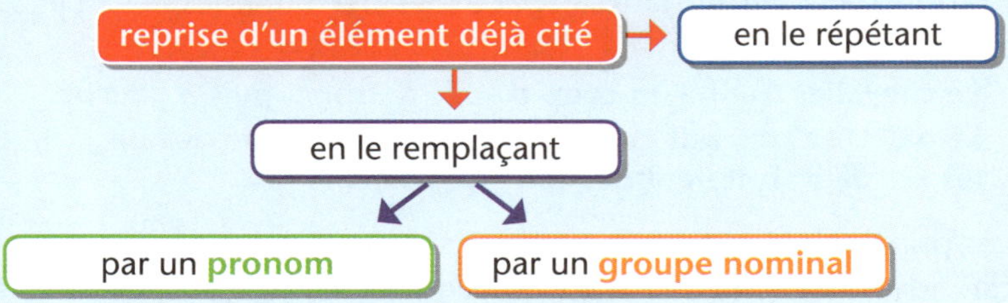

191 Comment indiquer le temps et l'espace dans un texte ?

Situer dans le temps

Les **indicateurs temporels** situent les actions d'un texte les unes par rapport aux autres dans le **temps**, la chronologie.

> Il traverse la plaine, puis gravit la colline. Il parvient enfin au sommet.

On peut marquer ainsi l'antériorité (avant), la simultanéité (en même temps) ou la postériorité (après).

Les principaux indicateurs temporels sont :

- des **adverbes** et locutions adverbiales (→ **87** et **88**) : d'abord, ensuite, puis, enfin, plus tôt, plus tard, en même temps… ;
- des **groupes nominaux** introduits ou non par une **préposition** (→ **89**) : la veille, le jour suivant, pendant ce temps…

> Un soir, je me promenais. Soudain, j'aperçus une lueur. Au même moment, j'entendis un cri.

Les indicateurs temporels sont importants dans les textes **narratifs** (→ **203**).

Situer dans l'espace

Les **indicateurs spatiaux** situent les éléments d'un texte les uns par rapport aux autres dans l'**espace** : les personnages, les objets, les actions…

> Le chevalier frappa un coup d'épée à droite, puis à gauche.
> Le palais se trouvait au milieu de la place. Sur le devant, les arcades abritaient des terrasses de café.

Les principaux indicateurs spatiaux sont :

- des **adverbes** et locutions adverbiales : ici, là, partout, dessus, dessous, dedans, à droite, à côté, au loin, en face… ;

• des **groupes nominaux** introduits par une **préposition** : au premier plan, sur le côté, à l'arrière, dans son dos…

| L'océan apparait au premier plan et au loin se dessine l'horizon.

▶ Les indicateurs spatiaux sont importants dans les **descriptions** (→ **203**).

ASTUCE Temps ou espace ?

Certains indicateurs peuvent avoir les deux valeurs : temporelle ou spatiale. Je m'aide alors du contexte pour connaitre leur sens.

Je commence mon récit. Là, il m'interrompt.
(là = à ce moment-là → valeur temporelle)

Il cherchait la grotte : là se trouvait le trésor.
(là = à cet endroit → valeur spatiale)

EXERCICES

CORRIGÉS P. 417

1 Complétez le texte avec les indicateurs donnés.

ensuite – tout d'abord – puis – de jour en jour

….., [Robinson] avait davantage de travail et des obligations plus nombreuses. Tous les matins, il commençait ….. par faire sa toilette, ….. il lisait quelques pages de la Bible, ….. il se mettait au garde-à-vous devant le mât. (M. Tournier, *Vendredi ou la Vie sauvage*)

2 Relevez les indicateurs de la bulle littéraire et dites s'il s'agit d'indicateurs spatiaux ou temporels.

LA BULLE LITTÉRAIRE

« Je rabattis ma course vers la barre : mais tout à coup, je vis courir devant moi une sorte de poulet doré. »

Marcel Pagnol,
La Gloire de mon père

TOUT RETENIR EN UN CLIN D'ŒIL

situer dans → le temps → indicateurs temporels → narration

situer dans → l'espace → indicateurs spatiaux → description

192 Les outils pour structurer la logique d'un texte

Qu'est-ce qu'un connecteur logique ?

Les **connecteurs logiques** permettent d'établir un lien logique entre deux éléments d'un texte. Ce lien peut marquer :

- les relations entre les **idées** du texte (opposition, cause…) ;

  Il a gagné le match ; pourtant, il ne s'était pas entrainé. (opposition)
  Il a gagné le match, car il s'était entrainé. (cause)

- l'organisation des différents **éléments** du texte.

  Pourquoi ce projet ? Tout d'abord parce qu'il nous tenait à cœur ; ensuite parce qu'il y a une demande du public ; enfin parce qu'il aura des retombées positives.

Les connecteurs logiques sont importants dans les textes **explicatifs** et **argumentatifs** (→ **203**). C'est pour cette raison qu'on les appelle aussi **connecteurs argumentatifs**.

LA BULLE LITTÉRAIRE

« Tous les hommes sont mortels. Or Socrate est un homme. Donc Socrate est mortel. »
Syllogisme

Quels sont les connecteurs logiques ?

Les principaux connecteurs logiques servant à **lier les idées du texte** et leur rôle sont les suivants :

rôle	connecteurs
expliquer (cause)	car, parce que, puisque, en effet, effectivement…
déduire (conséquence)	donc, ainsi, aussi, c'est pourquoi, en conséquence, par conséquent…
opposer	mais, cependant, pourtant, toutefois, au contraire, en revanche, or…
supposer (condition)	si, au cas où, à condition que, à condition de…

Les principaux connecteurs logiques servant à **organiser les éléments du texte** et leur rôle sont les suivants :

rôle	connecteurs
ajouter un argument	**de plus**, **d'ailleurs**, **par ailleurs**, **en outre**…
ordonner	**d'une part**, **d'autre part**, **premièrement**, **deuxièmement**…
introduire un exemple	**par exemple**, **en particulier**, **comme**…
donner un point de vue	**selon X**, **d'après X**, **suivant X**, **pour ma part**, **à mon avis**, **de l'avis de X**…
conclure	**en conclusion**, **finalement**, **enfin**…

ASTUCE **Comment différencier cause et conséquence ?**

Je me rappelle que **la cause est à l'origine**, elle provoque quelque chose ; **la conséquence est le résultat** de la cause.

Je prends mon parapluie parce qu'il pleut. (c'est la cause de l'action)

Il pleut, donc je prends mon parapluie. (c'est la conséquence)

EXERCICES

CORRIGÉS P. 417

1 Complétez avec les connecteurs proposés.

par conséquent – en effet – comme – de plus

Les grands cétacés, ….. les baleines, sont en voie de disparition. ….., ils ont longtemps été chassés. ….., ils souffrent de la pollution des océans et du réchauffement climatique. ….., ils peinent à se nourrir et leur reproduction est compromise.

2 Classez ces connecteurs : ceux qui établissent un lien entre des idées / ceux qui organisent les parties d'un texte.

a. tout d'abord – **b.** pourtant – **c.** donc – **d.** par ailleurs – **e.** finalement – **f.** par conséquent – **g.** pour ma part – **h.** par exemple – **i.** en outre

TOUT RETENIR EN UN CLIN D'ŒIL

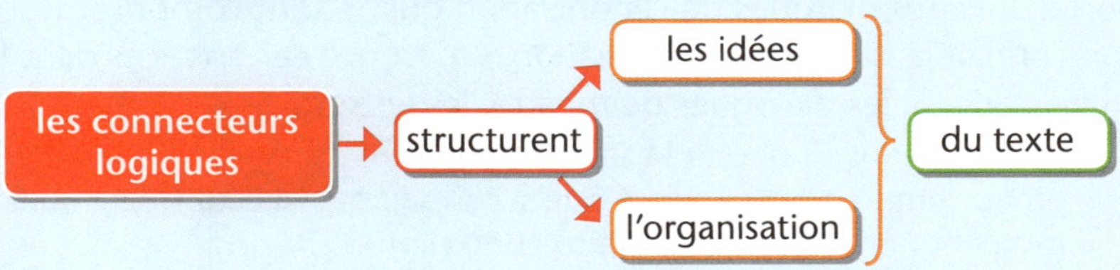

193 La situation d'énonciation

Qu'est-ce qu'une situation d'énonciation ?

Tout énoncé (message oral ou écrit) est produit dans une situation particulière :
- par un **locuteur** – celui qui parle ou écrit ;
- pour un ou plusieurs **destinataires** – celui (ou ceux) à qui l'on s'adresse ;
- dans un **lieu** défini ;
- à un **moment** donné.

Cette situation est appelée **situation d'énonciation.**

L'énoncé peut comporter des **indices** faisant référence à cette situation.

> le texte d'une lettre, par exemple, comporte les indices de lieu (**Paris**), de date (**le 5 avril 2018**), de destinataire (**Ma chère amie**) et de locuteur, avec la signature de celui qui écrit

Parmi ces indices, certains n'ont de sens que par rapport à la situation d'énonciation. On les appelle alors **marques de l'énonciation** (ou **embrayeurs**). Ces marques concernent principalement :
- les pronoms personnels et les possessifs de **1re et 2e personnes** (→ 46) ;

> **Je t'expliquerai mon projet.**

- les **indicateurs temporels et spatiaux** (→ 191) ;

> **Je partirai d'ici demain.**

- les déterminants et pronoms **démonstratifs.**

> **J'ai terminé cet exercice-ci et je dois encore faire celui-là.**

Liens entre énoncé et situation d'énonciation

Un énoncé peut être :
- **ancré** dans (ou rattaché à) la situation d'énonciation. L'énoncé comporte alors des marques de l'énonciation qui ne sont comprises que si l'on connait la situation d'énonciation. On trouve ces énoncés dans les conversations, les dialogues de théâtre, les lettres… ;

> **Je sais aujourd'hui que je serai ici demain.**
> on ne comprend cet énoncé que si l'on sait qui l'a écrit (**je**), à quel moment (**aujourd'hui**, **demain**) et où (**ici**)

- **coupé** (ou détaché) de la situation d'énonciation. L'énoncé ne comporte pas de marques d'énonciation et on le comprend même si on ne sait pas qui l'a écrit, quand, où… On trouve ces énoncés essentiellement dans les récits au passé, les modes d'emploi, les textes encyclopédiques…

> **Robinson fit la connaissance de Vendredi qui devint son ami.**
> on comprend cet énoncé même si on ne sait pas qui l'a écrit, pour qui, où et quand

LA BULLE LITTÉRAIRE

« Donne-moi ce panier, ma pauvre enfant, je le porterai jusque chez toi : où demeures-tu ? »

La comtesse DE SÉGUR, ***Les Petites Filles modèles***

Remarque : dans un récit, les paroles prononcées par les personnages sont des énoncés rattachés à la situation d'énonciation dans laquelle sont les personnages.

ASTUCE **Comment définir une situation d'énonciation ?**

Pour définir la situation d'énonciation d'un texte, d'un passage, etc. je réponds aux quatre questions suivantes : qui parle ? à qui ? où ? quand ?

EXERCICES

CORRIGÉS P. 418

1 Notez A ou C selon que la phrase est ancrée ou non dans la situation d'énonciation.

a. ❑ La baleine est un mammifère marin. – **b.** ❑ Donnons-nous rendez-vous devant le cinéma. – **c.** ❑ Tu aurais dû écouter mes conseils. – **d.** ❑ Il comprit alors son erreur. – **e.** ❑ Le magasin sera fermé demain.

2 Quelles sont les marques de l'énonciation dans la bulle littéraire ?

L'ESSENTIEL EN UN CLIN D'ŒIL

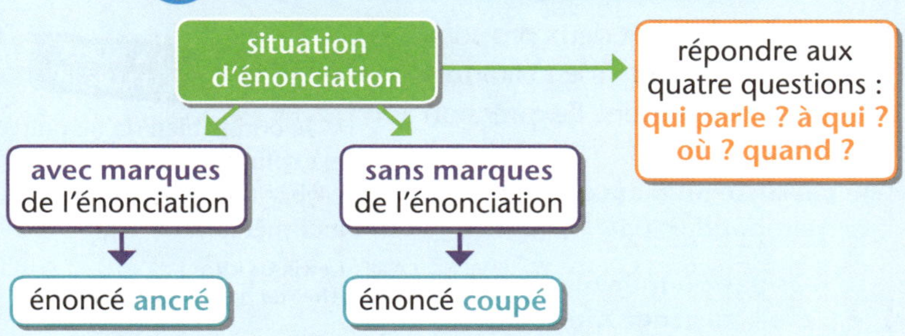

194 Comment reconnaitre et exprimer la cause ?

Qu'est-ce que la cause ?

Exprimer la **cause** d'un fait ou d'une action, c'est exprimer la **raison** pour laquelle ce fait ou cette action ont lieu ou non.

Les arbres sont en fleur, parce que c'est le printemps.
(parce que c'est le printemps explique la raison pour laquelle les arbres sont en fleur)

Quels procédés utiliser ?

On exprime la cause dans un **complément* de phrase** qui peut être introduit par :

- une préposition (→ **89**) comme ***par, pour, grâce à, à cause de, pour cause de, du fait de***... ;

  J'ai confondu les deux noms par simple étourderie.
  Grâce à toi, nous avons gagné le match.
  Il a été récompensé pour avoir réussi.

- une conjonction de subordination (→ **90**) comme ***parce que, comme, puisque, étant donné que, vu que, sous prétexte que...*** Dans ce cas, le verbe qui suit est à l'indicatif.

  Comme tu ne répondais pas, je t'ai laissé un message.
  Nous pouvons partir étant donné que nous sommes tous là.

Car et ***en effet*** relient deux propositions ou deux phrases : c'est toujours la **seconde** qui contient l'expression de la **cause**.

Je t'ai laissé un message, car tu ne répondais pas.

Tu n'as pas pu me voir. En effet, je n'étais pas chez moi.

LA BULLE LITTÉRAIRE

« Je crains bien de ne pouvoir m'expliquer, dit Alice, car, voyez-vous, je ne suis plus moi-même. »

Lewis CARROLL,
Alice au pays des merveilles

▶ L'expression de la cause peut apparaitre dans le **sujet** de verbes comme ***causer, susciter, entrainer, provoquer***… ou de locutions* verbales contenant *cause* ou *origine* (*avoir pour cause, pour origine…*).

| Les injustices provoquent la colère.

ASTUCE **J'emploie *grâce à* ou *à cause de* ?**

Je me rappelle que, pour parler d'une cause qui a eu un résultat positif, j'utilise *grâce à* et non *à cause de*. Pour ne pas les confondre, je pense au sens positif de *grâce* (*rendre grâce à quelqu'un*, « le remercier »).

Grâce à son aide, nous avons fini à temps.
(et non ~~À cause de son aide, nous avons fini à temps.~~)

EXERCICES

CORRIGÉS P. 418

1 Relevez ce qui exprime la cause dans chaque phrase.
a. J'irai voir ce film, puisque tu me le conseilles. – **b.** Du fait de sa panne, il n'a pas pu arriver à l'heure. – **c.** Sa remarque a provoqué un fou rire général.

2 Complétez avec *car, en effet, grâce à, étant donné que*.
a. ..... je n'étais pas à la réunion, je ne sais pas ce qui s'y est dit. – **b.** Tout est clair pour moi ..... ses explications. – **c.** Je dois recharger mon téléphone, ... je n'ai plus de batterie. – **d.** Il déménage. Il a ..... trouvé un nouvel emploi.

3 Récrivez cette phrase de quatre façons différentes en utilisant *causer, car, du fait de, parce que*.
Le réchauffement climatique est la cause de la fonte de la banquise.

4 Soulignez ce qui exprime la cause dans la bulle littéraire.

TOUT RETENIR EN UN CLIN D'ŒIL

exprimer la cause

- avec le **sujet** d'un verbe synonyme de **provoquer**
- dans une **proposition** avec **car**, **en effet**
- avec un **complément de phrase** introduit par **à cause de**, **parce que**

195 Comment reconnaitre et exprimer la conséquence ?

Qu'est-ce que la conséquence ?

Exprimer la **conséquence** d'un fait ou d'une action, c'est exprimer l'**effet**, le **résultat** qu'ont eu ce fait ou cette action.

> Il a marché vite, si bien qu'il est arrivé en avance.
> (si bien qu'il est arrivé en avance explique le résultat du fait de marcher vite)

Quels procédés utiliser ?

On exprime la conséquence dans un **complément* de phrase** qui peut être introduit par :

- une conjonction de subordination (→ **90**) comme ***si bien que, au point que, de façon que, de sorte que***... ;

> Il me tournait le dos, si bien qu'il ne me voyait pas.

- une préposition (→ **89**) comme ***(jusqu') à, au point de, de manière à***... Dans ce cas, le complément est un groupe infinitif (→ **80**).

> Il s'épuisa à la tâche jusqu'à tomber malade.

Souvent, la conséquence est exprimée dans une subordonnée* introduite par *que* et **annoncée** par ***tant, tellement, tel*** ou ***si*** complétant un mot de la **principale***.

> Il faisait si beau que nous avons déjeuné dehors.

La conjonction ***donc*** et les adverbes ***ainsi, par conséquent*** relient deux propositions ou deux phrases : c'est toujours la **seconde** qui contient l'expression de la **conséquence**.

> Je n'étais pas chez moi, donc tu n'as pas pu me voir.

LA BULLE LITTÉRAIRE

« Cet homme est parti, et pour le moment, par conséquent, il échappe à ma vengeance. »

Alexandre Dumas,
Les Trois Mousquetaires

L'expression de la conséquence peut apparaitre dans le **sujet** d'un verbe comme *venir de, résulter de, provenir de…*

| Leur colère résulte des injustices commises envers eux.

ASTUCE *tellement* = cause ou conséquence ?

Je me rappelle que *tellement* annonce une conséquence introduite par *que*. Employé seul, il introduit directement une cause.

Il a tellement marché qu'il est fatigué. (conséquence)

Il est fatigué tellement il a marché. (cause)

Mais, attention : pas de télescopage ! Je ne peux pas dire ~~Il est fatigué tellement qu'il a marché~~.

EXERCICES

CORRIGÉS P. 418

1 Relevez ce qui exprime la conséquence dans chaque phrase.

a. Vous assemblerez les pièces de façon à former un trépied. – **b.** Il est tombé en panne. Il était donc en retard. – **c.** L'erreur provient d'une étourderie. – **d.** Il est tellement ému qu'il en pleure.

2 Récrivez cette phrase de trois façons différentes en utilisant *résulter de, par conséquent, si bien que*.

La disparition des baleines est la conséquence de la pollution des océans.

3 Récrivez les phrases de l'exercice 1 en exprimant la conséquence de façon différente. Utilisez *par conséquent, résulter de, si... que, de manière à*.

TOUT RETENIR EN UN CLIN D'ŒIL

exprimer la conséquence

- avec le **sujet** d'un verbe synonyme de **résulter de**
- dans une **proposition** avec **donc**, **par conséquent**…
- **subordonnée** introduite par **que** et annoncée par **si**, **tant**…
- dans un **complément de phrase** introduit par **de manière à**, **si bien que**…

196 Comment reconnaitre et exprimer le but ?

Qu'est-ce que le but ?

Exprimer le **but** d'une action, c'est exprimer l'intention, l'objectif visé par l'action.

> Il vous appelle pour prendre rendez-vous.
> (pour prendre rendez-vous explique l'objectif de l'appel)

L'expression du but et celle de la conséquence peuvent être similaires et la distinction est parfois subtile. Le plus souvent, c'est le **mode** du verbe qui fait la différence.

> Cela a été modifié de manière qu'on ne reconnait plus rien.
> (on ne reconnait plus rien est la conséquence de la modification → indicatif)
>
> Cela a été modifié de manière qu'on ne reconnaisse plus rien.
> (on ne reconnait plus rien est le but voulu par la modification → subjonctif)

Quels procédés utiliser ?

L'expression du but se fait au moyen des prépositions (→ **89**) et conjonctions (→ **90**) comme ***pour*** (***que***), ***afin de*** (***que***), ***en vue de, dans le but de***… introduisant le plus souvent :

- une proposition subordonnée circonstancielle (→ **106**). Le verbe de la subordonnée est toujours au subjonctif ;

> Je parle plus fort pour qu'on m'entende.

- un groupe* infinitif (→ **80**).

> Il renouvèle sa demande afin d'obtenir satisfaction.

LA BULLE LITTÉRAIRE

« Faites que le rêve dévore votre vie afin que la vie ne dévore pas votre rêve. »

Antoine de Saint-Exupéry, *Le Petit Prince*

Le complément introduit par une préposition peut être aussi un **groupe nominal** ou un **pronom**.

> Ils cherchent des figurants en vue d'un tournage.
>
> Elle veut réussir son concours. Elle fait tout pour cela.

Les locutions ***de crainte de*** (***que***), ***de peur de*** (***que***) peuvent introduire un but que l'on ne veut pas voir se réaliser (elles sont l'équivalent de *pour ne pas*).

> **Je regarde où je mets les pieds de crainte de tomber.**
> (= **pour ne pas tomber**)

ASTUCE **Comment utiliser la négation avec *pour* ?**

Je me rappelle que les deux mots de la négation se placent devant le verbe seulement s'il est à l'infinitif. Dans les autres cas, ils encadrent le verbe.

je dis donc **Il parle moins fort pour ne pas déranger les autres** et **Il parle moins fort pour qu'on ne l'entende pas.**

mais je ne peux pas dire ~~Il parle moins fort pour ne pas qu'on l'entende.~~

EXERCICES

CORRIGÉS P. 418

1 Chassez l'intrus dans chaque liste.

a. pour que, afin que, parce que, de crainte que – **b.** puisque, de manière que, en vue de, dans le but de – **c.** de peur de, pendant que, afin de, pour

2 Relevez ce qui exprime le but dans chaque phrase. Attention aux intrus.

a. Mélangez bien de façon à obtenir une crème onctueuse. – **b.** Pour ne pas me perdre, je suis mon GPS. – **c.** Je lui prêterai mon vélo de sorte qu'elle puisse venir. – **d.** Nous avons des invités à dîner de sorte que je ne suis pas libre ce soir.

3 Récrivez ces phrases en utilisant *pour* avec la négation *ne pas*.

a. J'arrose les fleurs de crainte qu'elles ne sèchent. – **b.** Elle fait un nœud à son mouchoir de peur d'oublier son rendez-vous. – **c.** Il met ses affaires à l'abri de peur qu'elles ne s'abîment. – **d.** Je relis attentivement la notice de montage de crainte de commettre une erreur.

TOUT RETENIR EN UN CLIN D'ŒIL

exprimer le but avec

- **pour, afin de...** + infinitif
- **pour que, afin que...** + subordonnée au subjonctif

197 Comment reconnaitre et exprimer la condition ?

Qu'est-ce que la condition ?

Exprimer la **condition** d'une action, c'est exprimer ce dont dépend la réalisation de l'action ; autrement dit, l'action ne se réalisera que si la condition se réalise.

> Cendrillon gardera son carrosse si elle rentre avant minuit.
> (si elle rentre avant minuit explique la condition qui doit être réalisée pour que Cendrillon garde son carrosse)

Quels procédés utiliser ?

On exprime la condition dans un **complément de phrase** qui peut être introduit par :

- une conjonction de subordination (→ **90**). La plus fréquente est *si*, mais on trouve également ***à condition que, pour peu que, en admettant que, à supposer que, au cas où***… ;

> Si la chaussure lui va, elle épousera le prince.

Le verbe de la subordonnée de condition introduite par ***si*** est toujours à l'indicatif. Il est soumis à la **concordance des temps** (→ **86**).

- une préposition (→ **89**) comme ***sans, avec, à condition de, en cas de***…

> Sans l'aide de sa marraine, elle ne serait jamais allée au bal.
> (= si sa marraine ne l'avait pas aidée…)
> On peut avoir un carrosse, à condition d'avoir une marraine bienveillante.

LA BULLE LITTÉRAIRE

« Beaucoup défendent la liberté d'expression à condition qu'elle s'applique exclusivement à leur point de vue. »

Grégoire Lacroix,
Un seul soleil, chacun son ombre

L'expression de la condition peut se faire également :

- avec un **gérondif** (→ **81**) ;

> En refusant d'obéir à ses sœurs, Cendrillon s'expose à des représailles.
> (= si elle refuse d'obéir à ses sœurs…)

- en reliant une **injonctive** (ou impérative, → 96) à une déclarative* par *et*.

  Enfile aisément cette chaussure (injonctive) **et je t'épouse.** (déclarative)

  (= Si tu enfiles aisément cette chaussure, je t'épouse.)

ASTUCE **Comment reconnaitre une condition ?**

Je remplace ce qui pourrait exprimer la condition par une proposition introduite par *si*.

En cherchant bien, il trouvera ses clés. (je peux dire **S'il cherche bien, il trouvera ses clés.** → **En cherchant bien** = condition)

En cherchant bien, il a trouvé ses clés. (je ne peux pas dire ~~S'il cherche bien, il a trouvé ses clés.~~ → **En cherchant bien** ≠ condition)

EXERCICES

CORRIGÉS P. 418

1 Dans chaque liste, chassez l'intrus.

a. à condition que, en supposant que, pendant que – **b.** si, comme, au cas où

2 Relevez ce qui exprime la condition dans la bulle littéraire.

3 Cochez si la phrase contient l'expression d'une condition.

a. ❑ Appelle-moi si tu as besoin de moi. – **b.** ❑ Sans motivation, on ne peut mener ce projet à bien. – **c.** ❑ Sans motivation, il poursuivait son travail.

4 Reliez les phrases entre elles de façon à exprimer une condition. Utilisez chaque fois une tournure différente.

a. Tu n'es pas d'accord. Tu peux donner ton avis. – **b.** Vous êtes absent. Le livreur vous laissera un avis de passage. – **c.** Il fait beau. Nous partons à la mer.

TOUT RETENIR EN UN CLIN D'ŒIL

exprimer la condition avec

- ↗ une **subordonnée** introduite par → **si, à condition que, au cas où…**
- ↘ un **groupe nominal** ou un **infinitif** introduit par → **sans, avec, à condition de…**

198 Comment reconnaitre et exprimer l'opposition ?

Les deux types d'opposition

- Lorsqu'on exprime deux faits qui s'opposent simplement, on parle d'**opposition**.

> Il pleut à Paris alors qu'il fait beau à Nice.
> (on oppose la pluie de Paris au beau temps de Nice)

- Si l'opposition porte sur deux faits qui semblent contradictoires, incompatibles logiquement, on parle de **concession**.

> Il pleut à Paris bien que l'on ait annoncé du beau temps.
> (le fait d'avoir annoncé du beau temps est en contradiction avec la pluie)

Quels procédés utiliser ?

- On exprime ces deux types d'opposition dans un **complément* de phrase** qui peut être introduit par :

• une préposition (→ **89**) comme ***malgré, en dépit de, contrairement à, au lieu de…*** ;

> Malgré les difficultés, ils ont réussi l'exploit.
> Il s'amuse au lieu de travailler.

• une conjonction de subordination (→ **90**) comme ***alors que, tandis que, bien que, quoique…***

> Il abandonne la course alors qu'il est proche de l'arrivée.
> Il abandonne la course bien qu'il soit proche de l'arrivée.

LA BULLE LITTÉRAIRE

« Mais, quoique Sylvinet fût joli garçon et bien élevé, son air indifférent et triste ne réjouissait point le cœur des filles. »

George Sand, *La Petite Fadette*

▶ La conjonction de coordination ***mais*** et les adverbes de liaison (→ **88**) ***pourtant, toutefois, néanmoins, cependant, tout de même, au contraire, en revanche***… relient deux éléments qui s'opposent.

> **Je voulais passer, mais je n'ai pas eu le temps.**
> **J'ai oublié le rendez-vous. Je l'avais pourtant noté dans mon agenda.**

ASTUCE **J'écris *quoique* ou *quoi que* ?**

Je me rappelle que *quoique* (en un mot) est synonyme de *bien que*. Si je ne peux pas le remplacer par *bien que*, je dois écrire *quoi que* en deux mots.

On ne te croit pas, (?) **tu dises la vérité.** (je peux dire **On ne te croit pas bien que tu dises la vérité.** → j'écris **quoique tu dises la vérité**)

On ne te croit pas, (?) **tu dises.** (je ne peux pas dire ~~On ne te croit pas bien que tu dises.~~ → j'écris **quoi que tu dises**)

EXERCICES

CORRIGÉS P. 418

1 Dans chaque liste, chassez l'intrus.

a. malgré, toutefois, quelquefois – **b.** maintenant, tandis que, pourtant

2 Cochez si la phrase contient une opposition.

a. ❑ Elle a refusé alors que l'offre était intéressante. – **b.** ❑ Cela est arrivé alors que j'étais parti. – **c.** ❑ Il travaille si bien qu'il réussit partout. – **d.** ❑ Il travaille bien qu'il soit tard.

3 Complétez avec *quoique* (*quoiqu'*) ou *quoi que* (*quoi qu'*).

a. Je renonce à ce projet, ... il me fasse très envie. – **b.** ..... tu choisisses, j'approuverai ton choix. – **c.** ..... il en soit, il faut trouver une solution. – **d.** Il a réussi ..... il n'ait aucune expérience en la matière.

TOUT RETENIR EN UN CLIN D'ŒIL

exprimer l'opposition dans

- un **complément de phrase** introduit par **malgré**, **alors que**, **bien que**…
- une **proposition** avec **mais**, **pourtant**…

199 Qu'est-ce que le degré d'un adjectif ou d'un adverbe ?

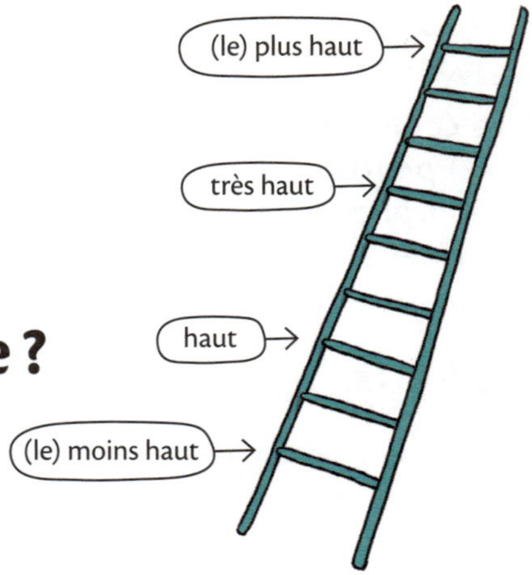

Il est possible de **nuancer** ce qu'exprime un adjectif ou un adverbe : on parle alors du **degré** de l'adjectif ou de l'adverbe.

Les différents degrés

Ce qu'exprime un adjectif ou un adverbe peut être **évalué en fonction d'autre chose** : c'est le **degré de comparaison**. Cela peut se faire :

- soit par comparaison à **un autre élément** (un élément est plus, moins, aussi… qu'un autre) : c'est le **comparatif**. Le degré est alors exprimé par *plus, aussi* ou *moins* ;

  Ce plat est plus salé que l'autre.
  Elle va aussi souvent à Lyon qu'à Lille.
  C'est moins grave que je ne le pensais.

- soit par rapport à la **totalité** des éléments d'un ensemble : c'est le **superlatif**. Le degré est alors exprimé par *le* (*la*, *les*) *plus* ou *le* (*la*, *les*) *moins*.

  J'ai pris le moins salé des plats.
  C'est à Lyon qu'elle va le plus souvent.

Attention : *bon* et *bien* ne s'emploient jamais avec *plus*. On utilise ***meilleur*** pour *bon* et ***mieux*** pour *bien*. Dans le niveau soutenu, on emploie *pire* au lieu de *plus mauvais*.

J'ai pris le meilleur des plats. J'aime mieux le salé que le sucré.

Ce qu'exprime un adjectif ou un adverbe peut être **évalué sans référence à autre chose**. Le degré est alors exprimé par un adverbe de **quantité** (→ **88**) comme *peu, assez, très, totalement*… : c'est le **degré d'intensité**.

Le plat est peu salé, assez salé, trop salé.

Quels adjectifs et adverbes n'ont pas de degré ?

Les adjectifs et adverbes qui contiennent une idée de **totalité** (entier, totalement…), de **comparaison** (préféré, meilleur, mieux, pire…) et les **adjectifs relationnels** (→ 63) (régional, circulaire…) ne peuvent pas varier en degré.

> un plat est vide ou il ne l'est pas ; on ne pourra donc pas dire qu'il est très vide, plus vide qu'un autre ou qu'il est le plus vide de tous

LA BULLE LITTÉRAIRE

« L'archidiacre avait en Quasimodo l'esclave le plus soumis, le valet le plus docile, le dogue le plus vigilant. »

Victor Hugo,
Notre-Dame de Paris

ASTUCE Comment employer *pire* ?

Je me rappelle que *pire* est l'équivalent de « plus mauvais ». Je ne peux donc pas employer *plus, aussi* ou *moins* avec pire, car cela reviendrait à dire ~~*plus plus mauvais*~~, ~~*aussi plus mauvais*~~, ~~*moins plus mauvais*~~.

EXERCICES

CORRIGÉS P. 418

1 Relevez le degré d'intensité, le comparatif et le superlatif.

a. C'est lui qui habite le plus loin de tous. – **b.** Il habite très loin. – **c.** Il habite moins loin que moi.

2 Complétez avec le degré qui convient.

a. Elle est *(plus habile / la plus habile)* que moi. – **b.** Il fait *(le plus mauvais / plus mauvais)* qu'hier. – **c.** C'est l'idée *(plus drôle / la plus drôle)* que j'aie trouvée.

TOUT RETENIR EN UN CLIN D'ŒIL

certains adjectifs et adverbes

degré → d'intensité : peu…, très…

↓

de comparaison :
- comparatif : plus…, aussi…, moins… que
- superlatif : le plus…, le moins… de

200 Comment transformer une proposition en un groupe nominal ?

Pourquoi utiliser la transformation ?

On peut vouloir **transformer** une phrase ou une proposition **contenant un verbe** en un **groupe* nominal** pour :

- créer un titre ;

  On a découvert un nouveau vaccin.
  → Découverte d'un nouveau vaccin

- éviter une subordonnée* et alléger ainsi son style.

  J'ai apprécié qu'il ait été franc à mon égard.
  → J'ai apprécié sa franchise à mon égard.

LA BULLE LITTÉRAIRE

« M. SMITH, *toujours dans son journal.* — Tiens, c'est écrit que Bobby Watson est mort. [...] Il y a déjà trois ans qu'on a parlé de son décès. »

Eugène IONESCO, *La Cantatrice chauve*

La transformation peut rendre plus ou moins méconnaissable la proposition d'origine.

J'espérais qu'il serait plus loyal.
→ J'espérais davantage de loyauté de sa part.

Quelles transformations faire ?

Le **verbe** transformé devient le **nom noyau** du groupe nominal. Lorsque c'est possible, on transforme le verbe en utilisant un nom de la **même famille**.

Il a disparu. → sa disparition – Elle voyage. → son voyage

Lorsque le verbe n'a pas d'équivalent nominal dans sa famille, on utilise un nom qui contient la même idée que le verbe.

Il est tombé. → sa chute

Lorsque le sujet ou le complément* direct du verbe est un **nom**, il devient **complément** introduit par la préposition *de*.

Kevin (sujet) répondra. → la réponse de Kevin (complément du nom)

On attend une réponse (complément du verbe). → l'attente d'une réponse (complément du nom)

Si le sujet ou le complément du verbe est un **pronom personnel**, on peut souvent le transformer en **déterminant possessif** (*mon, ton, son*…) de la même personne que le pronom personnel.

> **Je** (sujet) **répondrai.** → **ma** (déterminant) **réponse** – **On l'a** (compl. du verbe) **arrêté.** → **son** (déterminant) **arrestation**

Lorsque le sujet est *on*, il n'est pas repris dans la transformation.

> **On a cambriolé la banque.** → **le cambriolage de la banque**

ASTUCE Quand utiliser *de la part de* ?

Lorsque le sujet ne peut être transformé en possessif ou en complément du nom, je me rappelle que je peux utiliser l'expression *de la part de* (*de ma part, de sa part*…).

J'aimerais qu'il s'explique.

→ J'aimerais une explication de sa part.

EXERCICES

CORRIGÉS P. 418

1 Retrouvez les phrases verbales correspondant à ces titres.

a. Échec des négociations entre les partenaires. – **b.** Parution de l'ouvrage dès le mois prochain. – **c.** Lancement de la fusée depuis le cap Canaveral.

2 Transformez chaque proposition soulignée en groupe nominal.

a. J'ai appris que les chiots étaient nés. – **b.** Dès que nous nous réveillons, nous déjeunons. – **c.** J'entends que le coq chante. – **d.** On prévoit qu'on affichera le spectacle dans une semaine.

TOUT RETENIR EN UN CLIN D'ŒIL

Transformer en groupe nominal

- verbe → nom
- sujet et complément
  - = nom → complément du nom
  - = pronom personnel → déterminant possessif

201 Comment passer du discours direct au discours indirect ?

Qu'est-ce que le discours direct et le discours indirect ?

Le **discours direct** rapporte directement les paroles de quelqu'un. Les paroles peuvent être annoncées par une proposition contenant un verbe (*dire, répondre…*), mais il n'y a aucun mot de liaison entre la proposition et les paroles rapportées. À l'écrit, on utilise une ponctuation particulière (→ **26**).

> **Le steward annonça : « L'avion va atterrir. »**

Le **discours indirect** rapporte les paroles en les **intégrant** à son propre discours, à son propre récit, le plus souvent dans une proposition subordonnée* introduite par *que*.

> **Le steward annonça que l'avion allait atterrir.**

Le **discours indirect libre** intègre les paroles au récit, mais sans subordination. Il est parfois difficile à repérer.

> **On entendit l'annonce. L'avion allait atterrir.**

Comment transposer des paroles au discours indirect ?

Dans le **discours indirect**, les pronoms personnels et les possessifs* sont en relation non pas avec celui qui prononce les paroles, mais avec celui qui les **rapporte** et ses interlocuteurs.

> **Mia me dit : « J'ai parlé de ton idée à Jef. »**
> **→ Mia me dit qu'elle a parlé de mon idée à Jef.**

Si la principale* est à un **temps du passé**, la subordonnée est soumise à la **concordance des temps** (→ **86**). Les **indicateurs** de lieu et de temps **changent** également.

> **Mia expliqua : « Jef ne viendra pas demain. »**
> **→ Mia expliqua que Jef ne viendrait pas le lendemain.**

- Les **phrases interrogatives** sont transformées en **subordonnées interrogatives indirectes** (→ **108**).

  « Est-ce que Jef est là ? »
  → Mia demande **si** Jef est là.

- L'**impératif** n'est jamais utilisé dans une subordonnée. On utilise alors souvent l'infinitif et un verbe de parole comme *ordonner, demander…*

  « Reviens vite. » → Mia me demande de revenir vite.

LA BULLE LITTÉRAIRE

« Tu dis que tu aimes les oiseaux,
Tu les mets en cage.
Quand tu me dis "Je t'aime",
J'ai peur… »

Jacques PRÉVERT, « Tu dis »

ASTUCE **Comment marquer les interjections au discours indirect ?**

Certains mots, comme les interjections, sont propres au discours direct. Je ne peux donc pas les reproduire dans la subordonnée, mais il est parfois possible de les « traduire » dans la principale.

« Bref ! Tu ne sais rien. » → Je conclus qu'il ne sait rien.

EXERCICES

CORRIGÉS P. 418

1 **Récrivez ces phrases en utilisant le discours indirect.**

a. Mia explique à Jef : « J'ai réservé deux places pour toi et moi. » – **b.** Elle m'écrit : « Tu arriveras avant moi. » – **c.** Il leur ordonne : « Taisez-vous. »

2 **Récrivez les phrases que vous avez obtenues dans l'exercice 1 en mettant les verbes de parole à l'imparfait.**

TOUT RETENIR EN UN CLIN D'ŒIL

passer du discours direct au discours indirect

↓

peut modifier

- les pronoms personnels et les possessifs
- les temps du verbe
- les indicateurs de lieu et de temps

202 Comment passer de l'interrogation directe à l'interrogation indirecte ?

L'interrogation directe et l'interrogation indirecte

L'**interrogation directe** pose **directement** une question. C'est une **phrase interrogative** (→ **95**) et le locuteur attend une réponse.

Où vas-tu ? – Je vais au cinéma.

L'**interrogation indirecte rapporte** une question dans une proposition **subordonnée** interrogative indirecte (→ **108**). À priori, le locuteur n'attend pas de réponse.

Je lui demande où il va. (la phrase complète est une affirmation, ce n'est pas une question)

Que doit-on modifier ?

L'interrogation indirecte est une forme spéciale de **discours indirect**. Il peut alors être nécessaire de modifier les temps et les personnes (→ **201**).

Il m'a demandé : « Es-tu là ? » → Il m'a demandé si j'étais là.

Lorsque l'interrogation est **totale*** (on répond par *oui* ou *non* à la question correspondante), la subordonnée est **introduite** par *si*.

Est-ce que tu es là ? Es-tu là ? → Je te demande si tu es là.

Lorsque l'interrogation est **partielle***, la subordonnée est **introduite** par le **même mot interrogatif*** que celui de la question directe.

Où vas-tu ? → Je te demande où tu vas.

Mais *que* et *qu'est-ce que* sont remplacés par ***ce que*** et *qu'est-ce qui* est remplacé par ***ce qui***.

Que fais-tu ? Qu'est-ce qui t'amuse ?
→ Je te demande ce que tu fais et ce qui t'amuse.

Attention : l'expression ***est-ce que*** est exclusivement réservée à l'interrogation directe. On **ne peut jamais l'employer** dans l'interrogative indirecte.

Où est-ce que tu habites ? → Je te demande où tu habites.
(et non ~~Je te demande où est-ce que tu habites.~~)

Le **pronom personnel sujet** est **toujours** placé **devant le verbe** de l'interrogative indirecte.

> À qui parle-t-il ?
> → Je veux savoir à qui il parle.
> (et non ~~Je veux savoir à qui parle-t-il.~~)

LA BULLE LITTÉRAIRE

« D'habitude, les enfants demandent toujours pourquoi : pourquoi ils ont un nez, pourquoi il pleut, pourquoi les papas et les mamans font ci ou ça. »

Robert Escarpit,
Les Reportages de Rouletabosse

ASTUCE Point d'interrogation ou point simple ?

Je me rappelle que le point d'interrogation ne s'emploie que dans les phrases interrogatives. Je ne mets donc pas de point d'interrogation à la fin d'une interrogative indirecte placée dans une déclarative*.

Où est-il ? → Je me demande où il est.

EXERCICES

CORRIGÉS P. 418

1 Choisissez ce qui convient pour compléter les phrases.

a. Dis-moi *(ce que / qu'est-ce que)* tu as vu. – **b.** Je me demande *(est-ce qu' / si)* elle est là. – **c.** Sais-tu quand les amis *(arrivent / arrivent-ils)* ?

2 Transformez ces phrases en commençant par *Je me demande*.

a. Est-ce que tu vas bien ? – **b.** Pourquoi sont-ils partis ? – **c.** Qu'est-ce que tu racontes ? – **d.** Quand les hirondelles reviendront-elles ? – **e.** Quelle heure est-il ?

3 Relevez les subordonnées interrogatives indirectes de la bulle littéraire.

L'ESSENTIEL EN UN CLIN D'ŒIL

interrogation directe devient	→	interrogation indirecte
phrase interrogative :	→	subordonnée interrogative :
est-ce que ? ou mots interrogatifs	→	si ou mot interrogatif ou ce que ou ce qui
pron. pers. suj. après le verbe	→	pron. pers. suj. avant le verbe

203 Quels sont les types de textes ?

Chaque type de texte a une visée différente et des caractéristiques précises.

Le texte narratif

La narration est le récit de **faits qui s'enchainent dans le temps**. Il s'agit donc d'une histoire racontée, au présent ou au passé. On trouve ce type de texte principalement dans les récits littéraires, dans la presse ou les journaux intimes.

Le récit est fait par un **narrateur** (celui qui raconte). Il intervient plus ou moins dans le récit, selon le **point de vue** qu'il adopte.

Le texte descriptif

La description fait par exemple le portrait d'un personnage ou la présentation d'un lieu. Elle est **une pause dans le cours du récit.**

La description peut être effectuée **au présent ou à l'imparfait**. Elle suit un plan (du plus loin au plus proche ou de gauche à droite) et emploie des adjectifs, des compléments de noms…

Le texte explicatif

Le texte explicatif se trouve souvent dans les ouvrages scientifiques, les revues techniques, les encyclopédies. Il a pour but d'informer, de **faire comprendre un phénomène ou un évènement**, à l'aide d'explications.

Le texte reste **neutre** ; l'auteur ne se manifeste pas, il emploie souvent un vocabulaire technique et utilise le présent de vérité générale.

Le texte argumentatif

Par l'argumentation, l'auteur cherche à **défendre une idée ou un point de vue**, il veut convaincre le lecteur. Ce type de texte est très présent dans les essais, les textes publicitaires, les discours politiques…

L'auteur s'implique dans son propos, et donne divers **arguments et exemples**. Il organise son argumentation, emploie un vocabulaire fort et des connecteurs logiques (→ 192).

ASTUCE **Comment reconnaitre les types de textes ?**

Une œuvre littéraire comporte des passages de types différents. Pour les distinguer, j'essaie de comprendre ce que fait l'auteur : il raconte une histoire, y insère des descriptions et des explications, etc.

EXERCICE

CORRIGÉ P. 419

Retrouvez à quel type de texte correspond chacune de ces citations.

a. « El Dorado n'était certes pas une grande ville. On y trouvait une centaine de maisons dont la majorité s'alignaient le long du fleuve, et il ne devait son importance qu'à un poste de police, à quelques officines administratives, une église et une école publique peu fréquentée. »

b. « Quand on bivouaque dans la forêt, il faut se mettre près d'un tronc brûlé ou pétrifié. Les chauves-souris qui y nichent sont le meilleur signal d'alarme. »

c. « Il n'eut guère de mal à trouver la piste. Il le découvrit quelques minutes plus tard, terrorisé, devant un boa endormi. »

Extraits de Luis Sepúlveda, *Le Vieux qui lisait des romans d'amour*

d. Ce roman est un hymne à l'Amazonie aujourd'hui menacée. En effet, l'auteur connait et respecte la forêt amazonienne. Il décrit sa beauté et pleure les territoires dévastés par la civilisation moderne.

TOUT RETENIR EN UN CLIN D'ŒIL

texte narratif	texte descriptif	texte explicatif	texte argumentatif
récit des faits qui s'enchainent	par exemple le portrait	pour informer	défend une thèse
• présence d'un narrateur • connecteurs temporels	• adjectifs • compléments de noms • connecteurs de lieu	• vocabulaire spécialisé • présent de vérité générale	• arguments et exemples • connecteurs logiques

204 Qu'est-ce qu'un conte ?

Le conte : un genre ancien

- Le conte traditionnel est un récit qui se transmettait à l'origine de **façon orale** à un public populaire, pour **distraire** et **éduquer** l'auditoire. Ce genre très ancien a été transcrit et fixé ensuite sous une **forme écrite**.
- Il y a différents types de contes : le conte merveilleux, le conte fantastique, le conte philosophique…
- En Europe, **Charles Perrault**, les frères **Grimm** et **Andersen** font partie des auteurs les plus célèbres de contes merveilleux.

Le conte : un récit

- **Comme tout récit**, le conte suit un **schéma narratif** en cinq étapes :
  - la **situation initiale** présente le cadre de l'histoire et les différents personnages ;
  - l'**élément modificateur** perturbe l'équilibre et déclenche l'action ;
  - l'ensemble des péripéties constitue **l'action** ;
  - l'**élément de résolution** permet de mettre fin à l'histoire ;
  - la **situation finale**, généralement heureuse, présente les personnages à la fin de l'histoire.

Quelles sont les caractéristiques du conte traditionnel ?

- Le cadre **spatiotemporel** est indéfini et lointain, on y pénètre par une **formule** consacrée, par exemple : « Il était une fois… »

> **Il était une fois un roi et une reine qui se désolaient de ne pouvoir avoir d'enfant.**

- Les **personnages** sont fortement caractérisés :
  - le **héros** ou l'**héroïne** doit accomplir des **épreuves** qui semblent irréalisables ;
  - certains personnages lui viennent en aide (ce sont des **adjuvants**) ;

- d'autres, au contraire, cherchent à lui nuire (ce sont les **opposants**).

Le conte traditionnel possède souvent une **fonction éducative** : le lecteur s'identifie au héros et apprend à distinguer le bien et le mal, etc.

Dans le **conte merveilleux**, des **éléments magiques** s'insèrent dans le récit : intervention de fées, pouvoirs extraordinaires, métamorphoses, par exemple.

> **D'un coup de baguette magique, elle transforma la citrouille en carrosse.**

ASTUCE **Comment reconnaitre un conte merveilleux ?**

Comme le conte merveilleux comporte toujours des éléments magiques, si j'en trouve dans un récit, même si le décor est moderne et vraisemblable, il s'agit d'un conte merveilleux.

dans *La Fée du robinet*, de Pierre Gripari, l'histoire se déroule de nos jours, à Paris ; mais la fée, avec ses pouvoirs magiques, transporte le lecteur dans un monde irréel : c'est donc un conte merveilleux

EXERCICE

CORRIGÉ P. 419

Relevez les éléments qui permettent de dire que ce texte résume un conte merveilleux.

Il était une fois un roi et une reine qui avaient une fille, la plus belle du monde. Malheureusement, une méchante fée jeta un sort à la princesse. Celle-ci dormit pendant cent ans, durant lesquels la végétation recouvrit entièrement le château. Un jour, un prince réveilla la princesse endormie d'un baiser. Ils se marièrent et eurent beaucoup d'enfants.

TOUT RETENIR EN UN CLIN D'ŒIL

le conte traditionnel →

- récit + formule « Il était une fois »
- temps et lieux indéterminés
- héros et épreuves + adjuvants et opposants
- fonction éducative

205 Qu'est-ce qu'une fable ?

Un genre très ancien

- Dès l'Antiquité, des auteurs comme le Grec **Ésope** ou le Latin **Phèdre** écrivent des fables. Au XVIIe siècle, **Jean de La Fontaine** rend ce genre très populaire en France.
- La fable, comme le conte traditionnel, cherche à **instruire** et à **distraire** : elle raconte une histoire et donne une leçon de sagesse.

Quelles sont les caractéristiques de la fable ?

- C'est un **récit** court, écrit en **prose** ou en **vers,** le plus souvent au passé (imparfait et passé simple). Le décor est simple, les personnages sont peu nombreux et fortement caractérisés (un jeune et un vieux, un fort et un faible…).

> **Un agneau se désaltérait dans le courant d'une onde pure.**
> **Un loup survient à jeun, qui cherchait aventure.**
> **(J. de La Fontaine, « Le loup et l'agneau »)**

- Les personnages sont très souvent des **animaux personnifiés** : ils représentent des humains dont ils possèdent les qualités et les défauts (bonté, générosité, orgueil, avarice, méchanceté…).

> **« Qui te rend si hardi de troubler mon breuvage ? », dit cet animal plein de rage. (J. de La Fontaine, « Le loup et l'agneau »)**

- L'histoire est accompagnée d'une **moralité** (constat, conseil, leçon de vie). Elle est énoncée par le narrateur ou un personnage, en général à la fin de la fable. La moralité est le plus souvent au présent, et l'on dit que c'est une **vérité générale**.

> **La raison du plus fort est toujours la meilleure.**
> **(J. de La Fontaine, « Le loup et l'agneau »)**

Parfois, elle est sous-entendue, et le lecteur doit la deviner.

ASTUCE Comment rédiger une fable ?

Je me rappelle qu'une fable raconte une histoire courte pour illustrer une moralité. Je choisis donc un proverbe ou un dicton (par exemple « On a souvent besoin d'un plus petit que soi ») et des animaux qui peuvent illustrer ce proverbe. Puis j'invente une histoire qui les met en situation. Je n'oublie pas de les faire parler et agir comme des humains.

EXERCICE

CORRIGÉ P. 419

Lisez le texte suivant.

« La poule aux œufs d'or »

L'avarice perd tout en voulant tout gagner.
Je ne veux, pour le témoigner,
Que celui dont la poule, à ce que dit la fable,
Pondait tous les jours un œuf d'or.
Il crut que dans son corps elle avait un trésor.
Il la tua, l'ouvrit, et la trouva semblable
À celles dont les œufs ne lui rapportaient rien,
S'étant lui-même ôté le plus beau de son bien.
Belle leçon pour les gens chiches !
Pendant ces derniers temps, combien en a-t-on vus
Qui du soir au matin sont pauvres devenus
Pour vouloir trop tôt être riches !

Jean de La Fontaine

a. Délimitez le passage de récit. Quels sont les temps employés ?
b. Où se trouve la moralité ? À quel temps est-elle exprimée ?
c. Qui s'exprime dans les quatre derniers vers ? À qui s'adresse cette leçon ?

TOUT RETENIR EN UN CLIN D'ŒIL

la fable
- récit court, en vers ou en prose
- animaux personnifiés
- moralité (leçon de vie ou de sagesse)

206 Qu'est-ce qu'un roman, une nouvelle ?

Le roman

- Un roman est un **récit en prose**, au **présent** ou au **passé**, d'une histoire **inventée**, généralement assez longue.
- **L'auteur** est celui qui écrit le roman ; **le narrateur** est celui qui raconte l'histoire. Ce ne sont pas toujours les mêmes personnes.

Quelles sont les caractéristiques d'un roman ?

- L'**intrigue** est complexe : l'histoire peut se dérouler sur plusieurs années, elle peut concerner plusieurs personnages dont les destins s'entrecroisent.
- Le cadre spatiotemporel peut être réaliste, mais les évènements et les personnages sont **fictifs** : même s'ils renvoient à des personnes ou des faits réels, l'auteur raconte à sa façon.
- Le **narrateur** (celui qui raconte) peut faire partie de l'histoire. Le récit est fait à la 1re personne, et le narrateur raconte ce qu'il a vécu, ce qu'il a ressenti, etc.
- Souvent, le narrateur ne fait pas partie de l'histoire, il la raconte à la 3e personne.
- Dans le roman traditionnel, le narrateur décrit ce que pensent les personnages, il explique leurs motivations, donne des indications sur leur passé ou leur avenir : on dit alors que le point de vue est **omniscient**, parce que le narrateur sait tout sur eux.
- Il y a **plusieurs types** de romans : on parle par exemple de roman de chevalerie, d'amour, de science-fiction, de roman policier, etc.

La nouvelle

- Comme le roman, la nouvelle est un **récit fictif**, mais beaucoup plus **court**.
- Le récit peut se faire à la 1re ou à la 3e personne.

Quelles sont les caractéristiques de la nouvelle ?

- Les **personnages** sont **peu nombreux**, ils sont décrits rapidement et fortement caractérisés.
- Le cadre spatiotemporel est, par certains aspects, **réaliste** : l'histoire est **vraisemblable**.
- L'**intrigue** est **rapide**, en général resserrée autour d'une action principale. Souvent, l'histoire se termine de façon inattendue et brève : c'est ce qu'on appelle une **chute**.
- Comme pour le roman, il existe **différents types** de nouvelles : nouvelles réalistes, nouvelles fantastiques, nouvelles policières, etc.

ASTUCE Comment résumer un roman ou une nouvelle ?

Je me rappelle qu'un récit suit toujours un schéma narratif (→ 204). Quelle que soit la longueur du texte, je peux donc retrouver les cinq étapes essentielles qui permettent de résumer l'histoire.

EXERCICE

CORRIGÉ P. 419

Lisez ce début de nouvelle.

Il y avait à Montmartre, au troisième étage du 75 *bis* de la rue d'Orchampt, un excellent homme nommé Dutilleul qui possédait le don singulier de passer à travers les murs sans en être incommodé.

Marcel Aymé, *Le Passe-Muraille*

a. Qui en est l'auteur ? Quel est son titre ?
b. Où se déroule l'histoire ? Qui est le personnage principal ?
c. Quel va être le sujet de l'intrigue ?

TOUT RETENIR EN UN CLIN D'ŒIL

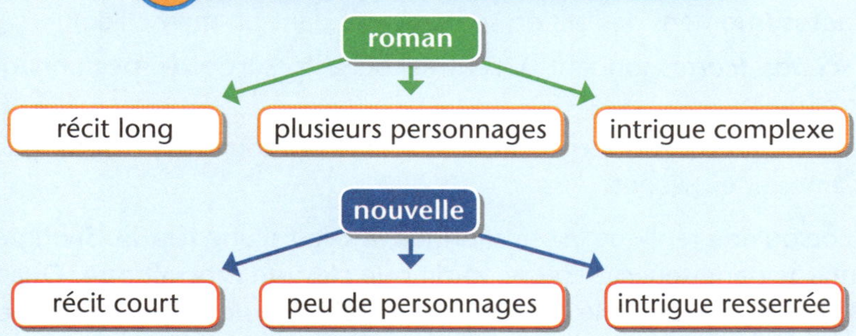

207 Qu'est-ce qu'un texte de théâtre ?

Le texte de théâtre

Le texte de théâtre, en prose ou en vers, est destiné à être **joué devant un public**.

Au théâtre, il n'y a **pas de narrateur** : les paroles prononcées par les personnages permettent de comprendre **l'intrigue** de l'histoire.

Quelles sont les caractéristiques du texte de théâtre ?

Le texte se compose de :

- **répliques** (paroles prononcées par les personnages, dont le nom est précisé chaque fois) ;

> **OCTAVE. – Ah ! tu me fais mourir par tes leçons hors de saison.**
> **SILVESTRE. – Vous me faites bien plus mourir, par vos actions étourdies. (Molière, *Les Fourberies de Scapin*, acte I, scène 1)**

- **didascalies** (indications données par l'auteur, toujours au présent : gestes, mimiques, etc.). Les didascalies sont le plus souvent écrites en italique.

> **SILVESTRE. – C'est ce que je demande, morbleu ! c'est ce que je demande. (*Il met l'épée à la main, et pousse de tous les côtés, comme s'il y avait plusieurs personnes devant lui.*)**
> **(Molière, *Les Fourberies de Scapin*, acte II, scène 6)**

Le texte de **théâtre classique** est découpé en :

- **actes** (moment de l'action se déroulant dans un même lieu) ;
- **scènes** (correspondant à l'entrée ou à la sortie de personnages sur scène).

Dans le **théâtre moderne**, on ne respecte pas toujours ce découpage en actes et en scènes.

Lorsqu'une réplique est très longue, il s'agit d'une **tirade**. Si un personnage parle seul sur scène, on dit que c'est un **monologue**. Quand un personnage se parle à lui-même (en fait, il parle au public), il s'agit d'un **aparté**.

On distingue deux grands **genres** au théâtre :

- la **comédie** (pièce cherchant à distraire et à faire rire le spectateur, et dont la fin est heureuse) ;
- la **tragédie** (pièce traitant de sujets plus graves, et provoquant l'horreur ou l'admiration des spectateurs).

ASTUCE **Pour bien écrire les didascalies d'un texte de théâtre**

Je me rappelle que les didascalies sont des indications sur la façon dont les comédiens doivent jouer la pièce, au moment où ils sont sur la scène. Elles sont donc toujours écrites au présent, jamais au passé simple. Elles ne doivent pas être confondues avec le récit d'un narrateur qui pourrait être écrit au passé.

EXERCICE

CORRIGÉ P. 419

Lisez l'extrait suivant.

Scène XVI

Lucien, Dora, Bretel

Lucien. – Eh bien, ce déjeuner, mon garçon ?

Bretel. – Alleï, alleï, Monsieur, Madame, mettez-vous à table. (*On se met à table.*) Ça est un beau poulet, tout de même, hein !

Il le brandit à la main.

Lucien. – Si vous vouliez ne pas le prendre comme ça, à même la main, hein ?... Tenez, préparez la salade pendant que je découpe... *Il découpe le poulet.*

Georges Feydeau, *Les Pavés de l'ours*

a. **Quelles sont les répliques ? les didascalies ?**

b. **Combien y a-t-il de personnages ? Lequel ne parle pas ?**

TOUT RETENIR EN UN CLIN D'ŒIL

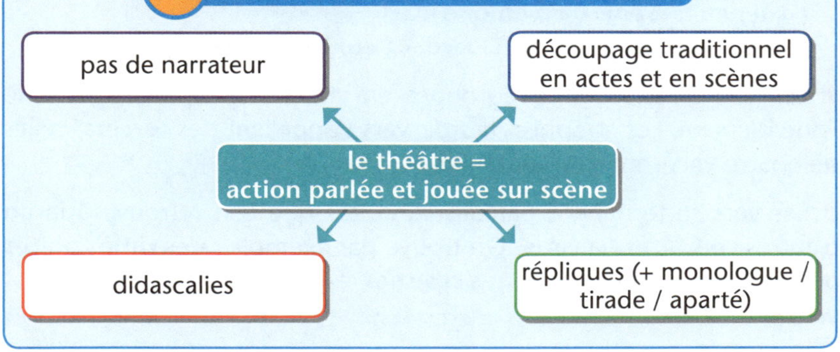

208 Qu'est-ce que la poésie ?

De la poésie au poème

La poésie est une façon de raconter, de décrire, d'exprimer ses sentiments sous une forme et avec des mots choisis pour leur **pouvoir évocateur** et leur **musicalité**.

Le texte poétique est généralement écrit **en vers.** Cependant, certains **textes en prose** sont aussi des poèmes et emploient des **procédés poétiques**.

Le **calligramme** est un poème dont la disposition des mots, des phrases ou des vers, forme un dessin représentant le thème du poème.

À quoi reconnait-on un texte poétique ?

Le poème, quand il est écrit en vers, se reconnait à sa forme : chaque vers est une ligne qui commence par une majuscule et qui a un nombre de syllabes déterminé.

Les vers les plus employés sont :
- les **hexasyllabes** (6 syllabes) ;
- les **octosyllabes** (8 syllabes) ;
- les **décasyllabes** (10 syllabes) ;
- les **alexandrins** (12 syllabes).

Le **vers libre** n'obéit à aucune structure régulière. Beaucoup de poètes modernes l'emploient, car il reflète mieux leur sensibilité.

> **J'ai peu d'espoir de mémoire**
> **Déjà j'ai tout perdu. (P. Éluard, « Deux voix en une »)**

Les vers sont souvent regroupés en **strophes**, séparées par une ligne blanche. Les strophes de trois vers s'appellent des **tercets**, celles de quatre vers sont des **quatrains**.

Les vers se terminent par des sonorités que l'on retrouve à la fin d'autres vers : c'est la **rime**. On trouve par exemple : des **rimes plates** ou **suivies** (a-a-b-b) ; des **rimes croisées** (a-b-a-b) ; des **rimes embrassées** (a-b-b-a).

Indépendamment de la rime, le texte poétique est reconnaissable aux sensations ou aux émotions qu'il provoque par les **sonorités** : on peut y repérer des **allitérations** (répétitions de consonnes) et des **assonances** (répétitions de voyelles).

> gouttes d'eau gouttes d'eau gouttes d'eau gouttes d'eau
> parapluie ô parapluie ô paraverse ô ! (R. Queneau, « Il pleut »)

Enfin, le texte poétique suscite des **images mentales**, en employant des symboles, des **comparaisons** et des **métaphores**, des allégories… (→ **209 et 210**)

ASTUCE **Comment reconnaitre un sonnet ?**

Le sonnet est une forme très appréciée de la poésie classique : les vers sont des alexandrins, regroupés en deux quatrains et deux tercets. Les rimes sont croisées, suivies et embrassées.

EXERCICE

CORRIGÉ P. 419

Lisez l'extrait suivant.

Elle a passé, la jeune fille,
Vive et preste comme un oiseau :
À la main une fleur qui brille,
À la bouche un refrain nouveau.
Gérard de Nerval, « Une allée du Luxembourg »

a. **Quels sont les vers employés ?**
b. **Comment s'appelle une telle strophe ?**
c. **Quelles rimes reconnaissez-vous ?**

TOUT RETENIR EN UN CLIN D'ŒIL

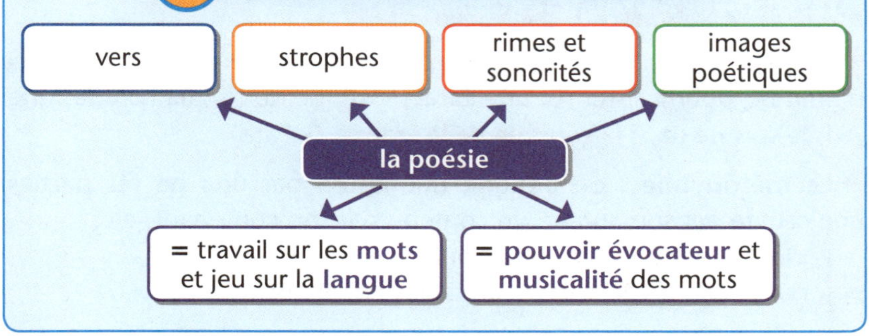

209 Les figures de style pour comparer, remplacer ou opposer

Comment marquer la ressemblance ?

- La **comparaison :** on compare deux éléments (le comparé et le comparant) en employant un mot de comparaison (*comme, ressemble à, tel, pareil à…*).

  | **Blanche-Neige avait le teint blanc comme la neige, les lèvres rouges comme le sang.**

- La **métaphore :** c'est une comparaison implicite. On rapproche deux éléments parce qu'ils ont un point commun, mais on n'emploie pas de mot de comparaison.

  | **Il a des cheveux poivre et sel.** (= ses cheveux sont noirs et blancs, comme du poivre et du sel)

On peut aussi utiliser la métaphore pour la **personnification :** on attribue à des éléments inanimés (objets, éléments naturels) ou à des animaux des caractéristiques humaines comme des sentiments, des intentions, des paroles, etc.

| **J'écoute le chant de la pluie et le murmure du vent.**

- L'**allégorie :** c'est la personnification d'une idée, de quelque chose d'abstrait (la mort, la justice…). L'amour peut ainsi être représenté sous la forme d'un enfant nu et ailé, tenant un arc (Cupidon), la mort sous les traits d'une vieille femme tenant une faux…

  | **La faucheuse vint frapper à sa porte.** (= la mort arriva)

Comment marquer l'équivalence ?

- La **périphrase** : on emploie une phrase ou une expression à la place d'un mot, pour insister sur une caractéristique de ce que l'on désigne.

  | **Je suis né dans la capitale de la France.** (= Paris)

- La **métonymie** : on désigne une chose par une de ses parties, une œuvre par son auteur, un contenu par son contenant, etc.

  | **Viens boire un verre.** (= le contenu du verre)
  | **J'ai acheté un Picasso.** (= un tableau de Picasso)

Comment marquer l'opposition ?

L'**antithèse** : on assemble dans une phrase deux notions ou deux mots opposés, de façon à créer un contraste.

Innocents dans un bagne, anges dans un enfer, ils travaillent. (V. Hugo, « Mélancholia »)

L'**antiphrase** : on dit le contraire de ce que l'on veut exprimer. C'est le principe de l'ironie.

Tu as tout cassé, bravo ! (cette exclamation est ironique : il s'agit en fait d'un reproche)

L'**oxymore** : on lie deux mots de sens contraire, dans le même groupe d'une phrase (sujet-verbe ; nom-adjectif...).

C'est un illustre inconnu. Il y eut un silence assourdissant.

ASTUCE Comment différencier comparaison et métaphore ?

Je me rappelle qu'il y a toujours un mot indiquant la comparaison. Il n'y en a pas dans la métaphore. Ainsi, si la phrase contient des mots comme *ressemble à*, ou *comme*, c'est une comparaison.

EXERCICES

CORRIGÉS P. 419

1 S'agit-il d'une comparaison ou d'une métaphore ?

a. Il est blond comme les blés. – **b.** Elle a des yeux d'azur. – **c.** Tu es une perle ! – **d.** J'ai dormi comme un loir.

2 Qu'évoquent les périphrases suivantes ?

a. le Roi-Soleil – **b.** l'auteur des fables – **c.** l'astre de la nuit – **d.** le pays où l'on mange avec des baguettes

TOUT RETENIR EN UN CLIN D'ŒIL

mot de comparaison	pas de mot de comparaison	chose = être humain	équivalence	éléments en opposition
comparaison	métaphore	• personnification • allégorie	• périphrase • métonymie	• antithèse • antiphrase • oxymore

210 Les procédés et figures pour insister ou atténuer

Comment marquer l'insistance ?

Plusieurs procédés permettent d'insister sur un mot, une idée, un élément…

- L'**accumulation** ou l'**énumération** : c'est une série de mots qui sont de même classe* grammaticale ou ont la même fonction. L'énumération permet de souligner la quantité des éléments évoqués.

> **Cosette montait, descendait, lavait, brossait, frottait, balayait, courait, trimait, haletait, remuait des choses lourdes et, toute chétive, faisait les grosses besognes. (V. Hugo, *Les Misérables*)**
> cette énumération de verbes insiste sur tout le travail que doit accomplir Cosette alors qu'elle est petite et fragile

- La **gradation** : on énumère des mots ou des idées par ordre croissant ou décroissant d'intensité.

> **C'en est fait, je n'en puis plus, je me meurs, je suis mort, je suis enterré. (Molière, *L'Avare*, acte IV, scène 7)**
> Harpagon insiste sur sa douleur, toujours plus grande, d'avoir perdu son argent

- L'**hyperbole** : c'est l'exagération volontaire d'une pensée, d'une expression, pour frapper l'imagination du destinataire.

> **Je t'ai déjà dit cent fois que nous partons à 8 heures.**

- L'**anaphore** : c'est la répétition d'un mot ou d'un groupe de mots le plus souvent au début d'une phrase, d'un paragraphe ou d'un vers, pour le mettre en relief et créer un effet.

> **Rome, l'unique objet de mon ressentiment !**
> **Rome, à qui ton bras vient d'immoler mon amant !**
> **Rome qui t'a vu naître, et que ton cœur adore !**
> **Rome enfin que je hais parce qu'elle t'honore !**
> **(J. Racine, *Horace*, acte IV, scène 5)**

Comment atténuer un propos ?

La **litote** : on emploie une expression le plus souvent négative pour exprimer un sentiment ou une pensée positive. C'est une sorte d'accentuation « en négatif » : on dit le moins pour faire entendre le plus.

> Va, je ne te hais point. (= je t'aime)
> (Corneille, *Le Cid*, acte III, scène 4)
> Cet enfant n'est pas bête. (= il est intelligent)

L'**euphémisme** : on emploie une expression très atténuée pour parler d'une réalité dont on veut supprimer les aspects durs ou négatifs.

> Il n'entend pas très bien. (= il est sourd)
> Mon grand-père nous a quittés l'an dernier. (= il est mort)

ASTUCE Comment différencier énumération et gradation ?

Je me rappelle que l'énumération est une suite de mots de même classe grammaticale. Elle n'indique pas d'augmentation ou de diminution, contrairement à la gradation qui marque à chaque mot nouveau une progression ou une diminution dans l'intensité.

EXERCICES

CORRIGÉS P. 419

1 Quelles figures de style reconnaissez-vous dans les phrases suivantes ?
a. Je suis mort de faim. – **b.** Une personne du troisième âge. – **c.** Je ne déteste pas les vacances. – **d.** Je t'ai attendu trois mille ans !

2 Rédigez deux phrases, en employant un procédé d'insistance puis d'atténuation, pour raconter une activité à laquelle vous avez participé.

TOUT RETENIR EN UN CLIN D'ŒIL

énumération	gradation	hyperbole	anaphore	litote	euphémisme
on liste	on augmente ou diminue progressivement	on exagère	on insiste en répétant	on dit moins pour suggérer plus	on atténue le plus possible

211 Qu'est-ce que le registre comique, satirique ?

Qu'est-ce qu'un registre littéraire ?

Un **registre littéraire** (parfois appelé « tonalité ») est défini par **l'effet particulier** que le texte produit sur le lecteur. Divers **procédés d'écriture** permettent de susciter cet effet chez le lecteur.

On retrouve chaque registre (tragique, comique, épique…) plus particulièrement dans un genre littéraire (la tragédie, la comédie, l'épopée…) mais il ne doit pas être confondu avec lui, car plusieurs registres peuvent se succéder dans un même texte.

À quoi reconnait-on le registre comique ?

Le registre comique cherche à **amuser**, il provoque le rire. On le trouve souvent dans les **comédies théâtrales**.

On distingue le **comique de gestes, de mots, de situation et de caractère**. Le **quiproquo** et **l'exagération** sont aussi très présents dans le registre comique. Tout procédé qui montre le décalage entre ce qui est normalement attendu et ce qui est montré (ridicule d'un personnage, énormité de ce qui est dit, etc.) appartient à ce registre.

> **SGANARELLE. – Ah ! c'était un grand homme ! […] Grand homme tout à fait : un homme qui était plus grand que moi de tout cela. (Molière, *Le Médecin malgré lui,* acte II, scène 4)**
>
> Sganarelle joue sur les mots (**grand homme** / **homme grand**) et fait ainsi sourire le public

À quoi reconnait-on le registre satirique ?

La satire consiste à **critiquer** un fonctionnement, une institution sociale, un **travers de la société** ou un **défaut humain**.

Le registre satirique se trouve donc la plupart du temps dans les **textes argumentatifs** (→ 203) : l'auteur veut convaincre le lecteur, lui faire partager son point de vue sur ce qu'il **dénonce**.

- Le registre satirique se perçoit dans un texte par l'emploi d'un vocabulaire souvent **péjoratif** ou **dépréciatif,** ou au contraire très **élogieux**, par **antiphrase** (→ 209).

- Pour mettre en évidence les défauts et les travers de ce qu'il décrit, l'auteur emploie souvent la **caricature**.

- On retrouve enfin dans ce registre l'**ironie.** L'ironie est caractérisée par **le fait de dire le contraire de ce que l'on pense** tout en étant complice avec le lecteur, qui perçoit l'intention de l'auteur.

> **Rien n'était si beau, si leste, si brillant, si bien ordonné que les deux armées. Les trompettes, les fifres, les hautbois, les tambours, les canons, formaient une harmonie telle qu'il n'y en eut jamais en enfer. (Voltaire, *Candide*)**
>
> Voltaire compare les canons à des instruments de musique et parle d'harmonie alors qu'il évoque les champs de bataille et la guerre. Grâce au mot enfer, le lecteur comprend qu'en fait il dénonce la guerre

ASTUCE — **Comment repérer un registre ?**

Pour repérer un registre dans un texte, j'essaie d'analyser l'émotion que l'auteur a voulu provoquer. Pour cela, je relève le vocabulaire et les procédés stylistiques employés.

L'ESSENTIEL EN UN CLIN D'ŒIL

registre comique	registre satirique
pour faire rire, se moquer	pour critiquer, dénoncer
• comique de mots, de gestes, de situation • quiproquo • exagération	• vocabulaire dépréciatif ou élogieux • caricature • ironie

212 Qu'est-ce que le registre épique, lyrique, tragique ?

Qu'est-ce que le registre épique ?

Le registre épique est apparu dans l'**épopée**, le récit des hauts faits d'un individu devenu **légendaire**. On le retrouve dans les récits de l'Antiquité (l'*Iliade* et l'*Odyssée*) ou du Moyen Âge (*La Chanson de Roland*), mais aussi dans certains romans, lorsque l'auteur présente des **faits exceptionnels** ou des **personnages héroïques**.

L'**hyperbole** (→ 210) et l'**exagération** sont très présentes dans les textes de ce registre. Les **phrases sont longues**, avec des **énumérations** (→ 210), des **superlatifs** (→ 199) et des **adverbes d'intensité**.

Le **vocabulaire** est **mélioratif** (→ 189), les champs* lexicaux sont ceux de l'**exploit**, de l'**héroïsme**.

> **Ce n'était pas un enfant, ce n'était pas un homme ; c'était un étrange gamin fée. On eût dit le nain invulnérable de la mêlée. Les balles couraient après lui, il était plus leste qu'elles. (V. Hugo, *Les Misérables*)**
>
> Gavroche est présenté comme un être invulnérable, qui défie la mort et la tient à distance grâce à un pouvoir presque surnaturel

Qu'est-ce que le registre lyrique ?

Le registre lyrique est caractéristique de l'expression poétique des **émotions** et des **sentiments.** Il se rencontre dans les poèmes comme les **odes** ou les **élégies**, dans les **hymnes**, dans les textes où sont exaltés une personne ou un élément de la nature.

Le registre lyrique est caractérisé par un **vocabulaire** très **expressif** (interrogations, exclamations), l'implication de celui qui s'exprime (emploi de la **1re personne**).

On trouve dans les textes de ce registre des **procédés d'insistance** (hyperboles, anaphores… → 210), et des phrases **amples**.

> **Ô tendre nuit, ô jeunesse revenue, ô merveille lorsque je serai devant elle, ô son regard, ô notre amour, ô merveille de son baiser sur ma main. (A. Cohen, *Belle du Seigneur*)**
>
> le narrateur exprime ainsi son amour immense pour Ariane

Qu'est-ce que le registre tragique ?

- Le registre tragique se rencontre le plus souvent dans les **textes de théâtre** : des personnages de la mythologie ou de l'histoire y montrent leur **grandeur** et leur **noblesse** dans un conflit face au destin qui suscite l'effroi et l'admiration du public.

- On retrouve dans le texte tragique la **plainte** du héros, ses **interrogations**. Le vocabulaire est **soutenu**, les champs lexicaux de la **fatalité**, du **sacrifice**, du **désespoir** et de la mort y sont développés.

- Des **exclamations** et des **interjections** sont fréquemment employées.

> **Vaines précautions ! Cruelle destinée ! / Par mon époux lui-même à Trézène amenée, / J'ai revu l'ennemi que j'avais éloigné : / Ma blessure trop vive aussitôt a saigné. (J. Racine, *Phèdre*, acte I, scène 3)**
>
> Phèdre se plaint du destin qui la force à aimer Hippolyte, malgré tous ses efforts pour lutter contre cet amour interdit

ASTUCE Comment différencier épique et tragique ?

Je me rappelle que le héros de l'épopée est célébré pour ses hauts faits : on insiste sur sa force surhumaine et ses exploits. Le héros tragique, lui, est victime du destin.

L'ESSENTIEL EN UN CLIN D'ŒIL

registre épique	registre lyrique	registre tragique
↓	↓	↓
faits exceptionnels	émotions et sentiments	héros impuissant face au destin
↓	↓	↓
• exagérations et hyperboles • vocabulaire de l'exploit	• 1re personne • vocabulaire expressif • procédés d'insistance	• exclamations • interjections • vocabulaire de la fatalité, du désespoir

213 Comment lire une image ?

Qu'est-ce qu'une image ?

Une image est la **représentation** de quelque chose par les arts plastiques, par la photographie ou les techniques numériques.

L'image peut être **fixe** (dessin, peinture, photographie), animée ou **mobile** (dessin animé, vidéo, film…). Le cinéma, par exemple, assemble une succession d'images fixes (photogrammes ou arrêts sur image). L'œil du spectateur garde le souvenir d'une image avant de percevoir la suivante, et a ainsi la perception du mouvement.

Les images sont donc réalisées selon des techniques différentes : par exemple, le **dessin** et la **peinture** sont faits à la main, ce sont des œuvres uniques. La **photographie** est un procédé mécanique (argentique) ou numérique. La **sérigraphie** et la **lithographie** permettent la reproduction en grand nombre d'images identiques. Les techniques numériques, quant à elles, permettent de fabriquer des images de synthèse.

1 • Sebastião Salgado, *Plantation de thé*, Rwanda, 1991.

Que communique l'image ?

L'image communique un message, tout comme le texte. Elle peut transmettre plusieurs messages à la fois :

- en **racontant**, comme peuvent le faire particulièrement les films, les bandes dessinées, ou les tableaux ;
- en **expliquant**, comme le fait par exemple un schéma ;
- en **décrivant**, comme c'est le cas des tableaux et des photographies ;
- en **argumentant**, comme le font les affiches publicitaires ou les dessins de presse.

L'image et le texte sont complémentaires : les tableaux, les photographies d'artistes portent en général un **titre**, les bandes dessinées sont souvent accompagnées de **bulles** et de **cartouches**, les images publicitaires vont de pair avec des slogans, etc.
De même, beaucoup de textes sont accompagnés d'illustrations.

Qu'est-ce que la composition d'une image ?

On appelle **composition** la disposition des éléments dans une image. Étudier la composition d'une image, c'est regarder l'organisation des éléments selon :

- **les plans** : on distingue le **premier plan** (où se trouve le sujet central de l'image, en général en bas), le **second plan** (qui correspond souvent au milieu de l'image) et l'**arrière-plan** (qui constitue un décor par exemple, en général en haut de l'image) ;
- le **cadrage**, qui définit les limites, le « cadre » de l'image : selon que l'image représente de manière plus ou moins proche un élément, on parle de **gros plan**, de **plan moyen**, de **plan large** ou de **plan d'ensemble** ;
- **l'angle de vue** : on parle de **plongée** lorsqu'un élément est vu par le haut, et de **contre-plongée** lorsqu'il est vu par le bas. L'angle peut être aussi **de face** ;

2 • Photogramme du film de Charlie Chaplin, *Les Temps modernes*, 1936.

- **les lignes de composition**, qui guident le regard du spectateur : les **lignes de force** déterminent la forme globale donnée à la disposition des éléments. On parle, par exemple, de composition triangulaire, symétrique, etc. Les **lignes de fuite** donnent du relief et de la profondeur (la **perspective**).

3 • Jan Brueghel et Pierre-Paul Rubens, *Le Jardin d'Éden et la chute de l'homme*, vers 1615, huile sur bois, 74,3 × 114,7 cm, Mauritshuis, La Haye.

Qu'évoquent les couleurs, les formes et la lumière ?

Les couleurs font naitre des impressions : les **couleurs froides** (bleu, vert) suggèrent généralement le calme, l'immobilité, alors que les **couleurs chaudes** (jaune, rouge, orange) peuvent évoquer la vie, la chaleur et la gaité.

De même, les **formes** suscitent des impressions : les **lignes droites** et verticales expriment souvent le dynamisme et la force, les **lignes courbes** sont en général synonymes de douceur et les **lignes brisées** font penser au désordre, au chaos.

Enfin, la **lumière** contribue à créer l'ambiance de l'image : le clair-obscur ou la pénombre peuvent évoquer l'inquiétude ou la tristesse, contrairement à la lumière vive.

Qu'est-ce que regarder une image ?

Regarder une image, c'est **observer** les éléments représentés, mais aussi **comprendre** ce que l'artiste a voulu dire, le message qu'il délivre, et l'**interpréter**. On peut distinguer ainsi ce que l'on voit (**la dénotation**), ce que l'on comprend de ce que l'auteur a voulu transmettre, et ce que l'on interprète (**la connotation** → 189). L'**interprétation** est personnelle : l'image provoque des émotions et des réactions propres à chacun.

ASTUCE — Comment identifier une œuvre d'art ?

Lorsque j'étudie une image, je n'oublie pas regarder la légende ou le cartel, qui indiquent le nom de l'artiste, le titre de l'œuvre, l'époque de sa création, le type et la technique employée, le matériau utilisé, etc.

EXERCICE

CORRIGÉ P. 419

Observez les images 1 à 3 (p. 398 à 400).

a. Identifiez chaque image : donnez son titre, son auteur, etc.

b. Quels sont le cadrage et l'angle de vue de chaque image ?

c. Dans l'image 3, les couleurs sont-elles froides ou chaudes ?

d. Que ressentez-vous en regardant chaque image ?

L'ESSENTIEL EN UN CLIN D'ŒIL

l'image → des **techniques** différentes ; diverses **fonctions** ; des **formes**, des **couleurs** ; une **composition**

→ un message délivré

CORRIGÉS

CORRIGÉS

1 **1 a.** vrai – **b.** faux (*s* peut se prononcer [s] ou [z], par exemple) – **c.** vrai **2** Si l'on écrit ces mots sans les séparer par des blancs, cette phrase sera-t-elle compréhensible ? **3 a.** → 3. – **b.** → 4 – **c.** → 1 – **d.** → 2

2 **1** participant, genou, certain **2 a.** amies – **b.** thé – **c.** jouent – **d.** dont – **e.** Allemands – **f.** remerciement **3** Le même groupe de lettres se prononce de façon différente : tient rime avec *scie* dans *balbutient*, avec *le tien* dans *entretient*.

3 **1 a.** un garçon : ç *parce qu'il est suivi d'un* o – **b.** un reçu : ç *parce qu'il est suivi d'un* u – **c.** une puce : c *parce qu'il est suivi d'un* e – **d.** la fabrication – **e.** une ficelle : c *parce qu'il est suivi d'un* e – **f.** agaçant : ç *parce qu'il est suivi d'un* a – **g.** un cube – **h.** facile : c *parce qu'il est suivi d'un* i – **i.** un colis – **j.** niçois : ç *parce qu'il est suivi d'un* o – **k.** nous grimaçons : ç *parce qu'il est suivi d'un* o **2 a.** merci – **b.** la balançoire – **c.** le lacet – **d.** la scie – **e.** la leçon – **f.** une gerçure – **g.** la prononciation – **h.** un maçon – **i.** un aperçu **3** elle berce, nous bercions, ils bercèrent, bercé ; vous percez, tu perçais, elles percèrent, percé ; je reçois, vous receviez, elle reçut, reçu **4 a.** limaçon – **b.** glaçon – **c.** commerçant – **d.** fiançailles – **e.** provençal

4 **1 a.** regarder – **b.** une nageoire – **c.** manger – **d.** gauche – **e.** une mangue – **f.** un collégien – **g.** Égypte – **h.** agile – **i.** une guêpe – **j.** la langue – **k.** juger **2 a.** *g* se prononce [ʒ] devant *i* – **b.** *g* se prononce [g] devant une consonne – **c.** *g* se prononce [g] devant *a* et [ʒ] devant *e* – **d.** il faut écrire *gu* pour avoir le son [g] devant *i* – **e.** *g* se prononce [g] devant *a* – **f.** il faut écrire *ge* pour avoir le son [ʒ] devant *o* – **g.** *g* se prononce [ʒ] devant *e* **3** Ce **g**éant **g**ourmand est une sin**g**ulière personne. Il n'est pas très **g**ai et bou**g**onne souvent. Aussi les villa**ge**ois ne lui servent-ils jamais de **g**aufres ni d'oran**ge**ade. Pour **g**arder son éner**g**ie, il fait beaucoup de **g**ymnastique, et quand il est fati**gu**é, il joue de la **gu**itare. **4** elle rédige, tu rédigeais, ils rédigèrent, rédigé ; nous voguons, elles voguaient, il vogua, vogué ; nous bougeons, je bougeais, tu bougeas, bougé ; je distingue, ils distinguaient, nous distinguâmes, distingué

5 **1 h** ***muet*** : l'hippopotame, l'hirondelle, l'huitre, l'hermine / **h** ***aspiré*** : le hibou, le hérisson, le hanneton, le hamster, le homard, le hareng, le héron **2** *Exemples de réponses* **a.** phonétique, aphone, anglophone – **b.** hydrater, hydrogène, hydravion – **c.** thermostat, thermomètre, thermique, isotherme – **d.** bibliophile, philanthrope, philosophe **3 b.** ☑ un dictionnaire

6 **1** combien, semblant : *on écrit* m *devant* b ; temps : *on écrit* m *devant* p ; immense : *on écrit* m *devant* m ; banc, gens, semblant, dans : *on écrit* n *devant une autre consonne que* m, b, p **2 a.** compter : *le son* [ɔ̃] *s'écrit* om *parce qu'il est suivi d'un* p – **b.** tante : *le son* [ɑ̃] *s'écrit* an *parce qu'il est suivi d'une autre consonne que* m, b, p – **c.** timbre : *le son* [ɛ̃] *s'écrit* im *parce qu'il est suivi d'un* b – **d.** humble : *le son* [œ] *s'écrit* um *parce qu'il est suivi d'un* b **3 a.** confirmer – **b.** ambulance – **c.** pompier – **d.** pompon – **e.** emménager – **f.** sentir – **g.** ensemble – **h.** tympan – **i.** lynx – **j.** jambon – **k.** cependant **4 a.** imperméable – **b.** envol – **c.** emmener – **d.** imbuvable – **e.** immangeable – **f.** emporter, importer – **g.** incrédule – **h.** embrouiller – **i.** insoumis – **j.** imbriqué – **k.** impatient

7 **1 a.** un éternuement – **b.** une scierie – **c.** un paiement – **d.** une mairie – **e.** une soirée – **f.** une biscuiterie – **g.** une poussée **2 a.** le musée – **b.** la fourmi – **c.** la foi – **d.** le foie – **e.** la chimie – **f.** le lycée – **g.** le génie – **h.** le parti – **i.** la partie – **j.** la tribu **3 a.** il/elle attribuera – **b.** il/elle conclura – **c.** il/elle pliera – **d.** il/elle jouera – **e.** il/elle clouera **4 a.** je dénouerais – **b.** j'éternuerais – **c.** je créerais – **d.** je défierais – **e.** j'exclurais

8 **1 a.** le bord – **b.** le confort – **c.** le porc – **d.** le sport – **e.** le mors **2 a.** une mariée genti**lle**, un marié genti**l** – **b.** une montagnar**de** pruden**te**, un montagnar**d** pruden**t** – **c.** une cha**tte** gri**se**, un cha**t** gri**s** – **d.** une voisi**ne** curieu**se**, un voisin curieu**x** **3 a.** on entend le *t* dans le féminin *écrite* – **b.** le nom est formé avec le suffixe *-ard* – **c.** on entend [n] au féminin – **d.** on entend [z] dans le féminin – **e.** on entend le *d* dans le dérivé *bondir*

9 **1 a.** inégal : *consonne simple car le préfixe* in- *se rattache à un radical commençant par* e – **b.** hippopotame : *la racine* hippo *qui signifie « cheval » s'écrit toujours avec* pp – **c.** évènement : *lorsque le* e *est accentué, la consonne qui suit est simple* – **d.** irréel : *le premier* r *est celui du* *préfixe négatif, le deuxième est celui du radical* réel **– e.** baro**nn**e *: la finale* -on *double la consonne quand elle est au féminin* **2 a.** inaudible **– b.** illogique **– c.** innommable **– d.** inapte **– e.** irradier **– f.** innombrable

10 **1 a.** vrai **– b.** faux (*e* prononcé [ə] est suivi d'une consonne simple) **– c.** vrai **2 a.** élégamment **– b.** évidemment **– c.** instantanément **– d.** brillamment **– e.** intelligemment **– f.** poliment **3** elles prennent, nous prenons, je prenais ; vous tenez, ils tiennent, tu tenais ; appeler, j'appelle, elles appelaient ; tu jettes, nous jetons, vous jetez ; nous surprenons, ils surprennent, tu surprenais **4 a.** On entend [ks], on double donc le *c.* **– b.** On entend [j], on double donc le *l.* **– c.** On entend [ɛ] et le *e* est sans accent, on double donc le *r.* **– d.** On entend [ə], on écrit donc un seul *l.* **– e.** On entend [ə], on écrit donc un seul *n.* **– f.** On entend [ks], on double donc le *c.* **– g.** On entend [s] entre deux voyelles et le *e* sans accent se prononce [ɛ], on double donc le *s.* **– h.** On entend [ə], on écrit donc un seul *m.* **– i.** On entend [ɛ] et le *e* est sans accent, on double donc le *f.*

11 **1 a.** le suffixe *ie* suit le radical *diplomat-* qui se termine par *t* **– b.** le *ç* permet de garder le son [s] devant *u* **– c.** le radical *dict-* se termine par *t* **– d.** on double le *s* entre deux voyelles **– e.** les adjectifs formés sur un nom féminin en *-ence* s'écrivent *-entiel* **– f.** le son [s] s'écrit *s* devant *a* en début de mot **– g.** le nom est formé avec le suffixe *-ation* (voir clin d'œil) **– h.** le ç permet de garder le son [s] devant *a* **– i.** le suffixe *ie* suit le radical *idiot-* qui se termine par *t* **2 a.** la délicat**esse** **– b.** la correspond**ance** **– c.** l'avar**ice** **– d.** l'ador**ation** **– e.** l'expos**ition** **3 a.** une locu**tion** **– b.** l'impul**sion** **– c.** l'affec**tion** – **d.** l'impre**ssion** **– e.** l'atten**tion** **– f.** l'inven**tion**

12 **1 s** : déposé, visas / **z** : douze / **x** : exemplaires **2 a.** en début de mot, [z] s'écrit *z* **– b.** quand [z] s'entend après [g], les deux sons s'écrivent avec *x* **– c.** on garde le *x* de *dix* **– d.** *quiz* est un mot d'origine anglaise **– e.** quand [z] s'entend après [g], les deux sons s'écrivent avec *x* **– f.** [z] s'écrit avec un seul *s* entre deux voyelles **– g.** [z] s'écrit avec *z* après une consonne **3 a.** vizir **– b.** puzzle **– c.** quinze **– d.** sixième **– e.** zinc **– f.** hasard **– g.** zèle **– h.** examen **– i.** bronzage **– j.** glaise **– k.** hexamètre

13 **1 c** : cafés, public, éclatante, crue, carrées / **qu** : liquides **2 a.** les adjectifs s'écrivent avec *que* en finale **– b.** on écrit *c* devant une consonne **– c.** les noms féminins s'écrivent avec *que* en finale **– d.** les noms masculins s'écrivent avec *c* en finale **– e.** on écrit *qu* devant *i* **– f.** les mots qui commencent par [ɔk] s'écrivent avec deux *c* **– g.** on écrit deux *c* quand on entend [ks] devant *i* **3 a.** le **c**offre **– b.** le su**cc**ès **– c.** une personne stoï**que** **– d.** pi**qu**er **– e.** une **qu**ille **– f.** a**cc**ueillir **4** le *c* final se transforme en *qu* pour garder le son [k] devant *e* (*grecque, turque*) ; le *c* de *grecque* permet de doubler la consonne pour indiquer que *e* se prononce [ɛ] (comme on double la consonne dans *muet, muette*)

14 **1 a.** c'est un nom féminin **– b.** c'est un verbe conjugué **– c.** c'est un nom masculin **– d.** c'est un nom masculin**– e.** c'est un verbe conjugué **– f.** c'est un adjectif au féminin **– g.** c'est un nom féminin **2 a.** verbe **– b.** nom **– c.** verbe **– d.** verbe **– e.** nom **– f.** nom **3 a.** le faut**euil** **– b.** le vitr**ail** **– c.** la corb**eille** **– d.** le somm**eil** **– e.** il ass**aille** – **f.** le rec**ueil** **– g.** elle gaz**ouille** **– h.** une m**aille** **– i.** un gouvern**ail** **– j.** l'appar**eil** **– k.** l'or**gueil** **4** Avez-vous déjà entendu une grenou**ille** qui bredou**ille**, un vie**il** écureu**il** qui effeu**ille** une marguerite sur le seu**il** d'une maison, une jonqu**ille** qui frét**ille** au solei**l** ?

15 **1 a.** égal/ité **– b.** charret/ée **– c.** patern/ité **– d.** pauvre/té **– e.** pot/ée **– f.** beau/té **2 a.** la montée **– b.** l'assiettée **– c.** la portée **– d.** la densité **– e.** la gravité **– f.** la platée **– g.** la fécondité **– h.** la jetée **– i.** la maturité **– j.** la responsabilité **– k.** une brouettée **– l.** la tétée **– m.** la rivalité **3 a.** la rapid**ité** (suffixe *-ité*) **– b.** une cact**ée** (suffixe *-ée*) **– c.** l'étern**ité** (suffixe *-ité*) **– d.** une remont**ée** (suffixe *-ée*) **4 a.** dictée **– b.** générosité **– c.** absurdité **– d.** nuitée **– e.** dignité

16 **1 a.** un joyeux anniversaire **– b.** un premier emploi **– c.** un bon endroit **– d.** un vain espoir **2 a.** un grand homme **– b.** Vas-y. **– c.** On attend. **– d.** On **n'**attend pas. **3 a.** On **n'**écoute **pas.** **– b.** On **n'**y arrive **pas.** **– c.** On **n'**en a **plus.** **– d.** **Aucun n'**a réussi. **4 a.** **Quand** j'étais petit, je passais mes vacances à la mer ; **quant** à lui, il allait à la montagne. **– b.** Il est très discret

quant à cette affaire : il reste évasif **quand** on lui en parle.

17 **1** ***aigu :*** éléphant, gelée / ***grave :*** voilà, où, espiègle / ***circonflexe :*** fantôme, âne **2** **a.** faux (il se place seulement sur le *e*) – **b.** vrai – **c.** vrai **3** Dites **à** Stromae **où** est son papa. Il **a** posé **la** question trois **ou** quatre fois, mais il n'**a** pas **la** réponse. C'est bien **là** le problème !

18 **1** **a.** le *é* termine la syllabe graphique (*opé/ra*) – **b.** le premier *e* est suivi d'une consonne double ; le deuxième est muet. – **c.** le *e* ne termine pas la syllabe graphique (*fes/tival*) – **d.** le *è* termine la syllabe graphique (*solfè/ge*) ; le *e* est muet – **e.** le *é* termine la syllabe graphique (*té/nor*) – **f.** le premier *e* ne termine pas la syllabe graphique (*inter/prétation*) ; le *é* termine la syllabe graphique (*interpré/tation*) **2** **a.** velouté d'asperges – **b.** poulet à la crème – **c.** macédoine de légumes – **d.** éclair au chocolat – **e.** café ou thé

19 **1** **a.** nous allâmes, vous allâtes – **b.** nous finîmes, vous finîtes – **c.** nous voulûmes, vous voulûtes – **d.** nous revînmes, vous revîntes – **e.** nous parûmes, vous parûtes – **f.** nous fûmes, vous fûtes **2** **a.** festif, festoyer, festival – **b.** bestial, bestiaire – **c.** mastiquer – **d.** pastoral, pasteur – **e.** défenestrer

20 **1** **a.** faux (il ne se place que sur les voyelles) – **b.** vrai – **c.** faux **2** **a.** humanoïde – **b.** le judaïsme – **c.** un kaléidoscope – **d.** l'exiguïté – **e.** le capharnaüm – **f.** Ne hais point ceux qui te haïssent. **3** *Exemples de réponses* **a.** l'athéisme – **b.** deltaïque – **c.** héroïque – **d.** le maoïsme – **e.** hébraïque **4** faïence, païen, aïeul

21 **1** **a.** faux (on élide que le *a* de *la*) – **b.** vrai – **c.** vrai **2** **b.** ☑ S'ils viennent, je te préviendrai. **3** **S'**il est vrai **qu'elle** lui plait, Titeuf sait **qu'il** doit **s'**attendre à des refus de **la** part de Nadia. Pourtant, il **l'a** serrée dans ses bras : elle a compris… Ou alors, il **n'y** connait rien !

22 **1** **a.** un fils de petite taille ; *un petit-fils* : le fils de l'un de ses enfants – **b.** une famille qui vit en harmonie ; *la belle-famille* : la famille de son conjoint – **c.** les mâts d'un navire qui sont au nombre de trois ; *un trois-mâts* : un navire qui a trois mâts – **d.** c'est quelque chose qui doit être dit ; *c'est-à-dire* : pour annoncer une précision – **e.** a la possibilité d'être ; *peut-être* : sans doute **2** **a.** Réponds-moi sans gêne. – **b.** Est-ce que c'est normal ? – **c.** Y a-t-il quelqu'un à la maison ? – **d.** Viens cet après-midi et non avant midi. **3** **a.** A-t-elle un nouveau téléphone ? – **b.** Comprend-on mieux avec un exemple ? – **c.** Y a-t-il un pilote dans l'avion ? – **d.** Viennent-ils ce soir ?

23 **1** **a.** Au restaurant, j'ai le menu sous les yeux. Mais que prendre **?** Tout a l'air si bon **!** – **b.** Jean de La Fontaine a écrit de nombreuses fables. Les plus célèbres sont : *La Cigale et la Fourmi*, *Le Corbeau et le Renard* et *Le Lièvre et la Tortue*. **2** *Exemples de réponses* **a.** Léa écoute ce que je dis. (= Léa est en train d'écouter ce que je dis) / Léa, écoute ce que je dis **!** (= je donne l'ordre à Léa d'écouter ce que je dis) – **b.** Tu l'aimes. (= une affirmation) / Tu l'aimes **?** (= une question) – **c.** Je mange une glace au café. (= ma glace est parfumée au café) / Je mange une glace, au café. (= je mange une glace dans un café)

24 **1** **a.** le point d'interrogation – **b.** le point d'exclamation – **c.** les points de suspension – **d.** le point simple **2** **a.** Quel âge a-t-il **?** – **b.** Quel orage **!** – **c.** Je ne sais pas quel âge il a. – **d.** Il a pris le train, l'avion, le bateau… – **e.** Prenez la première rue à droite.

25 **1** ☑ dans une énumération ☑ pour délimiter un élément détaché **2** **a.** Ajoutez les ingrédients suivants : œufs, farine et sucre. – **b.** Il n'est pas là ; il devait pourtant venir. – **c.** Si vous avez tout compris, c'est parfait.

26 **1** **a.** Les signes qui encadrent le dialogue sont ☑ les guillemets – **b.** On met un tiret à chaque début ☑ de réplique **2** Le roi s'en fut trouver son fils. « Tu m'as dit que tu aimais une sirène ? – Oui, père. – Et tu veux l'épouser ? continua le roi. – Oui, père », répondit le prince. Le roi resta pensif quelques instants, puis il reprit : « Tu ne sais donc pas que les sirènes sont des démons ? – Ce n'est pas vrai », répondit le prince avec indignation. **3** *(chaque / indique qu'il faut passer à la ligne)* Le roi s'en fut trouver son fils. / – Tu m'as dit que tu aimais une sirène ? / – Oui, père. / – Et tu veux l'épouser ? continua le roi. / – Oui, père, répondit le prince. / Le roi resta pensif quelques instants, puis il reprit : / – Tu ne sais donc pas que les sirènes sont des démons ? / – Ce n'est pas vrai, répondit le prince avec indignation. **4** *Réponse libre*

27 **1** Je suis bien arrivé aux **É**tats-**U**nis. **L**es paysages américains ne cessent de me surprendre : canyons, lacs, plaines s'étendent à perte de vue ! **J**'ai rejoint une réserve indienne. **L**e sort de ces **I**ndiens est bien triste, d'autant que l'**É**tat n'est presque jamais intervenu en leur faveur. **2** *Exemples de réponses* **a.** Il faut favoriser la **renaissance** du pays détruit par la guerre. C'est un tableau de la **Renaissance**. – **b.** Il faut laisser le matériel en bon **état**. La frontière sépare les deux **États**. – **c.** J'apprends l'**allemand** au collège. La chambre d'hôte est occupée par des **Allemands**. – **d.** Tout le village est en **révolution**. La **Révolution** a mis fin aux privilèges. – **e.** Le brocanteur vend des **antiquités**. Homère est un aède de l'**Antiquité**. – **f.** Le carnaval **lillois** est réputé. Les **Lillois** ont remporté le match.

28 **1** ausculter, naviguer, potion, délicat **2** **a.** du grec ancien – **b.** du latin – **c.** de l'inuit – **d.** du latin – **e.** de l'anglais – **f.** du latin **3** **a.** évier : *hérité*, aquarium : *emprunté* – **b.** chambre : *hérité*, caméra : *emprunté* – **c.** canidé : *emprunté*, chien : *hérité* – **d.** digital : *emprunté*, doigt : *hérité*

29 **1** **a.** aéro = air – **b.** maj = grand – **c.** phon = son, voix – **d.** hydr = eau **2** *Exemples de réponses* **a.** linguistique, monolingue, bilingue – **b.** polyglotte, polygone, polyculture, polysémique – **c.** démographie, démagogue, démocratie, endémie

30 **1** **a.** italien – **b.** anglais – **c.** arabe – **d.** espagnol – **e.** allemand **2** **a.** une pizzéria – **b.** un désidérata – **c.** un caméraman – **d.** un joggeur – **e.** un braséro – **f.** un artéfact – **g.** un leadeur – **h.** un sénior – **i.** un skippeur **3** **a.** des pizzérias – **b.** des désidératas – **c.** des caméramans – **d.** des joggeurs – **e.** des braséros – **f.** des artéfacts – **g.** des leadeurs – **h.** des séniors – **i.** des skippeurs

31 **1** *Exemples de réponses* **a.** démonter, remonter, montage – **b.** boutonner, déboutonner, boutonnage – **c.** livreur, livraison, livrable – **d.** atterrir, terrestre, terrier, terreux, enterrer **2** **a.** lumineux, luminaire, illuminer – **b.** liberté, libertaire, libérer – **c.** fraternel, fraternité, fraterniser **3** **a.** voilà – **b.** solide – **c.** maudire – **d.** location

32 **1** **a.** Faux – **b.** Vrai – **c.** Faux **2** **a.** hom/onyme– **b.** carni/vore – **c.** ma/dame

33 **1** **a.** dérivé – **b.** sigle – **c.** troncation – **d.** emprunt – **e.** mot composé – **f.** acronyme **2** **a.** un pourriel – **b.** un perdant – **c.** un courriel – **d.** à bas prix – **e.** la planche à roulettes – **f.** décontracté

34 **1** *mots monosémiques :* tréma, préposition / *mots polysémiques :* accorder, lettre, écrire, sujet **2** **a.** homonymes – **b.** antonymes – **c.** synonymes – **d.** mot générique / mot spécifique – **e.** homonymes – **f.** mot spécifique / mot générique – **g.** paronymes – **h.** antonyme **3** Le pianiste utilise *bout* dans le sens de « morceau » ; le narrateur utilise *bout* dans un autre sens, celui de « extrémité ».

35 **1** **a.** vaisselle – **b.** qualité – **c.** manger – **d.** petit **2** **a.** *jalousie : spécifique*, défaut *: générique* ; **jalousie** : **défaut** de celui qui est jaloux – **b.** note *: générique*, do *: spécifique* ; **do** : première **note** de la gamme – **c.** épais *: spécifique*, gros *: générique* ; **épais** : **gros** dans le sens de l'épaisseur – **d.** disposer *: spécifique*, ranger *: générique* ; **disposer** : **ranger** dans un certain ordre

36 **1** *Exemples de réponses* **a.** Le chien a des puces. Chaque carte bancaire comporte une puce. – **b.** On lui a fait une greffe du cœur. Sa cabane se trouve au cœur de la forêt. – **c.** Les policiers ont arrêté le voleur. Il n'arrête pas de pleuvoir. – **d.** L'avion a décollé à 20 heures. J'ai décollé l'étiquette. – **e.** Le chanteur a une voix grave. Cet incident n'est pas grave. – **f.** C'est un curieux personnage. Il est curieux et veut tout savoir. **2** **a.** oui – **b.** oui – **c.** non – **d.** non **3** menu **4** **a.** Le [point M] est le <u>milieu</u> du [segment [AB]]. – **b.** Les [algues] [poussent] dans un <u>milieu</u> [aquatique].

37 **1** **a.** doué – **b.** violent – **c.** sonore, puissante – **d.** robuste, costaud (*familier*) **2** **a.** ~~dupliquer~~ – **b.** ~~indulgence~~ – **c.** ~~excentrique~~ – **d.** ~~dilapider~~ **3** le champ lexical de l'action de se nourrir

38 **1** *Exemples de réponses* **a.** inoccupé, vide – **b.** incertain, hypothétique – **c.** décroitre, dimi-

CORRIGÉS

nuer – **d.** indélicat, grossier – **e.** immangeable, écœurant – **f.** dénouer, délier **2 a.** lugubre. – **b.** altruisme – **c.** soutenir **3 a.** Pour rester en **bonne** santé, il faut **se coucher tôt.** – **b.** Un homme **grand** au visage **joyeux** a **ouvert** la porte. – **c.** Ton **absence** nous **chagrine** (**désole, peine**).

39 **1 a.** les radicaux *chiffre* et *friche* – **b.** les préfixes *é-* et *im-* – **c.** la racine *horr* qui signifie « horreur » et le radical *arbre* – **d.** les radicaux *culte* et *culture* – **e.** les radicaux *contact* et *contrat* – **f.** la racine *lum(en)* qui signifie « lumière » **2 a.** induit – **b.** éruption – **c.** dénué

40 **1 a.** ☑ maire ☑ mer ☑ mère – **b.** ☑ différent ☑ différend **2** *Exemples de réponses* **a.** Son **père** est mon oncle. Je cherche ma **paire** de gants. – **b.** Il est **censé** répondre rapidement. Sa réponse est **sensée**. – **c.** Le **champ** va être moissonné. Les choristes apprennent un nouveau **chant**. – **d.** Il faut acheter du **pain** pour le déjeuner. La forêt de **pins** a pris feu. – **e.** J'ai une heure de **pause** pour le déjeuner. La vedette fait une séance de **pose** avec le photographe. – **f.** Il faut **raisonner** pour trouver la solution. Sa voix **résonne** dans la caverne. – **g.** Je remplis mon **seau** d'eau. C'est un **sot** qui ne comprend rien. **3 a.** Il n'y a pas **d'avantage** à rencontrer Dracula. Il faut **davantage** se protéger contre les vampires. – **b.** J'ai pour **tâche** de retrouver le vampire et cette **tache** de sang me donne un indice. – **c.** Il était **prêt** à tout pour trouver de nouvelles victimes. Moi, je ne suis pas **près** de me laisser conduire chez lui.

41 **1** <u>ont</u> : *c'est le verbe* avoir, *je peux le remplacer par* avaient ; <u>et</u> : *c'est la conjonction de coordination qui relie les deux propositions* ; <u>sont</u> : *c'est le verbe* être, *je peux le remplacer par* étaient ; <u>est</u> : *c'est le verbe* être, *je peux le remplacer par* était ; <u>a</u> : *c'est le verbe* avoir, *je peux le remplacer par* avait ; <u>On</u> : *c'est le pronom sujet de* cherche, *je peux le remplacer par* il ; <u>à</u> : *c'est la préposition qui introduit le groupe infinitif* ; <u>son</u> : *c'est le déterminant qui se rapporte à* chagrin, *je peux le remplacer par* ce **2** Tu **as** vu le barde ? – Oui, il **est** allé **à** Babaorum, les Romains l'**ont** invité pour découvrir **son** répertoire **et** sa voix. **On** vous l'**a** dit : ils **sont** fous, ces Romains !

42 **1** Je peux randonner à pied **ou** à cheval, **mais** je préfère finalement le vélo. La région **s'est** équipée de pistes cyclables et **c'est** facile de circuler à vélo sans risque. Il y a des endroits **où** cette possibilité n'existe pas. **2** Comment **se** décider ? Il faut choisir entre le train **ou** l'avion, **mais** il n'y a aucune gare ni aucun aéroport proche de chez **mes** parents **où** ils pourraient venir me chercher : **c'est** là le problème. Et **ce** cas **s'est** déjà produit par le passé !

43 **1 a.** faux (c'est le même adjectif à deux formes différentes) – **b.** vrai – **c.** faux **2 a.** chez – **b.** avec – **c.** ensuite **3 a.** lion, lionne, lions, lionnes – **b.** joyeux, joyeuse, joyeuses – **c.** maison, maisons – **d.** collégien, collégienne, collégiens, collégiennes – **e.** rapide, rapides – **f.** espoir, espoirs – **g.** château, châteaux **4** ***1 forme :*** avec, tapis / ***2 formes :*** drôle, jeu / ***3 formes :*** heureux / ***4 formes ou plus :*** jouer, amusant

44 **1 a.** faux (c'est dire s'il est masculin ou féminin) – **b.** vrai – **c.** faux (le nom a un genre qui lui est propre) **2** ***masculin :*** arbre, carré, cet, il / ***féminin :*** aucune, réelle, laquelle **3** aimable

45 **1 a.** faux – **b.** vrai – **c.** faux **2** ***singulier :*** équipe, faisais, il / ***pluriel :*** jolis, viennent, mes, lesquels

46 **1 a.** faux (il y a aussi les pronoms personnels et les possessifs) – **b.** vrai **2** Hardy dit : « Quand je fais une bêtise, tu me grondes. Je pleure, mais tu essuies mes larmes avec ton mouchoir. »

47 **1 a.** une Chinoise, un Chinois – **b.** une Belge, un Belge – **c.** une Allemande, un Allemand – **d.** une Italienne, un Italien – **e.** une Espagnole, un Espagnol – **f.** une Française, un Français **2 a.** une bonne chienne – **b.** une veuve joyeuse – **c.** une conductrice prudente – **d.** une championne olympique – **e.** une vieille reine – **f.** une ogresse gourmande

48 **1 a.** bisou – **b.** carnaval – **c.** travail – **d.** champ **2** Dans son arche, Noé a aussi pris deux **taureaux furieux**, deux **hiboux gris**, deux **oiseaux bleus**, deux **kangourous banals**, deux **beaux chevaux**, deux **perdrix blanches**, deux **lynx roux**, deux **rhinocéros féroces**.

49 **1 a.** vrai – **b.** faux – **c.** faux (*demi* est toujours invariable) **2 a.** ce sont des sœurs qui sont

CORRIGÉS

« belles ». **– b.** dans un nom composé du type verbe (*porte*) + nom (*bagage*), seul le nom se met au pluriel si le nom composé est au pluriel **– c.** ce sont des coffres qui sont « forts » **– d.** dans les noms composés de type nom + préposition + nom, le 2e nom (*plat*) ne se met jamais au pluriel ; *dessous* et *de* sont invariables **– e.** dans un nom composé du type verbe (*grille*) + nom (*pain*), seul le nom se met au pluriel si le nom composé est au pluriel **– f.** dans un nom composé du type préposition (*après*) + nom (*midi*), seul le nom se met au pluriel si le nom composé est au pluriel **3 a.** des marteaux-piqueurs **– b.** des grands-mères **– c.** des avant-scènes **– d.** des porte-avions **– e.** des sous-préfets **– f.** des camions-citernes

50 **1 a.** Le verbe est un mot ☑ variable. **– b.** Dans les dictionnaires, les verbes sont donnés à ☑ l'infinitif. **2 a.** courir **– b.** bondir **– c.** foncer **– d.** gravir **– e.** fuir **3 a.** nombre **– b.** temps **– c.** mode **– d.** personne

51 **1 a.** La classe des verbes est une classe de mots ☑ variables **– b.** Dire qu'un mot est un nom, c'est donner sa ☑ classe grammaticale **2 a.** ~~sujet~~ **– d.** ~~épithète~~ **3** 6 classes : noms *(homme, mer)*, adjectif *(libre)*, adverbe *(toujours)*, pronom *(tu)*, verbe *(chériras)*, déterminant *(la)* **4** *Réponses libres*

52 **1 a.** vrai **– b.** faux (ils peuvent désigner des objets, des idées…) **– c.** vrai **2 a.** ~~vite~~ **– d.** ~~jardiner~~ **– e.** ~~demain~~

53 **1** *Exemples de réponses* **a.** Paris, Marseille, Lille, Berlin **– b.** Brad Pitt, Dylan O'Brien, Daniel Radcliffe **– c.** le mont Blanc, l'Himalaya, le Kilimandjaro **– d.** Harry Potter, Robinson Crusoë, Gulliver **– e.** la France, l'Allemagne, la Chine **– f.** Marie Stuart, Marie de Médicis, Marie-Antoinette **2 a.** l'auteur du *Malade imaginaire* **– b.** la capitale de la France **– c.** le chef gaulois **– d.** le satellite de la Terre **– e.** le dieu des dieux **– f.** l'interprète de *Intouchables* **3** Il confond le nom propre *Tigre* qui désigne un fleuve d'Asie avec le nom commun *tigre* qui désigne l'animal.

54 **1 a.** ☑ un agneau **– b.** ☑ un berger **– d.** ☑ une fée **– f.** ☑ une sentinelle **– g.** ☑ un mousse **2 a.** ~~souris~~ **– b.** ~~recrue~~ **3** Avant d'aller **au** marché, Perrette s'est rendue **chez le** boucher. Elle a aussi emmené son veau malade **chez le** vétérinaire qui lui a conseillé de passer **à la** pharmacie. **4** La parenthèse précise que le narrateur parle de l'objet, la cuisinière, et non pas de la personne, Maria, qui est cuisinière.

55 **1 a.** ☑ cet **– c.** ☑ leurs **– d.** ☑ mon **– f.** ☑ sa **2** les → habitants ; ce → moment ; leurs → fenêtres ; le → seuil ; leurs → maisons ; ce → voyageur ; une → sorte ; un → passant ; un → aspect **3** les *: article ;* ce *: démonstratif ;* leurs *: possessif ;* le *: article ;* leurs *: possessif ;* ce *: démonstratif ;* une *: article ;* un *: article ;* un *: article* **4** un homme *(article)* ; la force *(article)* ; l'âge *(article)* ; quarante-six ou quarante-huit ans *(numéral)* ; Une casquette *(article)* ; son visage *(possessif)*

56 **1** Les *(défini)* ; la *(défini)* ; les *(défini)* ; du *(partitif)* ; de la *(partitif)* ; des *(indéfini)* ; des *(indéfini)* ; le *(défini)* ; la *(défini)* ; le *(défini)* **2** Les sculpteurs *(masculin, pluriel)* ; la terre *(féminin, singulier)* ; les mains *(féminin, pluriel)* ; du bois *(masculin, singulier)* ; de la pierre *(féminin, singulier)* ; des ciseaux *(masculin, pluriel)* ; des moules *(masculin, pluriel)* ; le plâtre *(masculin, singulier)* ; la résine *(féminin, singulier)* ; le métal *(masculin, singulier)* **3** Gargantua aime **le** beurre et **la** confiture. Le matin, il prend **des** céréales avec **du** lait et mange **un** yaourt dans lequel il verse **du** sucre.

57 **1 a.** faux (on écrit *cet* lorsque le démonstratif précède un mot qui commence par une voyelle ou un *h* muet) **– b.** vrai **– c.** vrai (mais pas toujours) **2** Les trois déterminants (*cet, ce, ce*) sont au masculin singulier ; le premier est différent, car il précède un mot commençant par une voyelle. **3 a. cet** automne **– b. ces** chiens **– c. cet** avion **– d. ce** train **– e. cette** adorable chatte **– f. ce** haut immeuble **4 a. cette** idée **– b. ce** sac **– c. ces** livres **– d. cet** audacieux projet **– e. cette** horrible aventure – **f.** dans **cette** ville **cet** été

58 **1** sa *détermine* force *et renvoie au possesseur* soleil ; son *détermine* visage *et renvoie au possesseur* Petite Croix ; son *détermine* corps *et renvoie au possesseur* Petite Croix **2** nos chaises *(féminin, pluriel, 1re personne du pluriel)* ; notre canapé *(masculin, singulier, 1re personne du plu-*

CORRIGÉS

riel) ; nos bols *(masculin, pluriel, 1re personne du pluriel)* ; nos assiettes *(féminin, pluriel, 1re personne du pluriel)*

59 **1 a.** faux (c'est un pronom ; le déterminant est *chaque*) **– b.** vrai **– c.** vrai **2** tous *détermine* ingrédients ; quelques *détermine* affaires ; plusieurs *détermine* employées **3 a.** en **aucun** cas. – **b. tous** les moyens **– c.** À **chaque** jour **– d. plusieurs** cas **4 a. tous** les soirs **– b. toutes** les nuits. **– c. toute** la journée. **– d. tout** le temps

60 **1 d.** ☑ troisième **2 a.** quatre-vingt-quinze **– b.** soixante-dix-huit **– c.** deux-mille-cinquante-six **– d.** cinq-cents **– e.** cinq-mille **3** vingt-six *détermine* personnes ; cinq, six *déterminent* chambres **4** Cinq-cent-vingt ; cent ; cent-vingt ; soixante ; mille-deux-cents

61 **1 a.** E **– b.** I **– c.** E **– d.** I **2 a.** Quelle bonne idée **– b.** quelle direction **– c.** Quelle journée **– d.** À quel moment **3 a. Quels** sont les multiples de 3 ? **– b.** Je pense **qu'elle** reviendra demain. **– c.** Je ne sais pas **quelles** sont ses habitudes. **– d. Quelle** drôle d'idée ! **– e.** J'espère **qu'elle** sera là ! **4** *Qu'elle* correspond à *que* (conjonction de subordination) + *elle* (pronom) et *quelle* est un déterminant interrogatif.

62 **1 a.** un ami charmant ; une amie charmante ; des amis charmants ; des amies charmantes **– b.** un ton sec ; une toux sèche ; des raisins secs ; des figues sèches **2** bouclés *se rapporte à* cheveux ; blanc *se rapporte à* mouton ; chevrotante *se rapporte à* voix ; longue, soyeuse *se rapportent à* barbiche **3** pauvres *est épithète de* jambes ; molles *est attribut*

63 **1 a.** dixième *: adjectif ordinal* **– b.** alléchant *: adjectif verbal* **– c.** municipal *: adjectif relationnel* **– d.** routières *: adjectif relationnel* **– e.** premier *: adjectif ordinal* **– f.** floral *: adjectif relationnel* **2 a.** l'élection présidentielle **– b.** les concerts estivaux **– c.** l'hymne national **– d.** un poulet fermier **– e.** une décision ministérielle

64 **1 a.** faux (il peut remplacer un autre pronom, une proposition…) **– b.** vrai **– c.** faux (il occupe les mêmes fonctions que le nom) **2** Quelqu'un *: indéfini* ; qui *: relatif* ; moi *: personnel* **3** quelqu'un *et* moi *n'ont pas d'antécédent* **4** ceux-ci, ceux-là, d'autres *et* les premiers *ont pour antécédent* ponts ; se *a pour antécédent* figures

65 **1** Les quatre pronoms *ils*, le pronom *se* et le pronom *leur* remplacent *les nuages* ; les trois pronoms *elle* remplacent *Petite Croix*. **2 a.** Nous aimons venir te voir, nous n'avons pas peur de toi. Nous nous gonflons maintenant autour de toi, devant la falaise abrupte. Nous savons que tu es une personne du silence. Nous savons que tu ne nous feras pas de mal. **– b.** Vous aimez venir me voir, vous n'avez pas peur de moi. Vous vous gonflez maintenant autour de moi, devant la falaise abrupte. Vous savez que je suis une personne du silence. Vous savez que je ne vous ferai pas de mal.

66 **1** revolver **2 a.** elle n'**y** est plus **– b.** je vais **lui** répondre **– c.** je sais **y** répondre **– d.** j'**en** suis fier **3 a.** J'aimais la chaleur : autrefois, j'**en** avais l'habitude, mais, aujourd'hui, je n'**y** suis plus habitué. **– b.** Je voulais me rappeler ce moment, **en** garder la trace. **– c.** S'il tient à son amie, pourquoi veut-il se séparer d'**elle** ?

67 **1** pronom démonstratif simple : *c'* ; pronom démonstratif composé : *celle-ci* **2 a.** Cela **– b.** ceux **– c.** celle-ci **– d.** ce **3 a. Ce** n'est pas le problème des Gibis, **c'**est **celui** des Shadoks. **– b.** Les Shadoks pompent : **cela** les fatigue. **– c.** Je prends cet escalier-là, plutôt que **celui-ci**.

68 **1 a.** la mienne → main **– b.** le leur → chapeau **– c.** la mienne → voiture **2 a.** Son village est proche de la ville. **Le nôtre** est plus éloigné. **– b.** Nous devons terminer **notre** exercice. **– c.** Si tu n'as plus de voiture, nous te prêterons **la nôtre**. **3 a.** Laisse-moi ton numéro de téléphone et je te donnerai **le mien** **– b.** Il serrait ma main dans **les siennes**. **– c.** J'écoute tes conseils et je ne prête pas attention **aux leurs**.

69 **1 a.** vrai **– b.** faux (*certain, chacun, aucun…* varient en genre) **– c.** faux (il y a les locutions pronominales : *quelque chose, n'importe qui…*) **2 a.** aucune → solution **– b.** Certains *(sans antécédent)* ; d'autres *(sans antécédent)* **– c.** quelqu'un *(sans antécédent)*

70 **1 a.** pronom indéfini **– b.** pronom personnel **– c.** pronom indéfini **– d.** pronom personnel **2 a.** Chacun prendra soin de se laver les mains. **– b.** Nous sommes désolés d'être arrivés en retard. **– c.** Quelqu'un m'a dit que tu arriverais demain. **– d.** Et si nous allions au cinéma ? **3 a.** Quand on conduit, on doit rester prudent. – **b.** Mon frère et moi, on est nés à un an d'intervalle. – **c.** Avec mes amies, on est allé**es** à la piscine. – **d.** Devient-on plus sage quand on vieillit ?

71 **1 a.** vrai – **b.** faux – **c.** faux (on l'emploie comme complément indirect) – **d.** faux **2 a.** – **Lequel** veux-tu voir ? – **b.** À **qui** a-t-il offert ces fleurs ? – **c.** À **quoi** te sert cet outil ? – **d. Laquelle** te plait le plus ? **3 a. Quelle** option as-tu choisie ? – **b. Laquelle** de ces options as-tu choisie ? – **c.** Parmi ces options, **laquelle** as-tu choisie ?

72 **1 a.** C'est un chien **que** j'ai adopté. – **b.** Voici les points **auxquels** il faut faire attention. – **c.** Il connait le lieu **dont** je lui parle. **2 a.** J'écris à mon correspondant **qui** habite en Italie. – **b.** Les graines **qui** ont été semées ont bien germé. – **c.** J'ai retrouvé le trousseau de clés **que** j'avais perdu. **3** qui → bougie ; laquelle → lampe **4** *Que* est pronom relatif dans les phrases **a.** et **d.**

73 **1 a.** faux (il s'accorde en nombre et en personne) – **b.** faux (c'est le noyau d'un groupe verbal) – **c.** vrai **2 a.** désir *(nom)* – **b.** vraiment *(adverbe)* – **c.** assez *(adverbe)* **3** dura ; passai ; descendant ; manger ; dormir ; allais ; mettre **4** chanter / chante ; courir / court

74 **1** le verbe d'action : *gonflent* ; le verbe d'état : *paraissent* **2 a.** vrai – **b.** faux, (selon leurs emplois, certains verbes sont verbes d'action ou verbes d'état) – **c.** vrai **3 a.** A – **b.** E – **c.** A – **d.** E – **e.** A – **f.** E **4** *Exemples de réponses* Je ne l'ai pas revu depuis qu'il demeure à l'étranger. Elle demeure fidèle à ses engagements.

75 **1 a.** dormir : *intransitif* – **b.** rencontrer : *transitif direct.* – **c.** participer à : *transitif indirect* – **d.** trembler : *intransitif* – **e.** parler de : *transitif indirect* **2** *Exemples de réponses* **a.** Ils jouent ensemble. Elle joue au tennis. – **b.** Il n'a pas changé ! J'ai changé de voiture. – **c.** La roue tourne. Le temps tourne à l'orage. – **d.** La confiture n'a pas pris. Je prends le train. – **e.** Ses affaires trainent par terre. Il traine sa valise à roulettes.

76 **1** le verbe impersonnel : *pleuvoir* ; le verbe en tournure impersonnelle : *pleurer* **2 a.** ☑ Il arrive que je me trompe. – **c.** ☑ Il vaut mieux s'arrêter là. – **d.** ☑ S'il ne grêle pas, la récolte sera bonne. – **e.** ☑ Il ne manque pas grand-chose pour terminer ce chantier. **3 a.** Il manque dans la caisse trois euros. – **b.** Il nait un enfant toutes les minutes dans le monde. – **c.** Il est tombé quelques gouttes de pluie cette nuit. – **d.** Il est tout à fait normal de prendre du repos. **4 a.** Que je me trompe arrive. – **c.** S'arrêter là vaut mieux. – **d.** *la transformation n'est pas possible* – **e.** Pas grand-chose ne manque pour terminer ce chantier.

77 **1 a.** vrai – **b.** faux (parfois, il ne s'analyse pas) – **c.** vrai **2** Et je me vois qui me ratatine, qui rapetisse, qui rabougris, qui me dégonfle et me défais, comme si je fondais. **3 a.** s'habillent : *le pronom est complément du verbe* – **b.** s'est écroulé : *le pronom ne s'analyse pas* – **c.** se vendent : *le pronom ne s'analyse pas* – **d.** s'aiment : *le pronom est complément du verbe* – **e.** t'en vas : *le pronom ne s'analyse pas*

78 **1 a.** P – **b.** I – **c.** P – **d.** P – **e.** I **2** On y voit force sangliers, disait le capitaine Ellis, et il faut [apprendre] à les [distinguer] des cochons domestiques, qui leur ressemblent d'une manière étonnante : car, en [tuant] des cochons, l'on se fait une mauvaise affaire avec leurs gardiens. **3** Admettons : *impératif* ; ignorant : *participe* ; est : *indicatif* ; ait voulu : *subjonctif* ; rendre : *infinitif* ; a dû : *indicatif* ; traverser : *infinitif*

79 **1 a.** vrai – **b.** faux – **c.** faux (on utilise le subjonctif) **2 a.** cela convienne : *subordonnée exprimant le doute.* – **b.** la sienne soit réparée : en attendant que *est suivi du subjonctif* – **c.** Qu'ils me fassent signe : *expression de l'ordre.* – **d.** Qu'il accepte : *proposition sujet* **3 a.** Si j'**ai** bien compris, il faut qu'elle **ait** la réponse ce soir. – **b.** Tu **es** à mes côtés pour que j'**aie** moins peur. – **c.** Bien que tu **aies** refusé, il n'**est** pas déçu.

80 **1** jouer du violon, distraire les grandes personnes, faire des tours de cartes, de magie noire, de magie blanche, guérir les maux de dents, ramoner les cheminées, danser, jouer la comédie. Ils sont tous noyaux d'un groupe sauf *danser* **2** Ces groupes infinitifs sont tous compléments directs du verbe *savoir.* **3 a.** V – **b.** N – **c.** V **4** Le groupe infinitif *de l'être* a la valeur d'un nom (complément circonstanciel de *rougissait*) ; les autres infinitifs ont la valeur d'un nom : ils sont compléments directs de *savait.*

81 **1 a.** Nous emménagerons le jour suivant la signature du bail. – **b.** En arrivant de bonne heure, vous aurez les meilleures places. – **c.** À quoi te servent toutes ces babioles accumulées depuis tant d'années ? **2 a.** même fonction qu'un adjectif – **b.** même fonction qu'un adverbe

82 **1 a.** passé – **b.** futur – **c.** présent **2 a.** Quand vous aurez passé le pont – **b.** Elle s'était entrainée – **c.** il avait appris

83 **1 a.** vrai – **b.** faux (on emploie l'imparfait) – **c.** faux **2 a.** fermeras : *futur pour exprimer un ordre* – **b.** bout : *présent de vérité générale* – **c.** découvrit : *passé simple pour situer une action délimitée dans le temps* – **d.** pleuvait : *imparfait de description*

84 **1 a.** tu auras oublié – **b.** vous avez déjeuné – **c.** il avait plu **2 a.** futur antérieur : l'action se situe avant celle de sortir, exprimée au futur – **b.** passé antérieur : l'action se situe avant celle de s'installer, exprimée au passé simple – **c.** plus-que-parfait : l'action se situe avant celle de se souvenir, exprimée à l'imparfait – **d.** passé composé : action achevée au moment où l'on parle

85 **1 b.** ☑ Il m'a écrit qu'il passerait nous voir aux prochaines vacances. **2 a.** Il affirmait qu'il ne pleuvrait pas. – **b.** Elle ne savait pas quand elle aurait les résultats. – **c.** Il préparait le gâteau qu'il servirait au dessert. **3 a.** atténuation – **b.** incertitude – **c.** incertitude – **d.** atténuation **4 a.** Tu devrais conduire moins vite. – **b.** Tu devrais prendre soin de ton chat. – **b.** Vous devriez écouter mes conseils.

86 **1 a.** accepterais – **b.** veux – **c.** devait **2 a.** S'il ne **vient** pas – **b.** si elle **connaissait** la réponse – **c.** si je **dis** cela **3** Marie m'expliqua que Simone **avait** eu très chaud, qu'elle **souhaitait** se baigner dans notre piscine et qu'elle **arriverait** après son travail.

87 **1 b.** ☑ L'adverbe peut modifier le sens d'un verbe. – **d.** ☑ Le plus souvent, l'adverbe peut être supprimé. **2** très → compliqués ; éternellement → il échoue dans ses tentatives de capture ; aujourd'hui → Bip Bip court toujours ; toujours → court ; franchement → je pense que le coyote devrait renoncer définitivement ; définitivement → renoncer **3** fort *modifie* peu ; très *modifie* bien

88 **1 a.** T'es-tu **bien** amusé ? – **b.** Je sais **précisément** ce que je veux. – **c.** Nous dinerons **d'abord** au restaurant et irons **ensuite** au cinéma. – **d.** Il acceptera **surement** la proposition. **2 a.** trop : *intensité* ; n'… plus : *négation* – **b.** souvent : *circonstance* ; ici : *circonstance* – **c.** peut-être : *opinion* – **d.** Cependant : *liaison* **3 a.** ~~hier~~ – **b.** ~~jamais~~ – **c.** ~~partout~~ – **d.** ~~plus~~

89 **1 a.** ~~quand~~ – **b.** ~~mais~~ – **c.** ~~d'ailleurs~~ **2** Contrairement à ; sans ; de ; à ; sur ; Dans ; pour

90 **1 a.** Quand – **b.** tant qu' – **c.** que – **d.** Si (jeunesse) ; si (vieillesse) **2 a.** parce que j'ai froid : *cause.* – **b.** Si tu viens à Marseille : *condition* – **c.** Comme il n'a pas plu : *cause* ; que j'arrose : *sans valeur* – **d.** pour que la tache disparaisse : *but* – **e.** quand on est à un spectacle : *temps*

91 **1 a.** vrai – **b.** faux (ce sont les conjonctions de subordination qui introduisent les propositions subordonnées) – **c.** vrai – **d.** vrai **2 a.** donc – **b.** car – **c.** ni ; ni – **d.** mais **3** La conjonction *donc* indique que la 2e proposition exprime la conséquence de ce qui est exprimé dans la 1re proposition.

92 **1 a.** faux (elles n'ont pas de fonction) – **b.** vrai – **c.** faux (ce sont généralement des mots courts) – **d.** vrai **2 a.** regret – **b.** soulagement – **c.** dégout – **d.** hésitation **3 a.** **Zut !** je l'ai oublié. – **b.** **Miam !** c'est bon ! – **c.** Te voilà, **enfin !** – **d.** **Berk !** c'est dégoutant.

93 **1 a.** vrai – **b.** faux – **c.** faux **2 a.** Alice regarde par le trou de la serrure. – **b.** Le lapin est-il en retard ?

94 **1 b.** ☑ Elle suit le plus souvent l'ordre sujet + groupe verbal. **2 a.** Phrase déclarative : elle transmet une information, suit l'ordre sujet + groupe verbal, se termine par un point simple. – **b.** Ce n'est pas une phrase déclarative : elle se termine par un point d'exclamation, a son verbe à l'impératif. – **c.** Phrase déclarative : elle transmet une information, suit l'ordre sujet + groupe verbal, se termine par un point simple.

– **d.** Ce n'est pas une phrase déclarative : elle pose une question, se termine par un point d'interrogation. **3** *Exemples de réponses* **a.** J'ai beaucoup aimé ce film. – **b.** Vous avez fini. – **c.** Tu me dis où il se trouve. – **d.** Tes parents sont au courant. **4 a.** Phrase déclarative : elle transmet une information, suit l'ordre sujet + groupe verbal, se termine par un point simple. – **b.** Ce n'est pas une phrase déclarative : elle pose une question, se termine par un point d'interrogation. – **c.** Phrase déclarative : elle transmet une information, suit l'ordre sujet + groupe verbal, se termine par un point simple. – **d.** Ce n'est pas une phrase déclarative : elle donne un ordre, son verbe est à l'impératif.

95 **1 a.** interrogative partielle – **b.** interrogative totale – **c.** interrogative partielle – **d.** interrogative totale **2** – Eh, toi, tu es nouveau par ici ? *: niveau familier* ; – D'où viens-tu ? *: niveau soutenu* ; – Qu'est-ce qu'il fait, ton père ? *: niveau courant* **3 a.** Quand est-ce que tu arrives ? Quand arrives-tu ? – **b.** Est-ce que tu as fini tes devoirs ? As-tu fini tes devoirs ? – **c.** Qu'est-ce que tu fais ? Que fais-tu ? – **d.** Est-ce que tu dors ? Dors-tu ?

96 **1 a.** ☑ Battre les œufs en neige. – **b.** ☑ Ne dites rien à ce sujet. – **d.** ☑ Tournez à droite après le feu. **2 a.** Recule d'une case. – **b.** Prenez le dé et lancez-le. – **c.** Attendez un tour. – **d.** Reviens à la case départ. **3 a.** N'y va pas. – **b.** Ne l'écoutez pas. – **c.** Ne me le donne pas. – **d.** N'en prends pas plus. **4** va *: impératif* ; voie *: subjonctif*

97 **1 a.** ☑ Que c'est beau ! – **c.** ☑ Comme il a grandi depuis l'année dernière ! **f.** ☑ Qu'elles sont sages ! **2** *Exemples de réponses* **a.** Que ta robe est magnifique ! – **b.** Comme j'ai faim ! – **c.** Comme elle est fière d'avoir réussi son concours ! – **d.** Quel voyage extraordinaire nous avons fait ! **3 c.** ☑ l'étonnement

98 **1** Je ne coupe pas la parole. Je ne bouscule personne. **2 a.** Les poires ne murissent jamais en mars. – **b.** Il ne neige plus en aout. – **c.** La Lune n'a aucun satellite. – **d.** Personne ne peut vivre sans manger. **3 a.** Non, ils n'ont pas reçu leur colis. – **b.** Non, nous n'avons vu personne. – **c.** Non, les hirondelles ne sont pas encore de retour. – **d.** Non, nous n'avons rien entendu.

99 **1 a.** faux – **b.** vrai – **c.** faux (on utilise *être*) **2 a.** La règle est bien comprise de tous les élèves. – **c.** La maison a été vendue. **3 a.** La vedette est applaudie par le public. – **b.** L'entreprise a été occupée par les grévistes. – **c.** *transformation impossible* – **d.** Mon téléphone sera réparé demain.

100 **1 a.** ☑ C'est (ici) que j'habite. – **c.** ☑ Je l'ai déjà lu, (ce livre). – **e.** ☑ (Ces livres), je les ai déjà tous lus, (moi). **2 a.** C'est moi qui ai gagné. – **b.** C'est avec tact qu'il lui a annoncé la nouvelle. – **c.** C'est à vous que j'écrirai demain. – **d.** C'est un cadeau qu'elle m'a offert. **3 a.** Elle a pondu deux œufs, la poule. – **b.** Je l'ai rencontré hier, ton frère. – **c.** J'y répondrai, à ta question. – **d.** C'est ce que je préfère, la marche à pied.

101 **1 a.** faux – **b.** faux – **c.** vrai **2 a.** champignons – **b.** attrapera – **c.** amoureuse **3** Si *de la fenêtre* dépend du verbe, la phrase veut dire « Depuis la fenêtre où il est, il entend le bruit. » ; si *de la fenêtre* se rattache à *bruit*, la phrase veut dire « La fenêtre fait du bruit et il entend ce bruit. »

102 **1 a.** faux (on peut coordonner aussi des groupes de mots ou des mots seuls) – **b.** vrai – **c.** vrai **2 a.** ☑ Deux et deux font quatre. – **c.** ☑ Réponds par oui ou non. – **d.** ☑ Il est découragé, pourtant il reste souriant. – **e.** ☑ Elle viendra : elle en avait très envie.

103 **1** Les animaux ne l'écoutent pas. Ils s'amusent à bondir tout près d'elle, à se glisser entre ses bras, ils soufflent leur haleine sur son visage. Ils se moquent d'elle. Si elle pouvait en attraper un, rien qu'un, elle ne le lâcherait plus. (J.M.G. Le Clézio, *Peuple du ciel*) **2** *deux propositions juxtaposées :* [Ils s'amusent à bondir tout près d'elle, à se glisser entre ses bras], [ils soufflent leur haleine sur son visage] ; *une proposition principale* : elle ne le lâcherait plus ; *une proposition subordonnée* : Si elle pouvait en attraper un, rien qu'un

104 **1 a.** Je serai parti [quand tu reviendras]. – **b.** Nous avons trouvé une maison [qui nous plait vraiment]. – **c.** Il se demandait [qui l'avait appelé]. – **d.** J'aimerais [que tu sois là pour mon anniversaire]. – **e.** Sais-tu [où elle est] ? **2 a.** quand *: conjonctive* **b.** qui *: relative* – **c.** qui *:*

interrogative indirecte – **d.** que : *conjonctive* – **e.** où : *interrogative indirecte* **3** que c'était une drôle d'idée qu'il avait eue de venir passer ses vacances dans un endroit où il pleuvait tout le temps : *subordonnée qui dépend de* a dit ; qu'il avait eue de venir passer ses vacances dans un endroit où il pleuvait tout le temps : *subordonnée qui dépend de* idée ; où il pleuvait tout le temps : *subordonnée qui dépend de* endroit

105 **1** **a.** faux (elle est introduite par une conjonction de subordination) – **b.** faux (elle est le plus souvent complément du verbe) – **c.** vrai **2** **a.** que je vienne : *complément du verbe* veux – **c.** qu'il venait souvent ici : *complément du verbe* me souviens – **d.** Que tu aies réussi ton concours : sujet du verbe *ravit* **3** **a.** Je sais que ton ami te soutient. Je veux que ton ami te soutienne. – **b.** Je sais qu'elle conduit prudemment. Je veux qu'elle conduise prudemment. – **c.** Je sais que ce cadeau lui plait. Je veux que ce cadeau lui plaise.

106 **1** **a.** ☑ Je travaille pendant que tu dors. – **d.** ☑ S'il est là, je lui parlerai. **2** **a.** si tu en as besoin : *condition* – **b.** pour que tu comprennes : *but* – **c.** parce qu'il est malade : *cause* – **d.** de sorte qu'elle peut s'offrir un voyage : *conséquence*

107 **1** **a.** ☑ Le chien que tu vois dehors est celui du voisin. **2** **a.** Le <u>sport</u> [que je préfère] est la natation. – **b.** C'est un <u>auteur</u> [dont j'ai lu tous les livres]. – **c.** Embrassez [qui vous voudrez]. – **d.** La <u>maison</u> [dans laquelle il habite] est au bout de la rue. – **e.** [Qui dort] dine. **3** **a.** relative : complément de l'antécédent *sport* ; *que* : complément du verbe *préfère* – **b.** relative : complément de l'antécédent *auteur* ; *dont* : complément du nom *livre* – **c.** relative : complément du verbe *embrassez* ; *qui* : complément du verbe *voudrez* – **d.** relative : complément de l'antécédent *maison* ; *laquelle* : complément du verbe *habite* – **e.** relative : sujet du verbe *dine* ; *qui* : sujet du verbe *dort* **4** Les deux relatives sont compléments de l'antécédent *femme.*

108 **1** **a.** Je me demande quelle heure il est. – **b.** Je me demande pourquoi ils sont partis. – **c.** Je me demande ce que tu racontes. – **d.** Je me demande quand les hirondelles reviendront. **2** **a.** J'ignore [quand ils arrivent]. – **b.** Nous ne savons pas [si les fruits sont mûrs]. – **e.** Sais-tu [qui a gagné] ? **3** Les deux interrogatives sont compléments du verbe *ignoreront*.

109 **1** **a.** vrai – **b.** faux – **c.** vrai **2** **a.** C – **b.** C – **c.** F – **d.** C – **e.** F **3** **Classe grammaticale** : *maman, fille* et *personne* sont des noms ; **fonction grammaticale** : *maman* est sujet, *fille* et *personne* sont attributs de sujet.

110 **1** fille : *nom féminin singulier, sujet de* a ; tresses : *nom féminin pluriel, complément du nom* fille ; deux : *déterminant numéral masculin pluriel, détermine le nom* amis ; voisine : *adjectif féminin singulier, épithète de* maison

2

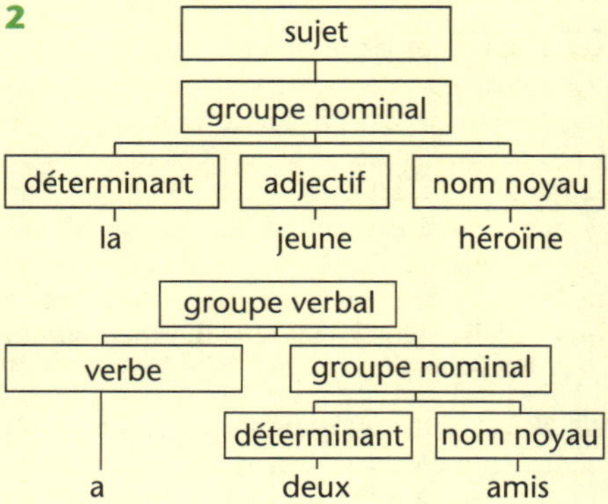

111 **1** **a.** La troupe de théâtre : *sujet* ; joue des pièces de Molière : *groupe verbal.* – **b.** Victor et Saïd : *sujet* ; vont à la mer : *groupe verbal.* – **c.** Il : *sujet* ; est parti : *groupe verbal* ; de bon matin : *complément de phrase.* – **d.** Je : *sujet* ; viendrai : *groupe verbal* ; dès que je serai prêt : *complément de phrase.* **2** **a.** ☑ Je voudrais qu'il vienne plus souvent. – **d.** ☑ Qui parle ? **3** *sujet :* je ; *groupe verbal :* chantais ; *compléments de phrase :* Cette année-là *et* pour la première fois

112 **1** **a.** ☑ Parmi ses amies, <u>la cigale</u> ne compte pas la fourmi. – **b.** ❑ Le lièvre a été battu par <u>la tortue</u>. *(le sujet est* Le lièvre*)* – **c.** ☑ <u>Oser troubler son breuvage</u> fâche fortement le loup. – **d.** ❑ <u>La grenouille</u> de la fable voulait ressembler au bœuf. *(le sujet complet est* La grenouille de la fable*)* **2** dit : La Barbe bleue ; avait reçu : il ; avaient appris : qui *(mis pour* des lettres*)* ; était parti : il ; venait : l'affaire pour laquelle il était parti

113 **1 a.** faux (il peut y avoir aussi des compléments, des attributs) **– b.** vrai **– c.** faux (c'est une fonction) **2** Au cours des derniers mois, les baleiniers ont tué des milliers de baleines. Pourtant, partout dans le monde, ce cétacé est protégé. De nombreux pays interdisent la chasse à la baleine, mais certains pays tels que le Japon, l'Islande ou la Norvège autorisent cette pratique. Des mouvements écologistes expriment leur mécontentement. Ils entreprennent des actions dans les différentes mers du globe pour empêcher le massacre. **3** est protégé (protégé *est attribut du sujet* cétacé)

114 **1** S'il veut, Zeus châtiera le sublime voleur. Zeus châtiera le sublime voleur, s'il veut. **2 a.** hier ; au marché. **– b.** Quand je suis passé **– c.** pour mon anniversaire **– d.** en revenant du collège **3 a.** ☑ Il est parti le lendemain. **4** hier : adverbe ; au marché : groupe nominal ; quand je suis passé : proposition subordonnée circonstancielle ; pour mon anniversaire : groupe nominal ; en revenant du collège : groupe gérondif

115 **1 b.** ☑ Il appartient au groupe verbal. **2** Tous les chemins y mènent. Tous les chemins mènent à la capitale de l'Italie. **3** le poste de maitre des Eaux et Forêts dans sa ville natale *: complément de* occupe ; à Paris *: complément de* s'installe ; les salons parisiens *: complément de* fréquente ; à la littérature *: complément de* se consacre ; ses fables *: complément de* publie ; les défauts de la société *: complément de* dénonce.

116 **1 a.** ☑ Il ressemble à son père. **– d.** ☑ J'écris à mon correspondant. **– e.** ☑ Je suppose que tout est vrai. **2 a.** Je l'ai réparé hier. **– b.** Le maire s'adresse à eux. **– c.** Nous les connaitrons bientôt. **– d.** Je le souhaite. **3** Ce vélo appartient [à ma sœur]. Il a un porte-bagage à l'arrière. Elle l'a acheté cet été. Elle [en] profite beaucoup.

117 **1 b.** ☑ L'exercice ne parait pas difficile aux élèves. **– c.** ☑ L'idéal serait que nous ayons terminé ce soir. **– d.** ☑ Sa maison a l'air en mauvais état. **– e.** ☑ Ce livre est à moi ; celui qui est sur la table est le tien. **2 b.** difficile aux élèves *: groupe adjectival* **– c.** que nous ayons terminé ce soir *: proposition subordonnée complétive* **– d.** en mauvais état *: groupe nominal* **– e.** le tien : *pronom* **3** *Exemples de réponses* **a.** Les élèves paraissent appliqués. **– b.** Ma voisine est infirmière. **– c.** Les chiens demeurent de fidèles compagnons.

118 **1** Il avait des cheveux [bouclés] [de mouton blanc], ne mangeait que du fromage [de chèvre], ne buvait que du lait [de brebis] et parlait d'une voix [chevrotante] [qui faisait frétiller sa longue et soyeuse barbiche de bouc.] (D. Pennac, *L'Œil du loup*) **2 a.** La : *article féminin singulier, détermine* reine ; Dernière : *adjectif ordinal féminin singulier, épithète de* reine ; Ayiti : *nom propre, complément du nom* reine **– b.** La : *article défini, détermine* peur ; Plus Grande : *groupe adjectival, féminin singulier, épithète de* peur ; ma vie : *groupe nominal féminin singulier, complément de* peur **– c.** du chien qui avait une ombre d'enfant : *groupe nominal singulier, complément du nom* histoires ; qui avait une ombre d'enfant : *proposition relative, complément de l'antécédent* chien ; enfant : *nom masculin singulier, complément du nom* ombre

119 **1 a.** ☑ Il sera ravi de te revoir. **– b.** ☑ Cet évènement est antérieur à son arrivée. **– d.** ☑ L'indemnité sera équivalente au dommage subi. **– e.** ☑ Il est tout à fait possible qu'elle vienne. **2 a.** te revoir *: groupe infinitif, complément de* ravi. **– b.** son arrivée *: groupe infinitif, complément de* antérieur. **– d.** au dommage subi *: groupe nominal, complément de* équivalent. **– e.** qu'elle vienne *: proposition complétive, complément de* possible.

120 **1 a.** Nos [amis] arrivés en début d'après-midi repartiront demain. **– b.** Les [enfants] sont revenus enchantés de leurs vacances. **– c.** La petite [chatte] des voisins est restée seule. **– d.** C'est toi [qui] as gagné. **2 a.** arrivés *est au masculin pluriel comme le nom* amis ; repartiront *est à la 3ᵉ personne du pluriel comme le nom* amis. **– b.** Les *est au masculin pluriel comme le nom* enfants ; sont *est à la 3ᵉ personne du pluriel comme le nom* enfants ; revenus *est au masculin pluriel comme le nom* enfants ; enchantés *est au masculin pluriel comme le nom* enfants **– c.** la *est au féminin singulier comme le nom* chatte ; petite *est au féminin singulier comme le nom* chatte ; est *est à la 3ᵉ personne du singulier comme le nom* chatte ; restée *est au féminin singulier comme le nom* chatte ; seule *est au féminin singulier* comme le nom chatte – **d.** as *est à la 2e personne du singulier comme* qui *(mis pour* toi, *2e personne du singulier)* **3 a.** Voici une jolie fleur jaune. – **b.** Elles sont rentrées de Nice. – **c.** Accorder sans se tromper n'est pas si difficile. – **d.** Attention à la peinture fraiche !

121 **1** Les bizarres incidents nocturnes survenus dans la classe de sciences, et dont on continuait à ignorer les auteurs comme les causes, étaient restés dans toutes les mémoires. (P. Véry, *Les Disparus de Saint-Agil*) **2** bizarre → tout ; ces → bêtes ; aquatiques → bêtes ; ces → varechs ; bruns → varechs ; roux → varechs ; cet → estuaire ; immense → estuaire ; les → gens ; l' → eau ; salée → eau **3 a.** un cousin germain, une cousine germaine, des cousins germains, des cousines germaines – **b.** quel gentil chien, quelle gentille chienne, quels gentils chiens, quelles gentilles chiennes – **c.** son correspondant allemand, sa correspondante allemande, ses correspondants allemands, ses correspondantes allemandes

122 **1 a. nous** saurons – **b. ils** / **elles** sauront – **c. il** / **elle** dansait – **d. ils** / **elles** dansaient – **e. je** / **tu** dansais **2** suscita : La naissance de Gaspard Fontarelle ; étaient : Les parents de l'enfant ; vendaient : Ils ; aurait songé : personne ; s'était avisée : Mme Fontarelle **3 a.** Qui **sait** à qui **profitent** ces recherches ? – **b.** La croissance **stagne** ainsi que le **montrent** les chiffres. – **c.** L'enquête menée auprès de cinq-cents collégiens **prouve** l'intérêt que **portent** les jeunes à l'écologie. – **d.** C'est encore toi qui **as** le plus de chance ! **4** Vous qui connaissez toute la ville, vous ne voyez pas du tout qui pourrait avoir perdu la raison. Moi qui connais toute la ville, je ne vois pas du tout qui pourrait avoir perdu la raison.

123 **1 a.** construit : *pas d'accord car le COD est placé après* ; aménagée : *accord au féminin singulier car le COD (l') mis pour* cabane *est placé avant* – **b.** descendus : *participe passé conjugué avec* être → *accord avec le sujet* passagers *(masculin pluriel)* – **c.** mangée : *accord au féminin singulier car le COD (que) mis pour* pomme *est placé avant* – **d.** Ravis : *participe passé employé comme un adjectif* → *accord avec le nom* parents *(masculin pluriel) auquel il se rapporte* ; embrassée : *accord au féminin singulier car le COD (l') mis pour* fille *est placé avant.* **2 a.** Nous **avons parcouru** tout le pays. – **b.** Nos correspondants **sont arrivés** ce matin. – **c.** Jules **a écrit** sa lettre et l'**a envoyée** aujourd'hui. – **d.** Combien de livres **as-tu lus** en une année ? – **e.** J'**ai rangé** les affaires que j'**ai sorties** de ma valise.

124 **1 a.** faux – **b.** vrai – **c.** faux – **d.** vrai **2 a.** qui *: mis pour* Rachida → *féminin singulier* ; l' : *mis pour* Jef → *masculin singulier* – **b.** tout *: masculin singulier* – **c.** Ils : *masculin pluriel ;* que *mis pour* phrases → *féminin pluriel ;* leur *: mis pour* ils → *masculin pluriel* – **d.** Cela : *masculin singulier ;* certains : *masculin pluriel* **3 a.** Aucun des randonneurs n'était fatigué. – **b.** Je ne connais personne de plus compét**ent** qu'elle. – **c.** J'ai quelque chose d'intéress**ant** à te raconter.

125 **1 a.** nous – **b.** nous – **c.** vous – **d.** nous – **e.** ils **2 a.** « Papa et moi ser**ons** rentr**és** avant minuit », dit Rosalie. – **b.** L'orange et le citron que j'ai press**és** donn**ent** un jus délicieux. – **c.** Philippe et Claire rest**ent** attach**és** à ces traditions.

126 **1** lisez, lirez, lis, liraient : lire – lions, liait, lieras, lient : lier – lissant, lissera, lissez, lissions : lisser **2** *Exemples de réponses* **a.** -ait, -aient *(et proche* de -ai, -ez, -é*)* – **b.** -ont – **c.** -a – **d.** -es, -ent **3** di/rait, rêv/e, termin/ent, *chant/er, arriv/er, pleur/er* **4 a.** vous pli/iez : plier – **b.** nous fer/ions : faire – **c.** ils dis/aient : dire – **d.** grandiss/ant : grandir – **e.** aim/é : aimer

127 **1** ***un radical :*** secourir ; ***deux radicaux :*** écrire, grandir, parsemer, savoir / ***trois radicaux :*** vouloir **2 a.** ennuy-, ennui- – **b.** plac-, plaç- – **c.** espér-, espèr- – **d.** rejet-, rejett- – **e.** dérang-, dérange- – **f.** sem-, sèm-

128 **1 a.** elle joue – **b.** il coud – **c.** je déplie – **d.** j'écris – **e.** tu conclues – **f.** tu pollues **2 a.** ils gravissent – **b.** tu peux – **c.** elles courent – **d.** nous rangeons – **e.** vous dites – **f.** elles sèment – **g.** il attend – **h.** je cède – **i.** nous traçons

129 **1** assistait : assister – sentait : sentir – finissait : finir – choisissait : choisir – s'habillait : s'habiller – ajustait : ajuster **2 a.** vous ciriez – **b.** vous criiez – **c.** elle commençait – **d.** je

CORRIGÉS

dormais – **e.** tu finissais **3** Il n'**osait** plus me raconter des histoires de son enfance. Je ne lui **parlais** plus de mes études. [...] elles lui **étaient** incompréhensibles et il **refusait** de faire mine de s'y intéresser, à la différence de ma mère. Il se **fâchait** quand je me **plaignais** du travail ou **critiquais** les cours. Le mot « prof » lui **déplaisait**. (A. Ernaux, *La Place*)

130 **1** diminua : diminuer – crus : croire – poussai : pousser – répondit : répondre **2 a.** je dansai – **b.** tu rougis – **c.** elles coururent – **d.** ils s'enfuirent – **e.** nous allâmes – **f.** tu aperçus – **g.** vous attendîtes – **h.** elle regarda **3** Quand l'écuelle fut vidée, ils allumèrent les pipes et ils se mirent à causer un peu.

131 **1 a.** ☑ je courais – **b.** ☑ nous faisons – **c.** ☑ il savoura **2** Vous **franchirez** une nouvelle étape dans vos amours et vous **verrez** la vie en rose. Rien ne vous **ennuiera**. Attention, vous **projetterez** des achats qui vous **joueront** des tours. Vous **oublierez** vos soucis de santé. **3** appellera : appeler ; donnera : donner

132 **1 a.** faux – **b.** faux (ce sont les mêmes que celles de l'imparfait) – **c.** vrai **2 a.** j'espèrerais – **b.** tu broierais – **c.** elles courraient – **d.** ils éternueraient – **e.** nous inclurions – **f.** tu viendrais – **g.** vous verriez – **h.** elle irait **3 a.** ☑ je concourais – **b.** ☑ nous gérions – **c.** ☑ ils savaient

133 **1 a.** est arrivé – **b.** étais allé – **c.** seras parti **2 a.** j'étais venu(e) – **b.** tu auras grandi – **c.** elles ont couru – **d.** il fut tombé

134 **1** infinitifs : planter, laver ; participes passés : allée, crié **2** préféré : *participe passé de* préférer *conjugué au conditionnel passé* ; gagner : *l'infinitif est complément de* préférer ; supposé : *le participe passé est employé comme adjectif attribut du sujet* il ; arriver : *l'infinitif est complément de l'adjectif* supposé ; trainer : *l'infinitif est complément de* devoir ; vexer : *noyau du groupe infinitif* ; montré : *participe passé de* montrer *conjugué à un temps composé* **3** Les spectateurs ont **regardé** la course. Chacun était **étonné** de ne pas voir le lièvre se **préparer** pour l'épreuve. **4** Après s'être repos**é**, le lièvre a cherch**é** à se rattrap**er**. Mais c'était trop tard : On a annonc**é** la victoire. La tortue a cri**é** de joie et le lièvre s'est effondr**é**.

135 **1 a.** je coure – **e.** tu croies **2 a.** ils jettent – **b.** tu voies – **c.** vous essuyiez – **d.** il coure – **e.** j'ai

136 **1 a.** court – **b.** souriions – **c.** aies **2** Viens çà. Avance là. Tourne-toi. Lève les yeux. Regarde-moi. **3** Mélange les œufs et le sucre. Ajoutes-y la farine et le chocolat fondu. Mets au four et laisse cuire 20 minutes. Mélangeons les œufs et le sucre. Ajoutons-y la farine et le chocolat fondu. Mettons au four et laissons cuire 20 minutes.

187 **1 a.** courant – **b.** soutenu – **c.** familier **2 1.** → b. – **2.** → c. – **3.** → a. **3** *Exemples de réponses* **a.** Il est élégant, cet homme ! – **b.** Elle se moque de moi. – **c.** J'aime cette chanson.

188 **1 a.** odorat – **b.** écriture – **c.** montagne **2** l'hiver ; *exemples de réponses :* enneigé, geler, flocon... **3** *Exemples de réponses* **la nuit :** la lune, les étoiles / nocturne, noir / se coucher, dormir ; **la tempête** : la pluie, le vent, la tourmente / violent, dévastateur / se déchainer, souffler, emporter ; **le sommeil** : le lit, le rêve / endormi, ensommeillé / dormir, ronfler

189 **1 a.** faux – **b.** faux – **c.** vrai – **d.** vrai **2 a.** – braillard – **b.** – un cul-terreux – **c.** + enchanteur – **d.** – maigrichon – **e.** + l'or – **f.** + une résidence – **g.** + la paix – **h.** – trainasser – **i.** – un revanchard

190 **1** *Exemples de réponses* **a.** L'arbre lui parut immense. – **b.** Je vais la lui rendre. – **c.** Le septième art l'a toujours intéressée. **2** Les deux garçons, Ils *: reprises de* ses frères

191 **1** **De jour en jour**, [Robinson] avait davantage de travail et des obligations plus nombreuses. Tous les matins, il commençait **tout d'abord** par faire sa toilette, **puis** il lisait quelques pages de la Bible, **ensuite** il se mettait au garde-à-vous devant le mât. (M. Tournier, *Vendredi ou la Vie sauvage*) **2** vers la barre : indicateur spatial ; tout à coup : indicateur temporel ; devant moi : indicateur spatial

192 **1** Les grands cétacés, **comme** les baleines, sont en voie de disparition. **En effet**, ils ont longtemps été chassés. **De plus**, ils souffrent de la pollution des océans et du réchauffement climatique. **Par conséquent**, ils peinent à se nourrir et leur reproduction est compromise. **2** ***ceux qui établissent un lien entre des idées :*** pourtant, donc, par conséquent / ***ceux qui organisent les parties d'un texte :*** tout d'abord, par ailleurs, finalement, pour ma part, par exemple, en outre

193 **1 a.** C – **b.** A – **c.** A – **d.** C – **e.** A **2** moi, ce, ma, je, toi, tu

194 **1 a.** puisque tu me le conseilles. – **b.** Du fait de sa panne – **c.** Sa remarque **2 a.** **Étant donné que** je n'étais pas à la réunion, je ne sais pas ce qui s'y est dit. – **b.** Tout est clair pour moi **grâce à** ses explications. – **c.** Je dois recharger mon téléphone, **car** je n'ai plus de batterie. – **d.** Il déménage. Il a **en effet** trouvé un nouvel emploi. **3** *Exemples de réponses* Le réchauffement climatique cause la fonte de la banquise. La banquise fond, car le climat se réchauffe. Du fait du réchauffement climatique, la banquise fond. La banquise fond parce que le climat se réchauffe. **4** Je crains bien de ne pouvoir m'expliquer, dit Alice, car, voyez-vous, je ne suis plus moi-même.

195 **1 a.** de façon à former un trépied – **b.** Il était donc en retard – **c.** L'erreur – **d.** il en pleure **2** *Exemples de réponses* La disparition des baleines résulte de la pollution des océans. Les océans sont pollués, par conséquent les baleines sont en voie de disparition. Les océans sont pollués, si bien que les baleines sont en voie de disparition. **3** *Exemples de réponses* **a.** Vous assemblerez les pièces de manière à former un trépied. – **b.** Il est tombé en panne. Par conséquent, il était en retard. – **c.** L'erreur résulte d'une étourderie. – **d.** Il est si ému qu'il en pleure.

196 **1 a.** parce que – **b.** puisque – **c.** pendant que **2 a.** de façon à obtenir une crème onctueuse. – **b.** Pour ne pas me perdre – **c.** de sorte qu'elle puisse venir – **d.** *Il n'y a pas d'expression du but dans cette phrase ;* de sorte que je ne suis pas libre ce soir *est une conséquence.* **3 a.** J'arrose les fleurs pour qu'elles ne sèchent pas. – **b.** Elle fait un nœud à son mouchoir pour ne pas oublier son rendez-vous. – **c.** Il met ses affaires à l'abri pour qu'elles ne s'abiment pas. – **d.** Je relis attentivement la notice de montage pour ne pas commettre une erreur.

197 **1 a.** pendant que – **b.** comme **2** à condition qu'elle s'applique exclusivement à leur point de vue **3 a.** ☑ Appelle-moi si tu as besoin de moi. – **b.** ☑ Sans motivation, on ne peut mener ce projet à bien. **4** *Exemples de réponses* **a.** Si tu n'es pas d'accord, tu peux donner ton avis. – **b.** En cas d'absence, le livreur vous laissera un avis de passage. – **c.** Nous partons à la mer à condition qu'il fasse beau.

198 **1 a.** quelquefois – **b.** maintenant **2 a.** ☑ Elle a refusé alors que l'offre était intéressante. – **d.** ☑ Il travaille bien qu'il soit tard. **3 a.** Je renonce à ce projet, **quoiqu'**il me fasse très envie. – **b.** **Quoi que** tu choisisses, j'approuverai ton choix. – **c.** **Quoi qu'**il en soit, il faut trouver une solution. – **d.** Il a réussi **quoiqu'**il n'ait aucune expérience en la matière.

199 **1 a.** le plus loin de tous *: superlatif* – **b.** très loin *: intensité* – **c.** moins loin que moi *: comparatif* **2 a.** Elle est **plus habile** que moi. – **b.** Il fait **plus mauvais** qu'hier. – **c.** C'est l'idée **la plus drôle** que j'aie trouvée.

200 **1** *Exemples de réponses* **a.** Les négociations entre les partenaires ont échoué. – **b.** L'ouvrage paraitra dès le mois prochain. – **c.** La fusée est lancée depuis le cap Canaveral. **2 a.** J'ai appris **la naissance des chiots.** – **b. Dès notre réveil,** nous déjeunons. – **c.** J'entends **le chant du coq.** – **d.** On prévoit **l'affichage du spectacle dans une semaine.**

201 **1 a.** Mia explique à Jef qu'elle a réservé deux places pour lui et elle. – **b.** Elle m'écrit que j'arriverai avant elle. – **c.** Il leur ordonne de se taire. **2 a.** Mia expliquait à Jef qu'elle avait réservé deux places pour lui et elle. – **b.** Elle m'écrivait que j'arriverais avant elle. – **c.** Il leur ordonnait de se taire.

202 **1 a.** Dis-moi **ce que** tu as vu. – **b.** Je me demande **si** elle est là. – **c.** Sais-tu quand les amis **arrivent** ? **2 a.** Je me demande si tu vas bien. – **b.** Je me demande pourquoi ils sont partis. – **c.** Je me demande ce que tu racontes. – **d.** Je me demande quand les hirondelles reviendront. – **e.** Je me demande quelle heure il est. **3** pourquoi ils ont un nez, pourquoi il pleut, pourquoi les papas et les mamans font ci ou ça

203 **a.** descriptif **b.** explicatif **c.** narratif **d.** argumentatif

204 Les éléments permettant de dire qu'il s'agit d'un conte merveilleux sont : la formule initiale « Il était une fois » ; le roi et la reine, la princesse ; la fée qui jette un sort ; la durée du sommeil (cent ans) ; le réveil dû au baiser d'un prince. La formule finale participe aussi à l'aspect merveilleux : « Ils se marièrent et eurent beaucoup d'enfants ».

205 **a.** Le récit va du troisième vers au huitième vers. Les temps sont l'imparfait (*pondait, avait...*) et le passé simple (*crut, tua...*). **b.** La moralité se trouve au premier vers. Elle est exprimée au présent de vérité générale. **c.** Cette moralité est augmentée d'un commentaire explicatif de l'auteur, à la fin de la fable. Il s'adresse au lecteur.

206 **a.** L'auteur est Marcel Aymé ; le titre de la nouvelle est « Le Passe-Muraille ». **b.** L'histoire se déroule à Paris (Montmartre, rue d'Orchampt). Le personnage principal est un homme nommé Dutilleul. **c.** Le sujet de l'intrigue est le fait que Dutilleul puisse passer à travers les murs.

207 **a.** Les répliques sont toutes les paroles prononcées par les personnages. Les didascalies sont les noms des personnages et toutes les indications en italique. **b.** Il y a trois personnages (*Lucien, Dora et Bretel*). Dora (*Madame*) ne parle pas.

208 **a.** Les vers employés sont des octosyllabes (vers de 8 syllabes). **b.** La strophe est un quatrain (elle comporte quatre vers). **c.** Les rimes sont croisées.

209 **1** **a.** comparaison **b.** métaphore **c.** métaphore **d.** comparaison **2** **a.** Louis XIV **b.** Jean de La Fontaine **c.** la lune **d.** la Chine

210 **1** **a.** hyperbole **b.** euphémisme **c.** litote **d.** hyperbole

213 **a.** La première image est une photographie intitulée *Plantation de thé*, que Sebastião Salgado a faite au Rwanda en 1991 ; la seconde image est un photogramme du film *Les Temps modernes* de Charlie Chaplin, réalisé en 1936 ; la troisième image est un tableau (huile sur bois) de Rubens et Brueghel, intitulé *Le Jardin d'Éden et la chute de l'homme*, peint vers 1615 et conservé au musée Mauritshuis à la Haye (Pays-Bas). **b.** Le premier document est un plan moyen, en plongée (de haut en bas) ; le deuxième document est un plan d'ensemble de face ; le troisième document est un plan large, de face. **c.** Les couleurs du tableau de Brueghel et Rubens sont froides pour le décor et chaudes pour les personnages du premier plan. **d.** *Réponse libre*

ANNEXES

Les rectifications de l'orthographe

Les nouvelles graphies et les nouvelles règles ne bouleversent en aucun cas l'orthographe du français. Mais elles tentent d'instaurer une certaine cohérence là où cela faisait défaut et de refléter l'évolution de la langue. C'est pour cette raison que le *Grevisse du collège* a choisi de suivre les rectifications de l'orthographe.
Les formes ainsi préconisées ne peuvent et ne doivent être considérées comme fautives. D'un autre côté, elles n'ont rien d'obligatoire et les formes utilisées auparavant ne peuvent être condamnées.

Les accents et le tréma

• On met un **accent aigu** ou **grave**, selon le cas, sur le *e* des mots qui n'en avaient pas lorsque ce *e* se prononce [e] ou [ɛ]. Cela concerne en particulier les mots empruntés à des langues étrangères (→ 30).

révolver, placébo

• On met un **accent grave** sur les *e* qui précèdent les *e* muets (→ 18) :
– dans des mots qui jusque-là étaient enregistrés dans les dictionnaires avec un accent aigu ;

évènement, crèmerie (comme siège)

– dans les formes du futur et du conditionnel des verbes qui se conjuguent sur le modèle de *céder* (→ 151).

il succèdera, il protègerait (comme il lèvera, il lèverait)

• Les verbes en ***-eler*** et ***-eter*** marquent le son [ɛ] par l'accent grave dans leur conjugaison (→ 161).

il feuillète, il renouvèle (comme il gèle)

Mais on maintient la consonne double pour les verbes *appeler* et *jeter* ainsi que les verbes de leur famille (→ 148).

il appelle, il rappelle, il jette, il rejette

• Les voyelles ***i*** et ***u*** s'écrivent **sans accent circonflexe.**

la chaine, la boite, paraitre, il parait
la buche, le fut, bruler

On maintient l'accent circonflexe sur :
– *sûr* (adjectif), *mûr* (adjectif), *jeûne* (nom), *dû* (participe passé) pour les distinguer de leurs homonymes *sur* (préposition), *mur* (nom), *jeune* (adjectif), *du* (article) ;
– la terminaison des deux premières personnes du pluriel du passé simple et de la 3e personne de l'imparfait du subjonctif.

nous vîmes, nous fûmes
qu'elle fît, qu'il fût

• On place **un tréma sur le *u*** qui se prononce après un *g*.

aigüe, ambigüe, ambigüité, exigüité

Le trait d'union et les mots composés

• On relie entre eux par un **trait d'union** tous les termes servant à écrire les **nombres.**

trente-et-un, cinq-cent-quatre
trois-mille-neuf-cent-douze

• On écrit en un **seul mot** les mots composés formés à partir d'emprunts (→ 30), ou de racines d'origine grecque ou latine (→ 29).

un weekend, socioculturel

- Les **composés** du type « préposition ou verbe + nom commun » s'écrivent sans marque du pluriel **à la fin du nom commun** s'ils sont au singulier (→ 49).
un cure-dent, un sans-papier

Ils prennent **la marque du pluriel à la fin du nom commun** seulement s'ils sont au pluriel.
des cure-dents, des sans-papiers

Autres points

- Les mots empruntés aux langues étrangères et intégrés au français suivent **les mêmes règles que les mots français** pour la formation de leur pluriel (→ 48).
des sandwichs, des confettis, des box

- Le **participe passé de *laisser*** est toujours **invariable** s'il est suivi d'un infinitif.
Je les ai laissé partir.

- On écrit ***-iller, -illère*** (au lieu de *-illier, -illière*) les noms dans lesquels le *i* ne s'entend pas.
une serpillère (comme conseillère)

- On écrit avec une **consonne simple** les noms dont la finale est en [ɔl] (*-ole* au lieu de *-olle*).
une girole (comme bestiole)

On conserve cependant la consonne double dans *folle, molle* et *colle*.

- On écrit avec une consonne simple les verbes dérivés de noms en *-ot* et ceux qui sont formés avec le suffixe *-oter.*
greloter (de grelot)
frisoter (friser + -oter)
comme clignoter

- L'orthographe des mots suivants (et des mots de leur famille) est rectifiée afin d'assurer la cohérence au sein d'une même famille de mots ou de respecter le système orthographique du français.

ancienne graphie	nouvelle graphie	pour être cohérent avec
absous, dissous	absout, dissout	les féminins absoute, dissoute
asseoir	assoir	les formes sans *e* : il assoit
bonhomie	bonhommie	homme
boursoufler	boursouffler	souffler
cahute	cahutte	hutte
chariot	charriot	charrette
combatif	combattif	combattre
douceâtre	douçâtre	le ç marquant le son [s]
eczéma	exéma	exercice
imbécillité	imbécilité	imbécile
interpeller	interpeler	la prononciation du *e*
nénuphar	nénufar	son étymologie
oignon	ognon	la prononciation
relais	relai	balai, délai
vantail	ventail	vent

Les racines d'origine grecque ou latine

Cette liste donne des racines tirées du grec (G) ou du latin (L) qui entrent dans la composition ou la dérivation des mots du français (→ 29) : elles ont été choisies pour leur particularité orthographique. Ainsi, les connaitre permet d'écrire de nombreux mots sans hésitation.

Élément		Sens	Exemple
andr	G	homme	androïde
anth	G	fleur	chrysanthème
anthrop	G	homme	anthropologie
apo	G	loin	apocalypse
arch	G	ancien	archaïque
arthr	G	articulation	arthrose
aur	L	or	aurifère
auto	G	soi-même	autocorrection
call	G	beau	calligraphie
céphal	G	tête	céphalée
chlor	G	vert	chlorophylle
chrom	G	couleur	polychrome
chron	G	temps	chronologie
cryo	G	froid	cryogène
crypt	G	caché	décrypter
cyan	G	bleu	cyanure
cyber	G	robotique internet	cybernétique cybercafé
cycl	G	cercle	cycle
cyt	G	cellule	leucocyte
dactyl	G	doigt	ptérodactyle
dynam	G	force	dynamique
entom	G	insecte	entomologie
esthés	G	sensation	anesthésie
esthét	G	beau	esthétique
ethno	G	peuple	ethnie
eu	G	bien	euphorie
fère	L	qui porte	mammifère
graph	G	écrire	orthographe
gyn	G	femme	gynécologue
gyr	G	tourner	gyrophare
hect	G	cent	hectolitre
hélio	G	soleil	héliotrope
hém, hémat	G	sang	hématome
hémi	G	demi	hémisphère
hétér	G	différent	hétérogène
hexa	G	six	hexagone
hipp	G	cheval	hippodrome
hom, homin	L	homme	hominidé
homo	G	semblable	homogène
hor	G	heure	horodateur
hydr	G	eau	déshydrater
hyper	G	au-dessus	hypermarché
hypn	G	sommeil	hypnotiser
hypo	G	au-dessous	hypoténuse
kilo	G	mille	kilomètre
kiné	G	mouvement	kinésithérapeute
laryng	G	gorge	laryngite
latér	L	côté	quadrilatère
lith	G	pierre	lithographie
mamm	L	sein	mammifère

méta	G	au milieu de, au-delà	métaphysique
milli	L	millième	millimètre
mném	G	mémoire	amnésie
morph	G	forme	polymorphe
myo	G	muscle	myopathie
myria	G	grand nombre	myriade
myst	G	secret	mystère
myth	G	mythe	mythologie
nano	G	très petit	nanomètre
naute	G	navigateur	astronaute
néphr	G	rein	néphrite
neur	G	nerf	neurologie
nihil	L	rien	annihiler
ocul	L	œil	oculaire
œn	G	vin	œnologie
olé	G	huile	oléoduc
olfact	L	odeur	olfactif
olig	G	peu nombreux	oligarchie
onir	G	rêve	onirique
onym	G	nom	anonyme
ophtalm	G	œil	ophtalmologie
ornith	G	oiseau	ornithorynque
orth	G	droit	orthographe
oxy	G	acide	oxyde
palé	G	ancien	paléolithique
pan, pant	G	tout	panthéon
path	G	ressentir souffrance	sympathie pathologie
pent	G	cinq	pentagone
phag	G	manger	anthropophage

phil	G	aimer	cinéphile
phob	G	craindre	xénophobe
phon	G	son	phonétique
phor	G	qui porte	photophore
phot	G	lumière	photosynthèse
phras	G	discours	phraséologie
phyll	G	feuille	chlorophylle
phyt	G	plante	phytothérapie
poly	G	plusieurs	polycopie
psych	G	esprit	psychologie
pyr	G	feu	pyromane
rhin	G	nez	rhinite
rhiz	G	racine	rhizome
saure	G	reptile	dinosaure
scaph	G	bateau	scaphandre
soph	G	sagesse	philosophie
styl	G	colonne	péristyle
syn, syl, sym	G	avec	synonyme
tachy	G	rapide	tachycardie
taph	G	tombeau	épitaphe
tauto	G	égal	tautologie
techn	G	métier	technique
thalass	G	mer	thalassothérapie
than, thanato	G	mort	euthanasie
thé	G	dieu	monothéiste
thèque	G	collection	bibliothèque
thérap	G	soigner	thérapie
therm	G	chaleur	thermomètre
troph	G	se nourrir	atrophier
typo	G	caractère	génotype
xyl	G	bois	xylophone

Lexique

Ce lexique donne le sens des différents termes de description de la langue utilisés dans l'ouvrage. Les mots définis ici sont suivis dans l'ouvrage d'un astérisque.

A

acronyme
Sigle prononcé comme un mot ordinaire. Exemple : ovni (pour **o**bjet **v**olant **n**on **i**dentifié).

actif, active (voix)
Construction de la phrase dans laquelle le sujet du verbe désigne celui qui fait l'action exprimée par le verbe (exemple : Gaston a nourri le chat), par opposition à la voix passive (Le chat a été nourri par Gaston).

animé (nom)
Nom qui désigne un être humain, un animal ou un être imaginaire par opposition au nom inanimé qui désigne un objet, une chose, une idée… Exemples : Gaston, chat, mouette.

antécédent
Mot ou groupe de mots que remplace un pronom. Exemple : **Gaston** n'écoute pas **Fantasio** qui lui parle (qui a pour antécédent Fantasio et lui a pour antécédent Gaston).

antonyme
Mot de sens contraire à celui d'un autre mot. Exemple : paresseux et travailleur sont antonymes.

apostrophe
1. Signe graphique (') que l'on utilise pour marquer à l'écrit l'élision d'une lettre.
2. Fonction du nom ou du pronom que l'on emploie pour désigner la personne à laquelle on s'adresse. Exemples : **Gaston**, ne sortez surtout pas du bureau. **Toi**, ne bouge pas.

aspiré (*h*)
Lettre *h* qui se trouve au début d'un mot et qui rend impossible toute liaison et toute élision (par opposition au *h* muet). Exemples : le héros [lə ero], les héros [le ero].

attribut
Fonction de l'adjectif ou du groupe nominal qui exprime une qualité, une manière d'être, une dénomination… du nom auquel il se rapporte. Exemples : Gaston est **le nouvel employé de bureau** (le nouvel employé de bureau est attribut du sujet Gaston) ; Fantasio n'a pas trouvé **géniale** la dernière invention de Gaston (géniale est attribut du complément d'objet invention).

auxiliaire
Verbe *être* ou *avoir* lorsque, accompagné du participe passé, il sert à la conjugaison des temps composés. L'auxiliaire porte les marques de temps, de mode, de nombre et de personne ; le participe passé porte le sens. Exemple : Gaston n'**a** pas trié le courrier. L'auxiliaire *être* sert à la formation du passif.

C

champ lexical
Ensemble des mots et des expressions d'un texte qui se rapportent à un même thème. Exemple : la classe des prépositions regroupe des mots invariables qui servent à introduire un complément.

classe grammaticale
Ensemble de mots qui partagent des points communs sur le plan du sens, de la forme et de leur fonctionnement dans la phrase. Exemple : la classe des prépositions regroupe des mots invariables qui servent à introduire un complément.

complément de phrase, complément circonstanciel
Complément qui apporte une information liée aux circonstances (lieu, temps, manière, but, cause…) de l'action exprimée par le verbe. Exemples : Gaston triera le courrier **demain** ; Gaston se repose **avant de trier le courrier** ; Gaston pourra revenir **quand De Mesmaeker aura signé les contrats**.

complément du verbe
Constituant du groupe verbal qui ne peut être ni déplacé ni supprimé et qui

dépend directement (sans préposition) ou indirectement (avec préposition) du verbe. Exemples : Gaston commence **sa sieste**. Il ira **à la plage** en voiture.

complexe (phrase)
Phrase comprenant deux ou plusieurs propositions, chaque proposition étant constituée d'un sujet et d'un groupe verbal, par opposition à la phrase simple. Exemple : [Gaston ne trie pas le courrier] [parce qu'il dort].

composant
Mot ou racine qui sert à former un mot composé. Exemple : bibliothèque a deux composants (les deux racines biblio- et -thèque).

composé (mot)
Mot formé de plusieurs mots ou racines qui a sa propre définition. Exemples : taille-crayon (2 mots), portefeuille (2 mots), vidéoprojecteur (1 racine + 1 mot), bibliothèque (2 racines).

composé (temps)
Temps de la conjugaison qui se forme à l'aide de l'auxiliaire *être* ou *avoir* conjugué, et du participe passé du verbe (passé composé, passé du conditionnel…). Exemple : Gaston **a inventé** une nouvelle machine (passé composé).

conjonction de coordination
Mot qui sert à relier deux propositions, deux mots ou groupes de mots de même fonction. Exemple : Son chat **et** sa mouette sont installés dans son bureau. La conjonction, par son sens, établit un lien logique entre les deux éléments : *et* (addition), *ou* (choix), *car* (explication)…

conjonction de subordination
Mot qui introduit une proposition subordonnée et qui marque un lien de dépendance entre cette subordonnée et la proposition principale (*que, quand, si…*). La locution conjonctive (*pour que, bien que, au cas où…*) joue le même rôle qu'une conjonction de subordination. Exemple : **Dès qu'**il aura fini sa sieste, Gaston songera à trier le courrier. La conjonction de subordination n'a pas de fonction dans la subordonnée.

conjonctive (proposition)
Proposition subordonnée introduite par une conjonction de subordination. Exemple : Fantasio voudrait **que** Gaston réponde au courrier. Remarque : à ne pas confondre avec la proposition subordonnée relative qui, elle, est introduite par un pronom relatif.

constituant
Mot (ou groupe de mots) qui entre dans la composition d'un groupe plus grand et au sein duquel il a une fonction particulière (le complément du verbe est un constituant du groupe verbal ; le déterminant est un constituant du groupe nominal).

D

déclarative (phrase)
Phrase dans laquelle le locuteur affirme quelque chose (exemple : Mademoiselle Jeanne est amoureuse de Gaston), par opposition à l'interrogative, où l'on pose une question (Mademoiselle Jeanne est-elle amoureuse ?), à l'injonctive (ou impérative), où l'on donne un ordre (Ne lui dis pas qu'elle est amoureuse de lui.) et à l'exclamative, où l'on marque une prise de position, un sentiment… par rapport à son énoncé (Comme Gaston est gentil !).

démonstratif
Déterminant (*ce, cet, cette, ces*), pronom (*celui, celle, ceux, celles, ce, cela*) qui sert à « montrer » la personne ou la chose dont on parle ou à reprendre ce dont on a déjà parlé.

dérivé
Mot créé à partir d'un mot, d'un radical ou d'une racine à l'aide d'un suffixe et / ou d'un préfixe. Exemple : **in**croyable est dérivé de croire.

déterminant
Mot qui accompagne le nom et dont la présence (en particulier dans le groupe sujet) est le plus souvent obligatoire. Exemples : **Sa** voiture lui cause parfois **quelques** soucis. On ne dira pas ~~Voiture lui cause parfois soucis~~.

direct
→ objet (complément d').

donneur
Mot dont le genre, le nombre ou la personne commandent, par le phénomène de l'accord, la forme d'un autre mot qui lui est rattaché. Exemple : la petite **amie** de Gaston (amie, le donneur, transmet son genre et son nombre à la et à petite).

E

élision
Disparition à l'oral d'une voyelle (généralement *e* ou *a*) devant une autre voyelle. Exemple : l'amie de Gaston (pour la amie). L'élision est marquée à l'écrit par l'apostrophe.

emprunt
Mot d'une langue étrangère qui est entré dans la langue française. Exemples : scénario (mot italien), gag (mot anglais).

épithète
Fonction de l'adjectif qui qualifie un nom dans un groupe nominal. L'épithète suit ou précède directement ce nom et sa présence n'est pas obligatoire. Exemple : La **dernière** trouvaille de Gaston ne plait guère à Fantasio.

état
→ verbe d'état.

exclamative (phrase)
→ déclarative (phrase).

G

générique (mot)
Mot dont le sens englobe celui de plusieurs autres. Exemple : **saison** est un mot générique pour printemps, été, automne, hiver.

groupe
Ensemble de mots qui comprend un mot noyau et d'autres mots ou groupes de mots dépendant de ce mot noyau. Selon la classe grammaticale du mot noyau, on parle de groupe nominal, adjectival, adverbial, pronominal, etc. Exemple : Les **inventions** de Gaston (groupe nominal) sont toujours **utiles** à quelque chose (groupe adjectival).

H

homonyme
Se dit de mots de même prononciation, mais de sens différents. Le plus souvent, les homonymes ont des orthographes différentes. Exemples : vers et verre sont homonymes ; le nom porte est homonyme de la forme verbale porte (présent de porter).

homophone
Se dit de mots grammaticaux (déterminants, pronoms, auxiliaires…) qui sont homonymes. Exemples : a et à, ou et où.

I

impérative (phrase)
→ déclarative (phrase).

impersonnel (mode)
Mode du verbe pour lequel il n'y a pas de conjugaison en personne (par opposition aux modes personnels). Les modes impersonnels sont l'infinitif et le participe.

impersonnelle (tournure)
Construction du verbe employé avec le sujet apparent *il* qui ne représente ni ne désigne rien. Exemples : Il **reste** du courrier à trier. Il **est** indispensable que Gaston se repose.

inanimé (nom)
Nom qui désigne une chose, un objet, une idée…, par opposition aux noms animés. Exemples : courrier, invention, naïveté.

incise
Proposition qui sert à indiquer que le locuteur rapporte les paroles de quelqu'un. Exemple : « Pourquoi Gaston est-il encore en retard ? » **demanda Fantasio.**

indépendante
Proposition qui ne dépend d'aucune autre proposition et dont ne dépend aucune proposition (par opposition aux propositions subordonnée et principale). Exemple : Fantasio se méfie toujours des inventions de Gaston.

indirect
→ objet (complément d').

injonctive (phrase)
→ déclarative (phrase).

interrogatif (mot)
Déterminant (*quel, lequel, combien de…*), pronom (*qui, que, quoi, lequel…*), adverbe (*pourquoi, comment…*) servant à poser les questions. Exemples : **Qui** veut tester la nouvelle invention de Gaston ? Je ne sais pas **quand** Gaston répondra à mon courrier.

interrogative (phrase)
→ déclarative (phrase).

L

locution
Groupe figé de mots qui fonctionne comme un seul mot. On parle de locution verbale, conjonctive, adverbiale… lorsque la locution a la valeur grammaticale d'un verbe, d'une conjonction, d'un adverbe… Exemples : avoir l'air (locution verbale, à comparer avec paraitre), au cas où (locution conjonctive, à comparer avec si).

M

muet
1. ***e* muet** : *e* qui se prononce [ə], comme dans *de* (exemple : venir [vənir]) ou qui ne se prononce pas (exemples : idée [ide], bouleverser [bulvɛrse]). Même s'il ne se fait pas entendre, un *e* muet peut changer la prononciation d'un mot. Exemple : tout [tu] et toute [tut].
2. ***h* muet** : *h* en début de mot qui n'empêche ni l'élision ni la liaison (par opposition au *h* aspiré). Exemples : l'habitude [labityd], les habitudes [lezabityd].

N

nominale (phrase)
→ verbale (phrase non).

noyau
Terme d'un groupe dont dépendent les autres termes du groupe. Exemple : dans la dernière **invention** de l'ingénieux employé, le nom invention est noyau du groupe dont dépendent l'adjectif dernière et le groupe nominal l'ingénieux employé, et qui est déterminé par l'article la.

O

objet (complément d')
Constituant du groupe verbal qui désigne la chose ou l'être sur lequel porte l'action exprimée par le verbe. Le complément d'objet direct (COD) est relié directement au verbe, sans préposition (exemple : De Mesmaeker a signé **le contrat**) ; le complément d'objet indirect (COI) est introduit par une préposition (exemple : Pour Gaston, le sommeil ne peut nuire **à la santé**).

P

paronyme
Se dit de mots de sens différents, qui sont proches par la forme et qui risquent donc d'être confondus. Exemple : allocution, « discours », et allocation, « aide financière », sont des paronymes.

partielle (interrogation)
Interrogation qui porte sur un élément de la phrase (par opposition à l'interrogation totale qui porte sur l'ensemble de la phrase). Exemples : **Pourquoi** Gaston doit-il rester enfermé dans son bureau ? Je ne sais pas **où** est Gaston.

passif, passive (voix)
Construction de phrase dans laquelle le sujet subit l'action exprimée par le verbe (exemple : Le chat a été nourri par Gaston), par opposition à la voix active (Gaston a nourri le chat). Le passif se forme avec l'auxiliaire *être* conjugué et le participe passé du verbe (est nourri, était nourri, a été nourri…). Le complément d'agent (introduit par la préposition *par*, parfois par *de*) représente celui qui fait l'action.

polysémique
Se dit d'un mot qui a plusieurs sens.

possesseur
Personne (plus rarement chose) qui possède, avec laquelle est établie la relation marquée par un possessif. Le possessif est de la même personne que le possesseur. Exemples : **Gaston** et ses collègues (Gaston est le possesseur) ; mes collègues et **moi** (moi est le possesseur).

possessif
Déterminant (*mon, ton…*), pronom (*le mien, le tien…*) qui marque l'appartenance (exemples : son auto, la sienne) ou une simple relation d'une chose, d'un fait à une personne (exemples : votre signature, la vôtre).

préfixe
Partie d'un mot placée avant le radical pour former un dérivé. Exemples : **in**espéré, **em**porter.

préposition
Mot qui introduit un nom, un pronom ou un infinitif. Tout comme la conjonction de subordination, la préposition sert à marquer un lien de dépendance (entre un groupe et le mot, le plus souvent nom ou verbe, dont ce groupe dépend). Exemple : la dernière invention **de** Gaston. La locution prépositive (*aux côtés de, face à…*) joue le même rôle qu'une préposition.

principale (proposition)
Proposition dont dépend une proposition subordonnée. Exemple : **Gaston travaillera** quand il aura fini sa sieste.

pronominal (verbe)
Verbe qui se conjugue avec un pronom personnel réfléchi de la même personne que son sujet. Exemple : Fantasio **se méfie** toujours des inventions de Gaston.

R

racine
Élément issu du latin ou du grec ancien qui porte en lui un sens précis. Exemples : biblio-, -thèque… Les racines ne peuvent fonctionner seules : elles se combinent entre elles ou à des mots pour former un mot composé (exemples : une **biblio**/**thèque**, **agro**/alimentaire) ou servent de radical pour former des dérivés (exemples : **ambul**/ance, **log**/ique).

radical
1. Partie d'un mot qui porte le sens et à laquelle on adjoint les préfixes et les suffixes pour former un dérivé. Exemples : in**croy**able, a**typ**ique.
2. Partie d'une forme verbale qui porte les informations de sens et à laquelle on ajoute les terminaisons. Remarque : un verbe peut changer de radical au cours de sa conjugaison. Exemples : il **peut**, il **pou**vait, qu'il **puisse**.

relative (proposition)
Proposition subordonnée introduite par un pronom relatif (*qui, que, quoi, dont, où, lequel*). Le pronom a toujours une fonction (sujet, complément…) dans la relative. Exemple : La machine **qu'il a inventée** ne marche pas (qu'il a inventée : relative, complément de machine ; qu' : pronom relatif, complément du verbe a inventée). Remarque : à ne pas confondre avec la proposition conjonctive introduite par une conjonction de subordination.

S

sigle
Mot formé des initiales d'une expression que l'on prononce séparément. Exemple : BCBG (pour **b**on **c**hic **b**on **g**enre).

simple (phrase)
Phrase comprenant une seule proposition, par opposition à la phrase complexe. Exemple : Gaston ne trie pas le courrier.

spécifique (mot)
Mot qui appartient à une catégorie de mots désignée par un mot générique. Exemple : **printemps**, **été**, **automne**, **hiver** sont des mots spécifiques du nom saison.

subordonnant (mot)
Mot qui introduit une proposition subordonnée. Les subordonnants sont des conjonctions de subordination (*que, quand, lorsque, dès que…*), des pronoms relatifs (*qui, dont, lequel…*) ou des mots interrogatifs (*où, combien…*).

subordonnée (proposition)
Proposition qui dépend d'une proposition principale. Exemple : Gaston travaillera **quand il aura fini sa sieste**.

substitut
Pronom qui reprend un élément déjà cité dans l'énoncé. Exemple : Gaston ne travaille pas : **il** dort.

suffixe
Partie d'un mot placée après le radical pour former un dérivé. Exemples : inven**tion**, réalis**able**.

sujet
Mot ou groupe de mots qui répond à la question *Qui est-ce qui ? Qu'est-ce qui ?* ou que l'on peut mettre en relief par la tournure *c'est… qui.* Le sujet détermine l'accord du verbe.

syllabe graphique
Groupe de lettres correspondant au découpage à l'écrit des syllabes orales (voyelle ou groupe de lettres se prononçant d'un seul trait). Exemple : travail a deux syllabes graphiques tra-vail.

synonyme
Mot de sens proche de celui d'un autre mot. Exemple : ingénieux et astucieux sont synonymes.

T

temps composé
→ composé (temps).

terminaison
Partie finale d'une forme verbale qui porte les marques de temps, de mode (et de nombre et de personne quand le verbe est conjugué à un mode personnel). La terminaison s'ajoute au radical du verbe qui, lui, porte les informations de sens. Exemple : Il invent**ait** toutes sortes de machines (-ait est la terminaison de l'imparfait de l'indicatif, 3e personne du singulier).

totale (interrogation)
Interrogation qui porte sur l'ensemble de la phrase et à laquelle la réponse attendue est *oui, non* ou *si* (par opposition à l'interrogation partielle qui porte sur un élément de la phrase). Exemple : Êtes-vous sûr que cette machine ne présente aucun danger ?

tournure impersonnelle
→ impersonnel (tournure).

V

verbale (phrase non)
Phrase dont le noyau n'est pas un verbe. Le plus souvent, le noyau est un nom (exemple : Quelle **invention** géniale !). Dans ce cas, on parle de phrase nominale. La phrase non verbale peut contenir un verbe, mais, dans ce cas, il est le verbe d'une subordonnée. Exemple : **Heureux** qui, comme Gaston, a fait un long somme.

verbe d'état
Verbe qui fait le lien entre le sujet et l'attribut, par opposition aux verbes d'action. Les plus fréquents sont *être, demeurer, rester, sembler, paraitre…*

Alphabet phonétique

12 voyelles				4 voyelles nasales			
a	m**a**t	ɔ	s**o**rt	ɑ̃	br**an**che	ɔ̃	br**on**zer
ɑ	m**â**t	ø	bl**eu**	ɛ̃	br**in**	œ̃	br**un**
e	caf**é**	œ	h**eu**re	**3 semi-voyelles**			
ɛ	m**è**re	ə	t**e**nir	j	**y**aourt	ɥ	h**u**it
i	pl**i**	u	**ou**rs	w	**ou**i		
o	s**o**t	y	**u**ser				
17 consonnes							
b	**b**as	l	**l**éger	ʀ	**r**are	z	**z**oo
k	**c**ave	m	**m**ain	s	**s**ur	ʃ	**ch**at
d	**d**ur	n	**n**on	t	**t**as	ʒ	**g**elée
f	**f**il	p	**p**oule	v	**v**oler	ɲ	si**gn**e
g	**g**ant						

Liste alphabétique des verbes

Chaque numéro renvoie à la fiche où figure le modèle de conjugaison du verbe. Les verbes modèles sont donnés en bleu.
Les verbes en *-er* qui ne figurent pas dans cette liste ont pour modèle de conjugaison *parler* (→ 141).

E

Les numéros renvoient aux fiches.

Les numéros renvoient aux fiches.

Les numéros renvoient aux fiches.

Les numéros renvoient aux fiches.

Les numéros renvoient aux fiches.

Index alphabétique

Les numéros renvoient aux pages.

Index alphabétique

D

E

F

G

Les numéros renvoient aux pages.

 Les numéros renvoient aux pages.

T

U - V

X - Y

Direction : Laurent Breton
Direction éditoriale : Célia Michel
Coordination : Anne-Sophie Darlet
Édition : Stéphane Marill
Correction : Marion Lacroix
Identité visuelle : Marie-Astrid Bailly-Maître
Création de la typographie Grevisse : Typofacto, Olivier Nineuil
Conception graphique intérieure : Frédérique Devillers
Direction artistique : Yannick Le Bourg
Mise en page : Nord Compo

Crédits iconographiques : p. 150 : Jacques Rouxel, *Les Shadoks*, © Prod. DB/ORTF/DR ; **p. 232 :** Morris, *Lucky Luke, Le Bandit Manchot*, tome 18, éditions Dargaud © Lucky Comics, 2018 ; **p. 398 :** Sebastião Salgado, *Plantation de thé*, Rwanda, 1991. © Sebastião Salgado ; **p. 399 :** Charlie Chaplin, *Les Temps modernes*, 1936 © TCD ; **p. 400 :** Jan Brueghel et Pierre-Paul Rubens, *Le Jardin d'Éden et la chute de l'homme*, vers 1615, Mauritshuis, La Haye © The Netherlands/Bridgeman Images.

www.magnard.fr
www.grevisse.fr

Achevé d'imprimer en aout 2018 par Mohn Media en Allemagne –
Dépôt légal : avril 2018 – N° éditeur : 2018_0838

PEFC
PEFC/04-31-1033